U0513775

王水照文集

苏轼传稿
王水照说苏东坡

图书在版编目(CIP)数据

苏轼传稿　王水照说苏东坡 / 王水照著. —上海：
上海古籍出版社，2024.3
　（王水照文集）
　ISBN 978-7-5732-1030-2

　Ⅰ.①苏…　Ⅱ.①王…　Ⅲ.①苏轼(1037-1101)—
人物研究　Ⅳ.①K825.6

中国国家版本馆 CIP 数据核字(2024)第 048347 号

王水照文集

苏轼传稿　王水照说苏东坡

王水照　著

上海古籍出版社出版发行

(上海市闵行区号景路 159 弄 1-5 号 A 座 5F　邮政编码 201101)

(1) 网址：www.guji.com.cn
(2) E-mail：guji1@guji.com.cn
(3) 易文网网址：www.ewen.co

江阴市机关印刷服务有限公司印刷

开本 890×1240　1/32　印张 11.875　插页 5　字数 300,000
2024 年 3 月第 1 版　2024 年 3 月第 1 次印刷
印数：1—2,500

ISBN 978-7-5732-1030-2

Ⅰ·3797　定价：68.00 元

如有质量问题,请与承印公司联系

1999 年摄于日本名古屋

上海古籍出版社，1981 年　　　台湾万卷楼图书公司，1993 年

《苏轼》书影

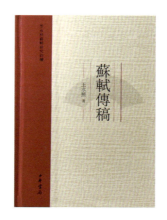

《苏轼传稿》书影

中华书局，2015 年

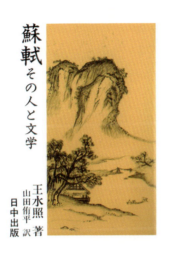

《苏轼其人和文学》书影

日本日中出版，1996 年

《苏东坡评传》书影

韩国汉城月印出版社，1998 年

《王水照说苏东坡》书影

中华书局，2015 年

出 版 说 明

　　王水照,1934 年生,浙江馀姚人。1955 年考入北京大学中文系学习,1960 年毕业后进入中国科学院哲学社会科学部(今中国社会科学院)文学研究所工作。1978 年春,调入复旦大学中文系任教。先后担任复旦大学中文系教授、复旦大学首席教授、复旦大学文科资深教授,博士生导师。长期兼任复旦大学中文系学术委员会主任,中国宋代文学学会会长、名誉会长等。王水照先生从事古典文学研究六十馀年,在宋代文学、古代文章学、词学、钱锺书学术研究诸领域建树卓著,着力阐明或构建的"宋型文化"、"文化性格"、"破体为文"、"中唐——北宋枢纽论"、"古代文章学体系"等命题,产生了广泛的学术影响。他的苏轼研究,广博、深刻而富有文化情怀,尤为一般读书人所熟知。他是当代宋代文学研究的拓荒人和奠基者之一,也是古代文章学研究领域的一面旗帜,2012 年获上海市哲学社会科学学术贡献奖。

　　《王水照文集》共十卷,收入作者主要的学术著作和文章。

　　第一卷《宋代文学论丛》和第二卷《北宋三大文人集团》主要集中于两宋文学的整体性研究,反映出作者对宋代文学与文化的宏观关照。

　　第三卷《苏轼研究》、第四卷《苏轼选集》、第五卷《苏轼传稿》和《王水照说苏东坡》以及第六卷的《宋人所撰三苏年谱汇刊》,汇集了作者深研"苏海"的各类著述,以专著、选集、传记、年谱以及讲演稿等

1

不同形式呈现,是当代"苏学"研究的重要成果。

第六卷的《历代文话提要选刊》、第七卷《唐宋散文举要》、第八卷的《中国古代文章学研究》是作者有关古代文章学的系列研究论著,以文话提要、散文选注和专题研究等形式,考察了中国古代文章学的诸多重要问题,在侧重唐宋散文的同时,亦展现出对我国古代文章学史的整体考量。

第八卷的《半肖居文史杂论》纂辑了作者其他专书未收录的学术论文十四篇和为《中国大百科全书》撰写的若干词条,主要集中于唐代文学、词学和文学史编撰等论题;第九卷《鳞爪文辑》则是作者的随笔札记。两书体现了作者较为广泛而深邃的学术思考和文化使命感。

第十卷《钱锺书的学术人生》是有关钱锺书学术研究的论文结集,以钱锺书其人、其事、其学为核心,凝聚了作者"钱学"研究的重要心得。同卷《王水照访谈录》收录十二篇访谈,可一窥作者的学术成长经历和治学理念。

全书所收发表过的文章,都尽量列出最初出处,以备查核。书末附有作者著述年表,略供参考。

文集的编纂体例和总目由王水照先生亲自拟订,侯体健教授协助整理、统筹;文集出版得到复旦大学中文系、复旦大学中国古代文学研究中心的鼎力支持,谨此致谢。

上海古籍出版社

总　目

第五卷　整理说明

　　《苏轼传稿》由东坡传记和"苏《传》补墨"两部分组成。东坡传记最初以《苏轼》之名,由上海古籍出版社于 1981 年出版,为"中国古典文学基本知识丛书"之一。又有台湾万卷楼图书公司 1993 年印本。后有日译本《苏轼其人和文学》(日本东京日中出版 1986 年初版,1996 年再版),韩文本《中国的文豪苏东坡》(韩国汉城月印出版社 2001 年版)和《苏东坡评传》(韩国首尔石枕出版社 2013 年版)。2015 年中华书局在《苏轼》基础上增补附录两种,出版《苏轼传稿》。今据中华书局版收入,惟将"附录二"改编为"苏《传》补墨"。

　　《王水照说苏东坡》的主体部分是作者在香港城市大学讲课录音的整理稿,由中华书局于 2015 年出版。收入本文集时作了些许文字润色。

第五卷目次

苏 轼 传 稿

王水照说苏东坡

苏 轼 传 稿

一、引　言

　　苏轼是北宋文坛的领袖人物。在叙述他的生平和创作之前,先讲一个在中国文学史上传为美谈的故事。宋仁宗赵祯嘉祐二年(1057),二十一岁的苏轼在汴京(今河南开封)应试,就以他光彩夺目的才华为当时的文坛领袖欧阳修所激赏。欧阳修读了他的文章后说:"不觉汗出。快哉,快哉! 老夫当避路,放他出一头地也。可喜,可喜!"(《与梅圣俞》)后并预言"三十年后世上人更不道着我"(朱弁《风月堂诗话》卷上,又见《曲洧旧闻》卷八),未来的文坛将属于苏轼。这个故事表现了欧阳修奖掖后进的热忱和发现人才的识力。他的热忱赢得了包括苏轼在内的后人的长久怀念;而他的识力更难能可贵,为世称道。

　　苏轼没有辜负老前辈的瞩望,他果然成为北宋继欧阳修之后的文坛巨擘。他建树了多方面的文学业绩:散文与欧阳修并称"欧苏",又是"唐宋古文八大家"之一;诗歌与黄庭坚并称"苏黄",开有宋一代诗歌的新面貌;词与辛弃疾并称"苏辛",是豪放词派的创始人。他是北宋文学最高成就的杰出代表。在书画艺术方面他也是名家:书法与黄庭坚、米芾、蔡襄并称"四大家";绘画是以文同为首的"文湖州竹派"的重要人物。他涉猎的领域如此之广,而在各个领域中又能同时取得突出的成绩,这在我国文学艺术史上是极为罕见的。

　　欧阳修的推重使苏轼文名大噪,誉满京师,但叙述他的生活经历和文学道路却必须从他的童年讲起。

二、家庭和早年生活

苏轼，字子瞻，初字和仲，四川眉山县城内纱縠行人。他生于宋仁宗景祐三年十二月十九日，照公历推算，是 1037 年 1 月 8 日。

他出身于一个富有文学气氛的传统知识分子家庭。父亲苏洵，字明允，因屡试落第，愤而烧毁自己的文章，再度悉心攻读，终于成为著名的古文家。哥哥景先，早卒。弟弟苏辙，字子由，初字同叔，是苏轼一生政治上和文学上的同道。苏辙说苏轼对他是"抚我则兄，诲我则师"（《东坡先生墓志铭》）；苏轼说苏辙对他"岂独为吾弟，要是贤友生"（《初别子由》）。由于父子三人的文学成就，并称"三苏"，又分别称为"老苏"、"大苏"、"小苏"。苏洵曾自称"布衣"，"堕在草野泥涂之中"（《上欧阳内翰第一书》），苏轼也说"生于草茅尘土之中"（《应制举上两制书》），苏辙在《上枢密韩太尉书》中说他"居家所与游者，不过其邻里乡党之人，所见不过数百里之间"，都反映出一个并非富有的读书人家的境况。

苏轼八岁时入乡校读书。老师是天庆观道士张易简，他在近百个学生中独独赏识苏轼。对这位教了他三年的启蒙老师，苏轼直至晚年谪居海南岛时还梦见他。十岁时，改由母亲程氏讲授。十二岁时，苏洵从外地求宦游学返家，苏轼和九岁的苏辙便由父亲教授。一次，苏洵命他俩作《夏侯太初论》。夏侯玄（字太初）是三国时魏国的重臣。当时司马师继其父司马懿之后专权篡政，任大将军。夏侯玄参与了推翻司马师的密谋，事泄被捕。他临斩时，颜色不变，举动自若。据说他平日即处事镇静,一次"倚柱作书。时大雨霹雳,破所倚柱,衣服焦然,神色无变,书亦如故"(《世说新语·雅量》)。苏轼借以评论说:"人能碎千金之璧,不能无失声于破釜;能搏猛虎,不能无变色于蜂虿①。"极力形容人们在有思想准备和无思想准备时表现的不同,推崇夏侯玄临危不惧的精神。这两句话,初次显露出苏轼随机生发、翻空出奇的雄辩才情,受到苏洵的称赞。苏轼成年后还把它用在他的《黠鼠赋》和《颜乐亭诗序》中。

幼年的苏轼不仅受到深厚的祖国传统文词的熏陶,而且也接受正统的儒家经世济时的政治理想的教育。他八岁开蒙的那年,即庆历三年(1043),宋仁宗正锐意改革弊政,撤换吕夷简、夏竦等保守派大臣,起用范仲淹、韩琦、富弼、欧阳修等革新派人物,政局有所刷新。国子监直讲(教育管理机关和最高学府的官员)石介写《庆历圣德颂》诗加以颂扬。这首诗传到了四川,苏轼诵习之馀,对韩、范、富、欧阳四位"人杰"十分仰慕。他的母亲程氏是一位有政治见解的妇女,有次她给苏轼讲《后汉书·范滂传》。东汉名士范滂反对宦官专权误国,汉灵帝建宁二年(169)大逮党人,他镇静自若地前去投案,其母和他诀别说:"汝今得与李、杜②齐名,死亦何恨!既有令名,复求寿考,可兼得乎?"程氏讲到这里,激动不已。苏轼问:"轼若为滂,夫人亦许之否乎?"程氏坚定地答道:"汝能为滂,吾顾不能为滂母邪!"苏轼十分感动,"奋厉有当世志"(《东坡先生墓志铭》)。

苏轼正是怀着这样的政治抱负离蜀赴京,找寻出路的。

---

① 虿:蝎子一类的毒虫。
② 李、杜:李膺、杜密,当时名士集团的领袖人物。

三、初入仕途

嘉祐元年(1056)三月,苏轼兄弟随父离家,从陆路自阆中(今四川阆中)、出褒斜(今陕西勉县北)、度秦岭、经关中,最后于五月到达汴京。八月,苏轼与苏辙在开封府考进士,同时获选。按照宋朝的规定,府试以后还要经过中央礼部(负责礼仪、祭享、贡举等事)的考试和皇帝亲自主持的"殿试"。兄弟俩住在兴国寺准备应考,苏洵则投书欧阳修、富弼、韩琦等人,受到他们的重视。第二年正月,欧阳修以礼部侍郎(礼部的副长官)、翰林侍读学士(给皇帝讲书的侍从官)知贡举。他对当时流行的奇诡艰涩的文风深为不满,把平易流畅的文风作为取士的标准。苏轼的考卷《刑赏忠厚之至论》得到他的特别赞赏,其具体情况就是本书开头讲的那个故事。又经过仁宗的"御试",苏轼赐进士及第,苏辙赐同进士及第[①]。宋仁宗高兴地对他的皇后说:我为子孙得了两个宰相。不料程氏在家病逝,苏洵父子只好回蜀奔丧。在封建时代,父母或祖父母死去,子孙辈必须谢绝人事应酬,如果是做官的人,还需解除职务,在家守孝二十七个月,叫作守制或丁忧。苏轼便丁忧家居。

嘉祐四年(1059)十月,父子三人再度赴京。这次是走水路。他们经现在四川境内的嘉州(治所在今乐山)、泸州、渝州(治所在今重

---

① 宋初进士分为"及第"、"同出身"两等,后改为"及第"、"出身"、"同出身"三等。

庆)、涪州(治所在今涪陵)、忠州(治所在今忠县)、夔州(治所在今奉节),出三峡,到了江陵(今湖北江陵),已是岁末。一路上,碧波滔滔的长江,秀丽多姿的巫山,忠州的屈原塔,夔州的八阵图,其他如神女庙、昭君村、黄牛庙、虾蟆碚等山川文物、名胜古迹,处处震荡着他们的襟怀,激发起他们的才思,他们写下了不少作品。江陵以后的路程,将改由陆路北上。为了纪念这次舟行,他们就把三人途中所作诗文一百首,编为《南行集》。其中有苏轼诗四十多首,这是现存苏诗中的最早一批作品,可以看作他诗歌创作的起点①。

这些作品初步显示了苏轼的政治抱负和诗歌才能。在《屈原塔》一诗的短序中,他指出屈原的生平事迹实与忠州无关,"原不当有碑塔于此",但"后人追思"才作此塔。诗中歌颂"屈原古壮士,就死意甚烈"的献身精神,并推论说:"古人谁不死,何必较考折②;名声实无穷,富贵亦暂热;大夫③知此理,所以持死节。"一个人贵在名节,富贵不过是过眼云烟,切勿热中;屈原之所以自沉汨罗江,正是坚持节操的结果。这些作品大都以五言古诗见长,如《入峡》、《巫山》等长篇,或结构严谨,或用词凝炼,表现出年青诗人刻意锤炼的工力。他写水——"长江连楚蜀,万派泻东南。合水④来如电,黔波绿似蓝⑤。馀流细不数,远势竞相参。入峡初无路,连山忽似龛。萦纡收浩渺,蹙缩作渊潭。"(《入峡》)百川归江,水势浩渺,但奔腾入峡后,地势迂回逼蹙,犹如进入水潭。他写山——"苍崖忽相逼,绝壁凛可悸。仰观

① 现存苏轼的最早两首诗,是作于嘉祐四年(1059)的《咏怪石诗》、《送宋君用游辇下诗》,时作者丁忧居蜀。但一般的苏诗编年集子都以《南行集》为开端。

② 考折:即寿夭,长寿或短命。

③ 大夫:指屈原,他曾做过楚国的三闾大夫。

④ 合水:指长江上游许多合流入江的支流,如强水、涪水等。

⑤ 黔波:黔江,即乌江,长江支流之一。蓝:蓝草,可制靛青。

八九顶,俊爽凌颢气①。晃荡天宇高,奔腾江水沸。孤超兀不让,直拔勇无畏。"(《巫山》)巫山十二峰,山势陡峭,令人心悸。常被白雾遮掩,只能见到八九山峰。江水如沸,山水光摇影动,天空显得格外高旷。巫山奇峰突起,像个无畏挺立的勇士。他的七言古诗,却写得生动流走,如《江上看山》:

> 船上看山如走马,倏忽过去数百群。
> 前山槎牙②忽变态,后岭杂沓③如惊奔。
> 仰看微径斜缭绕,上有行人高缥缈。
> 舟中举手欲与言,孤帆南去如飞鸟。

诗写江边山峰形如群马:有的像体貌不一的马群,变化多端;有的像又挤又乱的马群,状若惊奔。山上小路,迂回盘旋;上有行人,影影绰绰。诗又借观山写出水流之速:群山倏忽而过,船像鸟儿南飞,透露出飞速航行的欢快心情和对祖国山水的倾倒。

这些早期作品还反映出苏轼对诗歌创作的自觉磨炼。如他一次写《江上值雪》,就采用以前欧阳修的写法,"限不以盐、玉、鹤、鹭、絮、蝶、飞、舞之类为比,仍不使皓白洁素等字",以避俗套,写出"青山有似少年子,一夕变尽沧浪髭"这类形象化比喻的句子。他写《神女庙》,对楚襄王与神女幽会的老故事,也不袭用玉色美颜乃至望帷披帐一类艳词,而是写出"茫茫夜潭静,皎皎秋月弯。还应摇玉佩,来听水潺潺"这样对神女活动的想象,意境恍惚幽远,颇饶诗味。当然,这些诗中也有"喜且售"、"乐且久"(《夜泊牛口》)等为了凑韵而生造的

---

① 颢气:白雾。
② 槎牙:歧出不齐的样子。
③ 杂沓:也作"杂遝",又多又乱的样子。

词语，表现了诗人早期作品的不成熟之处。

苏轼还为《南行集》写了一篇序（又名《江行唱和集叙》），其中说：

> 夫昔之为文者，非能为之为工，乃不能不为之为工也。山川之有云雾，草木之有华实，充满勃郁而见于外，夫虽欲无有，其可得耶！自少闻家君之论文，以为古之圣人有所不能自已而作者，故轼与弟辙为文至多，而未尝敢有作文之意。

就是说，文学来源于生活，优秀的文学作品并不是"能为之"造成的，而是"不能不为之"的产物。这就要求作家只有深入生活，在生活中有所认识、感动，然后才能进行创作。而那种"勉强所为之文"是写不好的。苏轼的这一重要文学思想受教于他的父亲苏洵，为他后来的创作确立了正确的方向。

苏轼的这篇序言是在江陵驿站中写的。在江陵，他还写了一组五律《荆州》十首，最后一首说：

> 柳门①京国道，驱马及春阳。
> 野火烧枯草，东风动绿芒。
> 北行连许邓，南去极衡湘。
> 楚境横天下，怀王信弱王！

前四句写初春景象。后四句说，这里曾是战国时楚国的故地，北至许州、邓州，南到衡山、湘江；楚怀王拥有这样广袤的疆域，却因疏远屈原，宠信皇后郑袖，又被秦国谋士张仪所欺骗，最后竟困死于秦国，他真是个孱弱无能的国君！这使人很容易联想到，现在宋朝疆域更广，

---

① 柳门：荆州城门之一。

难道不应有所行为、奋发自强吗？诗句透露出苏轼在政治上的勃勃雄心。

嘉祐五年（1060）二月，苏轼到达汴京。礼部授予他以河南府福昌县（今河南宜阳县西）主簿的官职，办理文书等事务。但他并没有去赴任，而是与苏辙一起准备"制科"的考试。原来唐宋时除了"进士"、"明经"一类"常举"以外，还有一种皇帝特别下诏举行的考试，叫作"制科"。嘉祐六年（1061）八月，苏轼以"贤良方正能直言极谏科"考入第三等（为"上考"），这是极大的荣誉。从宋初以来，被取入三等的只有吴育和他两人（整个北宋只有四人，另两人是范百禄、孔文仲）。考试毕，他被授予大理评事、凤翔府（治所在今陕西凤翔）签判的官职①。苏辙考入第四等，被任为商州（治所在今陕西商县）推官（州的属官，掌管审案）；但因苏洵奉命在京修礼书，他奏请留京侍奉父亲。他送哥哥赴任，到郑州分手。苏轼有诗说：

> 亦知人生要有别，但恐岁月去飘忽。
> 寒灯相对记畴昔，夜雨何时听萧瑟？
> 君知此意不可忘，慎勿苦爱高官职！
> ——《辛丑（嘉祐六年）十一月十九日，既与子由
> 别于郑州西门之外，马上赋诗一篇寄之》

兄弟俩第一次离别，情绪不免感伤。唐代韦应物在《示全真元常》一诗中有"宁知风雪夜，复此对床眠"的名句，意思说，今夜雨雪对床畅

---

① 宋代官制分为"官"、"职"（殿阁职称，如某某殿学士）、"差遣"三种，前两种是虚位，不任实职，只有差遣才是实际职务。这里的"大理评事"（司法机关大理寺的属官）是"官"，"签判"是"差遣"。签判，"签书判官厅公事"的简称，知州的助理官。

谈，极惬人意，以后哪一天复能如此？苏轼回忆往昔兄弟俩同读此诗，感触很深，曾约定日后一起退隐，纵情山水。想到这里，觉得高官厚禄并不值得追逐。

但是，北宋初年积贫积弱的社会局势唤起他平素怀抱的济世之志，逼着他睁开眼睛正视现实。宋朝是比以往几个统一王朝更注重中央集权的朝代，它把军权、政权、财权最大限度地集中到皇帝手中，这是宋代政治制度的一个特点。这对巩固宋朝的统一、安定社会秩序、发展经济和抵御少数民族统治者的侵扰，起过一定的积极作用。但同时存在着消极因素，而且越到后来越严重。在军权集中方面，宋王朝为了防范武人跋扈割据，把军队交由文臣统率，又立"更戍法"，士兵经常轮换驻防，终年来往道路，致使"兵不识将，将不识兵"，这就造成军队训练不良、战斗力薄弱；在政权集中方面，宋王朝规定地方长官由中央官吏兼摄，又加强对地方的各种监视，但又优待官吏，所谓"恩逮于百官者唯恐其不足，财取于万民者不留其有馀"(赵翼《廿二史札记》卷二五《宋制禄之厚》)，使得官僚机构庞大臃肿、腐败无能；在财权集中方面，规定地方财赋绝大多数上交中央，又刺激了上层统治集团的穷奢极欲，挥霍享乐，到宋仁宗时，国库空虚，"惟存空簿"。这使固有的阶级矛盾日趋尖锐，出现了严重的社会危机。开国不过三十多年，宋太宗时就爆发了王小波、李顺的农民起义，人数达数十万，就是突出的例证。宋朝又是我国历史上统一朝代中最缺乏抵御外来侵扰能力的软弱王朝。在宋初，它就处在契丹族的辽政权、党项族的西夏政权的侵扰和威胁之中(以后又有女真族的金政权、蒙古族的元政权，直至宋亡)。宋朝每年向辽、夏输纳大量"岁币"(银、绢)，又给财政造成沉重负担。

正是在各种社会矛盾日趋尖锐的情况下，上层统治集团中的有些改革家就出来主张"变法"，要求革除弊政，缓和危机，形成了变法运动。

庆历三年（1043），宋仁宗任用范仲淹为参知政事（副宰相），富弼、韩琦为枢密副使（全国军事机关的副长官），要他们提出改革方案。范仲淹就提出"明黜陟"（官员升职要按实际表现，不要按资历）、"厚农桑"（兴修水利，发展农业）、"修武备"（招募士兵，捍卫朝廷）等"十事"。宋仁宗采纳了他的意见，并颁行全国，号为"庆历新政"。但事隔不久，就因保守派的反对而失败，范、富罢职，韩琦被迫出赴外任。

"庆历新政"的失败更促使社会矛盾的急剧发展。士大夫中仍然酝酿着新的改革浪潮，一些局部性质的改革活动也在渐次展开。这是王安石变法前的酝酿期。苏轼这时的基本政治倾向是要求变法。他写了不少政论文，从要求革新的政治思想出发，继承汉代贾谊、唐代陆贽的政论精神，结合历史经验教训，分析当前形势，研究治国之策。代表作就是考"制科"时所写的《进策》（包括总论性质的《策略》五篇、讲具体改革措施的《策别》十七篇、讲辽和西夏问题的《策断》三篇)和嘉祐八年（1063）在凤翔任上所作的《思治论》。

在这些文章中，他首先指出当时掩盖在承平景象下的严重的社会危机："天下有治平之名，而无治平之实"（《策略》一），并说，"当今之患，外之可畏者西戎、北胡（指西夏、辽），而内之可畏者天子之民也。西戎、北胡不足以为中国大忧，而其动也有以召内之祸；内之民实执存亡之权，而不能独起，其发也必将待外之变"（《策断》上），颇为深刻地认识到阶级矛盾和民族矛盾的主次地位和相互影响的关系，甚至比三年前王安石所作的《上仁宗皇帝言事书》中"顾内则不能无以社稷为忧，外则不能无惧于夷狄"的议论更为透辟，也更为明确地指明变法的根本目的在于对付两大矛盾，巩固皇权统治。他还针对"财之不丰，兵之不强，吏之不择"（《思治论》）的三种积弊，提出一系列改革方案，"一曰课百官，二曰安万民，三曰厚货财，四曰训兵旅"，在这四大项下又各有子目，共十七项（《策别叙例》)。这些方案中包含不少裁抑豪强贵族势力的内容：如主张"夫唯圣人为能击天下之大族"，肯定商鞅、韩非"用法始于贵戚大臣"是符合"舜诛四凶"之"术"的(《策别》第一)；又如指责"富者地日以益而赋不加多，贫者地日以削而赋不加少"，"有兼并之族而赋甚轻，有贫弱之家而不免于重役"，主张"均赋税"，矛头所向自然是豪强兼并地主(《策别》第十)。他大声疾呼要"涤荡振刷而卓然有所立"，一再阐发《易经》中"天行健，君子以自强不息"的万物皆动的思想，希望"天子一日赫然奋其刚健之威"，勇于改革(《策略》一)。这些观点，无疑使他列入当时的变法派之中。

这些政论文在文风上深受战国时代纵横家的影响。它的特色是汪洋恣肆，辩才无碍。宋人李淦《文章精义》指出，苏轼上述《策略》等"论利害"的政论，学之于《战国策》，并说，"苏门文字，到底脱不得纵横气习"，是正确的。它常被旧时代的举子们奉为楷式。陆游《老学庵笔记》卷八曾记当时俗语说"苏文熟，吃羊肉；苏文生，吃菜羹"，从一个侧面反映出苏轼这类文章的影响。

这一时期是苏轼诗歌创作的初步活跃时期。和政治上主张改革相一致，他的作品中也以关心国事、反映民生疾苦为重要主题。他从辞岁时"富人"和"贫者"的两种不同的馈赠礼品，看出两种不同的生活地位。"富人"是"置盘巨鲤横，发笼双兔卧"，"富人事华靡，采绣光翻坐"，而贫苦人家只能弄点自己舂磨的饼、糕等物，充作馈岁之物："贫者愧不能，微挚①出春磨。"(《岁晚三首·馈岁》)他经常作这种贫富悬殊的对比："蜀人衣食常苦艰，蜀人游乐不知还。千人耕种万人食，一年辛苦一春闲。闲时尚以蚕为市，恐忘辛苦逐欣欢。"(《和子由蚕市》)同是"蜀人"，苦乐如此不均。这个对比正说明作者对当时社会中贫富对立的现象有着较深的感受。

----

① 挚：同"贽"，礼品。

13

天寒降雪，他叹道："有客独苦吟，清夜默自课。诗人例穷蹇，秀句出寒饿。何当暴雪霜，庶以蹑郊贺！"（《病中大雪，数日未尝起观。號令赵荐以诗相属，戏用其韵答之》）他感慨有成就的诗人照例穷愁潦倒，好诗佳句往往出于寒饿之身，那么，尝尝雪中挨冻的滋味吧，就能写出啼饥号寒的好诗来，赶得上唐代诗人孟郊、李贺的成就。苏轼正是从自己的切身体会出发，推己及人，对于大雪中劳动人民的窘况有了更深的理解。他的一首七律写道：

> 南溪得雪真无价，走马来看及未消。
> 独自披榛雪履迹，最先犯晓过朱桥。
> 谁怜屋破眠无处，坐觉村饥语不嚣。
> 惟有暮鸦知客意，惊飞千片落寒条。
> ——《十二月十四日夜微雪，明日早往南溪小酌至晚》

前四句写诗人到南溪探雪，作为最先到达的游客，雅兴不浅。后四句却跌入悲凉境界。村人屋破无处可睡，有谁怜惜他们？村中语声悄然，那是村人饥饿无力的缘故。周围这样寂静，乌鸦蓦地惊飞，使雪花从树上纷纷落下，只有它仿佛懂得诗人的来意啊！前四句探雪之欢，更显出后面村人饥寒之悲。"谁怜"两句，用了两个典故。上句用杜甫《茅屋为秋风所破歌》："床头屋漏无干处，雨脚如麻未断绝。自经丧乱少睡眠，长夜沾湿何由彻！"下句用杜牧《赴京初入汴口，晓景即事，先寄兵部李郎中》："泽阔鸟来迟，村饥人语早。"上句正用其事，又以反问句表达出来；下句是反用其意。借用前人诗句以构成自己诗境，是古典诗歌常用的手法。重要的是用得活，用得贴切。苏轼在这里提供了一个较好的实例。

面对苦难的现实，衰弱的国势，苏轼的报国之心又勃然而发。也是一个早雪的天气，他抒写道：

岐阳①九月天微雪，已作萧条岁暮心。

短日送寒砧杵急，冷官无事屋庐深。

愁肠别后能消酒，白发秋来已上簪。

近买貂裘堪出塞，忽思乘传问西琛②。

——《九月二十日微雪怀子由弟二首》之一

这首诗作于嘉祐七年（1062），苏轼任凤翔签判的次年。这年天气冷得早，九月已下初雪，仿佛岁暮景象。自己闲居官衙，无所事事；白发渐生，只能借酒消愁。难道就这样消沉下去么？不，我已买就皮裘准备出塞，愿意接受王命，使西夏前来归附！立功塞外的报国之志，跃然纸上。

他还写了一些指斥时弊的诗。如咏史诗《郿坞》，借古喻今，语多讥刺：

衣中甲厚行何惧，坞里金多退足凭。

毕竟"英雄"谁得似？脐脂自照不须灯。

这首诗是嘲骂汉末董卓的。董卓是个奸相，怕人行刺，在衣内加了厚甲，自以为可以确保生命安全；他把民脂民膏搜聚在他所盘踞的郿坞，扬言"事成雄据天下，不成守此足以毕老"。然而，他后来失败了，被暴尸长安，时遇酷暑，肥胖的躯体流脂满地，人们对他恨之入骨，就在他的肚脐眼上装上灯芯，像点灯似的烧了几天。诗的后两句说，照明不须灯，真算个"英雄"！嬉笑怒骂，鞭挞有力。这对当时疯狂地聚敛民财的官僚贵族，无疑是个严重的警告。陈师道曾说"苏诗始学刘禹

---

① 岐阳：岐山（在今陕西岐山县城东北）之南，这里即指凤翔（凤翔在岐山西南）。
② 传：传车。琛：珍宝。西琛：西方产宝之地。这里指西夏等。

锡,故多怨刺"(《后山诗话》),是不错的。

苏轼这时期的诗在艺术上也趋于成熟。组诗《凤翔八观》八首就代表他当时五七言古诗的成就。凤翔是有名的古都,文物很多,秦刻的"石鼓"①,秦碑"诅楚文",王维、吴道子画的竹和佛像,唐代著名雕刻家杨惠之所塑的维摩像,东湖,真兴寺阁,李氏园,秦穆公墓,被称为"凤翔八观",苏轼都一一加以吟诵。尤其是《石鼓歌》,从"冬十二月岁辛丑,我初从政见鲁叟"开始,写他嘉祐六年(1061)冬,初到凤翔任,即去孔庙谒圣,见到石鼓;然后详细描写石鼓的文字和经历,最后以"兴亡百变物自闲,富贵一朝名不朽。细思物理坐叹息:人生安得如汝寿"作结,感叹历史兴替,富贵殆尽,只有这岿然石鼓却是永恒的存在,成为我国传世的宝物(今存北京)。全诗六十句,用词典雅而摹写入微,结构严谨而时起波澜,刻意锻炼,惨淡经营。这之前韩愈也写过《石鼓歌》,苏轼此诗有意和他争胜,终于成为吟诵石鼓的两篇名作。

他的近体诗却是另一副面目,俊逸,流动,富有情韵。如《和子由渑池怀旧》:

> 人生到处知何似? 应似飞鸿踏雪泥。
>
> 泥上偶然留指爪,鸿飞那复计东西。
>
> 老僧已死成新塔,坏壁无由见旧题。
>
> 往日崎岖还记否,路长人困蹇驴嘶②。

---

① 石鼓成于何时,究属何物,历代说法不同。郭沫若《石鼓文研究》定为秦襄公时所制。马衡《凡将斋金石丛稿》有《石鼓为秦刻石考》一文,定为秦献公以前、襄公以后之物;并认为"石鼓"之名不妥当,"此正刻石之制,非石鼓也","特为正其名曰'秦刻石'"。

② 此句苏轼自注说:"往岁马死于二陵,骑驴至渑池。""往岁",指嘉祐元年作者兄弟俩第一次赴京之时。

这首诗写于嘉祐六年(1061)。嘉祐元年,作者和苏辙第一次赴京途中曾在渑池(今河南渑池县西)寺舍寄宿。旧地重过,寺中的老僧已死,骨灰藏于新塔;墙壁颓坏,往日的题诗已不可见。人之于世,诗之于壁,都像鸿鸟踏雪,偶留痕迹罢了。这首诗虽有消极意味,但在艺术上却很有特色:圆转流动,一气呵成,律诗在声律、对仗等方面的严格要求对他似乎毫无拘束;"雪泥鸿爪"也以其形象新颖而成为流传至今的有名比喻了。又如《题宝鸡县斯飞阁》七律:

> 西南归路远萧条,倚槛魂飞不可招。
> 野阔牛羊同雁鹜,天长草树接云霄。
> 昏昏水气浮山麓,泛泛春风弄麦苗。
> 谁使爱官轻去国①,此身无计老渔樵!

此诗结构整饬,与前首不同:首尾两句前后呼应,点出怀乡思归而不得的主题,中四句写眺望所见。"野阔"两句说,因为"野阔",才使牛羊显得与雁鹜一般大小;由于"天长",远处的草木好像跟云天连在一起,抓住了登高望远的特点,使人产生身临其境的感受。

苏轼在凤翔任职三年多,于宋英宗赵曙治平二年(1065)正月还朝,以殿中丞②差判登闻鼓院③,又经过学士院的考试,授官直史馆(编修国史机关的官员)。这时,他的家庭发生了重大变故:妻子王弗卒于京师;接着父亲苏洵又病故,他就和苏辙一起扶柩从水路回蜀,并为父亲守丧家居。

---

① 去国:离开故乡。
② 管理宫廷事务的殿中省的官员。
③ 受理官民建议或申诉的机构。

四、在 汴 京

宋神宗赵顼熙宁二年（1069），苏轼守丧期满，又从陆路度秦岭、经关中，第三次来到京师（以后他就没有再返故乡）。他改任殿中丞、直史馆和差判官诰院①。这一次，等待他的是一场上层统治集团内部新旧两党的激烈斗争。

这年二月，宋神宗起用王安石为参知政事（副宰相），开始了历史上著名的变法运动。王安石是位有志于改革的政治家，在此以前他曾在鄞县（治所在今浙江宁波）、舒州（治所在今安徽潜山）、常州（治所在今江苏常州）等地担任地方官，试行了若干改革措施，逐渐形成了一整套变法理论和方案。嘉祐三年（1058）他写的长达万言的《上仁宗皇帝言事书》就是代表作。到了这时，他受命执政，立即建立起一个"制置三司条例司"②作为主持新法的新机构。

王安石新法的具体内容可分为理财和整军两类。属于理财的

---

① 殿中丞、直史馆："殿中丞"为苏轼官名，从五品上，"直史馆"为苏轼"职名"，是史馆中地位较高的官职，从六品。官诰院：即官告院，颁发官吏"告身"（授官凭证）的机构。
② "制置三司条例司"，即制定户部（掌管户口、赋税和榷酒等事）、度支（掌管财政收支和粮食漕运等事）、盐铁（掌管工商收入和兵器制造等事）三司条例的政府机关。

有青苗法①、免役法②、均输法③、市易法④、方田均税法⑤、农田水利法⑥等；属于整军的有减兵并营⑦、将兵法⑧、保马法⑨、保甲法⑩等。以外，王安石又改革科举制度，以便为推行新法提供人才。

理财是为了"富国"，整军是为了"强兵"，最终目的是为了缓和阶级矛盾，对付社会危机，巩固赵宋王朝的封建统治。但是，新法在一定程度上损害了豪强、贵族、大商人的利益，因而引起了他们的激烈反抗。变法开始后，韩琦、欧阳修、富弼等元老重臣纷纷出来反对，他们从庆历、嘉祐时代的主张改革变成了攻击改革的中坚人物。不久，一批守旧的封建士大夫就联合起来，形成了以司马光为首的变法反对派。他们随后又得到仁宗妻曹后（太皇太后）、英宗妻高后（皇太

---

① 青苗法：为了免除农民在青黄不接时受到高利贷的盘剥，由官府向他们贷款，每年两次，利息二分；在夏、秋时随两税还纳（实际上年息四分）。
② 免役法：宋朝原来实行差役法，官府各类繁重差役，由民户自己服役，常使当役人倾家荡产。免役法改为向官府交钱，由官府雇人充役；民户按户等的不同交纳不同数量的役钱。
③ 均输法：当时税收制度有个严重流弊，各地区上供财赋，不管年成丰歉，产地远近，都是同一定额，富商大贾便乘机倒卖取利。均输法规定设发运使官，根据各地财赋情况和京城库存数量，统一处置，"徙贵就贱，用近易远"，对各地供办的物品有变易调整之权。
④ 市易法：设立常平市易司，管理市场，控制物价，并向商人贷款或赊售货物，取年息二分。
⑤ 方田均税法：为防止大地主隐瞒田产，赋税不均，决定丈量田地，按土质肥瘠规定税额。
⑥ 农田水利法：奖励兴修水利，必要时用官府贷款加以资助。
⑦ 减兵并营：裁减五十岁以上的老弱兵士，进行全国军队的整编。
⑧ 将兵法：置将练兵，使各地将官自专军队事务，改变过去"兵不识将，将不识兵"的情况。
⑨ 保马法：奖励民间代官府养马。
⑩ 保甲法：以十户为保，五十户为大保，十大保为都保，加强地方行政的控制，建立地主武装，以防止农民的反抗。

后)和神宗妻向后的支持,势力更为强大。

苏轼这时期的政治态度发生了明显的变化。熙宁二年(1069)五月,他写《议学校贡举状》,反对王安石对考试制度的改革,即由诗赋取士改为以经义论策取士。熙宁四年(1071)冬,他被改任权开封府推官(开封府代理推官)。同年十二月和次年二月,他两次上书,即《上神宗皇帝书》、《再上皇帝书》(又题《再论时政书》),更集中地表明他反对新法的主张。他把新法比作"毒药",说"今日之政,小用则小败,大用则大败,若力行不已,则乱亡随之"。他要求神宗"结人心,厚风俗,存纪纲",不要"求治太速,进人太锐,听言太广",也就是反对所谓操之过急,要求"自可徐徐,十年之后,何事不立",反对"多开骤进之门",大量提拔任用主张新法的人,反对神宗采纳变法派的意见。他还对新法的主要项目,逐一加以论难。这说明他政治思想中的保守方面已经恶性膨胀,使他追随守旧派走得很远了。但是,他也并非反对一切新政。他说"臣非敢历诋新政,苟为异论,如近日裁减皇族恩例(指宗室授官只限宋宣祖①、太祖、太宗的子孙,其馀应通过科举)、刊定任子条式(修改后妃、公主和官僚的"荫补"办法)、修完器械、阅习鼓旗"等限制贵族特权和加强军事的措施,他都表示赞同。

激烈的变法和反变法的政治斗争又夹杂着封建派系间的倾轧。王安石的亲戚、侍御史知杂事(侍御史是御史台的官员,"杂事"是负责监察御史台内部事务的官)谢景温借口苏轼在丁忧期间贩卖私盐等事加以弹劾。虽然查无实据,并未问罪,但苏轼已感到情势艰险,不宜在朝久留,就要求外任。

激烈动荡的党争生活造成苏轼创作上的歉收。上面引述的那些政论文,在苏轼自己确也下过一番着力经营的工夫;然而,政治态度的保守使这些文章失去理论说服力,审情度势不免浮夸,出谋献策大

---

① 宋宣祖:宋太祖赵匡胤的父亲赵弘殷。

都空泛。刘师培《论近世文学之变迁》中说到苏轼一派文风，"大抵驰骋其词，以空辩相矜，而言不轨则"，用以评论苏轼这时的政论文，是颇为合适的。再从诗歌来看，这二三年间所作不足二十首。这是苏轼编年诗的最低数字。（如在凤翔任职的三年内，写诗共一百三十多首。）这些少量诗篇又大都是应酬送行之作，平平不足道。其《送安惇秀才失解西归》一诗，有"旧书不厌百回读，熟读深思子自知"两句，能把自己读书心得告诫后学，还受人重视；但安惇后来成为排摈陷害反变法派的爪牙，苏轼又被人讥为没有知人之明。值得一提的倒是《石苍舒醉墨堂》诗。石苍舒是位擅长行草的书法家，对苏轼的书法也极为推重。他家有"醉墨堂"，苏轼为之题诗。诗的开头用调侃戏笑的口吻说，"人生识字忧患始，姓名粗记可以休。何用草书夸神速，开卷惝恍令人愁"。尽管这样说，诗人和石苍舒却对草书爱之成癖，在书法中追求"至乐"、"适意"。接着，苏轼提出了著名的书法理论："我书意造本无法，点画信手烦推求"，这里的"意造无法"是指摆脱传统束缚，意之所至，戛戛独创；"信手点画"则是对书法规律高度掌握后的艺术自由。其实苏轼并不是排斥传统，他的行书、楷书，取法于李邕、徐浩、颜真卿、杨凝式等处甚多，但可贵的是能自创新意，因而才能成为"宋书法四大家"之首。他的墨迹今尚存《答谢民师论文帖》、《祭黄几道文》、《前赤壁赋》、《黄州寒食诗帖》等，用笔跌宕多姿，自然奔放，是他书法理论的最好说明。今存《黄州寒食诗帖》后有黄庭坚所写跋文说："此书兼颜鲁公（颜真卿）、杨少师（杨凝式）、李西台（李建中）笔意，试东坡复为之，未必及此。它日东坡或见此书，应笑我于无佛处称尊也。"为什么作者自己"复为之，未必及此"？因为真正的艺术作品不能也不会简单重复，正是创作时"意造无法"、"信手点画"的结果。苏轼的这一书法理论是深得艺术奥秘的。

五、从杭州到湖州

熙宁四年（1071）十一月，苏轼离开了党争漩涡的汴京，到达杭州，任通判（知州的助理官）。这也就结束了他创作上的危机。此后他又相继在密州（治所在今山东诸城）、徐州、湖州三地任知州。

在朝两年多的政治生涯表明苏轼算不上有远见卓识的政治家，但在近八年的地方官任上却显示出他不愧为一位关心民瘼、有所建树的良吏，同时也使他的文学才能得到充分的发挥，带来了创作上的第一个丰收时期。

熙宁四年至熙宁七年（1074），在杭州。知州陈襄修复钱塘六井，解决了人民的饮水困难，苏轼作《钱塘六井记》加以表彰。在文章结尾处他特别提醒说："余以为水者，人之所甚急；而旱至于井竭，非岁之所常有也。以其不常有而忽其所甚急，此天下之通患也，岂独水哉！"有备方能无患，对执政者发出了谆谆告诫。常州、润州（今江苏镇江）发生灾荒，他前去"赈济"，除夕之夜还野宿城外，作《除夜野宿常州城外二首》，其第一首说：

> 行歌野哭两堪悲，远火低星渐向微。
>
> 病眼不眠非守岁，乡音无伴苦思归。
>
> 重衾脚冷知霜重，新沐头轻感发稀。
>
> 多谢残灯不嫌客，孤舟一夜许相依。

荒郊外,孤舟中,或吟诵或哭泣,都充满了悲哀之意。村火、星光,又是如此暗淡。长夜不卧不是为了守岁而是由于眼病,周围听不到乡音更使人想回故乡。几床被子仍挡不住脚冷,才知霜重,刚洗头顿觉头轻,原来是头发越秃越少。气氛这样冷寂,只有一炷残灯陪我度过长宵。个人心绪是这样的低沉抑郁,但他对"赈济"公事,仍能勤于职守,这就难能可贵了。

　　苏轼不仅到常州、润州"赈济",还曾到临安、於潜监督捕蝗,这就扩大了他的生活视野。农村中的新鲜事物和别具风格的人物引起了诗人的浓厚兴趣,使他写下不少好诗。前者如《无锡道中赋水车》,后者如《於潜女》。前一首热情地吟咏了当时的新式农具龙骨车:

> 翻翻联联衔尾鸦,荦荦确确蜕骨蛇①。
> 分畴翠浪走云阵,刺水绿针插稻芽。
> 洞庭五月欲飞沙,鼍鸣窟中如打衙②。
> 天公不见老翁泣,唤取阿香推雷车③。

前两句写水车动、静时的不同情状。三、四句写水车的功效。后半首笔锋一转,说正是大旱之年,水车终不及天上能行雨的雷车。诗中表现出作者对旱灾中农民的同情和对农业生产的关心。像这样描写农具的诗,在我国诗史中也是不多见的(苏轼后来又有《秧马歌》吟咏另一新式农具插秧机)。《於潜女》写道:

---

① 荦荦句:用蜕皮剩骨的蛇来形容水车静止时的骨架。荦荦确确,体大坚硬的样子。
② 鼍:俗称"猪婆龙",脊椎类爬虫,相传天旱时在窟中鸣叫,声如击鼓。打衙:击鼓。
③ 阿香:传说中推雷车的女鬼。

青裙缟袂於潜女，两足如霜不穿屦。

觕沙鬟发丝穿柠，蓬沓障前走风雨①。

老滂②宫妆传父祖，至今遗民悲故主。

苕溪杨柳初飞絮，照溪画眉渡溪去。

逢郎樵归相媚妩，不信姬姜有齐鲁③。

一个农妇形象呼之欲出：黑裙，白衫，一双白皙的光脚；古色古香的发饰；夫妻间纯朴的爱情。最后说，人间哪有什么姬姜美女！这里表现了苏轼的美学理想：质朴真率的劳动妇女比雍容华贵的贵妇要美，纯朴的农村生活和爱情胜过齐鲁贵族的声色排场！苏轼以这样一个令人难忘的农妇形象丰富了我国诗歌的人物画廊。

"游遍钱塘湖上山，归来文字带芳鲜。"（《送郑户曹》）杭州西湖山水、钱塘江潮为苏轼提供了丰富的诗材。《六月二十七日望湖楼醉书五首》、《望海楼晚景五绝》、《有美堂暴雨》、《八月十五日看潮五绝》等，都是负誉海内的名作。如：

黑云翻墨未遮山，白雨跳珠乱入船。

卷地风来忽吹散，望湖楼下水如天。

————《六月二十七日望湖楼醉书五首》之一

游人脚底一声雷，满座顽云拨不开。

天外黑风吹海立，浙东飞雨过江来。

---

① 觕沙两句：写双鬟向上翘起，银栉横插头上，把乌亮的头发绾住，在风雨中行走。觕沙，翘起或张开的样子。蓬沓，苏轼自注："於潜妇女皆插大银栉，长尺许，谓之蓬沓。"
② 老滂：汉初刘滂封吴王。这里与下句的"故主"都指五代时的吴越王。
③ 西周时，姜尚封于齐，周公姬旦之子封于鲁。姜氏、姬氏遂为齐、鲁的大族。

十分潋滟金樽凸，千杖敲铿羯鼓催。

唤起谪仙泉洒面①，倒倾鲛室泻琼瑰②。

——《有美堂暴雨》

两诗都写杭州雨景，前者写在望湖楼看西湖，时间是夏天；后者写在吴山有美堂看钱塘江，时间是初秋。前诗写由云成雨，忽又转晴，雨来得快也收得迅速，雨后湖上水天一色，分外清新，十分准确地写出南方夏天阵雨的特点。后诗则是秋天暴雨：乌云密布，把江水吹得"立"起来的大风，在人们的感觉上似乎也是黑色的；风挟雨至，过江而来。江水汹涌，如同斟满的酒凸过了杯面；雨声震天，又如千锤急下敲击着羯鼓。这雨，是天帝用来洒醒沉醉中的李白，叫他倾泻出像琼瑰一样的好诗来。全诗雄奇骏发，气势逼人，与前诗各异其趣。

苏轼描写西湖的诗作常常成为家喻户晓的名句。他善于从动态中去捕捉景物的特点。如"天欲雪，云满湖，楼台明灭山有无。水清石出鱼可数，林深无人鸟自呼③"（《腊日游孤山访惠勤惠思二僧》），写出冬天将雪未雪时的湖上景象：楼台忽明忽暗，山峰若有似无。"朝见吴山横，暮见吴山纵。吴山故多态，转折为君容"（《法惠寺横翠阁》），写吴山变幻多端的状态：早晨看吴山清晰，横亘如带，傍晚隐约，高耸成堆，多姿多彩，供你观赏。在描写西湖的诗中，流传最广的还要数《饮湖上初晴后雨》这首七绝：

---

① 唤起句：谪仙指李白。据说唐玄宗召李白赋诗，恰逢李白酒醉，玄宗以清水洒其面使他醒来。见《旧唐书·李白传》。这句大意是天帝要唤醒谪仙李白，所以下了暴雨。

② 倒倾句：《述异记》卷上、张华《博物志》都记载南海有鲛人，是种人鱼，泪滴成珠，织绡奇异。琼瑰：珍贵的宝石，比喻诗作之佳。参看苏轼《又送郑户曹》："迟君为座客，新诗出琼瑰"；《答任师中家汉公》："醉中忽思我，清诗缀琼琚。"

③ 鸟自呼：鸟的叫声好像自呼其名。鸟自呼，一本作"鸟相呼"。

水光潋滟晴方好，山色空蒙雨亦奇。

欲把西湖比西子，淡妆浓抹总相宜。

以西施浓妆比西湖晴景，以淡妆比雨景，不论是晴是雨，西湖总以她的旖旎风光令人心旷神怡①。这个新颖、贴切的比喻，被认为是所有咏唱西湖的篇什中最为确当的评语，以至于从此"西子湖"成了西湖的别名。难怪后来的诗人为之搁笔："除却淡妆浓抹句，更将何语比西湖？"（宋人武衍《正元二日泛舟湖上》）

今存苏轼词集表明，他从通判杭州时才开始填词②。这是他这时期文学创作的新内容、新特点。在他以前的北宋词坛上，婉约派占统治地位，内容大都写男欢女爱、离愁别恨、流连光景，风格婉曲缠绵，未能跳出词为"艳科"即专写男女之情的樊篱。但像范仲淹《苏幕遮》（碧云天）、《渔家傲》（塞下秋来风景异）、欧阳修《朝中措》（平山栏槛倚晴空）、《渔家傲》（十二月严凝天地闭）等，开拓题材，大笔振迅，寄慨遥深，已开豪放词派的先声。苏轼这时期的词作，虽然还未形成豪放词风，但已有明显的"以诗为词"的倾向，一定程度上打破了"诗庄词媚"的传统界限③。记游的《行香子》（一叶舟轻）写浙江桐庐七里濑"重重似画，曲曲如屏"的景色，观潮的《瑞鹧鸪》（碧山影里小红旗）写钱塘弄潮儿搏击江潮的习俗，抒写乡情的《卜算子》（蜀客到江南），感慨身世的《南歌子》（苒苒中秋过），苏轼都用诗歌的意境和语言来填词。每首词的词牌之下差不多都有说明题材或主题的副题，这也是婉约派词很少有的作法。杭州知州陈襄是位有政绩的官吏，苏轼和他相处得很好，有不少词作写到两

---

① 参阅本书外编"苏海拾贝"《"淡妆浓抹"与"晴"、"雨"》一文。

② 据朱孝臧《彊村丛书》本《东坡乐府》，第一首编年词是《浪淘沙》（昨日出东城），作于熙宁五年，时在杭州。

③ 清王又华《古今词论》引李东琪语："诗庄词媚，其体元（原）别。"

人的友谊：

　　　　湖山信是东南美①，一望弥千里。使君能得几回来？便使樽前醉倒更徘徊。　　　沙河塘里灯初上，水调谁家唱。夜阑风静欲归时，惟有一江明月碧琉璃。

——《虞美人·有美堂赠述古》

　　　　回首乱山横，不见居人只见城。谁似临平山上塔，亭亭：迎客西来送客行。　　　临路晚风清，一枕初寒梦不成。今夜残灯斜照处，荧荧：秋雨晴时泪不晴。

——《南乡子·送述古》

前首为陈襄离杭前宴别时而作，后首写的是在杭州东北临平船中的送别。前首说，有美堂的湖光山色，在东南各州中确属首屈一指，然而，您太守何时再来共赏？惜别之恨使人狂饮痛醉。附近沙河塘的歌楼舞榭里传来《水调歌头》声，夜深散席归去，钱塘江上水月交辉，宛如一江碧色的玻璃。这歌声，这江水，处处在增添离人的愁绪啊！后首说，送君送到临平，离杭州渐行渐远；临平山上亭亭耸立的古塔，像在满怀深情地送往迎来。我料想您今夜难以入睡，孤灯照着泪水，晶莹闪光，而您的泪水一直不止。写对方怀念自己，其实是更深一层地抒写自己怀念对方。传统婉约词写离恨，常常是设色浓艳，抒情纤细，且大都是倚红偎翠、浅斟低唱一类男女别情；苏词也写得情深意长，回肠荡气，但语言明净，意境鲜明，突出友情的诚挚，透露出与婉约词不同的倾向。他当时写的其他几首送陈襄的词，如《行香子》（携

---

①　湖山句：嘉祐初，梅挚出任杭州知州。宋仁宗写诗送他，赞美杭州"地有吴山美，东南第一州"。梅挚到杭州后，即在吴山建堂，以"有美"命名。

手江村）、《诉衷情》(钱塘风景古今奇）、《江城子》(翠蛾羞黛怯人看）、《菩萨蛮》(秋风湖上萧萧雨）、《清平乐》(清淮浊汴）等都具有这个特色。

　　熙宁七年（1074）十一月至熙宁九年（1076），在密州。苏轼一到任，遇到一场好雪，高兴地写下“今年好风雪，会见麦千堆”(《出城送客不及步至溪上》)的诗句，盼望丰收。然而，不久严重的蝗灾发生，他要求朝廷蠲免秋税。他虔诚地斋戒吃素，为民祈福，写诗说：“而我食菜方清斋，对花不饮花应猜。”(《惜花》)由于连年饥馑，“民多弃子”，他就设法召人收养，由官府每月补助粮米六斗，这样救活了几千人（《与朱鄂州书》)。他亲自沿城捡回弃孩，痛楚地写下“洒涕循城拾弃孩”的诗句；还说，在密州虽然公务繁忙，生活也甚为清苦，但比起在汴京的党争生活来，却要好得多：“为郡鲜欢君莫叹，犹胜尘土走章台①。”(《次韵刘贡父、李公择见寄二首》之二)尤其可贵的是，人民生活的痛苦使他深感内疚，自叹饱学儒家经典竟救不了灾荒：“秋禾不满眼，宿麦种亦稀。永愧此邦人，芒刺在肤肌。平生五千卷，一字不救饥。”(《和孔郎中荆林马上见寄》)这对旧时奉为神圣的儒家经典不啻是一个辛辣的讽刺！

　　苏轼虽已离杭来到密州，但对杭州仍然怀着亲切的感情。晁端彦（字美叔）是他同科考中的“同年”，这时在杭州任两浙提点刑狱，苏轼写了几首诗给他。在《怀西湖寄晁美叔同年》中说：“西湖天下景，游者无愚贤。深浅随所得，谁能识其全。”作者却“独专山水乐”，在“三百六十寺”中，“幽寻遂穷年”，深深地体会到它的妙处，“至今清夜梦，耳目馀芳鲜”。诗的首句“西湖天下景”已经题在今天杭州孤山的

---

　① 　章台：原为汉长安街名。《汉书·张敞传》说张敞“时罢朝会，过走马章台街”。这里即指汴京。

中山公园一座亭子的匾额上，人们赞赏着苏轼对西湖的品评。后来晁端彦因事罢职受审，苏轼在《和晁同年九日见寄》中劝慰他说："遣子穷愁天有意，吴中山水要清诗。"这是继承了我国古典文艺理论中"不平则鸣"（韩愈《送孟东野序》）的见解，也是前面所引苏轼自己所说"诗人例穷蹇，秀句出寒饿"的继续发挥，说明在封建社会中，只有遭受压抑排挤的人，才能通过切身感受写出有生命力的作品。

苏轼的词在密州时期有重大发展，初步形成了豪放词风。《江城子·密州出猎》和《水调歌头》（明月几时有）等就是代表作品。

> 老夫聊发少年狂：左牵黄，右擎苍。锦帽貂裘，千骑卷平冈。为报倾城随太守，亲射虎，看孙郎。　　酒酣胸胆尚开张。鬓微霜，又何妨！持节云中，何日遣冯唐①？会挽雕弓如满月，西北望，射天狼②。

——《江城子·密州出猎》

这首词作于熙宁八年（1075）冬，时作者四十岁。词的前半阕以三国时孙权自况，极言出猎的壮观。后半阕又以汉文帝时魏尚自比（一说以冯唐自比），希望能被朝廷重用去守卫边疆，狠狠打击侵扰国家的敌人。苏轼说这首词曾"令东州壮士抵掌顿足而歌之，吹笛击鼓以为节，颇壮观也"（《与鲜于子骏书》）。以前虽有个别词作接触到边塞题材（如范仲淹《渔家傲》"塞下秋来风景异"等），但像这样昂扬乐观、充满敌忾情绪的作品，在词中还是第一次出现。苏轼在《与鲜于子骏书》又说："近却颇作小词，虽无柳七郎风味，亦自是一家，呵呵！"说明

---

① 持节句：《史记·张释之冯唐列传》载，汉文帝时魏尚为云中太守，因故被削爵罚作苦役。冯唐认为不当，代为申诉。汉文帝即派他带着传达命令的符节去赦免魏尚，并使其官复原职。

② 天狼：星名，象征贪残侵掠。这里指西夏（一说指辽）。

他有意识地要在婉约派代表词人柳永之外"自是一家",他对开宗立派是颇为自豪的。

次年中秋,皓月当空,银光泻地,苏轼想起分别七年的苏辙,如今在济南不能前来团聚,不禁心潮起伏,写了另一首名作《水调歌头·丙辰中秋,欢饮达旦,大醉作此篇,兼怀子由》:

> 明月几时有?把酒问青天。不知天上宫阙,今夕是何年?我欲乘风归去,唯恐琼楼玉宇,高处不胜寒。起舞弄清影,何似在人间? 转朱阁,低绮户,照无眠。不应有恨,何事长向别时圆?人有悲欢离合,月有阴晴圆缺,此事古难全。但愿人长久,千里共婵娟。

全词以问天、问月来探索人生的哲理,抒发兄弟的手足情谊。前半阕的"明月几时有"、"今夕是何年"两句,是痴问也是探求,这是对现实生活极度苦闷、心头郁结的迸发;接写由不满现实而企图追求天上的纯洁,然而终究离不开人间,则又表现出他对人生的眷恋。后半阕"何事长向别时圆"一句,也是痴问和探求,原来人生的离合,正如明月的盈亏,是永远不能改变、永远无法弥补的缺憾。但诗人并不从这里消沉下去,而是以乐观旷达的祝愿作结:只要人长在,纵然千里阻隔也能共赏同一明月,这不是很可安慰的么!全词笼罩一层迷惘、惆怅的气氛,但词的境界廓大明朗,这在一些婉约派作家所写的秋词中是罕见的。胡仔曾说:"中秋词自东坡《水调歌头》一出,馀词尽废。"(《苕溪渔隐丛话·后集》卷三九)从词的开创性来说,这话并不过分。

苏轼在密州时期的词作,标志着豪放词风的初步成熟,为词的发展开辟了新的道路。

熙宁十年至元丰二年(1079),在徐州。苏轼到任不到三个月,澶州(治所在今河南清丰西)曹村的黄河大堤决口,水淹四十五个州县,三十万顷良田。徐州城下也水涨高达二丈八尺。苏轼后来有诗描写当时危急的景况说:"黄河西来初不觉,但讶清泗奔流浑。夜闻沙岸鸣瓮盎,晓看雪浪浮鹏鲲。"又说:"坐观入市卷闾井,吏民走尽馀王尊。"大水滚滚而来,已浸入市,汉代东郡太守王尊力拒黄河水患,愿以身填堤,坚守大堤,作者作为一州之长,也应像他那样。苏轼积极组织军民筑堤抢险,"庐于城上,过家不入",表示与城共存亡的决心:"吾在是,水决不能败城。"(《东坡先生墓志铭》)奋战两个多月,才保全一城的生命财产。水退后,他又准备亲自参加增修城墙的劳动,"明年劳苦应更甚,我当畚锸先黥髡①",以备河水复来;还想象农民已无忧无虑,丰硕的秋庄稼像云堆似的布满郊外:"农夫掉臂免狼顾②,秋谷布野如云屯。"(《答吕梁仲屯田》)苏轼写了不少诗来记述这次治水的经过,尤其像《河复》、《九日黄楼作》等,着重抒写解除水患后的欢快心情:"去年重阳不可说,南城夜半千沤发。水穿城下作雷鸣,泥满城头飞雨滑。黄花白酒无人问,日暮归来洗靴袜。岂知还复有今年,把盏对花容一呷。莫嫌酒薄红粉陋,终胜泥中千柄锸。黄楼新成壁未干,清河已落霜初杀。"(《九日黄楼作》)水患已除,黄楼新筑,时逢重阳佳节。虽然酒宴简陋,但比之去年今日的狼狈忙乱,岂不可乐!诗的节奏也是欢快的。后来他离任时,州民"洗盏拜马前,请寿使君公。前年无使君,鱼鳖化儿童"(《罢徐州,往南京,马上走笔寄子由五首》之二)。人们的感激之情和作者的欣慰之意跃然纸上。此外,他还派人在徐州附近查得石炭产地,并组织开发,以解除人民的严寒威胁。他作《石炭》诗记其事说:

---

① 畚锸:畚箕和铲子。黥髡:脸上刺字和剃去头发,古时的两种刑罚。这里代指服劳役的奴隶。
② 掉臂:走路自在的样子。狼顾:狼性多疑,行走时常回头后顾,以防袭击。免狼顾:比喻人无后顾之忧。

君不见前年雨雪行人断,城中居民风裂骭①。

湿薪半束抱衾裯,日暮敲门无处换。

岂料山中有遗宝,磊落如䃁②万车炭。

流膏迸液无人知,阵阵腥风自吹散。

根苗一发浩无际,万人鼓舞千人看。

投泥泼水愈光明,烁玉流金见精悍。

南山栗林渐可息,北山顽矿何劳锻。

为君铸作百炼刀,要斩长鲸为万段。

诗从人民生活的角度来赞美石炭。作者用前年雨雪时城中居民的寒苦,来反衬开发石炭时"万人鼓舞千人看"的欢乐。昔日一床衾裯换取半束湿柴,犹自无处可换;现在一则矿藏丰富,"流膏迸液","一发浩无际",二则锻炼后石炭质地精美,"烁玉流金见精悍",完全解决了人民的御寒问题。结尾两句指石炭可以冶铁,以制作兵器,写得气势雄壮,令人神旺。

苏轼在徐州还写了一些题画诗和记游诗。前者如《书韩幹牧马图》主张艺术要求"自然",《韩幹马十四匹》赞扬"韩生画马真是马",《仆曩于长安陈汉卿家见吴道子画佛……》说:"吴生画佛本神授,梦中化作飞空仙。觉来落笔不经意,神妙独到秋毫颠。"其实,"神授"不过是对客观事物熟烂于心,于是在仿佛不经意之间作出了出神入化的描摹。这些诗都结合绘画以发挥作者可贵的艺术见解。另一些题画诗,如《虔州八境图》、《续丽人行》、《李思训画长江绝岛图》等则着重对画面作生动的形象的描写。像《长江绝岛图》中有大小孤山,作者写道:"峨峨两烟鬟,晓镜开新妆。舟中贾客莫漫狂,小姑前年嫁彭

---

① 骭:小腿骨,也指小腿。
② 䃁:黑色美石。

郎。"这里把孤山拟人化,当作两个美女:迷蒙的峰峦是她们的发髻,水清江平则又像清晨梳妆的镜子。后两句采用民歌中常用的谐音手法,把"孤"与"姑"、"澎浪(矶)"与"彭郎"联系起来,更富有地方色彩,从而突出了画中山色之美。他的记游诗也很有特色。一次,他和友人游览徐州附近的百步洪,只见水流湍急,惊心怵目,他放笔写道:

> 长洪斗落生跳波,轻舟南下如投梭。
> 水师绝叫凫雁起,乱石一线争磋磨。
> 有如兔走鹰隼①落,骏马下注千丈坡。
> 断弦离柱箭脱手,飞电过隙珠翻荷。
> 四山眩转风掠耳,但见流沫生千涡。
>
> ——《百步洪二首》之一

开头四句文势奔腾而出:水从高高的堰上直泻而下,轻舟像梭子一般驶去,两岸乱石嵯峨只留一线水路,吓得船夫失声大叫,凫雁惊飞。接着一口气用了七种形象来写轻舟下驶的迅捷,以突现水势的急速汹涌。这种比喻手法叫"博喻",即用多种形象来形容事物的一种状态或特性,以取得气势雄伟的艺术效果。以前在散文中用过这种手法,但用来写诗还是较为少见的。

苏轼是位富有独创性的作家,他在徐州时期的词作又有新的开拓。词最初从民间产生,题材原很广泛,现存敦煌曲子词就有不少描写农村生活的作品,但这个题材到了文人词中几乎中断。苏轼却给予恢复并有所发展,成为在文人词中第一个写农村题材的词人。元丰元年(1078)徐州春旱严重,苏轼作为一州之长照例去石潭求雨;不久竟然得雨,他又照例去谢雨。在归途中,目睹农村中得雨后的欢乐

---

① 隼:鹰类,又叫鹘,一种凶猛的鸟。

景象，一连写了五首《浣溪沙》。试看其中的第三、四首：

> 麻叶层层檾叶光①，谁家煮茧一村香！隔篱娇语络丝娘②。　　垂白杖藜抬醉眼，捋青捣麨软饥肠③。问言豆叶几时黄？

> 簌簌衣巾落枣花。村南村北响缫车。牛衣古柳卖黄瓜④。　　酒困路长惟欲睡，日高人渴漫思茶。敲门试问野人家。

词中写的是雨后初夏麦收时节的农村风光，活像一幅生意盎然的风土画。其中虽也不免渗入诗人的情趣，像他自己所说的"使君元是此中人"，但写得淳朴、亲切，兴会无穷。在他以前的文人词中，有时也偶有农村题材的作品，但那里的渔夫、浣女、莲娃实际上是隐士的化身或浸透文人情趣的民间仕女。苏轼的这类词却呈现出有泥土气息的乡村风光。这是他所开创的豪放词派的一个重要成果。

苏轼杰出的文学成就使他在知识分子中享有越来越高的声誉，不少文人学士纷纷向他求教。远在北京大名府（今河北大名东北）的黄庭坚寄来书信和两首《古风》求教，表示愿意列在苏轼的门下。苏轼谦逊地称颂对方："超逸绝尘，独立万物之表，驭风骑气，以与造物者游，非独当世之君子所不能用，虽如轼之放浪自弃与世阔疏者，亦莫得而友也。"又说，他的"《古风》二首，托物引类，真得古诗人之风，而轼非其人也"（《答黄鲁直书》）。并且回了两首《古风》给他。另一

---

① 檾：即苘、荵，麻类植物，可供搓绳等。
② 络丝娘：虫名，俗呼纺织娘。这里双关缫丝的农妇。
③ 捋青：摘下新嫩的麦子。捣麨：把麦炒熟后捣成粉，即俗称炒麦粉的一种干粮。
④ 牛衣：披在牛背上的麻布片或草垫子。这里泛指衣着破烂。但宋龚颐正《芥隐笔记》"东坡真迹"条和曾季狸《艇斋诗话》都说曾见苏轼墨迹作"半依"，其义更胜。

著名作家秦观入京应举,专程到徐州求见苏轼,还写诗说,"我独不愿万户侯,惟愿一识苏徐州"(《别子瞻》),愿执弟子之礼。苏轼立即以诗还赠,称许他"忽然一鸣惊倒人"的才华,表示"夜光明月非所投"的谦虚态度,表现了提携后辈的巨大热忱(《次韵秦观秀才见赠,秦与孙莘老李公择甚熟将入京应举》)。晁补之、张耒、陈师道、李廌也在黄、秦前后求列于他的门下,因被称为"苏门六君子",前四人又称为"苏门四学士"。

苏轼对后进的培养、提拔是非常认真的。他在《答李昭玘书》中说:"轼蒙庇粗遣,每念处世穷困,所向辄值墙谷,无一遂者,独文人胜士多获所欲。如黄庭坚鲁直、晁补之无咎、秦观太虚、张耒文潜之流,皆世未之知,而轼独先知之。"他一生到处碰壁,没有什么顺遂称心的事,唯有识拔后进才是平生一大快事。苏轼曾对门生们说过:"文章之任,亦在名世之士相与主盟,则其道不坠。方今太平之盛,文士辈出,要使一时之文有所宗主。昔欧阳文忠常以是任付与某,故不敢不勉,异时文章盟主,责在诸君,亦如文忠之付授也。"(李廌《师友谈记》)原来他识拔后进,是为了培养第三代的文坛盟主,保证一代文学的顺利发展,这也就是他引以为快事的原因所在。

尤其值得称道的是,苏轼并没有以自己的文学好尚强加于他的门生,而是尊重他们各自的艺术风格。"苏黄"并称,但诗风不同。赵翼说:"东坡随物赋形,信笔挥洒,不拘一格,故虽澜翻不穷,而不见有矜心作意之处;山谷则专以拗峭避俗,不肯作一寻常语,而无从容游泳之趣。"(《瓯北诗话》卷一一)苏轼对黄诗有褒有贬,有时也效"山谷体"作诗,黄庭坚表示不敢当:"我诗如曹郐,浅陋不成邦;公如大国楚,吞五湖三江。"(《子瞻诗句妙一世,乃云效庭坚体……次韵道之……》)直到晚年,他"悬东坡像于室中",礼敬甚恭。有人说,苏、黄"声名相上下"了,黄庭坚却惊恐地说:"庭坚望东坡,门弟子耳,安敢失其序哉!"(《闻见后录》卷二一)尽管艺术趣味相异,但彼此尊重如故。秦观是婉约派代表词人,但苏轼对他评价很高。他赞赏秦观的《满庭芳》,并取词中首句戏称为"山抹微云君"(《苕溪渔隐丛话·后集》卷三三引《艺苑雌黄》)。秦观死后,他特地把秦观所作《踏莎行》的"郴江幸自绕郴山,为谁流下潇湘去"两句,写在扇子上,并发出"少游已矣,虽万人何赎"(《苕溪渔隐丛话·前集》卷五〇引《冷斋夜话》)的叹息。晁补之、张耒在比较苏、秦作品时,当面对苏轼说:"少游诗似小词,先生小词似诗。"对苏词并无好评,苏轼听了也不以为忤己(《苕溪渔隐丛话·前集》卷四二引《王直方诗话》)。至于陈师道,据传他曾说苏词"虽极天下之工,要非本色",推崇秦观、黄庭坚为"今代词手"(《后山诗话》),竟敢说弟子胜过老师。这都说明苏轼坚持艺术风格的多样化,没有把"苏门"搞成一个简单划一的流派,以免妨碍后辈们艺术才能的自由发挥,这种襟怀是可贵的。

除了黄庭坚等人以外,苏轼对于相知尚浅的后辈同样热情满怀。徐州监酒正字吴彦律进京应试,慕名向苏轼请教学问之道。苏轼为他写了《日喻》:

> 生而眇者不识日,问之有目者。或告之曰:"日之状如铜槃。"扣槃而得其声。他日闻钟,以为日也。或告之曰:"日之光如烛。"扪烛而得其形。他日揣籥,以为日也。
>
> 日之与钟、籥亦远矣,而眇者不知其异,以其未尝见而求之人也。道之难见也甚于日,而人之未达也,无以异于眇。达者告之,虽有巧譬善导①,亦无以过于槃与烛也。自槃而之钟,自烛而之籥,转而相之②,岂有既③乎?故世之言道者,或即其所见而

① 巧譬善导:巧妙的比喻,很好的指点。
② 转而相之:一个譬喻连着一个譬喻地辗转相比。相,形容。
③ 既:完。

名之,或莫之见而意之,皆求道之过也①。然则道卒不可求欤?苏子曰:"道可致而不可求。"何谓致?孙武曰:"善战者致人,不致于人。"子夏曰:"百工居肆,以成其事;君子学,以致其道。"莫之求而自至,斯以为致也欤?

南方多没人,日与水居也,七岁而能涉②,十岁而能浮,十五而能浮没矣。夫没者,岂苟然哉?必将有得于水之道者。日与水居,则十五而得其道。生不识水,则虽壮,见舟而畏之。故北方之勇者,问于没人,而求其所以没,以其言试之河,未有不溺者也。故凡不学而务求道,皆北方之学没者也。

昔者以声律取士③,士杂学而不志于道;今者以经术取士,士求道而不务学。渤海④吴君彦律,有志于学者也,方求举于礼部,作《日喻》以告之。

文章通过两个比喻来阐明求"道"之法。一个比喻是"盲人识日"。它巧妙地说明人们求"道"必须从亲身实际接触中去获得,光听别人讲讲是很容易产生只求一点、不及其馀的片面性的。这就叫"道可致而不可求","道"从亲身体验中去自然获得,而不能强求。另一个比喻是"北人学没"。它生动地说明了实践的重要性,如果光知道一些道理,就轻率从事,那是必然要碰壁的。人们求"道",必须通过艰苦的学习和反复的实践,这就叫"学以致其道"。苏轼所说的"道",包括人们对于自然和社会发展变化的总认识和最高概括,由于他的哲学思想具有"杂学的特点",他提出的"道不可求"、"莫之求而自至"的命

---

① 这几句说,一般论"道"的人,或者只是就他看到的那一部分而称之为"道",或者根本未曾看见"道"而只凭主观的臆测,这都是硬求"道"的弊病。
② 涉:步行过河。
③ 以声律取士:用诗赋取士。
④ 渤海:唐代郡名,郡治在今山东阳信。

题,就带有一定的神秘色彩;"学以致其道"的论点,也含有对王安石改革科举制度的敌意。但是,这篇短文又具有朴素的唯物主义和辩证法因素,在认识论和方法论方面给我们很大的启示;至于苏轼对后辈循循善诱、谆谆教诲的精神也是可取的。

元丰二年(1079),在湖州。这年七月七日,苏轼到湖州任上还不及三个月,在晾晒自己所藏书画时,发现他的表兄文同所绘赠的一幅《筼筜谷偃竹》。这时文同死去已经半年,苏轼睹物思人,掩卷痛哭,写了《文与可画筼筜谷偃竹记》一文,以抒发对这位至亲好友的悼念之情。文章的第一段说:

> 竹之始生,一寸之萌①耳,而节叶具焉;自蜩蝮蛇蚹②,以至于剑拔十寻③者,生而有之也。今画者乃节节而为之,叶叶而累④之,岂复有竹乎?故画竹必先得成竹于胸中,执笔熟视,乃见其所欲画者,急起从之,振笔直遂⑤,以追其所见,如兔起鹘落⑥,少纵则逝矣。与可之教予如此。予不能然也,而心识其所以然。夫既心识其所以然,而不能然者,内外不一,心手不相应⑦,不学之过也。故凡有见于中,而操之不熟者,平居自视了然,而临事忽焉丧之,岂独竹乎?

---

① 萌:指竹的嫩芽。
② 蜩蝮:蝉翼。蛇蚹:蛇蜕皮。这句指竹初生时包在笋外的笋壳,像蝉翼、蛇皮会蜕去一样。
③ 寻:古时八尺为寻。
④ 累:添加。
⑤ 振笔直遂:挥笔一气呵成。遂,完成。
⑥ 兔起鹘落:兔子才起来而鹘已搏击下去。比喻下笔迅捷。
⑦ "内外"两句:"内外不一"即"心手不相应",心里虽已认识,手上却不能达到。

流传至今的成语"成竹在胸"就来源于此。这里提出了我国绘画理论中关于"神似"和"形似"的著名论点，也就是说，艺术家对于客观事物，不应零敲碎打地去追求一枝一叶的简单摹拟，而应该从整体上去突出事物的精神。因此，画竹必须先在胸中酝酿出完整的竹子神韵形态，然后才能落笔，也才能达到神形兼备的艺术造诣。文同是北宋的著名画家，擅长墨竹，也当过湖州知州，因而人们把他所开创的画派称作"文湖州竹派"。上述见解，正是这一画派艺术经验的总结，在我国绘画史上有着深远的影响。

苏轼是这一画派的重要成员。虽然他自谦"心识其所以然而不能然"，实际上他的竹石枯木画达到很高的水平。今存传为他遗画的有《竹石图》《枯木怪石图》等。黄庭坚《题子瞻枯木》说："折冲儒墨阵堂堂，书入颜杨鸿雁行。胸中元自有丘壑，故作老木蟠风霜。"说他在学术上能调停儒墨两家，自立堂堂之阵，他的书法又能和颜真卿、杨凝式比肩并行，他的胸中原有许多画境，随笔一挥就能画出风霜老木来。苏轼之所以爱画竹石枯木，主要是借以表达自己高傲不屈的个性。他在通判杭州时写的《於潜僧绿筠轩》诗中说："可使食无肉，不可居无竹。无肉令人瘦，无竹令人俗。人瘦尚可肥，士俗不可医。"他对随人俯仰、毫无节操的庸俗习气十分厌恶。他后来在郭祥正家的墙壁上醉中画了一幅竹石画，他有诗写道："空肠得酒芒角出，肝肺槎牙生竹石。森然欲作不可回，吐向君家雪色壁。"（《郭祥正家醉画竹石壁上，郭作诗为谢，且遗二古铜剑》）就是说，他的竹石是他胸中不吐不快的块垒，是他的锋芒和不平，是他的化身！

文学创作和作家的生活实践息息相关。综上所述，苏轼在杭州、密州、徐州等地，由于离开了中央朝廷内部的无休无止的党争，在政治上留下了斐然可观的成绩，在文学上也获得令人瞩目的丰收。看来，离开朝廷的外任倒是他施展经时济世抱负的地方，也是他更广泛地接触生活从而更充分地发挥他的艺术创作力的地方。只是在湖州任上只有三个月，一时被烦琐的公务所困，如他自我解嘲的那样，"吴兴太守老且病，堆案满前长渴睡"（《王巩清虚堂》），使他来不及对创作投入更多的精力。但他仍想为湖州的山山水水放声歌唱，他说："顾我无足恋，恋此山水清。新诗如弹丸，脱手不暂停。"（《次韵答王巩》）然而，一场严重的政治打击破灭了他这个创作愿望。

原来，苏轼无法完全超然于中央朝廷的斗争之外。应该指明，在从熙宁二年（1069）到元丰八年（1085）长达十六年的王安石变法的推行期中，又以熙宁九年（1076）王安石第二次罢相为标志，新法逐渐失去打击豪强兼并势力的势头，只是着力于改革官制和强化军队、保甲，一场变法和守旧的斗争部分地变成了封建宗派的倾轧和报复，性质已有所变化；而且，新法又只能依赖腐朽的封建官僚机器来推行，因此，王安石主观上的"良法美政"在实践中也部分地变成了"扰民"的工具。

苏轼在外地任职期间，对新法一方面还能利用他认为有利的一面，如通判杭州时，"四方行青苗、免役、市易，浙西兼行水利、盐法"，他"常因法以便民，民赖以少安"（《东坡先生墓志铭》）；在密州施行免役法时，他虽反对地方官吏"以免役为名，实欲重敛"，但又用"宽剩钱"①购买民田来招募役人，"民甚便之"（《论给田募役状》）。另一方面，他更多地看到了新法推行中的流弊，成为他反对新法的主要内容。如在密州时写的《上韩丞相（韩绛）论灾伤手实书》，讲到"方田均税之患，行道之人举知之"，税之不均，来由已久，"今乃用一切之法，成于期月之间，夺甲与乙，其不均又甚于昔者"。这也并非无的放矢。本来，丈量全国土地来均平赋税负担，这在封建官僚制度下是无法真正实现的幻想。而新法的这种流弊，决不能看作是个别的偶然的事

---

① 王安石的免役法规定，民户除交"免役钱"外，在定额之外另加十分之二的"免役宽剩钱"，归地方存留，以备灾荒、拖欠。

件,而是与封建官僚制度的腐朽性相联系的。

对此,苏轼除了上书责难以外,还"缘诗人之义,托事以讽,庶几有补于国"(《东坡先生墓志铭》),写了一些讽刺新法的诗文。而正是这些诗文,几乎断送了他的生命。

六、乌台诗案①

元丰二年（1079）七月二十八日，御史台的官吏皇甫遵②奉命从汴京赶到湖州衙门，当场逮捕了苏轼。目击者说："顷刻之间，拉一太守，如驱犬鸡。"③真是祸从天降。

这是怎么一回事呢？原来从六月以来，权监察御史里行（权，代理；里行，见习）何正臣、舒亶，国子博士（教育管理机关和最高学府的官员）李宜，权御史中丞（御史台代理长官）李定等人曾先后四次上章弹劾苏轼。他们摘出苏轼的一些诗文认为是"讥讽文字"，"愚弄朝廷"，"指斥乘舆（皇帝的代称）"，"无尊君之义，亏大忠之节"。宋神宗随即下令御史台审理。这就是闻名于世的"乌台诗案"。

当时御史们作为主要"罪证"材料的《苏子瞻学士钱塘集》三卷今已不传，但从现存宋人朋九万《东坡乌台诗案》、周紫芝《诗谳》和清人张鉴的《眉山诗案广证》等所录被指控为攻击新法的几十首诗文来看，主要有三种情况：

（一）原作与新法无关，纯属穿凿附会，罗织诬陷的。例如《八月十五日看潮五绝》之四："吴儿生长狎涛渊，冒利轻生不自怜。东海若

---

① 乌台：即御史台。《汉书·朱博传》记御史台中有柏树，乌鸦数千栖居其上，因称御史台为"乌台"。
② 皇甫遵，一作皇甫僎。
③ 孔平仲《孔氏谈苑》卷一《苏轼以吟诗下吏》条。

知明主意,应教斥卤①变桑田。"舒亶第一个指责此诗是攻击"陛下
(神宗)兴水利"的,后来竟据以定案。其实,这首绝句的本意是明白
畅晓的。苏轼在狱中供词里说:"弄潮之人,贪官中利物(彩物),致其
间有溺而死者。"又原诗自注说:"是时新有旨禁弄潮。"这都是可信
的。后两句诗是说:东海龙王假如领会神宗禁止弄潮的旨意,应该
把沧海变为桑田,让弄潮儿得以耕种自食,免得他们再去"冒利轻
生"。舒亶们片面摘出后两句诗,说是攻击农田水利法,而且攻击的
矛头是"明主",完全是蓄意陷害。

　　(二)原作确有反对新法的内容,但又包含着生活真实,反映出
新法流弊的。例如《吴中田妇叹》:

> 今年粳稻熟苦迟,庶见霜风来几时②。
> 霜风来时雨如泻,把头出菌镰生衣③。
> 眼枯泪尽雨不尽,忍见黄穗卧青泥④!
> 茅苫一月陇上宿⑤,天晴获稻随车归。
> 汗流肩赪载入市⑥,价贱乞与如糠粞。
> 卖牛纳税拆屋炊,虑浅不及明年饥。
> 官今要钱不要米,西北万里招羌儿⑦。

---

① 斥卤:盐碱地。这里指海。
② 庶:表示推测。这句说秋季恐怕不几天就到了。
③ 菌:指发霉。衣:铁锈。
④ 忍见:不忍见、岂忍见。
⑤ 茅苫:指茅棚。苫,用草帘子遮盖。
⑥ 赪:红色。
⑦ 官今两句:据《宋史·兵志五》"蕃兵"条,当时西北藩部(羌族)游离于西夏、
　北宋之间,宋朝为争取他们以削弱西夏,采取对其"首领"发放饩钱,对"蕃
　官"支给月薪的办法。苏轼反对此事,并不妥当。

龚黄满朝人更苦^①，不如却作河伯妇^②！

诗的前半篇借一位江南农妇的口吻，诉说淫雨连绵的灾害，"眼枯泪尽雨不尽，忍见黄穗卧青泥"两句，比较真切地刻画出农民忧灾惜稻的心理，有一定的生活气息。当然，前半篇对于天灾严重和农事艰辛的描写，是为了突出后半篇对"钱荒"问题的指责。但钱荒问题确是新法带来的社会经济后果。青苗法用钱收支，免役法要征收免役钱、助役钱、免役宽剩钱，农田水利法要发放贷款，连"西北招羌儿"也得用钱招抚。"卖牛纳税拆屋炊"，"官今要钱不要米"，确是当时的社会真相。作为文学作品，应该给以一定的肯定评价。幸而这首诗为御史台所忽略，未被当作诗案的罪证。

（三）有些反对新法的诗作，是反映他政治思想上的保守方面的。如不满削减封建衙门的"公使钱"，对"公厨十日不生烟"深致愤慨（《寄刘孝叔》）。但这类诗不占诗中的主导地位，而且也根本谈不上应受封建法律的制裁。

就是这样一些诗文，被舒亶们罗织锻炼，甚至严刑逼问，必欲置苏轼于死地而后快。这时苏轼估计自己活不成了，曾写下绝命诗两首托狱卒转交弟弟苏辙，《予以事系御史台狱，狱吏稍见侵，自度不能堪，死狱中，不得一别子由，故作二诗，授狱卒梁成以遗子由二首》之一：

是处青山可埋骨，他年夜雨独伤神。

与君世世为兄弟，又结来生未了因。

---

① 龚黄：龚遂、黄霸，汉代的两个清官。这里指推行新法的官吏，含有讥讽意味。

② 河伯妇：战国魏文侯时，邺地的女巫等人假托"河伯娶妇"以愚弄人民，每年用一女子投入黄河，算是河神之妻，以求平安。事见《史记·滑稽列传》"西门豹治邺"的故事。这里是说不如投河自尽。

诗题反映了"狱吏"对他的虐待逼害,见出政敌们的凶狠;诗句写兄弟诀别,情真意切,凄楚动人。

这时,仁宗妻曹太后、退职宰相张方平以及范镇等元老重臣纷纷出来营救,连变法派中的章惇也为他说情,最后还是退职的王安石说:"岂有圣世而杀才士者乎?"这场轰动一时的诗案就以王安石这样"一言而决",从轻发落①:苏轼被贬往黄州(今湖北黄冈),其他收受苏诗的人也遭到贬谪、罚款的处分。苏轼在出狱时写道:

> 百日归期恰及春,馀年乐事最关身。
> 出门便旋风吹面②,走马联翩鹊啅人③。
> 却对酒杯浑似梦,试拈诗笔已如神。
> 此灾何必深追咎,窃禄从来岂有因④。
> ——《十二月二十八日,蒙恩责授检校水部员外郎、
> 黄州团练副使复用前韵二首》之一

苏轼从八月十八日被捕入狱,十二月二十八日出狱,总共被关押了一百三十天。诗中说"百日",是举成数而言。苏轼在诗中最后两句点出,这场灾祸用不着再去追究过失,此类遭遇在官场里是司空见惯的。苏轼在此诗第二首中明说"平生文字为吾累",但仍不放弃"诗笔",他还要继续倔强地吟咏人生或斥责时弊,这就是他对这场延续了一百多天的冤狱的回答。清人纪昀评此诗"却少自省之意,晦翁(朱熹)讥之是",他们的讥笑并非"是","少自省之意"倒说中了这首诗的主旨。

————————

① 事见周紫芝《诗谳》跋。
② 便旋:迅捷。一说:徘徊。
③ 啅人:朝着人啼叫。
④ 窃禄:窃据官位,无功食禄。做官的谦称。

七、谪 居 黄 州

元丰三年(1080)二月,苏轼到达黄州。他的正式官衔是责授检校尚书水部员外郎、充黄州团练副使,本州安置。水部员外郎本是水部(工部的第四司)的副长官,但检校则是代理或寄衔的意思,并非正任之官;团练副使名义上是地方军事助理官,实际也是挂名的闲职;再加"本州安置",表示不得参与公事,近于流放。苏轼当时的遭际是这样,那心情又是怎样的呢? 他在《初到黄州》诗写道:

自笑平生为口忙①,老来事业转荒唐。

长江绕郭知鱼美,好竹连山觉笋香。

逐客不妨员外置②,诗人例作水曹郎③。

只惭无补丝毫事,尚费官家压酒囊④。

这首自我解嘲的诗,表达了作者对黄州自然环境的赞美,仍想有"补"国"事"的追求,对自己宦途偃蹇则淡然处之。

然而,苏轼很快发现,黄州的实际生活并不像他在诗中所描写

① 为口忙:语意双关,既指因官事和写诗获罪,又指为谋生糊口得咎,并呼应下面的"鱼美"和"笋香"的口腹之美。
② 员外:定额以外的官员。这里指作者任水部员外郎。
③ 梁何逊、唐张籍都曾任水部员外郎之职。
④ 宋代官俸一部分用实物"折支"。这里指将官府酿酒用剩的酒袋来抵数。

的那样平静、安谧。虽然这里远离京城，知州徐君猷对他也颇友善，但他的政治处境仍很险恶。他在给朋友李之仪的信中说："得罪以来，深自闭塞。扁舟草屦，放浪山水间，与樵渔杂处，往往为醉人所推骂，辄自喜渐不为人识。"（《答李端叔书》）透露出忧谗畏讥的心情。另一位朋友陈慥约他去武昌，他婉言谢绝说："恐好事君子，便加粉饰，云：'擅去安置所，而居于别路。'传闻京师，非细事也。"（《与陈季常》）一个个无形或有形的政治陷阱设置在他的周围。

经济上他也十分拮据。在给秦观的信中，他讲起生活困顿的具体情状：每月初一取出四千五百钱，分为三十块，"挂屋梁上，平旦用画叉挑取一块"，即一百五十钱；又以"大竹筒别贮用不尽者，以待宾客"（《答秦太虚书》）。黄州的一位穷书生马正卿替他向官府请来一块数十亩的荒地，他亲自耕种，"下隰种秔稌①，东原莳枣栗②"，以这些收获稍济"困匮"和"乏食"之急（《东坡八首并叙》）。这块荒地在郡城旧营地的东面，因取名"东坡"，他也自号"东坡居士"③。

这个"自号"意味着对白居易晚年"知足保和"思想作风的仰慕④，意味着苏轼思想上的一个重大变化：佛老思想成为他在政治逆境中的主要处世哲学。佛老思想原以清静无为为旨归，但在苏轼身上却起了复杂的作用：一方面，他把生死、是非、贵贱、毁誉视作毫无区别的东西；另一方面，又帮助他观察问题比较通达，在一种旷达态度的背后，坚持对人生的执着和追求。例如：

---

① 隰：低下的湿地。秔：即"粳"；稌：稻。
② 莳：移栽。
③ 居士原是对居家学道的佛教徒的称呼，这里指追求清高、对世事淡泊的人。
④ 洪迈《容斋三笔》卷五《东坡慕乐天》条说："苏公责居黄州，始自称东坡居士。详考其意，盖专慕白乐天而然。"白居易曾在忠州东坡垦地种花。

　　莫听穿林打叶声。何妨吟啸且徐行。竹杖芒鞋轻胜马，①谁怕？一蓑烟雨任平生。②

——《定风波》上阕

　　这个在风雨中"吟啸徐行"的形象，表达了作者处困境而安之若素、把失意置之度外的精神面貌，十分清楚，他的思想武器是佛老哲学。但应说明，苏轼对于佛老思想的吸取，是有所选择和保留的。他这时给友人的信中说："学佛老者，本期于静而达。静似懒，达似放。学者或未至其所期，而先得其所似，不为无害。"意思是"静而达"是可取的，流于懒散和放诞就不好了。他还说，他对"佛书旧亦尝看，但暗塞不能通其妙，独时取其粗浅假说以自洗濯"（《答毕仲举书》）。原来他并不沉溺于玄奥的佛学教义，只是取其所需以保持自己达观的人生态度而已。

　　而且，他并没有放弃经世济时的儒家思想。他在黄州，既手抄《金刚经》，又作《论语说》五卷来阐发孔子的政治思想，"粗有益于世，瞑目无憾"（《与滕达道》）。尤其重要的是，贫困的生活，"垦辟之劳，筋力殆尽"（《东坡八首·叙》）的劳动体验，与下层人物的友好交往（如开酒店的潘丙，卖药的郭遘，无业游民古道耕），使他更接近人民，关心人民。他对"人间行路难，踏地出赋租"（《鱼蛮子》）的景况深致慨叹；在友人处看到一幅《朱陈村嫁娶图》，又使他怀念起徐州，"我是朱陈旧使君③，劝农曾入杏花村。而今风物那堪画，县吏催钱夜打门"（《陈季常所蓄朱陈村嫁娶图二首》之二），仍不改对时弊"托事以

---

① 芒鞋：草鞋。
② 蓑：蓑衣。这句是说，在风雨中披着蓑衣，平生经惯，听其自然。一说，"蓑"字为名词作量词用，指满身烟雨，较胜。可参考本书外编"苏海拾贝"《"一蓑烟雨"和"一犁雨"》。
③ 朱陈村属徐州。苏轼曾任徐州知州。

讽"的作风。当时邻境鄂州（治所在今湖北武昌）贫民生子，"例只养二男一女，过此辄杀之，尤讳养女"，他听到溺婴的具体惨状，"闻之酸辛，为食不下"，写信给鄂州知州朱寿昌要他设法革除这种恶习（《与朱鄂州书》）。黄州也有此风，他出面筹款以备资助，并说："若岁活得百个小儿，亦闲居一乐事也，吾虽贫亦当出十千。"（《东坡志林》卷五）这都说明他和人民的相通之处。

黄州四年多的谪居生活却是苏轼文学创作的又一丰收时期。

在散文方面，前一时期主要是写政论、史论、杂论等议论文字，这个时期则着重发展文学散文和带有文学性的散文，其中尤以随笔、人物小传、题跋、书简成就较高。

随笔，或称笔记小品，原来大都用以客观地记录人物、事件或事物，感怀抒情之作很少。苏轼的随笔（后人辑有《东坡志林》、《东坡笔记》等书）却有许多从日常生活片段的记叙中，抒写一个封建时代落拓不羁的文人的某些情趣。明人王舜俞《苏长公小品》中说"文至东坡真是不须作文，只随笔记录便是文"（见《书天庆观壁》眉批），说中了这类文体的艺术特点：信手点染，不刻意为文，努力在三笔两笔中写出一种情调或一片心境。如《记承天寺夜游》：

> 元丰六年十月十二日，夜。解衣欲睡；月色入户，欣然起行，念无与为乐者。遂至承天寺，寻张怀民。怀民亦未寝，相与步于中庭。
>
> 庭下如积水空明，水中藻、荇交横，盖竹柏影也。
>
> 何夜无月，何处无竹柏，但少闲人如吾两人耳。

简练的叙事，精妙的写景，耐人寻味的抒情和议论，这一切都浓缩在八十四个字之中；而行文仿佛极不经意，更使读者了解作者坦率的个性。又如《游沙湖》（一作《游兰溪》）：

黄州东南三十里为沙湖,亦曰螺师①店。予买田其间,因往相②田得疾。闻麻桥人庞安常善医而聋,遂往求疗。安常虽聋,而颖悟绝人,以纸画字,书不数字,辄深了人意。余戏之曰:"余以手为口,君以眼为耳,皆一时异人也。"疾愈,与之同游清泉寺。寺在蕲水③郭门外二里许。有王逸少④洗笔泉,水极甘,下临兰溪,溪水西流。余作歌⑤云:"山下兰芽短浸溪,松间沙路净无泥,萧萧暮雨子规啼。   谁道人生无再少,君看流水尚能西,休将白发唱黄鸡。"⑥是日剧饮⑦而归。

这里写人物,发感慨。写人物只有简略几笔,记叙庞安常耳聋而聪颖的特点。作者的戏语亦饶风趣:一个靠手写,一个靠眼看,都和平常人不同。后写同游兰溪,作者信口作歌:前三句写景,静谧幽雅;后三句抒慨,说兰溪溪水跟一般溪水东南流向不同,却向西流去,那么,难道人生就不能从白发老年恢复青春吗?白居易"黄鸡催晓"、"白日催年"的诗句,一味讲人们容颜将老、时光易逝,岂不是太消沉了么!而作者却相信,逆境也能转化为坦途的。

用散文写人物,和《史记》等传记文学不同。它很难通过完整的情节和故事来写出人物的全部经历和性格,只能选择一二典型事例来突出人物的某些特征,有时甚至是人物的一些身影,但同样能使读

---

① 螺师:即螺蛳。
② 相:看,视察。
③ 蕲水:在今湖北浠水。
④ 王逸少:王羲之,字逸少,东晋时著名书法家。
⑤ 作歌:苏轼所作这首歌,即《浣溪沙》词。
⑥ 白居易《醉歌示妓人商玲珑》:"谁道使君不解歌,听唱黄鸡与白日。黄鸡催晓丑时鸣,白日催年酉时没。"讲时光流逝,这里反用其意。苏轼另有"黄鸡催晓不须愁"的诗句(《与临安令宗人同年剧饮》)。
⑦ 剧饮:痛饮,畅饮。

者留下难忘的印象。苏轼写庞安常是如此,他的《方山子传》用的也是这个手法。方山子是陈慥的别号,贵公子出身却退栖山林,是苏轼黄州时期过从最密的朋友。他住在距黄州一百多里的岐亭,却访苏轼七次,苏轼访他三次。这篇传记简略地记叙了他隐于黄州一带以及与苏轼会面的情况,着重写他的任侠豪放:

> 独念方山子少时,使酒好剑,用财如粪土。前十有九年,余在岐下①,见方山子从两骑,挟二矢,游西山。鹊起于前,使骑逐而射之,不获;方山子怒马独出,一发得之。因与余马上论用兵及古今成败,自谓一世豪士。今几日耳,精悍之色,犹见于眉间,而岂山中之人哉!

记叙了十九年前的一段往事。那时苏轼在凤翔府做判官,而知府正是陈慥的父亲陈希亮。他对苏轼很器重,陈慥也就跟苏轼订交往来。文中用明快的笔调写了陈慥射鹊的经过,这件事回想起来像是几天前才发生似的,"精悍之色,犹见于眉间",但已快二十年了。这一事例表现了陈慥"一世豪士"的本色,也为苏轼"岂山中之人哉"的推断提供例证。他写出了一个壮志未酬的豪侠形象。怀才不遇的相同心情加深了他们之间的友谊,也使这篇别传写得文短而意深,语简而热情洋溢。当时写的《书刘庭式事》也是这样的人物素描。

他的一些题跋也写得言简意赅,耐人寻味。如《书蒲永昇画后》:

> 唐广明②中,处士孙位③始出新意,画奔湍巨浪,与山石曲

---

① 岐下:岐山,属凤翔府,在今陕西岐山县城东北。这里的岐下即指凤翔。
② 广明:唐僖宗(李俨)的年号。
③ 孙位:唐代画家,擅长人物、松石、墨竹、鹰犬,画水尤为入神。

折,随物赋形①,尽水之变,号称神逸。其后蜀人黄筌、孙知微②皆得其笔法。始,知微欲于大慈寺寿宁院壁作湖滩水石四堵,营度经岁③,终不肯下笔。一日,仓皇入寺,索笔墨甚急,奋袂④如风,须臾而成,作输泻跳蹙⑤之势,汹汹欲崩屋也。知微既死,笔法中绝五十馀年。

这篇文章写于元丰三年(1080)。画家蒲永昇是作者同乡,以画"活水"著名。他的绘画深得孙位、孙知微的神髓。上面这段话即叙及二孙绘画的特点。其中写孙知微创作冲动一段,寥寥几笔,就栩栩如生,有声有色。《文与可画筼筜谷偃竹记》中讲画竹时"急起从之,振笔直遂,以追其所见,如兔起鹘落,少纵则逝矣"。《腊日游孤山访惠勤、惠思二僧》中讲写诗时"作诗火急追亡逋(逃亡者),清景一失后难摹",都是讲创作灵感激发时捕捉形象的急速情景,跟这里可以互相参阅。这类题跋还有《书临皋亭》、《书四戒》、《书所获镜铭》、《题孟郊诗》等。

苏轼的书简以真情坦露、娓娓动人为特色。如:

示及新诗,皆有远别惘然之意。虽兄之爱我厚,然仆本以铁心石肠待公,何乃尔耶!吾侪虽老且穷,而道理贯心肝,忠义填骨髓,直须谈笑死生之际。若见仆困穷便相怜,则与不学道者大不相远矣!兄造道深,中必不尔,出于相爱好之笃而已。然朋友

① 随物赋形:随着碰到的山石形状的不同而得到不同的形态。
② 黄筌:五代时画家,成都人。善花鸟画。孙知微:宋朝画家,眉山人。专工宗教故事画。
③ 营度经岁:酝酿了一年之久。
④ 奋袂:挥臂。袂,衣袖。
⑤ 输泻:指水势直奔而下。跳蹙:指水势奔腾紧迫。

之义,专务规谏,辄以狂言广兄之意尔。虽怀坎壈于时,遇事有可尊主泽民者,便忘躯为之,祸福得丧,付与造物! 非兄,仆岂发此。看讫便火之,不知者以为讦病也。

——《与李公择书》

去岁吴兴仓卒为别,至今耿耿。谴居穷陋,往还断尽,远辱不遗。尺书见及,感怍殊深。比日法体佳胜,札翰愈精健,诗必称是,不蒙见示何也? 雪斋清境,发于梦想。此间但有荒山大江,修竹古木,每饮村酒醉后,曳杖放脚,不知远近,亦旷然天真,与武林旧游未见议优劣也。何时会合? 一笑。惟万万自爱。

——《答言上人》

或忠肝义胆,气节凛然;或高旷豁达,触处得趣,反映出苏轼独特的个性。

抒写政治挫折后的人生感慨是苏轼黄州时期诗歌的主要内容。元丰四年(1081)正月二十日,他去岐亭访陈慥,几位黄州新交潘大临(一说潘彦明)、郭遘、古道耕送他到女王城东禅庄院,他口占一诗:

> 十日春寒不出门,不知江柳已摇村。
> 稍闻决决流冰谷,尽放青青没烧痕。
> 数亩荒园留我住,半瓶浊酒待君温。
> 去年今日关山路,细雨梅花正断魂。

——《正月二十日往岐亭,郡人潘、古、
郭三人送余于女王城东禅庄院》

第二年正月二十日,他和潘、郭二人出郊探春,想起这首诗,又追和道:

> 东风未肯入东门①,走马还寻去岁村。
>
> 人似秋鸿来有信,事如春梦了无痕。
>
> 江城白酒三杯酽②,野老苍颜一笑温。
>
> 已约年年为此会,故人不用赋招魂③。
>
> ——《正月二十日与潘、郭二生出郊寻春,
>
> 忽记去年是日同至女王城作诗,乃和前韵》

第三年正月二十日,他又出东门,追和一首:

> 乱山环合水侵门,身在淮南尽处村。
>
> 五亩渐成终老计,九重新扫旧巢痕。
>
> 岂惟见惯沙鸥熟,已觉来多钓石温。
>
> 长与东风约今日,暗香先返玉梅魂。
>
> ——《六年正月二十日复出东门,仍用前韵》

这三首诗反映了苏轼出世和入世的思想矛盾:既美化黄州的清贫生活,甚至作了终老的打算,又希望再度入仕,摆脱政治逆境,努力有所作为。

他当时写的许多咏物诗,也是自己精神面貌的写照。早在来黄州途中,他对梅花就有特殊的感情:"春来幽谷水潺潺,的砾④梅花草棘间。一夜东风吹石裂,半随飞雪度关山。""何人把酒慰深幽,开自无聊落更愁。幸有清溪三百曲,不辞相送到黄州。"(《梅花二首》)这两首绝句说,梅花在"幽谷"、"草棘"之中盛开,无人赏识;一夜风起,

---

① 东风句:东风未入城门,指城中尚无春色。

② 酽:浓,味厚。

③ 故人句:老友不必设法把我调离黄州贬所。

④ 的砾:鲜明的样子。

随着飞雪散落在道路上。自开自落,开得无聊,落得忧愁。梅花的命运不正是作者的命运吗?到黄州后,他又多次题咏梅花,如《红梅三首》、《和秦太虚梅花》等。

怕愁贪睡独开迟,自恐冰容不入时。

故作小红桃杏色,尚馀孤瘦雪霜姿。

寒心未肯随春态,酒晕无端上玉肌。

诗老不知梅格在,更看绿叶与青枝。

——《红梅三首》之一

这里把梅花人格化,也是苏轼的自我独白。梅花的品格就是斗霜傲雪,即使泛点红色,但冰容玉质未肯迎合时俗。石曼卿的《红梅》诗说:"认桃无绿叶,辨杏有青枝。"他光从没有"绿叶"或却有"青枝"上去辨识梅花,实在不懂得梅花的品格啊!海棠也以其坚贞的品格为苏轼所吟诵。《海棠》诗说:"东风渺渺泛崇光,香雾空蒙月转廊。只恐夜深花睡去,故烧高烛照红妆。"移情于物,情景交融,实际上是以物喻人乃至物我同一。他的另一首海棠诗更明显地表现这一点。《寓居定惠院之东,杂花满山,有海棠一株,土人不知贵也》就写一株苦于"幽独"的"名花"海棠:

江城地瘴蕃草木,只有名花苦幽独。

嫣然一笑竹篱间,桃李漫山总粗俗。

也知造物有深意,故遣佳人在空谷。

自然富贵出天姿,不待金盘荐华屋。

朱唇得酒晕生脸,翠袖卷纱红映肉。

林深雾暗晓光迟,日暖风轻春睡足。

雨中有泪亦凄怆,月下无人更清淑。

海棠跟繁生的草木和粗俗的桃李相比,更显得高洁非凡;而其高洁出于自然,不靠华堂金盘来抬高身价。它宛如一位春睡未醒的美人,淡红是她的酒晕,绿叶是她的纱袖。一旦醒来,清泪满面,月下孤独,怀抱着无穷的愁思。以下转写作者访海棠,发出花的"绝艳"和人的"衰朽"的深沉感叹。他又推测这海棠大概从西蜀移来,黄州"陋邦"不会有此"名花"。如此说来,我们都是天涯漂泊者:"天涯流落俱可念,为饮一樽歌此曲。明朝酒醒还独来,雪落纷纷那忍触!"想到明晨酒醒,花叶纷谢,那又怎能叫人禁受?苏轼从海棠的品格和命运中看到了自己。

他这时期写的一些小诗也精致流丽。如《东坡》:

> 雨洗东坡月色清,市人行尽野人行。
> 莫嫌荦确坡头路,自爱铿然曳杖声。

诗中所写雨后情趣旁人无法领会,独有诗人赏玩不已,坦率地展示了他洒脱的胸怀。

黄州时期的词作,也以抒写贬谪后的人生感慨为主,进一步发展诗词内容相通的趋向。如《临江仙·夜归临皋》:

> 夜饮东坡醒复醉,归来仿佛三更。家童鼻息已雷鸣。敲门都不应,倚杖听江声。　　长恨此身非我有,何时忘却营营?夜阑风静縠纹平。小舟从此逝,江海寄馀生。

前半首记叙作者从东坡醉归的情景,后半首即从江声引起感慨。自己总为名缰利锁所扰,不能真正主宰自己。值此夜深风静浪平之际,不禁顿生遐想:不如一叶扁舟,遨游江海,以终馀年。作者想用退隐来解脱政治上的苦闷。后两句原是假想之词,不料引起了一场误会。

据说,第二天谣传苏轼真的已"挂冠服江边,拏舟长啸去矣!"这就吓坏了知州,因他当时是个被看管的"罪人"。知州急忙赶到苏轼住处,结果发现他"鼻鼾如雷犹未兴(起床)也"(叶梦得《避暑录话》卷上)。

苏轼在诗中以梅花、海棠自喻,在词中也托物寄慨。如《卜算子·黄州定惠院寓居作》:

> 缺月挂疏桐,漏断人初静。时见幽人独往来,缥缈孤鸿影。　　惊起却回头,有恨无人省。拣尽寒枝不肯栖,寂寞沙洲冷。

这孤鸿就是苏轼的化身:他也有悲恨无人领会,他也品格高傲不肯随世浮沉。

苏轼的上述词作写得高旷洒脱,而另一些词作则更多地表现为豪迈雄放。寄给鄂州知州朱寿昌的《满江红》,开头写长江汉水,"江汉西来,高楼下,葡萄深碧。犹自带岷峨雪浪,锦江春色",雄健壮阔,大笔如椽;后面凭吊历史人物,"不独笑书生争底事,曹公、黄祖俱飘忽",三国时"书生"祢衡不容于曹操,又为江夏太守黄祖所杀,但他们俱成过去,只供后人感叹而已。《水龙吟》记作者梦中渡长江,回望黄州栖霞楼中歌舞杂作的景况:"小舟横截春江,卧看翠壁红楼起,云间笑语,使君高会,佳人半醉。危柱哀弦,艳歌徐响,绕云萦水。"写楼高人众,场面豪华,别是一副笔墨。再看《水调歌头·黄州快哉亭赠张偓佺》词。快哉亭是张偓佺(字梦得)所建,苏轼以战国宋玉《风赋》中"快哉,此风"句而命名,又由苏辙作记的。此词前半首写新亭落成及其周围景色,后半首说:

> 一千顷,都镜净,倒碧峰。忽然浪起,掀舞一叶白头翁。堪笑兰台公子,未解庄生天籁,刚道有雌雄。一点浩然气,千里快哉风!

后面从"风"发出议论：宋玉硬把风分成"大王之雄风"和"庶人之雌风"，其实风正像庄子所说是"天籁"，即自然的神妙之音，宋玉却不理解。只要胸中有"浩然正气"就能享用这"快哉之风"，何必一定要说成"大王之雄风"、普通人不能享用呢？这段议论固然为了切合"快哉亭"的题意，却与宋玉《风赋》的见解完全相反。苏轼否认"大王"、"庶人"的贵贱界限，强调"浩然正气"的崇高地位，正是他的思想境界高出宋玉的地方。这些作品应属豪放词，但最有代表性的还是那首流传千古的《念奴娇·赤壁怀古》。这在后面要作详细介绍。

但这时期他也写婉约词。《水龙吟·次韵章质夫杨花词》①就是有名的婉约作品：

似花还似非花，也无人惜从教坠。抛家傍路，思量却是，无情有思。萦损柔肠，困酣娇眼，欲开还闭。梦随风万里，寻郎去处，又还被、莺呼起。　　不恨此花飞尽，恨西园、落红难缀。晓来雨过，遗踪何在？一池萍碎②。春色三分：二分尘土，一分流水。细看来，不是杨花，点点是离人泪。

章质夫名楶，他有一首《水龙吟·柳花》词。苏轼全照他的原韵及用韵次序填了此词。王国维《人间词话》卷上说："东坡《水龙吟·咏杨花》和韵而似原唱；章质夫词，原唱而似和韵，才之不可强也如是。"应该说，章质夫的杨花词，描摹杨花情状，也很逼真，但苏轼此词确实没有一般和韵作品常有的凑韵牵合的毛病。全词以杨花比思妇，字

---

① 据《苏轼文集》卷五五《与章质夫》，知此词应作于苏轼黄州时期。

② 一池句：旧有杨花入水化为浮萍的说法。陆佃《埤雅·释草》："世说杨花入水化为浮萍。"苏轼《再次韵曾仲锡荔支》："柳花着水万浮萍。"并自注云："柳至易成，飞絮落水中经宿即为浮萍。"苏轼在此词"一池"句下也自注云："杨花落水为浮萍，验之信然。"

字摹写杨花之状,又处处曲尽思妇之情。物和人两者若即若离,不即不离,把思妇的满腔哀怨,借杨花渲染得淋漓尽致。赋物还是为了言情。

这首词在抒情艺术上达到很高的成就。它虽然是对传统游子思妇题材的拟作,又属应酬唱和性质,但也曲折委婉地抒发了他贬谪生活中哀怨和清苦的一面,思妇与杨花固然合而为一,而在思妇、杨花的身上也分明有东坡一己的影子。

八、三 咏 赤 壁

　　黄州城西北长江之滨，有座红褐色石崖，形状像个鼻子，因称赤鼻山或赤鼻矶①；又因崖石屹立如壁，也称赤壁。赤壁之下，江面开阔，苏辙《黄州快哉亭记》说"波流浸灌，与海相若"。赤壁之上，又有栖霞楼、竹楼、月波楼、涵辉楼等建筑，因此，这是个观赏江景的游览胜地。从唐代以来的诗文中，又有意无意地把它和三国时赤壁之战的古战场牵连在一起，因此，这又是个凭吊古迹的地方。

　　苏轼在黄州经常来赤壁矶头游览，或登楼眺望，或泛舟江中。《南乡子》（霜降水痕收）、《醉蓬莱》（笑劳生一梦）、《西江月》（点点楼头细雨）以及前面提到的《水龙吟》（小舟横截春江）等，都是与赤壁有关的词作，此外还有不少诗文。

　　元丰五年（1082），苏轼又来到赤壁。这时他已年近半百，站在矶头，望着滚滚东去的江水，想起自己建功立业的抱负也付之流水，不禁俯仰古今，浮想联翩，名作《念奴娇·赤壁怀古》大概是此年所写：

　　　　大江东去，浪淘尽、千古风流人物。故垒②西边，人道是、三
　　国周郎赤壁。乱石穿空，惊涛拍岸，卷起千堆雪。江山如画，一
　　时多少豪杰。　　遥想公瑾当年，小乔③初嫁了，雄姿英发。羽

---

① 矶：水边突出的崖石。
② 故垒：旧时的营垒。
③ 小乔：周瑜之妻。其姐大乔，吴国国主孙策之妻。

扇纶巾①,谈笑间,樯橹[强虏]灰飞烟灭。故国神游,多情应笑我,早生华发。人生如梦,一樽还酹②江月。

东汉建安十三年(208),曹操在初步统一北方后,率军二十馀万南下,攻伐东吴。东吴孙权同蜀汉刘备相联合,以五万兵力,火烧赤壁,大破曹军,奠定了魏、蜀、吴三国鼎立的局面。这是我国历史上以弱胜强的著名战例。东吴方面的统帅就是年仅三十四岁的周瑜。但是,当年作战的赤壁,不在黄州,而在黄州以西③。对黄州赤壁是否是三国赤壁,苏轼也多次表示怀疑④,因此,词中用了"人道是"三字,不加肯定。(在《前赤壁赋》中也用怀疑口吻:"此非曹孟德之困于周郎者乎?")然而,追忆周瑜当年叱咤风云、指挥若定的儒将风采,自己困顿失意的生涯,心头郁结,何妨联系起来一抒苦闷。

词的开头两句说,历史上的英雄人物已成过去,像是沙砾被江水所淘汰那样,既写景又吊古,展示出整首词兼写江山和人物而以人物为主的基本线索。接着先写"如画"的"江山":山是峭拔高峻的山,水是汹涌澎湃的水。江景山色,千古常新,历史人物真的从人们的心目中消逝了么?没有,他们的英雄业绩也是永存的。后半首就展开对周瑜形象的着力描绘:写他的美满姻缘,写他的少年英俊,尤其是赤壁之战中,他的服饰表示了风度的闲雅,他的"谈笑"显示出胸有韬略,"樯橹灰飞烟灭"六个字概括了一场恶战,突出了战事的顺利和战果的辉煌。"故国神游"以下就转写自己的感慨。自己凭吊古迹,心

---

① 纶巾:用丝带做的头巾。羽扇纶巾:指便装而非戎服,形容风度潇洒。魏晋时儒将已常作此装束,不必泥指诸葛亮。

② 酹:以酒洒地,表示祭奠。

③ 有湖北嘉鱼、蒲圻、武昌等不同说法。

④ 《东坡志林》卷四《赤壁洞穴》条:"黄州守居之数百步为赤壁,或言即周瑜破曹公处,不知果是否?"又《与范子丰书》说:"黄州少西,山麓斗入江中,石室如丹。传云曹公败所,所谓赤壁者,或曰非也。"

情激动,该笑我自作多情吧,这满头白发就是多情的明证。人生犹如一场大梦,不如借酒祭奠江月,暂纾愁闷。这首词的内容是矛盾复杂的:既有对祖国壮丽河山的热情礼赞,对建树功业的英雄人物的衷心倾慕,又有人生如梦的消沉感喟。然而,这首词的基调是积极的,追求理想的精神胜过了消极的思想。因为构成整个词境的主要形象是瑰丽的江景,英姿勃发的周瑜,正是这些产生了几百年来激动人们的艺术魅力。

这年七月十六日和十月十五日,苏轼又两次舟游赤壁之下的长江,写了著名的《前赤壁赋》和《后赤壁赋》。

赋原是从《楚辞》发展而成的传统诗体之一。经过"汉赋"、魏晋时的"抒情小赋"直到唐代"律赋"的曲折发展,赋的创作颇为沉寂。发展到宋朝,逐渐走向散文化;但仍适当运用传统赋的铺张排比的手法,讲究词采,杂以骈偶韵语,成为一种类似散文诗的赋。试看苏轼的《前赤壁赋》:

> 壬戌①之秋,七月既望②,苏子与客泛舟游于赤壁之下。清风徐来,水波不兴。举酒属客③,诵《明月》之诗,歌《窈窕》之章④。少焉,月出于东山之上,徘徊于斗、牛⑤之间。白露横江,水光接天。纵一苇⑥之所如,凌万顷⑦之茫然。浩浩乎如凭虚御风⑧,

①　壬戌:元丰五年(1082)。
②　既望:阴历每月的十六日。
③　属客:向客人敬酒。
④　《明月》之诗,《窈窕》之章:指《诗经·陈风·月出》篇。
⑤　斗、牛:斗宿与牛宿。可参见本书外编"苏海拾贝"《"徘徊于斗牛之间"释疑》。
⑥　一苇:比喻小船。
⑦　万顷:形容江面宽广。
⑧　凭虚御风:腾空驾风而行。

而不知其所止;飘飘乎如遗世独立①,羽化而登仙②。

这是第一段,写夜游长江时的所见所感。在介绍时间、地点和人物以后,就转写江上美景,清风和明月交织,霜珠和水光相辉;还记叙作者在美景中所产生的快感:驾着风飞行,像神仙飞入仙境。

　　　于是饮酒乐甚,扣舷而歌之。歌曰:"桂棹兮兰桨,击空明兮泝流光③。渺渺兮予怀,望美人兮天一方④。"客有吹洞箫者,倚歌而和之⑤。其声呜呜然,如怨如慕,如泣如诉;馀音袅袅,不绝如缕⑥;舞幽壑之潜蛟⑦,泣孤舟之嫠妇⑧。

这是第二段。前面几句是承接上文,写饮酒放歌,壮怀逸兴;后面却写客人吹箫,其声凄厉,气氛陡然从乐转悲。这是一、三两段间的过渡。

　　　苏子愀然,正襟危坐而问客曰:"何为其然也?"客曰:"'月明星稀,乌鹊南飞'⑨,此非曹孟德之诗乎? 西望夏口⑩,东望武

---

① 遗世独立:抛开人世,了无牵挂。
② 羽化:成仙。登仙:飞入仙境。
③ 击空明:指船桨击打着清澈的江水。泝流光:指船在浮动着月光的水面上逆流而进。
④ 美人:古人常用来作为贤君圣主或美好理想的象征。天一方:指"美人"在遥远的地方。
⑤ 倚歌而和之:配着歌声吹箫。
⑥ 不绝如缕:指馀音悠扬不绝,宛如细丝一般。
⑦ 舞幽壑之潜蛟:(箫声)使潜伏在深渊里的蛟龙飞舞起来。
⑧ 泣孤舟之嫠妇:使在孤舟上的寡妇哭泣起来。
⑨ 这是曹操《短歌行》里的诗句。
⑩ 夏口:城名,故址在今武汉市黄鹄山上。

昌①,山川相缪②,郁乎苍苍,此非孟德之困于周郎者乎? 方其破荆州③,下江陵,顺流而东也,舳舻千里,旌旗蔽空,酾酒临江,横槊赋诗,固一世之雄也,而今安在哉? 况吾与子渔樵于江渚之上,侣鱼虾而友麋鹿;驾一叶之扁舟,举匏尊以相属④。寄蜉蝣于天地⑤,渺沧海之一粟。哀吾生之须臾,羡长江之无穷。挟飞仙以遨游,抱明月而长终⑥。知不可乎骤得,托遗响于悲风。"

第三段写客人的答话,解释他箫声悲凉的原因。前面先写客人对历史人物的怀念。《念奴娇·赤壁怀古》写了周瑜,然而他的对手曹操不也是"一世之雄"吗? 当他率大军东下,对着长江"横槊赋诗",又是何等的气概啊! 但是,历史毕竟已成过去。后面即写客人对人生短促渺小的感叹,他于是通过箫声表现了自己的悲哀。

苏子曰:"客亦知夫水与月乎? 逝者如斯,而未尝往也;盈虚者如彼,而卒莫消长也⑦。盖将自其变者而观之,则天地曾不能以一瞬;自其不变者而观之,则物与我皆无尽也,而又何羡乎? 且夫天地之间,物各有主,苟非吾之所有,虽一毫而莫取。惟江上之清风,与山间之明月,耳得之而为声,目遇之而成色,取之无禁,用之不竭,是造物者之无尽藏也,而吾与子之所共适。"

————————

① 武昌:今湖北鄂城县(不是今武昌市)。
② 相缪:互相盘绕。
③ 方:当。荆州:郡名,治所在今湖北江陵。
④ 匏尊:葫芦做成的酒器。属:敬酒。
⑤ 寄蜉蝣于天地:像蜉蝣那么短促地寄生在天地之间。
⑥ 这句说,同明月一起长存。
⑦ "逝者"几句:不断流去的水,像这样不断地流,而其实没有流去;时圆时缺的月亮,像那样不断地变化,却到底没有一点增减。

这是第四段,写主人的劝慰。主人认为客人悲哀的产生是由于把人生的短促渺小看成不变的缘故。其实,无论是物,无论是我,都既有变的一面,又有不变的一面。从变的角度看,天地万物就连一眨眼的工夫都不能保持不变;从不变的角度看,万物和人类都是永久存在的,又何必羡慕那长江和明月呢? 同时,江上的清风和山间的明月,是"取之无禁,用之不竭"的,人们完全可以在大自然的怀抱中陶然自适。这样,对人生对宇宙都能保持旷达乐观的态度,从悲观失望中解脱出来。这是本文的主旨所在。

客喜而笑,洗盏更酌①。肴核②既尽,杯盘狼藉③。相与枕藉④乎舟中,不知东方之既白⑤。

这第五段是尾声,写客人转悲为喜,一起畅饮酣睡,直到天明。

全篇从乐到悲,又以乐作结。主客间的长篇对话,实际上是苏轼内心世界的独白,反映出他自己感情的三个起伏:先从江山美景中表现作者给逗引起的"羽化而登仙"的超然之乐;继从对历史人物兴亡的凭吊,跌入现实人生的苦闷;最后仍从眼前景物立论,阐发了"变"与"不变"的哲理,在旷达中得到摆脱。苏轼的这种思想感情,对于一部分政治上失意的封建士大夫来说,具有一定的典型性,使他们在受到政治打击后仍不厌世,保持乐观的精神;但另一方面也会导致纵情山水、得过且过的避世倾向。其中所讲的哲理,受了佛老思想的影响,在既承认"变"又承认"不变"的二元论背后,核心仍然是"不

---

① 洗盏更酌:洗杯重饮。
② 肴核:菜肴和果品。
③ 狼藉:杂乱。
④ 枕藉:枕头和垫褥。这里作动词用。
⑤ 既白:天色已经发白。

变"，是"物与我皆无尽也"，其实质属于形而上学，并不是对事物运动变化的正确解释。这篇赋在艺术上达到很高的造诣，但对浸透其中的消极因素则应从历史具体条件去认识和理解。

《后赤壁赋》写重游赤壁。距离前次只有三个月，"霜露既降，木叶尽脱，人影在地，仰见明月"，苏轼又和两位客人泛舟江中。然而，一样风月，两种境界。前赋是"清风徐来，水波不兴"，"白露横江，水光接天"，字字秋色；后赋是"江流有声，断岸①千尺，山高月小，水落石出"，句句冬景。后赋还写了前赋没有写到的登山情景："予乃摄衣②而上，履巉岩，披蒙茸③，踞虎豹④，登虬龙⑤，攀栖鹘之危巢⑥，俯冯夷之幽宫⑦"，"划然长啸，草木震动，山鸣谷应，风起水涌"，渲染出可惊可怖的气氛，与前赋风月水光的幽静，恰成鲜明的对照。后赋还写了道士化鹤的幻觉，迷离恍惚，带有比前赋更为浓重的虚无缥缈的色彩，更多地反映了作者贬谪时的悲凉心情和对超尘绝俗的追求。

前后《赤壁赋》在我国文学艺术史上有着深远的影响。它为以后的戏曲、绘画、雕塑等提供了创作题材。戏曲如元代无名氏《苏子瞻醉写赤壁赋》杂剧，明代许潮《赤壁游》、沈采《苏子瞻赤壁记》传奇等。宋代画家李公麟、明代画家唐寅都画过苏轼舟游赤壁的画，其他画家也有。明代魏学洢的《核舟记》生动地记载了民间雕刻家王毅（字叔远）所刻"核舟"的惊人技艺，也是以"大苏泛赤壁"为内容的。连《红楼梦》第七十六回里"凸碧堂品笛感凄清"，也受了《前赤壁赋》艺术境界的影响。

---

① 断岸：陡峭的江岸。
② 摄衣：撩起衣裳。
③ 披蒙茸：拨开稠密纷繁的山草。
④ 踞虎豹：蹲坐在像虎豹一样的山石上。
⑤ 登虬龙：攀着像虬龙一样弯曲的古木。
⑥ 危巢：高高的鸟巢。
⑦ 冯夷：水神名。幽宫：深宫。

苏轼在赤壁的创作活动,给赤壁增添了光彩,清人就干脆把黄州赤壁命名为"东坡赤壁",并镌刻在建筑物的门额上,由此名满天下。直到今天,在黄冈东坡赤壁,仍有"二赋堂"、"酹江亭"、"坡仙亭"等名胜,还有传为苏轼遗墨的《念奴娇·赤壁怀古》、《前赤壁赋》以及历代名家书写的苏轼词赋。这都是对苏轼在赤壁活动的历史纪念。

九、调赴汝州

　　元丰七年(1084)四月,苏轼改授汝州(治所在今河南临汝)团练副使,本州安置,于是告别了黄州。他说:"长腰尚载撑肠米,阔领先裁盖瘿①衣。投老江湖终不失,来时莫遣故人非。"(《别黄州》)意思说,黄州的"长腰米"还留在肚中,汝州流行大脖子病,我已预先准备好领子阔大的衣服;我总不会老死江湖不被起用,未来的岁月好自为之,免得老友们非议。在给陈慥的诗中,他更高唱着"愿为穿云鹘,莫作将雏鸭②"(《岐亭五首》之五)的抱负。他仍怀有积极入世的勇气和信心,与《念奴娇·赤壁怀古》的基调是一致的。

　　在赴汝州途中,他游览了庐山,寻访了大半的奇胜异迹,留下不少佳作:

　　　　横看成岭侧成峰,远近高低各不同。

　　　　不识庐山真面目,只缘身在此山中。

——《题西林壁》

这首哲理诗,似是他游山观感的总结。它从庐山景物特点中引出一个认识事物的道理:从不同角度只能看到山的不同的局部,局中人

---

①　瘿:脖上肿瘤。
②　将雏鸭:带领小鸭的母鸭。

反而看不清事物的真相和全貌，也就是说，人的认识由于认识条件的限制而具有局限性。

接着他到了湖口（今江西湖口），写了又一篇有关认识论的作品《石钟山记》。石钟山命名的含义引起了他的兴趣，他对前人的两种主要解释都表示怀疑。一种解释说，山脚下有深潭，水石相击，声如洪钟，因而得名。苏轼反驳说："今以钟磬①置水中，虽大风浪不能鸣也，而况石乎？"另一种解释说，因为这里有两块石头，敲击时发音类似钟声之故。苏轼又反驳说："石之铿然有声者，所在皆是也，而此独以'钟'名，何哉？"而且他亲自听了敲击这两块石头的声音，跟一般石头并无异样。于是，他亲自乘舟夜访石钟山。高高的山石好像猛兽奇鬼，在夜间更显得阴森可怖；栖息在山上的大雕不时发出怪叫声，令人毛骨悚然。苏轼正想返回，突然，"大声发于水上，噌吰②如钟鼓不绝，舟人大恐。徐而察之，则山下皆石穴罅，不知其浅深，微波入焉，涵澹③澎湃而为此也"。原来山下的石头都有洞孔和裂缝，水波冲入，才发出像钟鼓的声音。不仅如此，当船行到两山之间时，"有大石当中流，可坐百人，空中而多窍，与风水相吞吐，有窾坎镗鞳④之声，与向⑤之噌吰者相应，如乐作焉"。这块可坐百人的大石头也因同样原因而发出钟鼓一类声音。两种声音互相共鸣，才合成响亮厚重的钟声，犹如奏乐一般。苏轼恍然大悟，这才是石钟山命名的来由。他得出结论说："事不目见耳闻而臆断其有无"，是不可能取得正确认识的。虽然石钟山命名的含义后人又提出比苏轼更较合理的解释，但他的这个结论仍然是颇有启发性的。

---

① 磬：古代一种用玉或石制成的乐器。
② 噌吰：响亮厚重的声音。
③ 涵澹：大水流动的样子。
④ 窾坎：击物声。镗鞳：钟鼓声。
⑤ 向：刚才。

身在山中反而看不清山的全貌,光凭"臆断"连一座山的命名原由也无法了解,世上的万事万物都有一个反复认识的过程,那么,对新法不也应该如此吗?苏轼在长期的地方官任上,逐渐认识到新法的精神实质只不过是用裁抑少数豪强兼并势力的某些利益的办法,来巩固整个地主阶级专政,这本来是他完全可以接受的;同时他又看到新法虽有流弊又有某些可以"便民"的地方。早在被贬黄州时,他曾给变法派章惇写信:"追思所犯(指反对新法),真无义理,与病狂之人蹈河入海者无异"(《与章子厚书》),表示出他思想认识的变化;后来又写信给朋友滕元发说:"盖谓吾侪新法之初,辄守偏见,至有异同之论。虽此心耿耿,归于忧国,而所言差谬,少有中理者。今圣德日新,众化大成,回视向之所执,益觉疏矣。"(《与滕达道》)他承认了自己反对新法的"差谬"、"少有中理"。他正是带着这种认识,加上对王安石"道德文章"的一贯仰慕,会见了罢相八年的王安石。

七月,他抵达金陵(今江苏南京)。病中的王安石"野服乘驴,谒于舟次"(朱弁《曲洧旧闻》卷五),又在蒋山(今紫金山)住处几次接待他。苏轼激励王安石应出面阻止吕惠卿的一些不当措施,如对西夏连年用兵,在东南一带大兴刑狱,王安石表示同意;王安石则请他重修《三国志》,大概是因为苏轼曾认为《三国志》的裴松之注很有史料价值,应该编入正史,王安石也有同感的缘故。两人宴饮赏花,留连忘返,友谊取代了旧嫌(朱弁《曲洧旧闻》卷五)。苏轼在《次荆公韵四绝》之三中说:"骑驴渺渺入荒陂,想见先生未病时。劝我试求三亩宅,从公已觉十年迟。"对王安石结邻的邀请,苏轼欣然应命,积极措办。他在离金陵不久的《上荆公书》中说:"近者经由,屡获请见,存抚教诲,恩意甚厚。……某始欲买田金陵,庶几得陪杖屦,老于钟山之下,既已不遂。今来仪真(今江苏仪征),又二十馀日,日以求田为事,然成否未可知也。若幸而成,扁舟往来,见公不难也。"但后来却未能如愿以偿。而王安石也在一年多后离开了人世。

这年(元丰七年)年底,苏轼到了泗州(治所在今江苏盱眙县东北)。一次,他与泗州知州刘士彦同游南山,至夜才归,作《行香子·与泗守过南山,晚归作》,其后半首说:

> 飞鸿落照,相将归去。澹娟娟、玉宇清闲。何人无事,宴坐空山? 望长桥上,灯火乱,使君还。

写的是南山宴饮后夜过泗州长桥,他望着刘士彦在灯火簇拥下回衙的情景。据说,第二天刘士彦知道这词后,急忙找苏轼说:"知有新词。学士(指苏轼)名满天下,京师便传。在法:泗州夜过长桥者徒二年,况知州邪! 切告收起,勿以示人。"苏轼笑着回答说:"轼一生罪过,开口常是,不在徒二年以下。"(王明清《挥麈后录》卷七)这个回答辛酸地说出了一个事实,他因文字而名满天下,也因文字而穷愁潦倒,连二年徒刑也算不得什么严重处罚了。

他在泗州就不再前往汝州,向朝廷请求折回常州居住。这个请求很快就获准了。他怀着矛盾的心情写下《满庭芳》词,一方面感到"老去君恩未报,空回首,弹铗悲歌①",建功立业的理想无法实现;另一方面,又说"问何事人间,久戏风波",退出险恶的仕途,何尝不是自全之计。

元丰八年(1085)五月,他才到达常州,满以为可以依靠常州的"薄田"安度时日,但不久又奉命赴登州(治所在今山东蓬莱)任知州。到任才五天,由于司马光的推荐,他又匆匆奉调赴京。在离登州前夕,他作《登州海市》诗。诗前有短序说:登州曾有海市蜃楼的幻景,常出现于春夏之际。当时已是岁末,不能遇到,甚感遗憾。他向东海

---

① 弹铗悲歌:《战国策·齐策四》记孟尝君的门客冯谖因不被重视,几次弹铗(击剑把)悲歌,对"食无鱼"、"出无车"、"无以为家"表示不满。这里用以表示生活坎坷、怀才不遇的愤郁。

龙王庙祈祷,次日居然出现了。诗中写道:

> 东方云海空复空,群仙出没空明中。
> 荡摇浮世生万象,岂有贝阙藏珠宫?
> 心知所见皆幻影,敢以耳目烦神工。
> 岁寒水冷天地闭,为我起蛰鞭鱼龙。
> 重楼翠阜出霜晓,异常惊倒百岁翁。
> 人间所得容力取,世外无物谁为雄!
> 率然有请不我拒,信我人厄非天穷。……

海市蜃楼这种幻景的形成,是因为光线经过不同密度的空气层,发生显著折射,就把远处景物显示在空中或地面。但古人常把这种景象作出各种唯心的解释。而这诗却说,"心知所见皆幻影",认为群仙出没,万象摇荡,都不过是幻影而已,并不是什么海神所居的珠宫水殿。但又接着说,为了一饱我的眼福,海龙王竟然为我把冬眠的鱼龙打醒,破例地在天寒地冻的清晨出现了海市,连登州的百岁老人也叹为奇事。本来,人间事物可以力取,世外事物人类却不能逞强去获得。现在海龙王居然应允了我的请求,足见我这个人在人间所遭遇的厄运并不是天帝的旨意。苏轼因将赴京任职,心情比较乐观,相信天帝会给他好运。他到京后,在给友人的诗中也颇为欣喜地唱道:

> 东坡已报六年穰①,惆怅红尘白首郎。
> 枕上溪山犹可见,门前冠盖已相望。
>
> ——《次韵赵令铄》

---

① 穰:丰收。

黄州东坡传来第六个丰收年的消息,自己年老白发却在碌碌尘世中起任礼部郎中①,外地的山水景象记忆犹在,而达官贵人已云集我家门前。看来,苏轼对这次人事调动的背景还不知情,似也来不及体味它的含义,然而,一场激烈的政治斗争浪潮又把他卷了进去。

---

① 礼部郎中:礼部是中央负责礼仪、祭享、贡举等事的机关,其第一司也称礼部,主管官即礼部郎中。

十、又到汴京做官

　　元丰八年(1085)三月,支持新法的宋神宗去世。十岁的幼子哲宗赵煦继位,英宗妻高后以太皇太后垂帘听政,起用司马光为相,反变法派人物纷纷上台,政局发生逆转。苏轼从登州知州入京,任礼部郎中,又转起居舍人(皇帝侍从官),二十天内连升几级,可谓仕途顺遂。然而,反变法派的高官厚禄并没有换来苏轼对他们的忠诚。

　　司马光当政后,打起"以母(高后)改子(神宗)"的旗号,全面废除新法,一切回到熙宁以前的原样。这是所谓"元祐更化"时期①。

　　苏轼对司马光等人"专欲变熙宁之法,不复校量利害,参用所长"的倒行逆施,表示极大的不满和忧虑:"深虑数年之后,驭吏之法渐宽,理财之政渐疏,备边之计渐弛"(《辩试馆职策问札子二首》之二),将会导致不堪设想的后果。元祐元年(1086)三月,他和司马光之间就免役法的存废问题展开了激烈的争论。司马光指责免役法有使"上户""出钱比旧费特多"等五大罪状,苏轼分析说:"差役、免役各有利害:免役之害,掊敛民财,十室九空,钱聚于上而下有钱荒之患;差役之害,民常在官,不得专力于农,而贪吏猾胥得缘为奸。此二害轻重,盖略相等。"这个分析是颇为中肯的。但他不是不加轩轾。他接着说,免役法相当于前代的募兵制:"农出谷帛以养兵,兵出性命以卫

---

① "元祐"是宋哲宗的第一个年号(1086—1094)。"更化"即变更神宗朝的施政方针。

74

农，天下便之。使圣人复起，不能易也。今免役之法，实大类此。"（同上）他和司马光在政事堂（最高行政机构中书省的办公处）争论不休，对司马光的顽固态度极为愤慨，"连呼曰：'司马牛，司马牛！'"（蔡絛《铁围山丛谈》卷四）九月，司马光死，他继续上疏"极言衙前（差役的一种）可雇不可差，先帝（神宗）此法可守不可变"（同上）。后来他还具体指出免役法对"中户"的好处："差役之法，天下皆云未便。昔日雇役，中户岁出几何？今日差役，中户岁费几何？更以几年一役较之，约见其数，则利害灼然。而况农民在官，吏百端蚕食，比之雇人，苦乐十倍。"（《宋史纪事本末》卷四三，参看苏轼《论役法差雇利害起请画一状》）

元祐二年（1087）苏轼在回忆这场论争时说："（司马）光既大用，臣亦骤迁，在于人情，岂肯异论。但以光所建差役一事，臣实以为未便，不免力争。"（《乞郡札子》）说明他是从利国"便"民的原则出发的，而不是看风使舵、徇从私情。这场论争规模不小，在一些维护免役法的人物如苏辙、范纯仁、范百禄、李常等人中，苏轼是较为激进的一个。当时人孙升说："若欲以轼为辅佐（宰相），愿以安石为戒。"①简直把他看作第二个王安石了。

司马光死后，苏轼又和程颐发生矛盾。程颢、程颐兄弟是洛阳人，苏轼、苏辙兄弟是四川人，所以历史上称为"洛蜀党争"。当时程颐任崇政殿说书，为皇帝讲书；苏轼任翰林侍读学士，是皇帝的侍从官，也有讲书之责，官位比"说书"高。程颐讲究"尊师重道"的一套"古礼"，给皇帝讲书，坚持在殿上坐讲，俨然以师道自居；苏轼认为不近人情，加以讥诮。司马光死，官员们正好参加一次明堂庆典后要去吊唁，程颐以一天之内又歌又哭，与"古礼"不合，认为不可；苏轼嘲笑

---

① 见刘延世《孙公谈圃》卷上。朱熹后来也说："东坡只管骂王介甫，介甫固不是；但教东坡作宰相时，引得秦少游、黄鲁直一队进来，坏得更猛。"（《朱子语类》卷一三〇）

程颐"此乃枉死市叔孙通所制礼也",于是"众皆大笑,结怨之端,盖自此始"①。这样看来,苏程不和似起于细故,并不涉及国家大政的争论,但他们的思想志趣确有不同:苏轼说他"素疾程颐之奸,未尝假以色词"(《杭州召还乞郡状》,又见《再乞郡札子》)。程颐指斥苏轼有纵横家捭阖的习气。服膺二程的朱熹说苏轼"他好放肆,见端人正士以礼自持,却恐他来检点,故恁诋訾",又说苏轼要"打破"程颐所奉行的"敬"字(《朱子语类》卷一三〇)。

但是,封建官场中派性倾轧的积习太深了,他们各自的门人互相攻讦,愈演愈烈。元祐元年(1086)十一月,苏轼为试馆职而出的一道试题中说:"今朝廷欲师仁祖(仁宗)之忠厚,而患百官有司不举其职,或至于媮;欲法神考(神宗)之励精,而恐监司守令不识其意,流入于刻"(《策问·师仁祖之忠厚,法神考之励精》),这本来颇为准确地概括了仁宗、神宗两朝施政方针的不同特点,但洛党左正言(谏官)朱光庭等却认为"谤讪先朝"而加以弹劾。后洛党右司谏(谏官)贾易等首先以"蜀党"之名攻击对方。接二连三的弹劾使苏轼又不安于朝,"二年之中,四遭口语","臣若不早去,必致倾危"(《乞郡札子》),经过一再请求,他才获准出知杭州。但洛蜀两党之争,整整延续了六七年之久,给苏轼的生活道路蒙上了严重的阴影。

苏轼这时期的创作,基本上也趋于低潮,跟熙宁初年在朝时期相仿。激烈的竞争和复杂的内部倾轧占据了苏轼的生活领域,限制了他的政治视野,这时诗作的数量固然不少,但题材较狭,思想内容也有变化:反映民生疾苦的诗篇寥寥无几,对政治黑暗的激愤之情也有所减弱。清人纪昀在《苏文忠公诗集》卷二九的总批中说:"此卷(收这时期诗作)多冗杂潦倒之作。始知木天玉署("木天"、"玉署"都

---

① 《太平治迹统类》卷二三。叔孙通:秦末汉初人。他原是秦博士,后归刘邦。汉朝建立,他与一些儒生共同为汉高祖制订一套朝廷礼制。

指翰林院)之中，征逐交游，扰人清思不少，虽以东坡之才，亦不能于酒食场中吐烟霞语也。"则从另一角度解释了这时期诗作低落的原因，也有一定的道理。大量的应酬诗充斥诗集，一种漂泊后稍事安定的自满自足的心情常有流露。《和子由除夜元日省宿致斋三首》就写在衙门中兄弟值班"斋宿"的心情："江湖流落岂关天，禁省相望亦偶然"，表面上说相遇"偶然"，内心却颇为得意；又说："当年踏月走东风，坐看春闱锁醉翁。白发门生几人在，却将新句调儿童。"回忆兄弟俩在嘉祐时一起进闱应考，主考官就是号称"醉翁"的欧阳修；如今像我俩这样的白发门生所存不多，不如跟子侄辈作诗相娱。诗境淡泊，看不出多少感情的波澜了。

另一个写得较多的题材是题画。其中的一些作品表现了苏轼高度的艺术表现力和精辟的艺术见解。

前者如《惠崇春江晓景二首》、《虢国夫人夜游图》、《书李世南所画秋景二首》、《书王定国所藏烟江叠嶂图》等。如：

竹外桃花三两枝，春江水暖鸭先知。

蒌蒿满地芦芽短，正是河豚欲上时。

——《惠崇春江晓景二首》之一

这首题画诗所题的原画已失传，大概是幅鸭戏图。诗紧紧抓住冬去春来季节转换时景物的特征，体现了作者体物精细的才能。

后者如《书晁补之所藏与可画竹三首》、《书鄢陵王主簿所画折枝二首》等。前首诗写文同画竹的情景说："与可画竹时，见竹不见人；岂独不见人，嗒然①遗其身；其身与竹化，无穷出清新。庄周世无有，谁知此凝神。"这里形象地写出了艺术家创作时的精神状态，用全部

————————
① 嗒然：形容心境空灵、物我尽失的精神状态。

77

身心投入创作,凝神默想,物我两忘,"身与竹化",才能达到艺术上的极致。后首诗提出反对单纯追求"形似"以及诗画同源的艺术理论:"论画以形似,见与儿童邻。赋诗必此诗,定非知诗人。诗画本一律,天工与清新。"绘画光讲"形似",其见识和小孩一样幼稚;写诗拘拘于题目的意思,那就算不得懂诗。金人王若虚认为这几句诗,并不是指绘画可以不要"形似",写诗可以离题万里,而是"论妙于形似之外,而非遗其形似;不窘于题,而要不失其题"(《滹南诗话》卷二),也就是要在"形似"的基础上追求"神似",在抓住题意的前提下又能挖掘得深,生发得广,达到言有尽而意无穷的境界。苏轼又提出,诗和画是姊妹艺术,在艺术原理上是相通的,都要求内容真实自然,风格清新。他在评论王维时曾说过"味摩诘(王维的字)之诗,诗中有画;观摩诘之画,画中有诗"(《书摩诘〈蓝田烟雨图〉》),在《韩幹马》诗中说"少陵翰墨无形画,韩幹丹青不语诗",都可以作为"诗画本一律"的阐述。

词的创作倾向也和诗近似。这时期较少豪放旷远之作,转向抒情的细腻委婉。另外,这时期他还写了一些所谓"檃括"之作,如《水调歌头》(昵昵儿女语)把韩愈《听颖师弹琴》诗改写成词,从艺术创作的角度看,没有什么创造和发展。但他却乐此不疲,如改写杜牧《九日齐山登高》诗为《定风波》(与客携壶上翠微),改写张志和《渔父》诗为《浣溪沙》(西塞山边白鹭飞),以及改写陶渊明《归去来辞》为《哨遍》等,带有"以文为戏"的意味,或许在作"破体为文"、跨文体移植的试验。

当然也有一些抒写真情实感的小词。如:

> 为向东坡传语:人在玉堂①深处。别后有谁来?雪压小桥无路。归去,归去,江上一犁春雨。

---

① 玉堂:指翰林院。

手种堂前桃李,无限绿阴青子。帘外百舌儿,惊起五更春睡。居士,居士,莫忘小桥流水。

——《如梦令》二首

这是苏轼任职翰林学士时怀念黄州东坡的作品。对东坡的亲切真挚的乡土之爱,融注着他"躬耕"的劳动体会,也含有对污浊官场生活的厌倦。语言清丽,节奏明快,不失为佳作。

十一、四任知州

从宋哲宗元祐四年（1089）七月到绍圣元年（1094）四月，是苏轼第二次任地方官时期。这五年间，除两度返朝做京官外，他历任杭州、颍州（治所在今安徽阜阳）、扬州、定州（治所在今河北定县）的知州。这又是他在事业上有所建树、文学上有所发展的时期。

苏轼刚到杭州，面对的是严重灾情。原来这里年初即遭水灾，早稻无法下种；五、六月以来又闹旱灾，刚刚种下的晚稻也收成无望，真是"早晚（稻）俱损，高下（高地和低地作物）并伤。民之艰食，无甚今岁"（《乞赈济浙西七州状》）。苏轼一方面请求免去上交的供米，并求赈济；一方面把官米减价出售，使灾情有所缓和。不料第二年夏收前夕，又遭水灾和风灾，灾情"甚于去年"（《奏浙西灾伤第二状》），他仍积极组织抢救。水旱之后，瘟疫流行，苏轼筹款在众安桥创置病坊（医院），"多作饘粥、药剂，遣吏挟医分坊治病，活者甚众"（《东坡先生墓志铭》）。

他在杭州办的第二件事是疏浚盐桥、茅山两河。这两条河是沟通大运河和钱塘江的要道，把内河航运和海运连成一片。但在涨潮时，海水挟泥沙倒灌，造成河道淤塞。苏轼组织人力在半年时间内疏浚两河，长各达十馀里，深八尺以上。"见（同"现"）今公私舟船通利，父老皆言自三十年已来，开河未有若此深快者也。"（《申三省起请开湖六条状》）为了巩固这一成果，他又采纳部下苏坚的建议，建造堰闸，随潮水涨落或关或开，避免了"淤填"和"涸竭"。

（同上）他又采取"以工代赈"的办法进行上述工程，使它与救灾结合起来。

第三件事就是治理西湖了。他在《乞开杭州西湖状》中首先指出西湖的严重形势：十六七年前他来杭州任通判时，西湖已有十分之二三被"葑合"（被菱白等水草淤满）；这次来杭，发现已"湮塞其半"；如果再过二十年，必将全湖堙没。其次他指出西湖的重要性：它是城中居民食用淡水的水源，又是大运河的水源；既有蓄水、灌溉之功，又能用湖水酿酒，每年国家可得二十万缗酒税，"天下酒税之盛，未有如杭者也"。他经过调查、察访，制定了治湖规划：开掘葑滩，疏浚湖底，并用葑泥在里湖和外湖之间修筑长堤，南起南屏山，北至栖霞岭等山，上建六桥（跨虹、东浦、压堤、望山、锁澜、映波等桥）。长堤的修筑，保证了西湖水利资源的利用、便利交通，又美化湖山景色。他写诗说："我在钱塘拓湖渌，大堤士女争昌丰①。六桥横绝天汉上，北山始与南屏通。忽惊二十五万丈，老葑席卷苍云空。"（《轼在颍州，与赵德麟同治西湖，未成，改扬州，三月十六日湖成，德麟有诗见怀，次其韵》)元祐六年（1091），他的继任知州林希来杭，在堤上题"苏公堤"碑，后人便称为"苏堤"。"苏堤春晓"成为今天"西湖十景"之一。为了预防西湖堙塞，他计议在湖上造小石塔三五处，禁止在石塔以内的水域种植菱荷菱白之类。不久，建成三座，后来演变成今天著名的"三潭印月"。苏轼说："我凿西湖还旧观，一眼已尽西南碧。"（《与叶淳老、侯敦夫、张秉道同相视新河，秉道有诗，次韵二首》之一)字里行间充满了喜悦和自慰。

西湖的诱人景色和游览生活，又成了苏轼诗词反复吟咏的题材。他后来有诗说："平生所乐在吴会，老死欲葬杭与苏。""新堤旧井②各无

---

① 昌丰：壮盛的样子。
② 新堤、旧井：指苏堤和唐代六井。

羞,参寥六一①岂念吾? 别后新诗巧摹写,神中知有钱塘湖。"(《喜刘景文至》)足见钟情西湖之深。在这时所写的《与莫同年雨中饮湖上》说:

> 到处相逢是偶然,梦中相对各华颠。
>
> 还来一醉西湖雨,不见跳珠十五年。

偶然和友人相逢,彼此白头相对,如在梦中。湖上畅饮赏雨,想起十五年前自己咏西湖的"白雨跳珠乱入船"(《六月二十七日望湖楼醉书》)的诗句来了。在有关西湖的诗中,常常写到苏轼入仕和退隐的思想矛盾。如《九日袁公济有诗次其韵》中,先写重阳节诗酒相得:"举酒东荣②挹江海,回尊落日劝湖山",但立刻从欢乐中转到追求隐逸:"平生倾盖悲欢里,早晚抽身簿领间。笑指西南是归路,倦飞弱羽久知还。"所谓"西南归路",即是退隐故乡。有时他又说,即使不回故乡,终老西湖也是美事。在《闻林夫当徙灵隐寺寓居戏作灵隐前一首》中说:"我在钱塘六百日,山中暂来不暖席",游山时间极为短促;如果"能与冷泉作主一百日,不用二十四考书中书",能作冷泉主人,连中书令的大官也不值得羡慕了。

这种思想矛盾在词中也有表现。或者写得含蓄多情,或者写得淋漓酣畅。如《好事近·西湖夜归》:

> 湖上雨晴时,秋水半篙初没。朱槛俯窥寒鉴,照衰颜华发。 醉中吹堕白纶巾,溪风漾流月。独棹小舟归去,任烟波飘兀。

---

① 参寥、六一:二泉名。参寥,僧人道潜的号,能诗,与苏轼交游甚密;六一,欧阳修晚号"六一居士"。
② 东荣:东边的屋角下。荣,屋檐四端翘起的部分。

字里行间,跳动的是一颗摆脱世务、放情山水的心灵。在临离杭州时写给和尚道潜(即参寥子)的一首词中,这种心情表露得更明显:

> 有情风万里卷潮来,无情送潮归。问钱塘江上,西兴浦口,几度斜晖? 不用思量今古,俯仰昔人非。谁似东坡老,白首忘机。　　记取西湖西畔,正暮山好处,空翠烟霏。算诗人相得,如我与君稀。约他年、东还海道,愿谢公、雅志莫相违。西州路,不应回首,为我沾衣。①

——《八声甘州·送参寥子》

开头几句写钱塘江潮:长风万里卷潮来送潮去,来似有情去似无情。接着问"几度斜晖",言外指自己与道潜几次同观落日潮景? 下面说,不必去思今想古,反正人在顷刻之间就变了,只有我忘了机心,绝意功名利禄。后半首又追忆昔日杭州生活。在西湖春色正浓之际,我和你以诗会友,相知甚深,并相约学谢安退隐,却不要像谢安那样退隐之志最后未能实现,徒然使人追悼不已。

然而,苏轼又未能完全忘情现实和政治。漳州知州柯仲常是位"循吏","以救饥得民",感动得两只喜鹊一直巢居在他的公堂上;他离任时,喜鹊也去送行。苏轼因作《异鹊》诗加以歌颂:"柯侯古循吏,恫愊②真无华。临漳所全活,数等江干沙",结尾说,"君看彼酷吏,所至号鬼车"。鬼车是一种专吃小鸟的鸥枭,甚至要吃自己的母鸟,苏轼用以比喻"酷吏"。在"循吏"和"酷吏"的对比中,看出苏轼同情人

---

① 愿谢公四句:东晋谢安入朝为大臣,却一直打算退隐会稽东山。后出镇扬州,病危还京(今南京市),经过西州门时,想起自己退隐"雅志"没有实现,怅然若失。他死后,其外甥羊昙一次醉中走过西州门,回忆往事,不禁痛哭(《晋书·谢安传》)。

② 恫愊:至诚。

民的思想。苏辙奉命出使契丹,祝贺辽国国主生日,苏轼送诗说:

> 云海相望寄此身,那因远适更沾巾。
> 不辞驿骑凌风雪,要使天骄①识凤麟。
> 沙漠回看清禁月,湖山应梦武林春。
> 单于若问君家世,莫道中朝第一人。
>
> ——《送子由使契丹》

前两句说,自己寄身东海之滨,不能挥泪送别;三、四句点出苏辙的使命,应使辽国国主知道宋朝文明之盛和人物之众。五、六句是想象苏辙在怀念汴京朝廷和杭州的哥哥。结尾说,辽国国主若问起你的家世,不要说我家是宋朝的头等有名人物,因为宋朝名人多得很呢!苏轼在辽国久负盛名。苏辙曾说:"谁将家集过幽都,逢见胡人问大苏。"(《神水馆寄子瞻兄四绝》之三)《渑水燕谈录》卷七也记张舜民(芸叟)出使辽国,在旅邸墙壁上见有人题《子瞻老人行》一诗,书肆中也有《大苏小集》刊行。他也题诗在墙上说:"谁题佳句到幽都,逢着胡儿问大苏。"所以苏轼在给苏辙的诗中作了上述嘱咐。这个嘱咐包含着苏轼对宋朝声威的维护,也表现出强烈的民族自信心。

杭州时期的一些写景小诗,往往写得精美隽永,像杰出的绘画小幅一样。如:

> 荷尽已无擎雨盖,菊残犹有傲霜枝。
> 一年好景君须记,正是橙黄橘绿时。
>
> ——《赠刘景文》

---

① 天骄:汉时匈奴自称"天之骄子",后用以称强盛的边地民族。

84

准确地抓住了初冬时节景物转换的特点。

元祐六年(1091)三月,他离杭赴京。他的同僚马瑊赋《木兰花令》送别:"来时吴会犹残暑,去日武林春已暮。欲知遗爱感人深,洒泪多于江上雨。"足见苏轼获得了杭州人民的尊敬和爱戴。

元祐六年八月,他又离京到颍州任知州。这年冬天,颍州久雪人饥,苏轼又积极设法赈济。他的僚属签判赵令畤(德麟)记载当时的情况说:一日苏轼召集部属议事说,"某一夕不寐,念颍人之饥,欲出百馀千造炊饼救之";后又考虑到"细民之困"除了"食"还有"火",于是筹集"义仓"的积谷和别处的炭薪分发灾民,以救饥寒(《侯鲭录》卷四)。后来,他又请得朝廷同意,把一万名维修黄河的河工调来颍州开发沟渠。又与赵令畤一起,开浚颍州西湖,引来焦陂之水,修筑清河、西湖三闸。但等不到工程完工,他又改知扬州,只好把工程交给赵令畤督办。

欧阳修四十三年前曾做过颍州知州,他的两个儿子欧阳叔弼、季默这时还在颍州,格外引起苏轼对这位前辈的怀念。他的《聚星堂雪》诗,像他早年《南行集》中的《江上值雪》一样,也遵守当年欧阳修在颍州时"雪中约客赋诗,禁体物语"的规定,不用"玉月梨梅"等字。此诗描写聚星堂雪中宴饮的情况,最后说:"汝南先贤①有故事,醉翁诗话谁续说?当年号令君听取:白战不许持寸铁!"用徒手作战,不用武器来比喻文学的白描手法,认为这点可以作为欧阳修《六一诗话》的补充。欧阳修曾作《木兰花令》一词吟咏颍州西湖,苏轼这时"次欧公西湖韵"也追和一首。他曾和欧阳修同游过西湖,这次重来,还听到当地歌女演唱欧词,不禁感慨无穷:"佳人犹唱醉翁词,四十三

①　汝南先贤:颍州州治为汝阴(今安徽阜阳),在汝水之南,欧阳修曾任颍州知州,故称他为汝南先贤。

年如电抹", "与予同是识翁人, 唯有西湖波底月"(《木兰花令》)。他对前辈的深情, 犹如映在湖水中的月亮那样永恒、纯洁。应该指明, 苏轼是用抒情诗的笔调来写怀人词的。以前婉约派的怀人词, 对象主要是女性, 内容为恋情; 苏轼的怀人词, 格调高远, 比起传统词那种惨绿愁红的情调来, 在词中平添一格。如他对欧阳修的追怀, 不仅在诗文中屡见, 也在词中反复吟唱。元丰二年(1079)他由徐州调赴湖州, 路过扬州, 游览了欧阳修任扬州知州时所筑的平山堂, 观赏壁间欧阳修龙飞凤舞的墨迹, 追怀前辈, 不能自抑, 作《西江月·平山堂》: "三过平山堂下, 半生弹指声中。十年不见老仙翁, 壁上龙蛇飞动。" 几年后在黄州登临, 触景生情, 想起欧阳修对平山堂的吟咏: "长记平山堂上, 欹枕江南烟雨, 杳杳没孤鸿。认得醉翁语: '山色有无中。'①"(《水调歌头》)直到这时颍州的一再追怀, 是感人至深的。

在赴扬州途中, 他"每屏去吏卒, 亲入村落, 访问父老, 皆有忧色"。原来老百姓被"积欠"(历年所欠官税)所困, 虽是麦收之期, 农民怕官府催还而不敢返乡。苏轼叹道: "臣闻之孔子曰: '苛政猛于虎', 昔常不信其言。以今观之, 殆有甚者。水旱杀人, 百倍于虎, 而人畏催欠, 乃甚于水旱。"(《论积欠六事并乞检会应诏所论四事一处行下状》)这个议论是大胆而富有民主性的。他一到扬州, 在照例要写的谢表中, 也说: "恭惟太皇太后、陛下子惠万民, 器使多士, 以谓朝廷之德泽, 付于郡县与监司。乃眷江淮之间, 久罹水旱之苦; 邻封二浙, 饥疫相熏; 积欠十年, 丰凶皆病。"(《扬州谢到任表二首》之一)前人评云: "此表自'恭惟'以下竟入一段积欠文字, 爱君从爱民发出, 虽是奇文, 实乃心中只有一'诚'字在。"(王文诰《苏文忠公诗编注集

---

① 认得两句: 欧阳修《朝中措》: "平山栏槛倚晴空, 山色有无中。"但欧词此句是用王维《汉江临泛》: "水流天地外, 山色有无中。"

成·总案》卷三五)对于苏轼此表与一般官样文章的谢表的异点,颇能抉剔入微。后来他一再上书请免积欠,终于获准。消息传来,他正在作《和陶〈饮酒二十首〉》,当即写进了"诏书宽积欠,父老颜色好"的句子,以抒宽慰之情。

在扬州,他得到两块石头:一块绿色,形如冈峦起伏,还有个洞穴直达背面;另一块是玉白色的。他便用水养在盆中。他忽然想到在颍州时,曾梦见一座叫"仇池"的府第;又联想到杜甫的仇池诗,把陕西成州境内的仇池写成一个洞天福地。那么,这块绿石不就是仇池吗?他写《双石》诗说:

> 梦时良是觉时非,汲井埋盆故自痴。
>
> 但见玉峰横太白,便从鸟道绝峨眉。
>
> 秋风与作烟云意,晓日令涵草木姿。
>
> 一点空明是何处?老人真欲住仇池。

"玉峰横太白",雪山横在太白山上,喻指那块玉白色石头;"鸟道绝峨眉",喻指那块绿色石头。这块石头在"秋风"、"晓日"中依稀呈烟云草木之状,而且中有洞穴,与真正的仇池真是具体而微,越发使诗人要到仇池中去定居了。苏轼把这块石头命名为"仇池石"(后人还把他的笔记短文辑为《仇池笔记》),以寄托他对世外桃源式处所的向往。

这时的扬州通判是"苏门四学士"之一的晁补之。五月底,天气已热,他去访晁补之。晁补之在书斋里放了一盆白荷花,盆中清泉四溢,顿觉暑意全消。苏轼作《减字木兰花》词,用"满座清微,入袖寒泉不湿衣"来写泉水寒气冷入衣袖;用"雪洒冰麾,散落佳人白玉肌"来写白荷花的洁白,似雪如冰,令人清凉。词表现了他善譬巧喻、体物入微的艺术才能。

苏轼在扬州只有半年,他又被召进京了,所以没有留下更多的作品。这两首有关盆景的诗词反映了他当时创作的一些情况。

他到京后,参与郊祀大典,进官端明殿学士、翰林侍读学士、礼部尚书①,这是苏轼一生最高的官位。当时苏辙是左仆射兼门下侍郎(宰相之一),兄弟俩都居要职。但是,无休无止的内部党争,又使苏轼不安于朝,出知定州。这一回,是他最后一次做地方官了。

元祐八年(1093)九月,苏轼到定州。定州地处与辽交界的边缘地区,苏轼十分注意防务。他从两方面着手。一是整顿官军。当时边军将骄兵惰,训练不良,纪律松弛,前任知州不敢过问。苏轼坚决惩办了贪污军饷的将领,严禁赌博酗酒,加强操练,亲自主持检阅。二是整顿民兵。他恢复了原先行之有效的"弓箭社",利用当地人民守土保境的斗争经验和"以战斗为生"的习俗,计划整编一支三万人的民兵武装(官军二万五千人),在物质上给以优待,使其配合官军防务。这样,"进取深入,交锋两阵,犹当杂用禁旅(官军);至于平日保境,备御小寇,即须专用极边土人"(《乞增修弓箭社条约状》),增强了军事力量。

苏轼在果断地整顿武备的同时,他的心情却是忐忑不安的。虽然他还不知道定州是他一生实际任职的终点,但确已预感到一场政治风暴已向他无情地袭来。因此,他在作品中常常抒写急流勇退、归隐故乡的愿望。他在定州又得到一块太行山的佳石,乌亮的颜色夹着白色的纹理,"画师争摹雪浪势,天工不见雷斧痕",纹理犹如雪浪,不经人工斧凿而是天然形成,因命名为"雪浪石",并把自己的书斋取名"雪浪斋"。他借雪浪石发抒思乡之情:这雪浪石像是四川都江

---

① 端明殿学士:宋朝常以殿名置大学士和学士名号,授予大臣,以示恩宠。礼部尚书:礼部的长官。

堰,但周围没有同乡和我一起来品评它,只能独自赏玩。人生原如梦幻,但这故乡山水却永存心间。他把这些感触写成《雪浪石》说:"离堆①四面绕江水,坐无蜀士谁与论?老翁儿戏作飞雨,把酒坐看珠跳盆。此身自幻孰非梦,故国山水聊心存。"在另一首《鹤叹》中,则借鹤寄慨。诗中写了一只傲岸不驯的鹤。它对人们的使唤以"侧睨"对之,表示轻蔑,不愿"以身为子娱",成为别人的玩物;它对别人的施舍,也采取不屑一顾的态度:"投以饼饵视若无","戛然②长鸣乃下趋"。诗的结句说:"难进易退我不如",这里的鹤象征着"难进易退"即不轻易入世而乐于退隐的高士,作者对之自愧勿如。显然,苏轼是以鹤自励的。不过,他在新旧党争中所处的政治地位,又使他这种急流勇退的愿望变成了无法实现的幻想。

---

① 离堆:即离碓,秦时蜀守李冰所凿,在今四川乐山;李冰又筑都江堰(在今四川灌县),两事相混,也把都江堰称为离堆。诗中即指都江堰。
② 戛然:鸣叫声。

十二、再贬惠州、儋州

　　还在苏轼赴定州之前，太皇太后高氏于元祐八年（1093）九月去世，十九岁的宋哲宗亲自主持政事，熙宁、元丰时代的所谓新党人物将要重新上台，朝廷上呈现出一派"国是将变"的气氛。苏轼在离京和到定州后，一再上书表示他"恐急进好利之臣，辄劝陛下轻有改变"的忧虑，要求哲宗坚守"安稳万全之策"（《朝辞赴定州论事状》）。但却未能阻止政局的变动。

　　第二年正月，改年号为"绍圣"，意思是继承神宗朝的施政方针。旧党人物吕大防、范纯仁罢职，新党人物章惇、安焘等出任宰执大臣。他们抛弃了王安石新法的革新精神和具体政策，把打击"元祐党人"作为主要目标，当时在朝任职的高级官吏三十多人都被贬到岭南等边远地区。

　　苏轼兄弟也首当其冲。四月，还在章惇入相前夕，依附章惇的御史虞策、殿中侍御史来之邵沿袭"乌台诗案"时李定辈的故伎，指责苏轼以前在起草制诰、诏令中"语涉讥讪"、"讥斥先朝"，加以弹劾。结果落两职（取消端明殿学士、翰林侍读学士的称号）、追一官（取消定州知州之任），以"左朝奉郎"（文职的一种阶官，正六品上）、知英州（治所在今广东英德）；诰命刚下，虞策还认为"罪罚未当"，又降为"充左承议郎"（正六品下）。六月，苏轼赴贬所途经安徽当涂时，又被贬为建昌军①（治所在今江西南城）司马（属官）、惠州（治所在今广东惠

---

①　军是宋代的行政区域，相当于州或府。

阳东)安置。苏轼只好把家小安顿在阳羡(今江苏宜兴),独自与幼子苏过等南下。途经江西庐陵(今江西吉安),又改贬为宁远军(治所在今湖南宁远)节度副使(地位比"司马"低的属官),仍惠州安置。三改谪命,足见政敌手段之狠,用心之毒。十月初,苏轼抵达惠州。在惠州过了二年多谪居生活,他的大儿子苏迈因授官韶州仁化(今广东仁化)令,携家眷来会。异地骨肉团聚使苏轼得到一点安慰,却不料又把他贬为琼州(治所在今海南岛琼山县)别驾(知州的佐官)、昌化军(治所在今海南岛儋县)安置。绍圣四年(1097)四月,他只好把家属留在惠州,独自与苏过渡海。七月到达儋州(治所在今海南岛儋县)。在旧称海角天涯的海南岛一住又是三年。

惠州、儋州的贬谪生活是黄州生活的继续,苏轼的思想和创作也是黄州时期的继续和发展。佛老思想又成为他思想的主导,而且比前有所滋长。他说:"吾生本无待,俯仰了此世。念念自成劫,尘尘各有际。下观生物息,相吹等蚊蚋。"(《迁居》)佛教以世界成坏一次为"劫","念念成劫",是说人世变化神速;道教以世界为"尘","尘尘有际",是说处处有世界。"下观"两句是用《庄子·逍遥游》的典故,说万物的生存,与蚊蚋小虫的呼吸无异。他这时酷爱陶渊明避世淡泊的一面,对鼓吹清静无为、养生长生的道家也表示出比前更大的兴趣:"愧此稚川翁①,千载与我俱。画我与渊明,可作三士图。"(《和陶〈读山海经〉》)"东坡之师抱朴老,真契久已交前生。"(《游罗浮山一首示儿子过》)他似乎想超尘出世,远离人间了,但他并不真正相信虚无,皈依佛法。《广州蒲涧寺》讲安期生在白云山以菖蒲为食,秦始皇派人向他求仙的故事:"昔日菖蒲方士宅,后来薝卜②祖师禅。而今只有花含笑,笑道秦皇欲学仙。"对秦始皇求仙的讽刺说明他骨子里

---

① 稚川翁:道家葛洪,字稚川,自号抱朴子。曾在罗浮山炼丹。著有《抱朴子》。下面的"抱朴老"亦指他。
② 薝卜:栀子树一类的植物,花白色,六瓣,香气甚浓。

是入世的。对于佛教,他也说自己"难化"。他这时写的《答参寥》中说自己只是"粗为知'道'者",但"道心数起,数为世乐所移夺",接着自嘲说,"恐是诸佛知其难化,故以万里之行相调伏耳",但是即使远谪万里也仍然"难化"。这都说明他对佛老思想的吸取是有一定限度的。

佛老思想对他的主要作用是作为在政治逆境中自我解脱的精神武器。在儋州写的《观棋》说:"胜固欣然,败亦可喜。优哉游哉,聊复尔耳。"胜和败的差别,像其他事物间的差别一样,是客观的存在;但苏轼的否定,却使他在屡遭贬逐中保持乐观不屈的精神,保持对生活、对风土人情等的热爱。在他的书简中,他说:"譬如原是惠州秀才,累举不第,有何不可!"(《与程正辅提刑》)又说:在贬地"只似灵隐天竺和尚退院后,却在一个小村院子,折足铛①中,罨②糙米饭吃,便过一生也得"(《答参寥简》)。把贬地或者当作出生的故乡,或者看成名城显邦的风景胜地。应该说明,佛老思想是苏轼在当时条件下所能找到的唯一精神武器,这是时代、阶级的局限。

贬谪生活又提供了他接近下层人物的机会。他初至儋州,租了几间公房居住,却被地方官赶了出来,只得亲自动手盖了五间草屋,帮助他的是十几个当地的穷学生;特别是他和黎族人民建立了深厚的友谊,彼此结为邻友,甚至说:"鴂舌倘可学③,化为黎母民。"(《和陶田舍始春怀古二首》之二)又如:

半醒半醉问诸黎,竹刺藤梢步步迷。
但寻牛矢④觅归路,家在牛栏西复西。

————————

① 折足铛:指断了腿的破锅。铛,一种平底锅。
② 罨:焖饭。
③ 鴂舌:鴂鸟叫声,比喻语音难懂。
④ 牛矢:牛粪。

总角①黎家三小童，口吹葱叶②送迎翁。

莫作天涯万里意，溪边自有舞雩风③。

——《被酒独行，遍至子云、威、徽、

先觉四黎之舍三首》之一、二

真切、深刻的下层社会生活的体验，也使苏轼同情人民、关心国事的思想有所发展。他一如既往，关怀民瘼。广州食用咸水，常患疾疫，他给知州王敏仲写信，建议从二十里外的蒲涧山用竹筒引水来城；王敏仲采纳后，他又细心地考虑到竹筒因路远日久可能堵塞，再次写信建议每支竹筒上钻一小眼，"以验通塞"（《与王敏仲》）。惠州博罗香积寺溪水湍急，他建议县令作碓磨，用来磨麦舂米，后来也实现了："霏霏落雪看收面，隐隐叠鼓闻舂糠。"（《游博罗香积寺》）他在惠州推广过去在武昌见到过的新式农具"秧马"，"今惠州民皆已施用，民甚便之"，避免了弯腰插秧之苦；又详记其"范式、尺寸及乘驭之状"，托便人到江浙一带推行（《题秧马歌后》）。他从密州任上开始研究医药，到这时更多方研制，以救死扶伤为己任："疾苦者畁之药④，殡毙者纳之窆⑤，又率众为二桥以济病涉者，惠人爱敬之。"（《东坡先生墓志铭》）元符三年（1100），他听说黄河已复北流，想到熙宁年间他力主"疏"河而反对用单纯堵塞的办法，现在自己的主张得到证实，他写诗说："三策已应思贾让，孤忠终未赦虞翻"（《庚辰岁人日作》），以东汉时治河名臣贾让和三国时吴国正直的虞翻自况，盼望重新起用。正

① 总角：古代儿童的发式，打两个小髻。

② 葱叶：用细葱管吹奏，这里指儿童的游戏。

③ 舞雩风：典出《论语·先进》："浴乎沂，风乎舞雩。"在沂水中洗浴，在祭天求雨处兜风。舞雩，古代祭天求雨时有乐舞；也可指祭天之处。

④ 畁：给与。

⑤ 窆：墓穴。

像他自己所说,"许国心犹在,康时术已虚"①(《南康望湖亭》),他的
"许国"、"匡时"的积极用世之心始终没有泯灭。

综其一生,儒家思想和佛老思想始终矛盾地并存在一起。它们
是矛盾的,因为前者的主要精神是积极用世而后者却是消极出世;它
们在苏轼身上又是统一的,因为他习惯于把政治思想和人生思想区
别对待,因而大致以"外儒内道"的形式把两者统一起来。也就是说,
当他出世从政时,特别在地方官任上,则主要信奉和推行儒家的政治
思想(也时时有佛老思想冒头);当他贬官在野时,佛老思想成为他的
主要思想倾向(儒家思想也并不泯灭)。"穷则独善其身,达则兼善天
下",《孟子·尽心篇》中的这句话也可移来评论苏轼的。

政治挫折和生活窘迫并没有减弱他旺盛的创作力。今存这时
期的诗近九卷,四百馀首,还有一些词作和散文。苏辙《子瞻和陶
渊明诗集引》中说苏轼在海南时,"日啖薯芋,而华屋玉食之念,不
存于胸中",但他"独喜为诗,精深华妙,不见老人衰惫之气",说出
了勤奋创作、老而弥笃的情况。下面分四个方面来介绍这一时期
的文学活动。

一、和黄州时期一样,抒写贬谪时期复杂矛盾的人生感慨,又成
了他创作的主要内容。但和黄州时期相比,积极入世和消极出世的
矛盾由勃郁不平转为委婉平和,感情的激波巨浪趋于涟漪微澜。只
是平和中仍寓不平,涟漪下犹有激流,思想上的种种矛盾仍交织在一
起。他不止一次地低吟"吾生如寄耳"的哀歌,但仍渴望同归"中原",
对"中原北望无归日"抒"闷"寄"愁"(《白鹤峰新居欲成,夜过西邻翟
秀才二首》其一),对"圣恩"也拳拳不忘:"莫嫌琼雷隔云海,圣恩尚许
遥相望。"(《吾谪海南,子由雷州;被命即行,了不相知。……》)后来
果然被召还时,他发自肺腑地写道:

---

① 康时:即匡时,因避宋太祖赵匡胤的名讳,以"康"代"匡"。

> 馀生欲老海南村，帝遣巫阳招我魂①。
>
> 杳杳天低鹘没处，青山一发是中原。
>
> ——《澄迈驿通潮阁二首》其二

望鸟北飞，渐飞渐远，直至隐没，反映出他热望中原的激切。

他又常常抒写谪居生活的艰辛和心情的悲苦。如《籴米》、《倦夜》、《纵笔三首》之三、《闻子由瘦》等。他爱写出访不遇的题材，以寄寓寂寞冷落的心绪。在过大庾岭后写的《峡山寺》诗中，写"山僧"不在寺院："山僧本幽独，乞食况未还。云碓水自舂，松门风为关。"惠州时写的《残腊独出二首》其二，访问栖禅寺，也不逢一僧："平湖春草合，步到栖禅寺。堂空不见人，老稚掩关睡。"儋耳时写的《观棋》，回忆往日游庐山白鹤观，观中人闭门昼寝，独闻棋声："我时独游，不逢一士。谁欤棋者，户外屦二。不闻人声，时闻落子。"这里没有坐愁行叹之语，但平常习见的荒凉情景却把迁谪时心情悲凉的一面写了出来。

然而，这时主要思想是随遇而安，自适其适。如《纵笔》：

> 白头萧散满霜风，小阁藤床寄病容。
>
> 报道先生春睡美，道人轻打五更钟。

这首诗是惠州时所写。据说这样一首颇带戏谑意味的小诗，传到当时宰相章惇耳中，勃然大怒，说他还这样"安稳"，就再贬儋州。（曾季狸《艇斋诗话》）但他到了儋州，仍不改旧习：

---

① 帝遣句：《楚辞·招魂》："帝告巫阳曰：'有人在下，我欲辅之。魂魄离散，汝筮予之。'"巫阳于是"乃下招曰：'魂兮归来！'"巫阳，女巫名。这里以天帝指朝廷，以招魂喻召还。

寂寂东坡一病翁，白须萧散满霜风。

小儿误喜朱颜在，一笑那知是酒红！

父老争看乌角巾，应缘曾现宰官身。

溪边古路三叉口，独立斜阳数过人。

——《纵笔三首》之一、二

他把曾经闯过祸的诗句"白头萧散满霜风"又重新引用，正表示他的倔强和傲岸。

这种随遇而安的思想浸透了他的日常生活，经过他诗笔的美化而成为一种动人的生活情趣。他把"旦起理发"、"午窗坐睡"、"夜卧濯足"，看作"谪居三适"，分别写三诗加以歌咏。又如汲水烧茶这样的细事，在他写来成了这样：

活水还须活火烹，自临钓石取深清。

大瓢贮月归春瓮，小杓分江入夜瓶。

雪乳已翻煎处脚，松风忽作泻时声。①

枯肠未易禁三碗②，坐听荒城长短更。

——《汲江煎茶》

先写春天月夜汲江。杨万里曾说此诗第二句"七字而具五意：水清，一也；深处清，二也；石下之水，非有泥土，三也；石乃钓石，非寻常之石，四也；东坡自汲，非遣卒奴，五也。"（《诚斋诗话》）三四句说，用瓢舀水，仿佛把映在水中的月亮也舀进瓮中；小勺向瓶中倒水，似是把整个江水分

---

① 松风：指水沸声。参阅本书"苏海拾贝"《茶话：与君共听水沸声》一文。

② 枯肠句：唐卢仝《走笔谢孟谏议寄新茶》："一碗喉吻润，两碗破孤闷。……"连喝七碗，极夸新茶"至精至好"。苏轼这里反用此典。

了一部分。奇思妙想，使人更感受到江水的清美和作者自适的情绪。五、六句写"煎茶"沸腾时的情状和声音。结尾说：听着谯楼上传来断断续续的打更声，心情悲凉，连这样的好茶也喝不了几碗！

总之，这时期的诗中，交杂着出世和入世、又悲凉又恬适的矛盾因素，这就完整地表现出一个封建时代政治失意者的精神面貌。

这时期词作，可考者不足十首，以抒写谪居时心情为主。有时旷达，有时又不免苦闷。《减字木兰花·己卯儋耳春词》说：

> 春牛春杖①，无限春风来海上。便丐春工，染得桃红似肉红。　　春幡春胜②，一阵春风吹酒醒。不似天涯，卷起杨花似雪花。

全词用了七个"春"字，春耕开始，春酒醉人；桃花、杨花，红白相照，突出了海南绚丽的春色和充满生命力的大自然，使诗人不禁忘记身贬天涯了。但在《蝶恋花》中，却从颂春转到伤春，他哀怨地唱道：

> 花褪残红③青杏小。燕子飞时，绿水人家绕。枝上柳绵吹又少。天涯何处无芳草！　　墙里秋千墙外道。墙外行人，墙里佳人笑。笑渐不闻声渐悄。多情却被无情恼。

前半首写伤春。柳絮已稀，春草却盛，叹惜春光将逝；后半首写伤情。多情"行人"在途中被无情"佳人"撩拨而引起烦恼，这又曲折地反映

---

①　春牛春杖：古时习俗，立春日"立青幡，施土牛耕人于门外，以示兆民"（见《后汉书·礼仪志》上）。春牛即泥牛，春杖即指耕夫持犁杖侍立。青幡即下文的"春幡"，指旗帜。
②　春胜：古时有剪纸以迎春的习俗。又称"剪胜"、"彩胜"，剪成图案或文字。
③　花褪残红：指花瓣凋落。

了苏轼思想上感伤的一面。如同黄州时期所叹的"多情应笑我早生华发"（《念奴娇·赤壁怀古》）那样，自己虽历经坎坷，仍"多情"地怀念人生，追求未来，岂不是被"无情"所"恼"吗？然而，这正说明他是一位对生活沉思、不会完全忘记现实的诗人。王士禛说："'枝上柳绵'，恐屯田（柳永）缘情绮靡，未必能过。孰谓坡但解作'大江东去'耶？髯（指苏轼）直是轶伦绝群。"（《花草蒙拾》）这段话指出苏轼既有豪放之词，又有婉约之作，是对的；但同是"缘情"，苏词俊爽蕴藉，与柳词毕竟有清语和艳语的不同。

这时期苏轼的散文，除了一些碑、记、表、状、赋、颂、铭、赞等文字外，其主要成就是在杂记和书简等文学散文方面，也同样表露他这时随遇而安的心情。杂记如《记游松风亭》、《在儋耳书》、《书海南风土》、《书柳子厚牛赋后》、《书上元夜游》等。

> 吾始至南海，环视天水无际，凄然伤之曰："何时得出此岛耶？"已而思之：天地在积水中，九州在大瀛海中，中国在少海中，有生孰不在岛者。覆盆水于地，芥浮于水，蚁附于芥，茫然不知所济。少焉，水涸，蚁即径去，见其类，出涕曰："几不复与子相见。"岂知俯仰之间有方轨八达之路乎？念此可以一笑。戊寅①九月十二日，与客饮薄酒小醉，信笔书此纸。
>
> ——《在儋耳书》

书简如《与程秀才书》、《与郑嘉书》、《答钱济明》、《答王敏仲》、《与范元长》等：

> 得来讯，喜侍下清安。……此间食无肉，病无药，居无室，出

---

① 戊寅：绍圣五年（1098）。

无友,冬无炭,夏无寒泉。然亦未易悉数,大率皆无耳。惟有一幸,无甚瘴也。近与儿子结茅数椽居之,仅庇风雨,然劳费已不赀矣。……尚有此身,付与造物,听其流转,流行坎①止,无不可者。故人知之,免忧。乍热,万万自爱,不宣。

——《与程秀才书》

囷居海岛,但天地、九州、中国皆在"岛"中;此身听其流转,付之无可无不可。两文都把羁旅、屈辱、穷愁置之度外。在写法上又一似从胸中自然流出,全不着力,和文中所要表达的主旨,其情调相吻合。

二、诗歌的另一重要内容是对岭南、海南生活和风光的赞美和描绘。这是苏轼随遇而安思想的自然流露。他或是随缘自适:"我生涉世本为口,一官久已轻莼鲈②。人间何者非梦幻,南来万里真良图。"(《四月十一日初食荔支》)或把贬谪异地当作叶落归根返回故乡:"丰湖有藤菜,似可敌莼羹"(《新年五首》其三),惠州丰湖的藤菜抵得上张翰故乡的莼菜,用两种菜来说明惠州和故乡并无二致;或者进一层把四川反而看作寄寓之地:"我本海南民,寄生西蜀州。"(《别海南黎民表》)

苏轼怀着这种第二故乡的感情来看当地的一切,写下了一幅幅奇异、旖旎的南国风俗画,为我国诗歌史提供了新内容。《江涨用过韵》:"春江围草市,夜浪浮竹屋,已连涨海白,尚带霍山绿。"《连雨江涨二首》其一:"床床避漏幽人屋,浦浦移家蜑子船③。龙卷鱼虾并雨落,人随鸡犬上墙眠。"这是惠州雨景。"垂天雌霓云端下,快意雄风

① 坎:低陷不平的地方。
② 晋张翰在洛阳做官,见秋风起,想到故乡吴中的莼菜羹和鲈鱼脍。后人就用"莼鲈之思"表示怀乡思归。这句大意是:久在外地做官,已不大思乡了。
③ 蜑子:又称蜑人、蜑户,当时南海一带的少数民族,以船为家,以捕鱼或采珠为业。

海上来"(《儋耳》),这是海南岛雨后虹挂高空、风来海上的景色。"惠州风物之美"是这样的:"江云漠漠桂花湿,梅雨翛翛荔子然。闻道黄柑常抵鹊,不容朱橘更论钱"①,桂花、荔枝、黄柑、朱橘,色色俱佳(《舟行至清远县见顾秀才,极谈惠州风物之美》);海南岛过重阳节也照例饮酒赏菊,然而,菊是"蛮菊秋未花";酒是"蜑酒蘖众毒,酸甜如梨楂";下酒之物竟是"邻家馈蛙蛇";使作者感到自己像是挂在天涯的月亮:"使我如霜月,孤光挂天涯。"(《丙子重九二首》之一)其他像槟榔、椰子、龙眼、木棉花、刺桐等都阑入诗材,增添了可喜的异乡情调。尤其是他的荔枝诗更有名,如《新年五首》之五、《食荔支二首》以及前已引用的《四月十一日初食荔支》等。试看:

> 罗浮山下四时春,卢橘杨梅次第新。
> 日啖荔支三百颗,不辞长作岭南人。
>
> ——《食荔支二首》之二

妙语解颐,风趣横生,善于在生活中发现和捕捉诗情,才是真正的诗人。

三、诗歌在艺术上日臻圆熟,并追求淡雅高远的风格。前人对苏轼晚年诗风都作过很高的评价。黄庭坚特别推崇苏轼岭海诗作,认为"时一微吟,清风飒然,顾同味者难得尔"(《答李端叔》)。"使人耳目聪明,如清风自外来也。"(《与欧阳元老书》)朱弁也说:"东坡文章,至黄州以后,人莫能及,唯黄鲁直诗,时可以抗衡;晚年过海,则虽鲁直亦瞠若乎其后矣。"(《风月堂诗话》卷上)陆游还举例说,"东坡此诗云:'清吟杂梦寐,得句旋已忘。'固已奇矣。晚谪惠州,复出一联

---

① 闻道二句:谓惠州出产黄柑、朱橘很多。上句化用《盐铁论·崇礼篇》"昆山之旁以玉璞抵乌鹊"句。抵,投掷。这里讲用黄柑投击乌鹊。下句用杜甫《峡隘》"朱橘不论钱"原句,讲朱橘多而不值钱。

云：'春江有佳句，我醉堕渺莽。'则又加于少作一等。近世诗人老而益严，盖未有如东坡者也"（《跋东坡诗草》）。"少作"说沉浸创作，梦中得句又忘；"晚作"说春江中蕴藏佳句，只是醉中未能觅得。遐思浮想，使人耳目一新，苏轼的艺术幻想并不因年衰而迟钝、枯竭。

苏轼在此以前的诗风，是以超迈豪横为主要特点的。这时期随着生活和思想的变化，他转而追求淡雅高远的风格。对陶渊明、柳宗元的推崇和学习，就是突出的表现。他"随行有《陶渊明集》，陶写伊郁，正赖此耳"（《答程全父推官》）。后来又在海南岛黎子云处借得《柳宗元文集》（许顗《彦周诗话》）。他把这两部书看作南迁"二友"（《与程全父书》）。他评述陶、柳等人的诗风说：柳宗元诗，"在陶渊明下，韦苏州（韦应物）上"，又说"外枯而中膏，似淡而实美，渊明、子厚（柳宗元）之流是也"（《评韩柳诗》）。在《书黄子思诗集后》中说柳宗元、韦应物的诗，"发纤秾于简古，寄至味于淡泊"，同样可以看作陶渊明的诗格。周紫芝《竹坡诗话》说："东坡尝有书与其侄云：'大凡为文，当使气象峥嵘，五色绚烂，渐老渐熟，乃造平淡。'"从"绚烂"中出"平淡"，而不是一味"枯淡"，这是苏轼晚年艺术旨趣所在。

追求这种艺术旨趣的一个显著例证就是他一百多首"和陶诗"。他在扬州时，曾经写过《和陶饮酒诗二十首》，到了惠州后，他打算"尽和其诗乃已耳"（《和陶归园田居六首·序》），结果就像苏辙所说，"晚喜陶渊明，追和之者几遍，凡四卷"（《东坡先生墓志铭》）。

黄庭坚《跋子瞻和陶诗》说："子瞻谪岭南，时宰欲杀之。饱吃惠州饭，细和渊明诗。彭泽（陶渊明）千载人，东坡百世士。出处虽不同，风味乃相似。"指出了和陶诗是在险恶的政治背景下产生，又指出两者风格的近似，这是不错的。和陶诗中颇有一些直逼陶渊明的作品，如《和陶形赠影》、《和陶影答形》、《和陶神释》、《和陶杂诗十一首》等。

斜日照孤隙，始知空有尘。

微风动众窍,谁信我忘身。

一笑问儿子,与汝定何亲。

从我来海南,幽绝无四邻。

耿耿如缺月,独与长庚晨。

此道固应尔,不当怨尤人。

——《和陶杂诗十一首》之一

这类诗作,冲远淡泊,酷类陶家面目。

前人对这类风格的"和陶诗"往往推为苏诗艺术的极峰。苏辙说:"其诗比杜子美、李太白为有馀,遂与渊明比。"(《子瞻和陶渊明诗集引》)洪迈进一步说"二者(指陶诗、和陶诗)金石合奏,如出一手,何止子由所谓遂与比辙者哉!"(《容斋三笔》卷三《东坡和陶诗》条)许顗则说:"超然迈伦,能追逐李杜陶谢。"(《彦周诗话》)其实,正如陶诗并不"浑身是静穆"的一样,"和陶诗"也既有"飘逸"的一面,又有"金刚怒目式"的一面(参看鲁迅《〈题未定〉草六》、《〈题未定〉草七》)。《和陶拟古九首》之六对于当时两个官员朱初平、刘谊勒索黎族人民交售沉香,进行了指名谴责:"朱刘两狂子,陨坠如风花。本欲竭泽渔,奈此明年何?"《和陶劝农六首》的开头就说,"咨尔汉黎,均是一民",认为对兄弟民族不应歧视;又指斥"贪夫污吏,鹰挚狼食";还对黎族地瘠民贫,"不足于食",表示了深切的同情,希望他们开垦荒田,多植稻谷,改善生活。《和陶拟古九首》之九则写自己谪居的心情:

城南有荒池,琐细谁复采。

幽姿小芙蕖,香色独未改。

欲为中州信,浩荡绝云海。

遥知玉井莲,落蕊不相待。

攀跻及少壮,已失那容悔。

102

儋州城南桄榔庵前有荷花池，这诗即借荷花自喻。香色不改，向往"中州"；但花落莲成，时光不待，也不必追悔了。越是自我排遣，羁旅之愁越见沉痛。这部分"和陶诗"寄寓不平，是富有社会内容的。

关于和韵这种方式，前人有不同评价。刘克庄说苏轼"和陶之作，如海东青、西极马，一瞬千里，了不为韵束缚"（《后村先生大全集》卷一七四）；王若虚却说："次韵实作者之大病也。诗道至宋人，已自衰弊，而又专以此相尚。才识如东坡，亦不免波荡而从之。集中次韵者几三之一，虽穷极技巧，倾动一时，而害于天全者多矣。使苏公而无此，其去古人何远哉！"（《滹南诗话》卷二）应该说，由于苏轼对诗歌技巧的纯熟掌握，能够不为和韵所束缚，写了一些有内容、有诗味的好诗；然而，一百多首和韵诗这个事实，毕竟表现了他逞才使气、企图因难见巧因而不免作茧自缚的缺点，又难怪引起王若虚对他浪费诗才的惋惜了。

四、文艺思想的阐述和创作经验的总结。苏轼没有写过专门论述文艺问题的长篇论著，但散见于他诗文中的文艺见解，仍是十分宝贵的，对理解他的创作也有重要意义。我们在前面也有所介绍。他晚年在指导后辈学习的诗文中，比较集中地阐述两个问题：一是关于文学的思想性问题，二是关于文学创作中自由和规律相结合的问题。

苏轼在给他的侄孙苏在廷（元老）的信中，告诫他写作不要"趋时"，"务令文字华实相副，期于适用为佳"，并强调苏洵的"家法"（《与侄孙元老书》）。什么是苏洵的"家法"呢？一条是文学要有所感而作。苏轼早在《江行唱和集叙》中提到他父亲的教导："非能为之为工，乃不能不为之为工也"；一条是文学要有所为而作。苏轼在密州写的《凫绎先生文集叙》中又提到他父亲的思想：反对文章"贵华而贱实"，提倡"诗文皆有为而作，精悍确苦，言必中当世之过"。这就是说，文学创作必须来源于作者对生活的观察、体验和感受，不能无病呻吟；文学创作又必须具有明确的目的性，讲究"适用"，讲究"华实相副"，讲究"言必中当世之过"，不能为写作而写作。其中心点就是强调文学的思想性。苏轼对一位远道到儋耳来访的葛延之，谈到"作文之法"时，讲了一个生动的比喻："儋州虽数百家之聚，州人之所须，取之市而足。然不可徒得也，必有一物以摄之，然后为己用。所谓一物者，钱是也。"有了货币，才能购买各种货物，为我所用。"作文亦然。天下之事，散在经子史中，不可徒使，必得一物以摄之，然后为己用。所谓一物者，意是也。"文章要有"意"，才能统摄各种材料，为我所用。苏轼叮嘱他说：这个"意"就是"作文之要"（葛立方《韵语阳秋》卷三）。文学作品的首要条件在于立意正确，这确实至为重要。苏轼还认为，"有为而作"必须对现实怀有明确的是非评判和热烈的爱憎感情。在海南岛时，他看到子侄辈文字"粲然可观"，作诗告诫说："《春秋》古史乃家法，诗笔《离骚》亦时用。但令文字还照世，粪土腐馀安足梦！"（《过于海舶得迈寄书酒作诗……》）《春秋》传是孔子在困顿时所写，以"春秋笔法"褒贬历史事件；屈原在放逐时所写的《离骚》，抒发了强烈的嫉恶如仇的爱国忧民之情。他们的身体虽已消失，但其作品光照千古。这一论点就进一步丰富了文学要有为而作的思想。苏轼还在《答谢民师书》中，对扬雄鄙薄辞赋的错误进行批评，指出他错就错在不从作品的思想内容出发。他反诘道：屈赋、贾谊赋难道因为是"赋"而能任意贬斥吗？重视作品思想性是苏轼一贯坚持的文艺思想。

《答谢民师书》作于苏轼从海南岛赦回北行途中，是他晚年总结自己创作经验的重要书简。其中写道：

> 所示书教及诗赋杂文，观之熟矣。大略如行云流水，初无定质，但常行于所当行，常止于所不可不止，文理自然，姿态横生。

这里对谢举廉（字民师）诗文的推重，实际上是对他自己创作的赞美。

他在《文说》中讲过同样的话："吾文如万斛泉源，不择地而出。在平地滔滔汩汩，虽一日千里无难；及其与山石曲折，随物赋形而不可知也。所可知者，常行于所当行，常止于不可不止，如是而已矣。"就是说，文艺创作一方面追求表达的最大自由，应该像"行云流水"，像"泉源涌地"，生动活泼而没有任何固定的框框；另一方面这种表达"自由"乃是基于对艺术规律的高度认识和掌握，以"行于所当行"、"止于不可不止"为条件，而不是任意胡来。既随心所欲又不违规矩，才能做到"文理自然"而又"姿态横生"。他在元丰八年（1085）写的《书吴道子画后》中有两句话"出新意于法度之中，寄妙理于豪放之外"，是对上述艺术原理较早、较简括的说明。与这相联系，《答谢民师书》接着又阐述"辞达"的内涵："求物之妙，如系风捕影；能使是物了然于心者，盖千万人而不一遇也，而况能使了然于口与手者乎？是之谓'辞达'。"从"了然于心"到"了然于口与手"，是讲作家对于客观事物的艺术把握，首先必须对事物特征具有深刻的观察和全面的认识，然后充分发挥文字的性能加以准确而生动的表现。这完全符合唯物辩证法的认识论。他关于"辞达"的见解，也指明要做到表达自由和艺术规律相结合，关键在于作家认识生活的深刻、全面和表现生活的准确、生动。这些对艺术创作的真知灼见，值得我们认真研究。

元符三年（1100）正月，哲宗死，无子，由弟徽宗赵佶继位，神宗妻向氏以皇太后身份垂帘听政。五月，苏轼被赦北归。六月，渡海，作《六月二十日夜渡海》：

参横斗①转欲三更，苦雨终风②也解晴。

---

① 参、斗：星名，都属二十八宿之一。
② 苦雨：久雨。终风：此谓终日刮风。

云散月明谁点缀，天容海色本澄清。

空馀鲁叟乘桴意，粗识轩辕奏乐声①。

九死南荒吾不恨，兹游奇绝冠平生。

三更过后迎来黎明，风雨久作亦有晴时，云散月明，天海澄清，七年的沉冤终已昭雪。然而，无须抱恨海南濒于死亡的生活，饱览这里的奇景异色不是平生难逢的快事吗？这是苏轼对长期远谪生活的总结。像他在"乌台诗案"后所写的诗那样，他对挫折、窘迫的回答总是倔强的。

第二年，即建中靖国元年（1101）七月，他病卒于常州。在病重期间，他听到儿子朗读米芾的一篇赋，从床上跃起，极口赞誉，给米芾写信说："公不久当自有大名，不劳我辈说也。"（《与米元章书》）这使人联想起早年欧阳修对他的推许。他终年六十六岁，也与欧阳修相同。

死讯传到他曾经任职过的地区，"浙西、淮南、京东、河北之民，相与哭于市"，太学生们也在寺院举斋志哀，人们对他表示了深切的悼念。

---

① 空馀两句：《论语·公冶长》："子曰：'道不行，乘桴（fú）浮于海。'"桴：木筏子。《庄子·天运篇》记黄帝"张《咸池》之乐于洞庭之野"，并借音乐说了一番老庄玄理。这两句大意是：现已渡海北返，不必嗟叹"道"之不行，又已粗识老庄忘得失、齐荣辱的哲理。

十三、丰富多彩的文学创作

苏轼一生在政治上经历了一条坎坷不平的道路,在文学上却是一位获得丰硕成果的全能作家。他留下二千多首诗、三百多首词和卷帙繁富的散文作品。① 他超越同辈作家,处在北宋文学的高峰。

(一) 诗　　歌

苏轼的诗,和他的词与散文相比,和同时代的其他诗人相比,内容都较丰富,题材更加广阔。

一、政治诗。他的社会政治诗所占比重并不大,但表达了诗人对于政治和社会重大问题的态度和观点,仍是苏诗的一个重要内容。

他的诗敢于揭露社会矛盾和政治弊病,反映下层人民的一些苦难生活。这是贯串诗人一生的。苏轼年轻时就注意社会问题,写了《岁晚三首》、《和子由蚕市》等诗。黄州人把布谷鸟的啼声意会成"脱却破裤",他借以遣责横征暴敛:"不辞脱裤溪水寒,水中照见催租瘢。"(《五禽言五首》其二)历史上豪强兼并农民土地,他又借以隐寓现实感慨:"当时夺民田,失业安敢哭! 谁家美园圃,籍没不容赎;此

---

①　王文诰《苏文忠公诗编注集成·笺诗图》后云:"予手定公(苏轼)诗为编年集成,凡得古今诗体诗四十五卷,计二千三百八十九首。"他的词,元延祐本《东坡乐府》所收不到三百首,《彊村丛书》、《全宋词》本等有三百五十首左右。

亭破千家,郁郁城之麓。"(《李氏园》)他以同情的笔触描绘了大年初一的农村破产景象:"三年东方旱,逃户连敧栋。老农释耒叹,泪入饥肠痛。"(《除夜大雪留潍州,元日早晴遂行,中途雪复作》)。或写"下马作雪诗,满地鞭箠痕。伫立望原野,悲歌为黎元"(《正月十八日,蔡州道上遇雪,次子由韵二首》之二)。直到晚年,在经过"乌台诗案"的冤狱以后,他仍然用诗干预政治,直斥时弊。如惠州时所写的《荔支叹》:

> 十里一置飞尘灰,五里一堠①兵火催。
> 颠坑仆谷相枕藉②,知是荔支龙眼来。
> 飞车跨山鹘横海③,风枝露叶如新采。
> 宫中美人一破颜,惊尘溅血流千载。
> 永元荔支来交州④,天宝岁贡取之涪⑤。
> 至今欲食林甫肉,无人举觞酹伯游。
> 我愿天公怜赤子,莫生尤物为疮痏⑥。
> 雨顺风调百谷登,民不饥寒为上瑞。
> 君不见武夷溪边粟粒芽⑦,前丁后蔡相笼加⑧。
> 争新买宠各出意,今年斗品充官茶⑨。

---

① 置、堠:古代驿道的站头。
② 枕藉:形容尸体多而乱,相互交杂重叠。
③ 鹘:指海船。一说:此句讲车子飞快过山,犹如隼鸟飞越大海之迅捷。
④ 永元句:汉和帝永元时,交州(今越南和我国广西、广东一带)进贡荔枝、龙眼,人民痛苦万状。唐羌(字伯游)上书劝谏,和帝采纳,停止进贡。
⑤ 天宝句:唐玄宗天宝时,每年从涪州(今四川涪陵)一带进贡荔枝,权相李林甫以此向唐玄宗邀宠。
⑥ 尤物:突出优异的物品和人物。疮痏:指灾害。
⑦ 武夷:武夷山,在今福建,所产"粟粒芽"为武夷茶中的佳品。
⑧ 前丁句:当时人丁谓、蔡襄把武夷茶笼装加封,向朝廷进贡。
⑨ 斗品:指茶。古时有"斗茶"之风,比赛茶的好坏。官茶:即贡茶。

吾君所乏岂此物？致养口体何陋耶！

洛阳相君忠孝家，可怜亦进姚黄花①。

唐代诗人杜牧写过相似题材，留下"一骑红尘妃子笑，无人知是荔支来"（《过华清宫绝句三首》之一）的名句。苏轼此诗开头有意和他相反：一个说"无人知"，词意含蕴；一个直写"知"，并描绘出一幅尘土飞扬、死者满途的惨象。苏诗又说："宫中美人一破颜，惊尘溅血流千载"，也比杜牧诗的"妃子笑"写得笔酣墨饱，对比鲜明。杜诗的含蕴当然也包含着委婉的讥讽，而苏诗的直寻、鲜明，却表现出政治愤激的强烈。苏轼写历史上的进贡荔枝，又是为了指斥当朝风行一时的贡茶和贡花，而且指名道姓地遣责当时"名臣"丁谓、蔡襄、钱惟演，把他们比作唐朝贡荔枝的李林甫，充分表现出作者至老不衰的政治斗争精神。

苏轼的政治诗不仅反映了诗人贯串一生的政治激情和批判黑暗现实的精神，而且也说明他的政治视野比较广阔：贫富对立，赋税苛重，兼并、天灾、贡物等都激起诗人心中的波澜。他的诗还涉及其他社会问题。如对威胁宋朝的辽、西夏的侵扰势力，他力主抵抗，收回失地。黄州时的一首长题《元丰四年十月二十二日，谒王文父于江南，坐上得陈季常书，报是月四日，种谔（宋朝大将）领兵深入，破杀西夏六万馀人，获马五千匹，众喜忭唱乐，各饮一巨觥》，活现出诗人欣喜之情；这首诗说："闻说官军取乞闾②，将军旗鼓捷如神。故知无定河③边柳，得共中原雪絮春。"以边塞柳絮犹如中原春雪，表示失地重回宋朝版图。他并且一再表达自己为国破敌的雄心："圣朝若用西凉

① 洛阳两句：钱惟演，吴越王钱俶之子，降宋后曾官节度使、加同中书门下平章事（副宰相），故称"相君"。姚黄花：牡丹花名种之一。

② 乞闾：即乞银，银州，治所在今陕西榆林东南。

③ 无定河：在今陕西省北部。

簿,白羽犹能效一挥。"①(《祭常山回小猎》)"千金买战马,百宝妆刀环。何时逐汝去,与虏试周旋。"(《和子由苦寒见寄》)"臂弓腰箭何时去,直上阴山取可汗。"(《谢陈季常惠一揞巾》)他的诗反映了阶级矛盾,也反映了民族矛盾,视野是较广的。

　　苏轼的政治诗有一定的思想深度。对于人民的苦难,他不是冷漠的旁观者,而是交织着强烈的爱憎感情,特别是痛苦的内疚和羞愧。《和子由闻子瞻将如终南太平宫溪堂读书》写到民伕在旱灾中的苦况:"中间罹旱暵,欲学唤雨鸠。千夫挽一木,十步八九休",这使他"对之食不饱,馀事更遑求",从而提出"民劳吏宜羞"的原则。作为一个封建官吏,他常常"作诗先自劾"(《和李邦直沂山祈雨有感》),把诗歌作为自我批判的工具,而不是出售廉价同情的商标。他的《除夜直都厅,囚系皆满。日暮不得返舍,因题一诗于壁》说:

> 除日当早归,官事乃见留。
> 执笔对之泣,哀此系中囚。
> 小人营糇粮②,堕网不知羞。
> 我亦恋薄禄,因循失归休③。
> 不须论贤愚,均是为食谋。
> 谁能暂纵遣? 闵默愧前修④。

除夕之夜,囚犯满狱,他推究"堕网"之由,是为生活所逼铤而走险;而自己虽为官吏,不也在为谋食而奔波吗? 这里对"小人"和"我"、"贤"

---

① 白羽句:晋朝西凉州主簿谢艾,原是书生,却挥白羽指挥部队,击退敌军。这里是苏轼自比。
② 糇粮:干粮,这里指生计。
③ 因循失归休:因循苟且,不能归隐。
④ 闵默句:内心默然有忧,愧对前辈名贤。

和"愚"的阶级壁垒观念的一定冲击,也是难能可贵的。

陆游说他"不以一身祸福,易其忧国之心。千载之下,生气凛然"(《放翁题跋》卷四《跋东坡帖》)。他的政治诗也是符合这个评语的。

二、抒情诗。苏轼一生,一次入狱,几乎丧生;两次被贬,长达十二年;两次任职地方,又都在统治阶级内部斗争的夹缝中讨生活。正如他的婢妾朝云所说,他"一肚皮不入时宜"(明毛晋辑《东坡笔记》卷上"是中何物"条,又见《梁谿漫志》卷四"侍儿对东坡语"条),是个政治失意者。他的抒情诗就着重反映了一个有才能、有理想而又遭遇坎坷的封建知识分子的精神面貌。

苏轼说,"我本不违世,而世与我殊"(《送岑著作》),因而他的这些抒写个人不平的诗篇仍有一定的社会意义。封建社会就是意味着对才能的摧残,对美好理想的扑灭:"哀哉命不偶,每以才得谤"(《京师哭任遵圣》),"人间歧路知多少"(《新城道中二首》之二)。他写道:

> 世上小儿多忌讳,独能容我真贤豪?
> 为我买田临汶水,逝将归去诛蓬蒿。
> 安能终老尘土下,俯仰随人如桔槔?
>
> ——《送李公恕赴阙》
>
> 湖上四时看不足,惟有人生飘若浮。
> ……君不见,钱塘游宦客,
> 朝推囚,暮决狱,不因人唤何时休!
>
> ——《和蔡准郎中见邀游西湖三首》之一

这里歌唱自由,向往山水,实际上是对"俯仰随人"的俗态世情的决裂,对"朝推囚,暮决狱"的官场生涯的厌弃。"出世"乃是由于"愤世"。

他的抒情诗还常常在"吾生如寄耳"的消极慨叹中,包含着对于

生活中一些动人东西的追求和歌颂,如手足之情,亲友之爱,故乡之思。《游金山寺》就是一首写怀乡的名作:

> 我家江水初发源,宦游直送江入海。
> 闻道潮头一丈高,天寒尚有沙痕在。
> 中泠南畔石盘陀①,古来出没随涛波。
> 试登绝顶望乡国,江南江北青山多。
> 羁愁畏晚寻归楫②,山僧苦留看落日。
> 微风万顷靴文细,断霞半空鱼尾赤。
> 是时江月初生魄③,二更月落天深黑。
> 江心似有炬火明,飞焰照山栖乌惊。
> 怅然归卧心莫识,非鬼非人竟何物。
> 江山如此不归山,江神见怪警我顽。
> 我谢江神岂得已,有田不归如江水④。

这诗是他熙宁四年(1071)冬出任杭州通判、经过镇江时写的。金山原来矗立在长江之中(现已与江岸相连),上有金山寺。目睹滚滚长江东流入海,诗人的思路却引向江水发源地家乡四川。传闻中的涨潮伟观已不可见,只留下潮水退后的沙痕;登高远眺故乡,却被一片青山遮断。这就烘托出气氛的迷惘和乡愁的深沉。最后写江心炬火,作者把它设想成江神的谴示,更渲染出对宦游的厌倦和乡思的深切。

---

① 中泠:泉名。盘陀:也作"盘陁",巨石不平的样子。
② 羁愁:旅愁。楫:指船。
③ 魄:通"霸",月缺时的有圆形轮廓而光线暗淡的部分。旧说每月初三以后,此部分逐渐明亮,谓之"成魄"。
④ 我谢两句:是对江水的自誓:有田必归故乡。

三、写景诗。苏轼的足迹遍及各地：从峨眉之巅到钱塘之滨，从宋辽边境到岭南、海南，在他的诗集中留下了一幅幅祖国名山、大川、湖泊、海洋以及城市、农村的画卷。他的写景诗并不是自然景物的简单再现，而是体现了作者的人生思想和美学爱好，突出表现了他对乡土的眷恋和祖国大地的热爱。他几乎把居留过的每个地方都看作第二故乡："自意本杭人"，"海南万里真吾乡"。他的一首七律写道：

> 东风知我欲山行，吹断檐间积雨声。
>
> 岭上晴云披絮帽，树头初日挂铜钲①。
>
> 野桃含笑竹篱短，溪柳自摇沙水清。
>
> 西崦②人家应最乐：煮芹烧笋饷春耕。
>
> ——《新城道中二首》之一

写的是杭州西南一个普通农村雨后初晴的旖旎风光。透过这些清丽跳动的诗句，不是活现出一个对生活充满热爱、处处感到生意盎然的心灵吗？

苏轼诗歌的总的艺术特色是自然奔放，挥洒自如。前面引用的"吾文如万斛泉源，不择地而出"的一段话，就是他对这一特色的自评和自夸，概括了"滔滔汩汩"和行止必"当"的统一，自由和规律的结合。这个特色是他的诗、词、散文所共有的。读者从他的诗中可以获得一种淋漓酣畅的美学享受，也可以感受到作者写作时得心应手、左右逢源的快感。他的长篇古诗，"放笔快意，一泻千里"（《瓯北诗话》卷五）；他的近体诗，更显得圆美流动，很少某些律诗的板滞、枯涩之病。诗人的才情是奔放的，艺术想象是丰富的，他熟练地驾驭各种艺

---

① 钲：古代行军时敲打的一种乐器。
② 西崦：泛指西边的山。

术手法,以争取自由表达的最高境界。

苏轼的这一艺术风格又带有宋代诗歌的时代特点。南宋人严羽在《沧浪诗话·诗辨》中曾指责宋诗(主要是黄庭坚和江西诗派)"以文字为诗,以议论为诗,以才学为诗",其实,这正是宋代诗歌区别于唐代诗歌的特点之一;而且并非始于黄庭坚,苏轼诗已呈现出这种面貌,这跟他追求自由表达是紧密相连的。

必须说明,这三者只是特点,它在艺术上可以成为优点也可以成为缺点,关键在于是遵循还是违背诗歌形象化的规律;应以此为标准,对苏诗艺术作出全面的评价。

诗歌散文化即"以文为诗"的倾向,在唐代大诗人杜甫、白居易、韩愈的作品中已开端倪。它主要指把散文的一些手法、章法、句法、字法引入诗中。散文常用直叙和铺陈排比的手法,苏轼的《游金山寺》《百步洪》等,或直叙游历,或铺写景物,即用此法。这些诗虽有一些交代性的语言,如《游金山寺》的"山僧苦留看落日","是时江月初生魄",但它的整个记叙大都伴随着许多具体的、感性的描绘,因而仍然充满诗意。散文的结构手法也有助于苏诗自然奔放风格的形成,特别是他的古诗,"长篇须曲折三致意,乃可成章"(胡仔《苕溪渔隐丛话·前集》卷四十七引黄庭坚语),在布局谋篇上讲究变化多端而又脉络分明,颇见艺术匠心。但散文化的句法和字法却往往削弱诗歌语言的精炼和形象性。如"问君无乃求之欤,答我不然聊尔耳"(《送颜复兼寄王巩》),"无媒自进谁识之,有才不用今老矣"(《送任伋通判黄州兼寄其兄孜》),大用虚字做对仗,就不足为训。

苏诗的另一特点是议论化,这也是散文化的一种表现。苏诗中普遍加重了议论成分。诗是容许结合形象、融注感情的议论的,如《凤翔八观》《孙莘老求墨妙亭诗》《和子由论书》等,其中的议论成分对抒写的自由和格调的流畅是有帮助的。但抽象化的过多议论却会损害诗的形象性和韵律美,并且容易造成诗歌语言的松散。

然而,苏轼的哲理诗却是哲理和形象的结合,理和情的统一,在艺术上独树一帜。如《琴诗》:"若言琴上有琴声,放在匣中何不鸣?若言声在指头上,何不于君指上听?"这些诗虽然算不得形象丰满,却以思考的敏锐启迪人们的心智。前面提过的《题西林壁》也是如此。

"以才学为诗"主要表现在用典。用典是我国古代诗歌常用的表现手段,它可以利用典故本身所包含的较多内容,增加诗歌形象或意境的内涵和深度,给读者以联想、思索的馀地,达到以少许胜多许的艺术目的。苏诗中有不少用典贴切成功的例子,这是主要的;但也有用典重叠、故逞才气的地方。如《贺陈述古弟章生子》七律,一连用了贾逵、徐卿生子的典故,又用了汤饼客、弄"獐"书以及王浑、桓温等有关诞生的故事。这只能使诗意艰涩,格调滞闷,走到他自然奔放风格的反面,成了这位大诗人留给后人的艺术教训。

(二) 词

在我国词史上,苏轼是豪放派的开创人。王灼《碧鸡漫志》卷二说:"东坡先生非心醉于音律者,偶尔作歌,指出向上一路,新天下耳目,弄笔者始知自振。"苏轼对词进行了多方面的革新,建立了"新天下耳目"的豪放派,取代了传统婉约词派的统治地位。

一、内容、题材的扩大。词最初在民间产生,内容原是很广阔的,它与诗的不同主要在于必须配合音乐,能够歌唱。但后来文人词的大量发展,却把描写爱情或色情作为词的专业,词被称为"小道"、"艳科",在人们心目中比诗"体卑"。词要继续发展,就必须扩大内容,开拓题材,打破诗词的界限。苏轼开创的豪放派正是适应了这一要求。在他的词中,记游、怀古、赠答、送别、说理,"无意不可入,无事不可言"(刘熙载《艺概》卷四《词曲概》),真是"一洗绮罗香泽之态,摆脱绸缪宛转之度"(胡寅《题酒边词》),表现出全新的面貌。

二、意境、风格的创新。传统文人词由于专写男欢女爱、闲愁别恨，以清丽婉约为本色当行，又长于比兴手法，虽有词意含蓄、包孕深曲的长处，但境界狭小，风格纤弱；苏轼则另辟蹊径，创造出高远清雄的意境和豪迈奔放的风格，又多以直抒胸臆见长。明代徐师曾《文体明辨序说·诗馀》说：论词"则有婉约者，有豪放者。婉约者欲其辞情蕴藉，豪放者欲其气象恢弘"，（徐师曾此说取自明人张綖，见张綖所编《诗馀图谱·凡例》，他可能是最早提出婉约、豪放之名并予对举论词体的人。王士禛《花草蒙拾》、王又华《古今词论》、沈雄《古今词话·词品》卷上、江顺诒《词学集成》卷五、陈廷焯《白雨斋词话》卷一等，也多称引张綖此说。）大致说出了两派意境、风格的区别。最能代表苏轼这方面革新成果的作品就是前面已经讲过的《念奴娇·赤壁怀古》（见第 60 页）和《水调歌头·丙辰中秋》（见第 30 页）。关于前者，南宋俞文豹曾记载一个故事："东坡在玉堂日，有幕士善歌，因问：'我词何如柳七？'对曰：'柳郎中词，只合十七八女郎，执红牙板，歌"杨柳岸，晓风残月"。学士词，须关西大汉，铜琵琶，铁绰板，唱"大江东去"。'东坡为之绝倒。"（《吹剑续录》）这个故事生动地说明了苏轼、柳永风格的不同，也说明两派词风的区别。苏轼曾自负地说过他的词"亦自是一家"（《与鲜于子骏书》）。他的确是以提高意境和风格而"自是一家"的。

三、形式、音律的突破。词原是配合音乐歌唱的，它的格律有时比律诗还严。婉约派的词论总是强调合乐、可歌。如李清照的《词论》就要求词"协音律"：不仅分平仄，而且要分"五音"、"五声"、"六律"、"清浊轻重"，因而她批评苏轼词"皆句读不葺之诗尔，又往往不协音律者"。不少人对苏词突破格律表示不满。（连"苏门六君子"之一的陈师道也说："退之以文为诗，子瞻以诗为词，如教坊雷大使之舞，虽极天下之工，要非本色。"《后山诗话》据《铁围山丛谈》卷六，北宋末年教坊司有舞者雷中庆，"世皆呼之为雷大使"，以赞其舞艺之高,这里说他不是"本色",也是不对的。但前人多谓《后山诗话》乃伪托陈师道所作。)

我们应该从词的发展上来充分估计苏轼突破格律的意义。词的发展有两个相互联系的趋势:一是打破诗词在题材、内容上的严格界限,表现出诗词合流的倾向,不合流词将没有出路,这在上面已经提到;一是词脱离音乐而成为独立的抒情手段,表现出词和音乐分离的倾向,不分离将阻碍抒情艺术的进一步多样化。这两个趋势是统一的:死守音律就不能充实内容,内容的革新必然导致形式的革新。苏轼词就适应了这一发展趋势。

但是,苏轼对词律是有所突破而不是任意破坏的。陆游有两段话讲得很全面:一则说,苏轼"非不能歌,但豪放,不喜裁剪以就声律耳"(《老学庵笔记》卷五)。一则说,取东坡词"歌之,曲终,觉天风海雨逼人"(《跋东坡七夕词后》)。前者说明苏轼并非不懂音律,只是"横放杰出,自是曲子中缚不住者"(晁补之语,见《能改斋漫录》卷十六"黄鲁直词谓之着腔诗"条),也就是说,不愿思想内容和艺术表现因迁就音律而受到损害;后者用具体实验证明苏词具有很好的音乐效果。苏词善于利用长短句的错落形式,造成有韵律的节奏,用字造句也力求铿锵响亮。前引《水调歌头》(见第 30 页)据说就由当时的歌手袁绹演唱过①,今天读来仍能感受到它的音乐美。当然,苏轼把词"诗化"乃至"散文化"也有一定的流弊,带来议论过多、句子太散或粗率浅陋等缺点,这是他为词的革新而付出的代价。

以上三点,都表现了豪放词派的特点。但是,苏轼对婉约派词并不完全排斥。他所写的传统的爱情题材的词作,仍以婉约见长。他

---

① 《铁围山丛谈》卷四:"歌者袁绹,乃天宝之李龟年也。宣和间,供奉九重。尝为吾言:东坡公昔与客游金山,适中秋夕,天宇四垂,一碧无际,加江流沩涌,俄月色如昼,遂共登金山山顶之妙高台,命绹歌其《水调歌头》曰:'明月几时有? 把酒问青天。'歌罢,坡为起舞而顾问曰:'此便是神仙矣!'"

吸取了婉约派词人抒情的真挚和细腻，又显示出深沉、淳厚的自家面目。如《江城子·乙卯正月二十日夜记梦》：

> 十年生死两茫茫，不思量，自难忘。千里孤坟，无处话凄凉。纵使相逢应不识：尘满面，鬓如霜。　　夜来幽梦忽还乡。小轩窗，正梳妆。相顾无言，唯有泪千行。料得年年肠断处：明月夜，短松冈。

这是一首悼念亡妻王弗的词。十年生离死别，"不思量，自难忘"，"不"和"自"看似矛盾，却深一层写出永不能忘的夫妇爱情。对相逢不识的设想，对梦中相对无言的描述，在在表现出难以排遣的悲苦。结句写梦醒后的感喟：以后岁岁年年，亡妻的孤坟就是肠断之处。此词写得回肠荡气，一往情深。其他如《蝶恋花》（花褪残红青杏小）、《水龙吟·次韵章质夫杨花词》、《贺新郎》（乳燕飞华屋）等，都是同类名作。总之，苏轼词的风格是多样化的。

（三）散　　文

苏轼是继欧阳修之后宋代古文运动的领袖。他的杰出的散文作品标志着从西魏发端、历经唐宋的古文运动的胜利结束。他的重大贡献之一在于和欧阳修一起，建立了一种稳定而成熟的散文风格：平易自然，流畅婉转。这比之唐代散文更宜于说理、叙事和抒情，成为后世散文家学习的主要楷模。清人蒋湘南说："宋代诸公，变峭厉而为平畅：永叔情致纡徐，故虚字多；子瞻才气廉悍，故间架阔。后世功令文之法，大半出于两家，即作古文者，亦以两家为初桄。"（《与田叔子论古文第二书》，见《七经楼文钞》卷四。）

这种散文风格的形成，既是对唐代韩愈古文运动的继承和发展,也是北宋古文运动斗争的产物。首先,韩愈当时的文坛和他的古文理论和写作,都遇到古文写作的标准问题:是"难"还是"易",是"奇"还是"平"? 韩愈企图把两者统一起来,但他的侧重点却是崇尚"难"、"奇"的一面。宋代古文家为了使文章更好地表达思想,对唐代的古文传统进行了认真的分析取舍。欧阳修虽以"尊韩"相号召,但他批评为韩愈所称道的樊绍述的奇诡文风(见《绛守居园池》诗)。苏轼也主张"自然"、"畅达",在《答谢民师书》中批评扬雄"好为艰深之辞,以文浅易之说",而扬雄正是韩愈一再称赞过的作家(见韩愈《进学解》、《答刘正夫书》、《答崔立之书》、《与冯宿论文书》、《送孟东野序》等文)。欧、苏两人的看法代表了宋代古文家的共同认识。其次,宋代古文运动的对立物是两种不良文风:一是唐末五代柔靡浮艳的文风;二是宋初古文作者在反对浮艳文风时所产生的新流弊,即因追求简要古拙而流入艰涩和怪僻。欧阳修在知贡举时就对"新奇相尚"的时文进行贬抑。苏轼在给欧阳修的信中也指责"馀风未殄,新弊复作",他说的"馀风",即指"浮巧轻媚、丛错采绣之文";他说的"新弊",即指"求深者或至于迂,务奇者怪僻而不可读"(《上欧阳内翰书》)。正是从这两方面的斗争中,才把建立平易流畅的散文风格作为宋代古文运动的基本目的。这自然也是苏轼散文的基本风格。

苏轼的各体散文都体现了这种风格。他的散文体裁很多,重要的有下列三类:一、政论和史论;二、记和书序;三、随笔(包括书简、题跋、杂记等)。

政论和史论 苏轼的《策略》、《策别》、《策断》等政论文和《留侯论》、《韩非论》、《贾谊论》、《晁错论》、《平王论》等史论文,都以文从字顺、条理分明为特色。在语言上,它不像韩愈文章致力于锤炼工夫,选择或锤铸色泽强烈的尖新词语,而是追求明晰准确;在结构上,它不像韩愈文章重在纵横开阖,突起突落,而是贵在曲折舒缓,洋洋洒洒。这正是构成他平易风格的两个重要因素。如《平王论》的主旨在于反对周平王避敌迁都洛阳而不积极抵御,在南宋起过一定的政治作用。全文不到七百字,一连引证十三个有关迁都的史实,来论证平王"东迁之谬":一类是并非惧怕外族侵扰而迁都的,一类是虽有外族侵扰而终不迁都的,结果都是兴盛的国家。另一类是像周平王那样迁而后亡的。文章条分缕析,一气呵成,而仍保持旺盛的文气。韩愈的文风也是雄伟的,但其构成因素互不相同。

苏轼的政论和史论的另一特点是展开铺排,辨析周密,论辩滔滔,一泻千里,体现了他所说的"泉源涌出"、"行云流水"的风格。这也是宋代论说文的共同趋势。韩愈、柳宗元的政论一般在千字以内,较少繁譬博引,史论如韩愈的《伯夷颂》、柳宗元的《桐叶封弟辨》等,更是判断短截,不枝不蔓。苏轼的论说文多为长篇力作。《上皇帝书》号称万言。《策略》、《策别》、《策断》更是一组多达二十五篇的完整、系统的策论。这类文章广征史事,议论风发,还着力于形象化的说理,而不是抽象的论证。如《策别》中的《教战守》一篇,主张教民习武,能战能守,以抵御当时辽和西夏对宋朝的威胁和侵扰。文中为了论证"知安而不知危,能逸而不能劳"的危险性,除了引用唐代安史之乱等历史教训外,还用人体的养生保健为喻:

　　天下之势譬如一身。王公贵人,所以养其身者,岂不至哉?而其平居常苦于多疾。至于农夫小民,终岁勤苦,而未尝告病。此其故何也?夫风雨、霜露、寒暑之变,此疾之所由生也。农夫小民,盛夏力作,而穷冬暴露,其筋骸之所冲犯,肌肤之所浸渍,轻霜露而狎风雨,是故寒暑不能为之毒。今王公贵人,处于重屋之下,出则乘舆,风则袭裘,雨则御盖。凡所以虑患之具,莫不备至。畏之太甚,而养之太过,小不如意,则寒暑入之矣。是故善养身者,使之能逸而能劳,步趋动作,

使其四体狃①于寒暑之变；然后可以刚健强力，涉险而不
伤。……

这里以"王公贵人"和"农夫小民"作对比：前者生活于安逸温饱之境
而常患疾病，后者顶风冒雪反而获得了免疫力。一路滚滚对照写出，
用喻生动贴切，别具手眼，把切勿"畏之太甚"、"养之太过"的道理讲
得既透辟又易懂；也使全篇文采斐然，笔意充沛，对读者不仅服之以
理，而且动之以情。

　　苏轼在评论史事时，还擅长作翻案文章。有的能摆脱传统说法，
提出新见。如《留侯论》讲张良之所以能辅佐刘邦平定天下，是由于
他具有"忍小忿而就大谋"的策略思想；而这种思想正是圯上老人所
要教给他的。相传张良有次在桥上遇见黄石公，黄石公叫张良把他
落脱的鞋子捡起来，并且替他穿上，以试探张良的耐心和意志，张良
忍怒照办。黄石公认为"孺子可教也"，就送他一部《太公兵书》。据
说张良靠了这部兵书才帮助刘邦夺得天下。苏轼对于这个传以为真
的故事，能够扫除它的神奇的乃至迷信的色彩，回到人事上来找原
因。他认为"夫老人者，以为子房才有馀而忧其度量之不足，故深折
其少年刚锐之气，使之忍小忿而就大谋"。只有这样，以后秦始皇、项
羽都不能轻易使他害怕或激怒："此固秦皇之所不能惊，而项籍之所
不能怒也"，避免了盲动和冒险。苏轼的论证颇能言之成理，表现出
一定的识见。当然，刘邦平定天下，并不仅仅由于个别历史人物的思
想修养，还有更深刻的社会政治原因，苏轼的这个看法是带有一些片
面性的。他的有些翻案之作更不免故作危言，强词夺理。有时还有
杜撰历史事实的地方。例如本书开头讲的为欧阳修所激赏的《刑赏
忠厚之至论》一文，也有杜撰典故的情况。陆游《老学庵笔记》卷八

---

① 狃：习以为常，不再当一回事。

说:"东坡先生省试《刑赏忠厚之至论》有云:'皋陶为士(法官),将杀人。皋陶曰:"杀之!"三。尧曰:"宥之!"三。'"欧阳修不知这个典故出于何书,当面问苏轼,他竟答道:"何须出处!"

记和书序 苏轼的亭、台、堂、阁记和书序,比之政论和史论具有更高的文学价值。他的亭台记,打破先叙事、次描写、后议论的一般格局,三种成分按主题展开的需要而错杂并用,变化莫测。试以《超然台记》、《放鹤亭记》、《凌虚台记》为例。这三篇记的主题都是发挥老庄的出世哲学,带有消极因素,但在艺术结构上颇见匠心,有一定启示作用。《超然台记》作于密州,议论放在开头,说了一番"游于物之内而不游于物之外"的议论,造成一种飘忽的意绪,然后进入叙事。最后点出命名"超然"的原由,又用"以见余之无所往而不乐者,盖游于物之外也"作结,照应开端。《放鹤亭记》是徐州时的作品,议论放在中间,在叙完亭的建造缘起和景色以后,先从"鹤"引出议论:鹤既是"清远闲放"的象征,但春秋时卫懿公因好鹤而亡国;接着突然从题外拈出"酒"字,说"酒"虽使人"荒惑败乱",但魏晋时刘伶、阮籍等人却借酒保全自己,传名后世,以此来说明"南面之乐"不能换"隐居之乐"的道理。而早年在凤翔所写的《凌虚台记》,议论放在最后,似是一般常规写法,但第一段叙事却和议论交织而出,在常规之中见出变化。

他的书序,如《范文正公文集序》、《王定国诗集序》、《六一居士集序》、《凫绎先生文集序》等或叙人物,或论艺术,也为世所传诵。

随笔 苏轼的书简、题跋、杂记等文,有许多是文学散文,在苏轼散文中艺术成就最高。这些作品内容极其广泛,几乎无所不包,或抒人生感慨,或讲身边琐事,或记遗闻佚事,或述风土人情;在艺术上表现出信手拈来、随口说出、漫笔写成的特点。苏轼自评其文时还说过"闲暇自得,清美可口"(《答毛滂书》)、"词语甚朴,无所藻饰"(《上梅龙图书》)的话,这类文字正是好例。现举不同时期的不同体裁的文章三篇以见一斑：

> 嘉祐癸卯上元夜，来观王维摩诘笔。时夜已阑，残灯耿然，画僧踽踽欲动，恍然久之。

——《题凤翔东院王画壁》

> 黄州定惠院东，小山上，有海棠一株，特繁茂。每岁盛开，必携客置酒，已五醉其下矣。今年复与参寥师及二三子访焉，则园已易主。主人虽市井人，然以予故，稍加培治。山上多老枳，木性瘦韧，筋脉呈露，如老人项颈；花白而圆，如大珠累累，香色皆不凡。此木不为人所喜，稍稍伐去；以予故，亦得不伐。既饮，往憩于尚氏之第。尚氏亦市井人也，而居处修洁，如吴越间人，竹林花圃皆可喜。醉卧小板阁上，稍醒，闻坐客崔成老弹雷氏琴，作悲风晓角，铮铮然，意非人间也。晚乃步出城东，鬻大木盆，意者谓可以注清泉，瀹瓜李，遂夤缘小沟①，入何氏、韩氏竹园；时何氏方作堂竹间，既辟地矣，遂置酒竹阴下。有刘唐年主簿者，馈油煎饵，其名为"甚酥"，味极美。客尚欲饮，而予忽兴尽，乃径归。道过何氏小圃，乞其丛橘②，移种雪堂之西。坐客徐君得之③，将适闽中，以后会未可期，请余记之，为异日拊掌。时参寥独不饮，以枣汤代之。

——《记游定惠院》

> 侄孙元老秀才：久不闻问，不识即日体中佳否？蜀中骨肉，想不住得安信。老人住海外如昨，但近来多病，瘦悴不复往日，

---

① 夤缘小沟：指沿着沟岸而行。
② 丛橘：一丛橘树。丛，同"丛"。
③ 徐君得之：徐大正，字得之，当时黄州知州徐大受（君猷）之弟。

不知馀年复得相见否？循惠①不得书久矣！旅况牢落，不言可知。又海南连岁不熟，饮食百物艰难；及泉广②海舶绝不至，药物酱酢等皆无。厄穷至此，委命而已。老人与过子相对，如两苦行僧耳。然胸中亦超然自得，不改其度，知之免忧。所要志文③，但数年不死便作，不食言也。侄孙既是东坡骨肉，人所觑看，住京凡百倍加周防，切祝切祝！今有书与许下④诸子，又恐陈浩秀才不过许，只令送与侄孙，切速为求便寄达，馀惟千万自重。

——《与元老侄孙》

第一则是写于嘉祐八年（1063）凤翔时的题跋，简练的笔墨，迷惘的境界，却又是呼之欲出、栩栩如生的画面。第二则是黄州时的记游小品，不矜持，不造作，朴素自然，曲折尽意。第三则是写于海南时期给晚辈的书简，谈简陋的谪居生活和"超然自得"的心境，谈骨肉之间的拳拳之情，谈琐琐家常，真情坦露，文如其人。

苏轼毕生致力于文学创作。虽然他曾痛苦地发现"平生文字为吾累"，但文学仍和他的生命相始终，或者说，文学才是他真正的生命。他的作品是他的那个时代的反映，他的生活和思想的体现，也是他一生心血的结晶。

---

① 　循惠：这里即指循州、惠州，循州治所在归善（今广东惠阳东）。
② 　泉广：泉州、广州，当时海上贸易中心。
③ 　志文：指苏轼为一个后辈写的墓表文。见苏轼另一封《与元老侄孙》信："十九郎墓表，本是老人欲作，今岂推辞！"
④ 　许下：指许州（治所在今河南许昌）。苏轼《答徐得之书》："一家今作四处：住惠、筠、许、常也。"当时苏轼兄弟两家亲属分住在惠州、许州等地。

十四、苏轼的影响

苏轼的文学创作代表着北宋文学的最高成就,在当时的作家中享有巨大的声誉。如同欧阳修对他的奖掖、培养一样,苏轼也十分重视文学人才的发现和培养。除了"苏门四学士"、"苏门六君子"外,他还热情地向不少后辈传授自己的写作经验,扩大自己的文学影响。他的作品在当时就驰名遐迩,不仅在中原一带广泛传诵,而且在边缘地区乃至辽国、高丽等地都拥有不少读者。

他的诗、词、文对后世的影响更为深远和复杂。苏诗影响有宋一代的诗歌面貌。金代有所谓"苏诗运动"。明代公安派作家如袁宏道、袁宗道等十分推崇苏诗,借以反对"诗必盛唐"的前后七子。清代的宗宋派诗人,如钱谦益、宋荦、查慎行等都受苏轼的影响。他所创立的豪放词派直接为南宋大词人辛弃疾所继承,在辛弃疾前后涌现了一大批爱国词人如张元幹、张孝祥、陈亮、刘过、刘克庄、刘辰翁等,形成了属于豪放词风的辛派词人。直到清代,陈维崧、曹贞吉、顾贞观、蒋士铨等人都效法苏辛。至于苏轼的散文也为后世文章家所崇尚。他的小品文在文学上影响更人。明代公安派在标举"独抒性灵"反对拟古主义时,就从苏轼的《志林》中学习抒情小品的写作。在清代袁枚、郑板桥的散文中,也可以找到承袭的线索。

苏轼的集子早在他在世时已有编辑。除了三苏自己合编的《南行集》外,元丰四年(1081)苏轼贬居黄州时,陈师仲就把苏轼在密州、徐州两地所作的诗编成《超然集》、《黄楼集》(《答陈师仲书》)。刘沔也替他编成诗文集二十卷,苏轼还称赞此书没有一篇伪作混入(《答刘沔书》)。邵博《闻见后录》卷十九载有"京师印本《东坡集》",苏轼曾指出其误字。其他不同名称的本子还很多。苏辙的《东坡先生墓志铭》称他所著有《东坡集》、《后集》、《奏议》、《内制》、《外制》等。但是,宋徽宗崇宁元年(1102),苏轼死后不久,他被列入"元祐党籍"追削官爵,著作也遭禁毁。到了宋高宗赵构建炎时,始得昭雪;宋孝宗赵昚时追谥为"文忠",他的集子又以多种版本广为流传,形成"人传元祐之学,家有眉山之书"(《宋赠苏文忠公太师制》)的盛况。

今存苏轼全集以《东坡七集》本较为完善,是清人根据明刊本校印的,有解放前中华书局出版的《四部备要》本,内分《东坡集》、《后集》、《奏议》、《外制集》、《内制集》、《应诏集》、《续集》等七集。此本不收苏轼词作。解放后商务印书馆重印的《国学基本丛书》本,改题为《苏东坡集》,七个集子的编次有些变动,内容全同。

苏轼诗的笺注本也开始于北宋,有赵次公等五家注本。南宋署名王十朋的《集注分类东坡先生诗》,广泛搜集旧注,按类编排;施元之等的《注东坡诗》,对注释有所补益。清代苏诗研究者更多,如邵长蘅《苏诗王注正讹》、查慎行《补注东坡先生编年诗》、沈钦韩《苏诗查注补正》、翁方纲《苏诗补注》、纪昀评点的《苏文忠公诗集》等都可资参考;其中又以晚出的冯应榴《苏文忠公诗合注》、王文诰《苏文忠公诗编注集成》两种,取材宏富,注释详备,总结了清代苏诗研究的成果,对读者很有帮助。

今存苏轼词集《东坡乐府》的最早刻本是元代延祐七年(1320)的南阜书堂本,有古典文学出版社 1957 年影印本,上海古籍出版社 1978 年的新校本即以它为底本。后又有明毛晋《宋名家词》本、清王鹏运《四印斋所刻词》本、朱孝臧《彊村丛书》本,朱本编年排列,而且所收词最多。今存最早的苏词注本是南宋傅幹的《注坡词》。近人有《东坡乐府笺》,校、注都较精审,有商务印书馆本。

苏轼散文的最早选本是南宋郎晔的《经进东坡文集事略》，所选文章颇具代表性，注释也简明扼要，有解放前商务印书馆出版的《四部丛刊》本、解放后文学古籍刊行社本。明代茅坤编选的《宋大家苏文忠公文钞》，为《八大家文钞》之一，也是较重要的选本。

今天，苏轼的研究和介绍工作有了新的发展。在四川眉山县苏轼故居，原有明洪武时所建的"三苏祠"，岁久历遭毁损，现已一再修葺；并在1959年正式改建为"三苏纪念馆"，大门两旁挂有"一门父子三词客，千古文章四大家"的楹联，表示人们对苏氏的赞赏。在湖北黄冈，也对"东坡赤壁"的建筑群如"碑阁"、"二赋堂"、"酹江亭"等修缮一新，是凭吊这位诗人的地方。各地至今还流传着不少关于他的传说，并有"东坡巾"、"东坡肉"、"东坡饼"等名目。这都说明苏轼是一位有深远影响的大作家，并不随着他的时代的消失而消失。作为发展社会主义新文化的借鉴，他留下的丰富的文学遗产值得我们很好学习和研究。

附　录

《苏轼传稿》日译本自序①

　　拙著《苏轼其人与文学》(即《苏轼传稿》)一书是导读性的普及读物,我为有机会将它介绍给日本读者而感到由衷的高兴。

　　我把苏轼作品当作研读对象,始于大学时代。当时,我被他那种文学艺术上的"全才"特点所吸引。在他的闳博的文化知识、成熟的艺术技巧、丰富而复杂的人生经验面前,在无限广阔、难测其深的"苏海"面前,我错愕、惊叹。苏轼是北宋时期文化全面繁荣的杰出代表,也是中国文化长期发展的历史结晶,因而是值得我毕生探讨的研究课题。随着时间的推移和个人生活体验的积累,我对苏轼的思想和性格产生了越来越浓厚的兴趣。苏轼历经坎坷沉浮,虽处逆境仍不失去对生活的信念,继续坚持对美好事物的追求。这在中国古代知识分子中是具有代表性的一大典型。这本小书就是基于对苏轼的这种认识而写成的。

---

① 日译本原名为《苏轼其人与文学》,山田侑平译,日本日中出版,1986年版。

　　苏轼的名字对于日本的读者并不陌生。早在五山时代就有专门的"坡诗讲谈师"。我这次作为客座教授来日本东京大学任教，有幸读到了五山时代的诗僧们所编的《四河入海》百卷本。他们对苏轼作了非常详细的解释，其刻苦钻研的情景，在五六百年后的今天，仍令我历历如在目前。日本现代的苏轼研究，也取得了很大的成就，涌现出众多的著名学者，出现了一些价值颇高的论著，这些都给我留下了难忘的印象。文学是无国界的，像苏轼这样的文学家，不仅属于中国，更是人类共同拥有的精神财富。本书日译本的刊行，如果能让更多的日本读者熟悉和理解苏轼及其作品，并对中日两国的文化交流产生一点促进作用的话，我就感到非常荣幸了。

1986 年 3 月于东京大学

《苏轼传稿》韩译本自序①

苏东坡这个名字,在中国几乎是家喻户晓、老幼皆知的,甚至比他的正式姓名苏轼,更广为流布于众口。无论是学识渊博的知识分子,或是在普通的下层人群中间,他都拥有热诚而真挚的崇拜者。能够在雅、俗两个层面上充分满足人们不同文化需求和审美趣味的中国文化巨人,是极为罕见的,而苏轼正是这少数精英中突出的一位。他以非凡的天才、毕生的精力,为我们留下了丰富深厚的文化遗产,举凡诗词文赋各个文学领域,乃至经学、考古、书法、绘画、医药、烹饪等方面,都有建树和创造,在不少领域中还居于时代的顶峰。近千年来,他励人以刚正,启人以智慧,益人以知识,予人以美感,他与后世人们建立了持久的亲切动人的对话、交流关系,因而被一代又一代的读者所缅怀景仰,这是十分自然的。

早在苏轼在世的时候,他的作品与事迹就已超越国界而走向世界,最好的例证就是当时的高丽。公元一〇七六年(宋神宗熙宁九年,高丽文宗三十年),高丽使臣崔思训等来华,路经杭州,觅购苏轼作于杭州时作品结集《钱塘集》归国,表现出高丽士人对苏轼作品的渴求与热爱。而在一二三六年(宋理宗端平三年,高丽高宗二十三年),由高丽全州牧崔君址"新雕"的《东坡文集》也在韩国问世,并由著名政治家李奎报写了跋文。这一"全州新雕本"所依据的底本是"尚州摹本",那么,其摹刻时间更在一二三六年以前了。高丽士人如此竭尽心力去宋朝购求苏轼文集,又在蒙古兵前锋已达全州的危急

---

① 韩译本原名为《中国文豪苏东坡》,曹圭百译,汉城月印出版社,1998年版。

情况下刊刻苏集,其目的就是为了阅读、吸取与研究。高丽朝的权适有诗句说"苏子文章海外闻",对苏轼作品的流传四海作了热情的赞扬,而徐居正的一则记载,更说明苏轼的实际文学影响是多么的深入与广泛。在《东人诗话》卷上中,徐居正说:"高丽文士专尚东坡,每及第榜出,则人曰:'三十三东坡出矣!'"高丽士人以苏轼作为士人学问文章的最高典范,无怪乎出身于名门望族的高丽大臣有金富轼、金富辙这样的取名了。这一取名,把人们仰慕苏轼、苏辙兄弟的深情,表现得淋漓尽致。

影响高丽一朝文风的中国作家中,苏轼无疑是最广泛最深刻的一位。他的文集是高丽朝第一部刊印的宋人别集。他的一首词《念奴娇》(大江东去)引发了十多位高丽士人的竞相唱和,成为一大文学景观,苏轼如果地下有知,应当感到莫大的欣喜与慰藉。事实上,苏轼当年对高丽事务相当关心与了解,从文化角度而言,他对高丽也抱有友善亲和的态度。公元一〇八五年(宋神宗元丰八年,高丽宣宗二年),高丽僧统义天(文宗第四子,大觉国师)使华巡礼,宋朝廷诏令苏轼友人杨杰陪伴,往游钱塘,苏轼高兴地写了一首《送杨杰》诗赠他,其中有"三韩王子西求法,凿齿弥天两勍敌"的诗句,用"俊辩有高才"的东晋名僧道安来比拟义天,对他西来"求法"表示热烈的欢迎。还有材料证明,宋哲宗曾打算派遣苏轼出使高丽,后因故未能成行;而苏轼却认为此行能扩大视野,获取对异国风情的新的人生体验,实乃"人生一段美事",多年后还对不能践偿此愿而耿耿于怀,在给友人的信中深表惋惜。这是苏轼的遗憾,也是我们后人的遗憾。如果他能出访高丽,必将以他的生花妙笔为我们留下鲜活、形象的珍贵诗篇,成为文学交流史上的一则佳话,或许还能修正他对高丽政治认识上曾经有过的某种偏颇。

我在这里叙说苏轼与高丽朝文士的这段美好因缘,旨在说明他所创造的文化业绩,既属于中国,也属于韩国,是人类共同的精神财富。我又高兴地看到,苏轼的影响还从高丽朝延伸到今天,在当今韩国的中国学研究界中,苏轼研究始终是一个热点,其研究成果给了我很多的启迪。

明年(二〇〇一年)是苏轼逝世九百周年,中国各地正在筹备各类纪念活动。正在此时,我写的这部苏轼传记得以在韩国出版,能向韩国读者介绍这位文化伟人,内心的兴奋与愉快是不可言喻的。我要感谢本书的译者曹圭百先生,他为此付出了很大的精力,而对于汉城月印出版社的支持与关爱,我要表示衷心的谢忱。

王水照

二〇〇〇年十月于复旦大学

《苏轼传：智者在苦难中的超越》①后记

苏轼的状貌与画像

读者诸君在看完这部几十万字的传记以后，不知是否会产生一个问题：苏轼究竟长得什么模样？笔者在写作过程中对这问题倒是时时萦绕脑际的。苏轼同时代的画家如李公麟、程怀立、何充、僧表祥、妙善及道士李得柔等，都曾为他画过像，但真迹至今都已亡佚，沉晦无闻。清初著名学者翁方纲鉴定过的《东坡扶杖醉坐图》，我认为此图比较接近苏轼的原貌。这幅图像据传是依照李公麟的原画，由翁方纲请友人朱野云临摹的。黄庭坚《跋东坡书帖后》说："庐州李伯时(即李公麟)近作子瞻按藤杖，坐盘石，极似其醉时意态。此纸妙天下，可乞伯时作一子瞻像，吾辈会聚时，开置席上，如见其人，亦一佳事。"此幅画像与黄庭坚所说的"按藤杖"、"坐盘石"、"醉时意态"是吻合的，但朱野云所临摹的是否为李公麟原画，还是需要继续考证的。然而，此画的东坡形象，比照苏轼本人和当时其他人的有关记载来看，恰是完全相符的。依据这些记载材料，苏轼的容貌、身材特点是：

一、身材颀长。苏轼和弟弟苏辙都是高个子，苏辙说过"颀然仲(轼)与叔(辙)"(《次韵子瞻寄贺生日》)，苏轼写给苏辙的诗，有"观汝长身"、"长如丘"句子(《次韵和子由闻予善射》、《戏子由》)，别人也说苏轼跟他弟弟一般高："江边父老能说子(辙)，白须红颊如君(轼)

---

① 王水照、崔铭著：《苏轼传：智者在苦难中的超越》，天津人民出版社，2000年版。

长。"(苏轼《吾谪海南,子由雷州……》)最直截了当是苏轼自称"七尺顽躯走世尘"(《宝山昼睡》),他的朋友孔武仲也明确描述他为"颀然八尺"(《东坡居士画怪石赋》),"七尺"、"八尺",总是算高身材了。

二、眉疏目朗,眼神尤为炯然有光。这也见于孔武仲的《谒苏子瞻因寄》:"紫瞳烨烨双秀眉。"

三、颧骨高耸,两颊清瘦。苏轼的名篇《传神记》,说到他"于灯下顾自见颊影,使人就壁模之,不作眉目,见者皆失笑,知其为吾也。"仅从颧颊的影廓中即能辨认出是苏轼,说明他颧骨的特征最为显著突出,若是团团福相就不可能这样的了。

四、面容长形如圭,上下一方正、一尖圆。这见于米芾《苏东坡挽诗五首》其一:"方瞳正碧貌如圭。"

五、尤其重要的是须髯颇稀,后世多画成络腮胡子者,实离真像甚远。明人李东阳、清人翁方纲都分别指出"其多髯者妄也","世间所传丰颐多髯者非真也"(分见《题宋诸贤像后》、《跋坡公像三首》)。可举一则笑话为证。据《邵氏闻见后录》卷三十所载:秦观多髯,苏轼取笑他。秦观机智地说:"君子多乎哉!"借用《论语》成句,表明"多髯"者乃是"君子"。苏轼立即打趣说:"小人樊须也。"也用《论语》成句,说明"繁须"(与"樊须"谐音)者却是"小人"! 这则笑话正表明苏轼自己不是"多髯"。

朱野云临摹的这幅画,完全符合高身材、长脸型、颧骨突出、两颊清瘦、胡须颇稀的特点,只是描绘的乃是"醉态",目光自然不能炯炯有神了。

我们详细地叙述上述情况,除了对此怀有兴趣以外,还想借以说明本书写作的两个原则。第一,我们没有采取目前颇为流行的"戏说"写法,特别是在一些影视剧中的历史人物,与真实情况相去颇远,甚或毫不相关(从娱乐或寄托某种理念出发,"戏说"作为一种手法,也有它存在的理由);我们坚持"无一'事'无来历"的宗旨,凡所讲述到的苏轼种种事件，包括一些细节，均有文献根据，绝不凭空编造。读者从我们对苏轼容貌、身材的考辨中，也可以看到我们写作态度的严肃与认真。但要说明两点：一是有些事件和故事，我们所据的是宋人的一些笔记，其中所记的遗闻逸事，有的未必可靠；但它们毕竟是产生于同时代的传说，因而在不完全真实的材料中，仍然保留着真实的时代风气、氛围和风俗习惯，有的固然属于并没有发生过的事情，却是有可能发生的事情。二是我们坚持"无一'事'无来历"，却不主张"无一'字'无来历"。也就是说，在追求某一事件、故事、情节在时、地、人的真实性的基础上，允许作一些合理的想象和推演，以表示笔者对这些事件等的个人理解，也使此书具有生动性与可读性。本书基本上是一部苏轼传记的"信史"，读者可以放心地"信以为真"，但也存在有限度、有节制的虚拟。我们能做到这一点，实在有赖于有关苏轼的种种材料，在他本人和其他宋人的笔下，原已十分丰富、鲜活，无需我们再作太多的虚构了。

　　第二，我们对苏轼的容貌、身材怀有兴趣，并认为在他的传记中提及此事也并非多馀、离题，但又没有放在正文中来展开叙述，这是因为本书取材的重点在于苏轼本人的作品，尤其是他的诗、词、文、赋等文学作品。我们按苏轼从降生、出仕、贬谪到辞世的先后顺序，渐次展示他一生曲折坎坷而又丰富多彩的生活道路；但又以他的文学创作作为全书的基本架构，因为苏轼的大量文学作品是他一生最真实的形象写照，也是他思想、胸襟、性格的最生动的体现。我们期待读过本书的朋友，在了解苏轼一生经历的同时，也能欣赏到苏轼的充满艺术魅力的文学精品，获得一次切实的审美享受，从而更深入地认识苏轼的思想和人格。——也许是我们的一点奢望吧。

1999 年 3 月

外编：苏《传》补墨

　　苏轼无疑应该有一部百万字以上的"大传"，我上述的《苏轼传稿》不足十万言，只能粗线条地勾画出他丰富复杂人生的大致轮廓，浅表性地涉及苏轼的方方面面。我其后所作治苏文字，其实都可看作这部小传的补充，有的还是直接的校订。因而除了长篇论文已收入《苏轼研究》外，其他篇章统载于此（不包括单篇赏析文章）。个人当然也有将散见文字结集一处的意思，这也毋庸讳言。

讲演存稿二篇

近年中国学术界关于苏轼研究的几个争论问题

（1984 年 10 月 20 日在东京大学中哲文学会的讲演）

诸位先生：

　　我今天参加这次学术会议，感到非常荣幸和高兴。我要感谢东京大学中国文学语学研究室主任教授伊藤漱平先生的安排，使我得到向诸位先生请教的好机会。现在，我想介绍一下我国学术界近年来关于苏轼研究中的几个争论问题，谈谈这些争论的意义、收获和尚待继续研究的问题，为诸位先生提供我国学术研究的一些信息。我想讲三个问题。

一、关于苏轼的政治态度，主要是他跟王安石变法的关系问题

　　首先需要说明这个争论的来由。长期以来，我国对苏轼的研究，成果较少，水平较低，跟苏轼在我国文学史上的地位很不相称。苏轼是北宋最重要的作家，他是继欧阳修之后的文坛领袖，建树了多方面的文学业绩：散文与欧阳修并称"欧苏"，又是"唐宋古文八大家"之一；诗歌与黄庭坚并称"苏黄"，开创了宋代诗歌的新面貌；词与辛弃疾并称"苏辛"，是豪放词派的创始人。总之，他是北宋文学最高成就的杰出代表。但新中国成立以来，我们出版的苏轼研究论著，比起其他大作家来较少，为什么会造成这种不相称的现象呢？原因之一在于苏轼又是一位在思想和艺术上充满矛盾因而难于评论的作家。尤其因他反对王安石变法，一度被认为"落后"、"保守"，在六七十年代更被视为"反动"的作家。这样，苏轼研究被当作"禁区"，许多研究者缩手缩脚，顾虑重重，影响了研究工作的正常开展。

　　1980 年 9 月我们成立了全国苏轼研究学会。在第一次讨论会上，就对苏轼反对王安石变法的问题，进行了热烈的争论。在这次会议前，报刊上已有不少论文涉及此点。大致有三种对立的意见：

　　一种意见认为，苏轼极力阻挠王安石新法的实行，无疑是保守和落后的。但又认为他与司马光等顽固反对新法的保守派还是有区别的。第二种意见认为，苏轼不是保守派，而是一个革新派。他和王安石的分歧，不在于要不要改革，而在于改革什么、如何改革的问题。人体说来，王安石偏重于改革法制，苏轼偏重于改革用人；王安石主张激进，苏轼主张渐进。第三种意见认为，苏轼对变法的态度前后是有变化的，经历了从主张改革到反对改革，又到维护某些新法的过程。我是主张第三种意见的。早在 1978 年我在《苏轼的政治态度和政治诗》一文中说明了这一主张，今天只就争论中提到的方面谈两点看法。

甲、关于王安石主张改革法制和苏轼主张改革用人的问题。我认为把苏、王政见的分歧用这点来说明，是不很妥当的。苏轼在《策略三》一文中根据对北宋当时严重社会危机的分析，正确地指出，改革应从"立法"和"任人"两方面着手。他说："夫天下有二患：有立法之弊，有任人之失。二者疑似而难明，此天下之所以乱也。"但他接着说，"臣窃以为当今之患，虽法令有所未安，而天下之所以不大治者，失在于任人，而非法制之罪也"，把弊病仅仅归罪于用人不当，这就判断错误了。"立法之弊"和"任人之失"是密不可分的：要改革弊法，实施适应社会新情况的新"法"，必须有能够推行新法的行政机构；离开新法的单纯"择吏"，对改革当时弊政并不能发挥有效的作用；而且选用良吏本身也不能不牵涉到旧有的官员选拔考核制度的改革。苏轼自己提出的一些改革措施，实质上就是"变法"，在《思治论》中还提出要学习"商君（商鞅）之变秦法也，撄（触犯）万人之怒，排（排斥）举国之说"的坚决变法的态度。所以，既承认"法令有所未安"又说"非法制之罪"；既在实质上提出变法，又在理论上主张不必变"法"，苏轼的这种糊涂观念正表现了他政治思想中改革和保守的矛盾性。他之所以片面强调改革用人，是为了否定变法的必要。由此可见，在这点上，他与王安石变法存在根本的区别，而不仅仅是"改革什么"的分歧。

乙、关于王安石主张激进，苏轼主张渐进的问题，判断这个问题的是非，必须联系当时的社会情势和政治风气来考察。北宋立国之初，比之中国历史上几个统一王朝来（如汉朝、唐朝），国势较弱，外有契丹、西夏的不断侵扰，内有各地农民的不断起义，政治弊端丛生，军队无能，财政枯竭，国库只剩下一部空账本。而朝野之间充满着一种因循苟且、不思变革的政治风气。当时人刘安世说："嘉祐之末，天下之弊在于舒缓。"（《元城语录》）而一些微小改革的结果又怎样呢？明清之际的思想家王夫之说："人才之黜陟，国政之兴革，一彼一此，不能以终岁。"就是说，朝令夕改，改革不能坚持；于是，"吏无适守，民无适从，天下若惊若骛，延颈举趾，不一其情者，不知其何似，而大概可思矣"（《宋论》卷四），描画出了举国人心惶惶、无所适从的景象。因此，苏轼反对王安石变法，说他"卤莽"，鼓吹"常静而无心"，反对"求治太速"，这对当时暮气沉沉的宋王朝来说，无异是阻止一切实际改革的遁辞了。

以上三种意见在讨论中虽然未能取得一致，但讨论是有收获的。第一，发扬了解放思想、实事求是的学风，为恢复苏轼的历史真面目作出了努力，打破了苏轼研究的沉寂的局面。第二，明确了今后苏轼研究的重点。大家认为，苏轼反对王安石变法问题，对于他一生的思想和创作是发生过重大影响的，继续探讨这个问题仍然是必要和有益的；但是，苏轼主要是一位文学家，而不是一位政治家，他的政治态度毕竟已属于过去，而他留给后人的文学遗产却仍在现实生活中发生深远的影响。因而，苏轼研究的重点不能不放在对于他的文学的探讨和研究上。如果把主要精力放在研究他的政治态度上，是不很妥当的。这两点认识，对以后的苏轼研究都起了良好的作用。

二、关于苏轼开创豪放词派的问题

对苏轼词的总的评价问题上，有两个主要分歧意见：一是所谓"豪放"和"婉约"的问题，一是所谓"正"、"变"的问题。这两个问题实际上是同一个问题的两个方面。一般认为，苏轼在中国词史上的主要贡献在于开创豪放一派，打破了传统婉约词独占词坛的局面，为词的继续发展开辟道路。但这一评价是有争论的。这个争论延续的时间很长，可以说从苏轼当时就已开始，一直到今天，差不多争了九百年。在1982年苏轼研究学会第二次讨论会以及1983年全国词学讨论会上，都着重讨论了这个问题。

首先关于豪放、婉约之分。通常把宋词分豪放、婉约两派，而苏轼正是豪放派的开创人,但有人认为,这是"似是而非,不关痛痒语也"(陈廷焯《白雨斋词话》),不能概括宋词风格流派的多样性;有人进一步把宋词分为婉丽、豪宕、醇正三派,詹安泰先生则分为真率明朗等八派;今天有的研究者认为,今存苏轼词真正体现豪放风格的最多不过二三十首,实不能概括其全部风格甚至基本风格,有人更认为苏轼豪放词只有《念奴娇》(大江东去)一首。总之,认为豪放、婉约之分是不科学的,苏轼开创豪放派的说法不对。

其次关于正、变之分。什么叫正、变呢?即认为以苏轼为代表的作家对词风的革新,是"变",是"非正宗",是旁门左道;而以花间词派为代表的传统词风是"正",是"正宗"。这种看法,在苏轼当时就有。相传为陈师道所作的《后山诗话》说:"退之(韩愈)以文为诗,子瞻以诗为词,如教坊雷大使之舞(徽宗时舞者雷中庆),虽极天下之工,要非本色。"李清照的《词论》中也说,词"别是一家",而苏轼"学际天人,作为小歌词","皆句读不葺之诗尔",又往往不协音律"。在他们看来,苏轼词虽然写得很好,但不是词家正宗,这就提出了苏轼革新词风究竟应该肯定还是否定的问题。

那么,怎样来看待这两个问题呢?

首先关于豪放、婉约的问题,我认为,应先弄清这两个术语的历史来由和它们的本来含义及演变。最早以"横放"、"豪放"论苏词的是苏轼的门生晁补之和南宋陆游、朱弁。他们用"豪放"评苏词,都着重指苏轼放笔快意的创作个性,而不单纯指艺术风格。如晁补之说:苏轼"横放杰出,自是曲子中缚不住者";陆游说:苏轼"非不能歌,但豪放,不喜裁剪以就声律耳"。这里又把苏轼放笔快意的"豪放"的创作个性,跟苏词的不合乐律联系起来,跟苏词与音乐的初步分离同题联系起来,这是很值得注意的。

但宋人并没有把"豪放"与"婉约"对举而言。最早把两者对举论词的是明人张綖。他在《诗馀图谱·凡例》的按语中说:"按词体大略有二：一体婉约，一体豪放。婉约者欲其辞情蕴藉，豪放者欲其气象恢弘"，又说："大抵词体以婉约为正。"张綖这段话可以注意两点：（一）他对豪放、婉约的界说，是单纯从艺术风格着眼的；（二）他又把这作为词的两"体"，并进一步认为"词体以婉约为正"，则此两体又隐然含有正、变之别的意义，即婉约词是正宗，豪放词是变体。

张綖此说一出，词学界称引者很多，特别是清代的词论家。清人论宋词多用"两分法"：一以豪放、婉约分派，一以正、变分派。但特别可以注意的是，这两者的实际内容往往是相同或相近的，即婉约派是正宗，豪放派是变体。前者如王士禛。他把张綖的两"体"说引申为词中两大"派"："张南湖（綖）论词派有二：一曰婉约，一曰豪放。仆谓婉约以易安（李清照）为宗，豪放惟幼安（辛弃疾）称首，皆吾济南人，难乎为继矣。"后者如《四库全书总目提要》说："词自晚唐以来，以清切婉丽为宗。至柳永而一变，如诗家之有白居易；至轼而又一变，如诗家之有韩愈，遂开南宋辛弃疾一派，寻源溯流，不能不谓之别格。然谓之不工则不可。故至今日，尚与花间一派并行，而不能偏废。"这里以"清切婉丽"的花间一派为正格，以苏辛词为别格，正与婉约、豪放之分相近。从这里可以看出，在不少清代词评家的心目中，婉约与正宗、豪放与变体实际上是同一内容的不同说法。

所以，豪放与婉约，我们了解了它的历史来由，才知道它有着约定俗成的特定内涵。它不是对艺术风格的单纯分类，也不是严格意义上的文学流派，而是指对传统词风或维护或革新的两种不同趋势。前面我说到的那些责难意见，其立论的前提是从单纯风格分派着眼的，但豪放、婉约的实际内容并不仅仅如此，这些责难也就很难成立了。当然，单纯从艺术风格学的角度来研究和描述宋词和苏轼词的面貌，这是另一个课题，例如贵国著名词人森槐南即以"北宗、南派"论词，北以豪放为宗，以苏轼、辛弃疾为代表，南以清空缥缈之音为胜，以姜夔、史达祖为代表，结合地域来论艺术风格，就是值得重视的意见。

其次关于正变问题。说苏轼词是变体，这是一个贬词。这是代表传统词派即婉约派，对苏轼革新词风的一种不满意见。苏轼的豪放词派即革新词派体现在哪些方面呢？（一）内容题材的扩大。词原是配合音乐歌唱的歌词，它从民间词发展到文人词后，内容越来越窄，描写爱情成了它的专业，因而有"艳科"之称，在题材内容上和诗歌有着严格的区别，形成了"诗庄词媚"的森严界限。比如欧阳修在诗、文中是一副儒家学者的正经面孔，在词中却显得轻松自在，甚至是放任和放纵，因而有的人说，这些词不是他写的，而是他的仇人为了毁坏他的名誉而伪造的。所以词要继续发展，就必须扩大内容，开拓题材，打破诗词的界限。苏轼正是把"以诗为词"作为革新词风的主要方法，把原来只写到诗里的内容都写到词里来，诸如记游、怀古、赠答、说理等，前人说他"无意不可入，无事不可言"（刘熙载），说他"一洗绮罗香泽之态，摆脱绸缪宛转之度"（胡寅），像《江城子·密州出猎》写爱国壮志，《浣溪沙》写农村风光，《念奴娇》（赤壁怀古）、《水调歌头》（明月几时有）写吊古抒怀，都是词中少见的新面貌。（二）意境风格的提高。传统文人词由于专写男女情爱、闲愁别恨，以"清切婉丽为宗"，长于比兴手法，虽有词意含蓄、包孕深曲的长处，但境界狭小，风格纤弱；苏轼则另辟蹊径，创造出高远清雄的意境和豪迈奔放的风格，又多以直抒胸臆见长。俞文豹《吹剑续录》说："东坡在玉堂日，有幕士善歌，因问：'我词何如柳七？'对曰：'柳郎中词，只合十七八女郎，执红牙板，歌"杨柳岸，晓风残月"。学士词，须关西大汉，铜琵琶，铁绰板，唱"大江东去"。'东坡为之绝倒。"这个有名的故事正反映出两种不同的词境和词风。（三）形式音律的突破。词原是配合音乐歌唱的，它的格律有时比律诗还要严格。婉约派的词论总是强调合乐歌唱，如李清照的《词论》就要求词"协音律"，不仅分平仄，而且要分"五音"、"五声"、"六律"、"清浊轻重"，并对苏轼突破音律表示不满。其实，苏轼主要不是为了歌唱而填词，而是把词从音乐的附庸地位变为独立的抒情文学形式,变为新型的长短句格律诗。从两宋词实际情况来看,能够歌唱的词很少。苏轼的突破格律正是适应了这种发展趋势,对词的发展是起了促进作用的。今天也有人贬低苏词的革新意义,认为"不利于词的艺术上的发展",这是很难使人同意的。

词学理论研究,即从整体上、宏观上来研究宋词和苏词,原是一个薄弱环节。近年来这方面论文较多,思想活跃,取得了可喜的进展。

三、关于苏轼创作的分期问题

苏轼的一生度过长达四十多年的创作生活,写作了 2 700 多首诗,300 多首词和大量的散文作品。因此,对苏轼创作进行分期研究,必将有助于对他的作品特点的深入理解,进而准确地揭示他的创作道路。分期研究具有重要的意义,这是研究者的一致意见。

前人对此提出过一些很好的见解,如苏辙、胡仔、陈师道、参寥、王文诰等,但新中国建立以后却很少有人加以探讨。我在《论苏轼创作的发展阶段》一文中(载《社会科学战线》1984 年第 1 期)重新提出这个问题,得到不少朋友的关注。我们原先约定在今年(1984 年)九月的苏轼研究学会第三次讨论会上专门讨论这个问题,但我没能去参加。然而一些朋友已把论文寄给我,看来是存在分歧的。主要有三种意见。

第一是三期说。此说是发挥胡仔"少而锐、壮而肆、老而严"的意见(《苕溪渔隐丛话·后集》卷三〇),将苏轼诗歌分作早、中、晚三期。早期作品(34 岁以前)以明锐见长,非学力所及;中期(34 岁—59 岁)随着学力、识见的增加而放笔快意;晚期(59 岁—66 岁)渐入化境,达到艺术的顶峰。这是按自然年序来划分的。

第二是两期说。此说以苏轼贬官黄州为限,分为前后两期:前期(21 岁—44 岁),他从练笔到豪放风格的成熟,并达到创作的高峰;

后期(44岁—66岁),其诗才逐渐衰退,风格追求平淡,锋芒收敛,作品的现实性也随之减弱。此说结合自然年序,是着重从思想和艺术特点来划分的。

第三说也是两期,但不按苏轼的自然年序,而按其生活经历,更强调思想和艺术特点来划分的。我是这一说法的提出者。我把苏轼一生的主要经历,除早年初入仕途外,概括为"在朝→外任→贬居"两个循环,从苏轼的思想面貌和艺术特点来看,任职时期(包括在朝和外任,三十多年)以儒家思想为主导,追求豪健清雄的风格;贬居时期(十多年)则以佛老思想为主导,追求清旷简远的自然平淡的风格。

这三说的不同列表如下:

经 历	初入仕途	在 朝	外 任	贬 居	在 朝	外 任	贬 居
年 龄	21—34岁	34—36岁	36—44岁	44—49岁	50—54岁	54—59岁	59—66岁
地 点			杭密徐湖州	黄 州		杭颍扬定州	惠儋州
第一说	早期	中 期					晚期
第二说	前 期				后 期		
第三说	任职期			贬居期	任职期		贬居期

不同的分期反映出人们对苏轼创作发展过程的不同理解和评价。我觉得上述第一种说法,对苏轼贬居黄州时期在创作中的重大变化估计不足。贬居黄州是苏轼生活史上的转折点。这次险遭丧命的沉重政治打击,使他对社会、对人生的态度,以及反映在创作中的思想、感情和风格,都有明显的变化。

首先是人生思想的变化。中国传统思想以儒佛道三家影响最大，儒家入世，佛家出世，道家避世，三者原有矛盾，苏轼却以"外儒内道"的形式将其统一起来。也就是说，当他入世从政时，特别在地方官任上，主要信奉和推行儒家的政治理想；当他贬官在野时，佛老思想成为他的主要思想倾向。宋代和尚智圆说："儒者饰身之教，故谓之外典也；释者修心之教，故谓之内典也。"（《闲居编·中庸子传上》）苏轼有诗说："定似香山老居士，世缘终浅道根深。"旧注说："白居易晚年自称香山居士，言以儒教饰其身，佛教治其心，道教养其寿。"一僧一俗，所言全同。在宋代三教合一日益成为思想界一般潮流的情势下，苏轼对此染濡甚深，并且具体化为如下形式：任职时期，以儒家思想为主；贬居时期，以佛老思想为主。两件思想武器，随着生活遭遇的不同而交替使用。苏轼在黄州四年多贬居生活，每隔一二日就会去安国寺参禅礼佛，还倾心于道家的养生术，在天庆观"养炼"多日。这时的一些名作，如前后《赤壁赋》、《定风波》（莫听穿林打叶声）、《浣溪沙》（山下兰芽短浸溪）、《临江仙》（夜饮东坡醒复醉）等，都表现出超然物外的高旷意境。

其次是黄州时期作品的思想和艺术风格的变化。正如贵国汉学前辈青木正儿先生在《中国文学概说》第二章中所说："从道家思想诱导出来的文学思想，显著之点大概有两项，即技巧的否定与高蹈的气味。"苏轼此时在艺术上正是开始追求平淡朴素之美和高旷简远的意境。这种风格和意境在以后第二次贬居惠州、儋州时期更趋于成熟了。

所以，把黄州时期和后面的任职时期合并为一个"中期"，是不尽妥当的。因为他一离开黄州，随着政治风云的变化和个人社会地位的即将提高，他又唱起豪健清雄的歌声了。如《岐亭五首》之五："愿为穿云鹘，莫作将雏鸭。"《郭祥正家，醉画竹石壁上，郭作诗为谢，且遗二古铜剑》："空肠得酒芒角出，肝肺槎牙生竹石，森然欲作不可回，吐向君家雪色壁。"又呈现出以前任职时期"炜炜精光，欲夺人目"（纪昀语）的创作面貌。

　　我觉得上述第二种说法,把苏轼贬居黄州后的二十二年定为"诗才衰退"的后期,也是不尽妥当的。在今存 45 卷本苏轼诗集中,黄州后诗占 26 卷,约占 6/10,他的编年词,黄州以前仅 90 多首,黄州以后达 120 多首,以及大量散文作品,并产生过像前后《赤壁赋》、《念奴娇》(大江东去)、《荔支叹》等一系列名作,是不能评为"诗才衰退"的。相反,我认为在四十多年的创作生活中,苏轼贬居时期的十多年,比之任职时期的三十多年,无疑取得更大的成就。苏轼在临终时说:"问汝平生功业,黄州惠州儋州"(《自题金山画像》)这句自嘲的反话,用来评价他的文学"功业"是十分恰当的。

　　诸位先生,自从成立全国苏轼研究学会以来,我国的苏轼研究工作有所进展,除了专题研究外,在整理、校勘、注释苏轼文集方面,也获得一些成果。但是,研究的领域仍嫌狭小,研究方法还比较陈旧,对重要作品还缺少多层次的分析。贵国关于苏轼的研究,却成绩斐然,涉及一些我们忽视的领域。我们大都从政治、历史、伦理、道德等方面去研究,对文学同哲学、心理学、美学、社会学等关系注意不够。此外,在资料建设方面也值得我们学习,像《苏诗佚注》这类重要的研究资料,直到最近才传入我国。我今天以苏轼为题作了一个粗浅的报告,目的希望引起中日两国学术文化的更密切的交流。因为文学的疆土是没有国界的,像苏轼这样的文学家,不仅是属于中国的,也是属于贵国的,是人类共同的精神财富!

　　谢谢大家!

中国第七届苏轼学术讨论会综述①

　　中国第七届苏轼学术讨论会于 1992 年 9 月 4 日至 8 日在山东

---

① 此讲演稿后发表于《齐鲁学刊》1993 年第 1 期。

烟台召开。会议期间，大家交流了近年来苏轼研究的新成果。通报了有关"苏学"论著出版方面的动态和海峡彼岸的学术信息，考察了苏轼在蓬莱的遗踪等。通过大会发言和小组讨论，同行们各抒己见，畅所欲言，充分表现出自由宽松的学术气氛，下面拟从选题、立意、学风三方面对这次学术讨论会作一综述。

一、选题。这次大会共收到学术论文 32 篇，专著 3 种，苏轼寓惠州诗意画册 1 册。从论文情况来看，具有选题比较集中、重点比较突出的特点，同时又有不少意见的交锋，这也是正常而有利于学术发展的好现象。

苏轼在山东和苏词研究成为这些论文的两个突出的重点，这次会议在山东召开，苏轼在山东的思想和创作自然成为我们注意的中心。近年来，随着对文学本体特征认识的深入，词，作为更纯粹、更典型的抒情诗，也自然地引起更多的研究者和鉴赏者的关注。

关于苏词的论文，集中在历史分期、艺术特征和风格这两个问题上。苏词的分期是苏词研究中的重要课题。苏轼现存词作 300 多首，在北宋词人中数量列居前茅，而其创作时间长达三十年，因而必然呈现出阶段性。对分期的研究，有助于更深入、更细致地把握苏词的思想艺术特征，因而这个选题是有意义的。大致有两种意见：一是四期说。即把苏词分作发轫期、成熟期、巅峰期和衰微期（另外，在此以前又推测有一个模拟期）。此文作者以因革创新为分期标准，概括出各期在内容和艺术风格上的特征，揭示了苏词发展流变的脉络。二是五期说。把苏词分作准备期、练笔期、探索期、高峰期、承续期。其划分的时间段限与前述四期说大致相同，但对各期的提法和对内容、艺术特点的分析，则有所不同。此外，也有的论文提出两期说。即认为苏词以黄州为界，大体上可以分为前、后两期。

与苏词分期问题相联系，是对苏轼究竟何时开始作词的探讨。有的作者通过对《一斛珠》（洛城春晚）一词的细致分析，认定此词作于嘉祐元年闰三月苏轼第一次路经洛阳之时,内容是对新婚妻子王弗的怀念。此文还从其他材料论定苏轼在应举时确曾作过词。文章论证细密,颇有说服力。也有作者讨论另一首苏词《华清引》问题,认为此词作于治平元年苏轼罢任凤翔赴京路过骊山之时。大家知道,清末朱孝臧首次对苏词进行编年,以苏轼熙宁时通判杭州为作词之始,通过这次讨论,我们现在可以初步肯定:苏轼在通判杭州以前确实作过词,且有词作留存。这是对传统看法的一个重要补正,能促进苏词研究的深入发展。

关于苏词的艺术特征的研究,主要从三个方面入手。一是从审美体式(映衬式、哲理式、求索式、寄托式等)着眼,一是从藏与露、虚与实、动与静等艺术辩证法落笔,一是以苏、辛词风的异同辨味为题,表现出作者们从多种角度对这个课题的不同探索。

有关苏轼密州词的五篇论文,不少作者采取综论的方式,全面论述密州时期是代表苏词的成熟阶段,这与上述苏词分期问题的一些观点大致吻合,也是一个较好的补充。有的作者则从个案分析着手,着重剖析两首《江城子》和《水调歌头》(明月几时有),作为悼亡词、出猎词、中秋词三种题材的重要代表,进行了较深入的阐发,从而确立密州词在苏轼词作发展史上的重要地位。

二、立意。所谓立意,主要是指研究视角和研究方法。苏轼是位充满永恒艺术魅力和丰富内涵的研究对象,他的品德和人格,他的智慧,他所创造的美,是对人类的奉献,因而对他的研习永远不会完结,这就要求我们不断地探求新的研究视角和研究方法,以期逐渐地逼近研究对象的真相。求新,这是科学研究本身的内在要求。在这次提交大会的论文中,就开拓研究视野而言,我觉得有三个角度值得引起注意:一是从苏轼的人生思想、心态、文化内涵的角度,二是从美学的角度,三是从文人群体研究的角度。

有的作者结合苏词的考察,认为苏轼对生命哲学的探测达到了前所未有的深层，其词作表现出"人生的短促感、无定感、忧患感和不平感"等多重人生感受，但他并未走向玩忽现世和游戏人生，"志在有为，倘不可得，也要泰然处穷，优游自适，而不能屈节于进，以使自我生命在有限的时空里保持良好的存在方式"，他唱出了"爽朗的人生之歌"。我们知道，学术界曾经流行过一种观点，认为苏轼的意义在于他不仅是对政治的退避，而且是对社会的退避，并认为这是苏轼以后中国知识分子处世哲学的典型方式。这篇论文对此实表异议，是很值得注意的。也有的作者认为，"实用主义的忧患人生哲学"是苏轼独特的人生哲学。这种人生哲学生于忧患，而又用来对付忧患，追求"静而达"的人生境界。文章分析苏轼人生哲学的三个层次：从苏轼与儒学的关系构成人生哲学的最表层，即体现出原始儒学的处世精神；从苏轼与庄子哲学的关系构成其人生哲学的居间层，其内涵是"超脱了实用主义功利目的，并在挟与释、有与弃两者之间保持不即不离而又若即若离的自然主义审美态度"；从苏轼与佛、道的关系构成了其人生哲学的最深层，通过禅定达到物我两忘、身心皆空的精神状态，通过道教的炼内丹，求得宁静的心境。文章的分析也较细致。这些文章在看法上或有不完全一致之处，但都认为苏轼的人生思想在中国文人的自我人生设计上具有特别突出的意义，因而，这也是一个需要继续探讨的问题。

有些文章是研究苏轼心态的。或着重其"狂放豪迈"精神的阐述，或从和陶诗探讨苏轼后半生的心灵历程，或从理趣看其精神世界，或认为"哀民生之多艰，叹自己不得重用以及思乡念亲的情怀，三者互相交织在一起，构成苏轼密州时期的心理状态"。心态的研究，也是目前学术界新用的一个视角。文学是人学，这种对创作主体内心奥秘的探索，是有助于对文学本体特征的充分揭示的。

还有不少文章从文化的角度来研究苏轼。有的作者选择苏词中半数以上言酒的突出事实作为切入口，认为"饮酒，作为物质文化中的饮食文化，一开始就必然凝聚、积淀着一定的制度文化与观念文化"，并具体分析了苏词中的酒对于推动触发创作的神妙之助：思想感情的真率表达，狂放情绪的冲口流露，奇幻意境的酝酿构建等。有的作者从仕宦文化（忠君爱国忧民的统一）、伦理文化（祖国皇权人伦的结合）、空间文化（云海人间仙境的融汇）的方面来研究苏轼，也颇有启发。

关于苏轼美学思想的论文有6篇。有的作者运用较为丰富的材料对苏轼的艺术哲学思想的诸多方面，如艺术风格论、创作功能论、艺术价值论等方面进行评述，并认为苏轼的艺术精神是"庄学和儒学的糅合，而且是源于老庄，以庄学为核心的"。这些文章似有一个共同特点，即从诸多对立统一的美学范畴出发来探讨苏轼的美学思想和文艺思想，如积学和灵感、形似和神似、绚烂和平淡、主观与客观等。有的还结合苏轼的作品来分析，既能亲切具体，又能从具体上升到理论，是一种值得肯定的美学分析的方法。

从文学群体角度研究作家作品是近年来不少研究者努力开拓的研究途径，它突破了以往对单个作家作封闭式研究的框架，把作家置身于一个纵横交叉的社会文化环境中进行定位，确能发现单个研究时所不易发现的问题，同时又能显示出一幅活动着的文学图景。这次大会收到的论文中，或论陈（师道）、苏（轼）、曾（巩）关系，或论苏、黄（庭坚）关系，或论孔（平仲）、苏关系，都把传统的"交游考"上升到探究文人之间思想、性格以及文学上的相互影响和交融，特别是从文人交游关系中探讨了宋代文学和文化的发展走向和面貌。如认为陈、苏之间是"主客关系，而不是师弟子关系"，还从文学志趣上探讨了形成这一关系的深层原因；从苏、黄交游始末的梳理中，论析这一关系对宋代文学的广泛影响：黄庭坚颖异奇崛诗风是经过苏轼鉴定推扬后，才得以推广流行，苏轼是促使宋诗风格形成的最有力的支持者，也促成宋词的繁荣与发展，促进宋词由抒写女儿情长到写怀言志的转换，等等。

三、学风。大会的论文普遍表现出既求新又求真的实事求是的学风和文风。作者们大都经过艰苦细致的资料占有，务使立论有根有据，不发玄虚之辞，亦少藻饰之语。如《说河东狮吼》一文，对一首具体苏诗《寄吴德仁兼简陈季常》的辨析，驳正了关于"惧内"的传统见解，行文严谨细致。有的作者对于密州三山（常山、卢山、九仙山）、二水（潍水、铁沟）、一台（超然台）等处，从广泛文献资料和实地勘查相结合，作了深入周详的考证，这对我们阅读苏轼在密州时期的作品有很切实的帮助。这位比较年轻的苏轼研究者表现出可贵的不尚空谈的实学精神。我们高兴地看到，在这次大会上，不少年轻的学人们提出的论文，都具有这种孜孜矻矻、踏踏实实的作风，使我们觉到"苏学"研究后继有人。

中国苏轼研究学会成立于 1980 年，至今已达 12 年，恰好一个周星。在这十二年中苏轼研究已取得了很大的成绩。已出版的会员集体的论文集已有十二种，而会员个人的有关专著和论文更是硕果累累，尚无全面的统计，中华书局又出版了孔凡礼先生整理的《苏轼诗集》、《苏轼文集》等基础典籍。我们似乎可以说，在中国古代文学研究领域中，比之"红学"、"龙学"等显学的成绩来，我们的"苏学"也差不多处于同一水平线上的。但是，对于苏轼这样一位百科全书式的文化名人来说，他所奉献给人类的全部精神财富，他的意义和历史地位，他对我们今天的作用和关联，我们的研究还是很不够的。我们需要继续加强苏轼研究的现代意识，努力寻找苏轼和当今社会实际存在的内在的联结点，古为今用，以期对社会主义精神文明建设作出应有的贡献；我们也需要继续加强历史感，更能贴近宋代的整个历史文化环境，努力还苏轼的本来面目。这两者是可以协调统一也是应该协调统一的。我们在选题上，更要注意选择一些涵盖面较广、更能深入阐明苏轼的人文价值及其文学本体特征的课题，还应填补一些学术空白和加强某些薄弱环节,比如从北宋迄今近一千年的苏轼研究学术史,比如关于苏轼散文的研究,都亟待开拓和引起重视。让我们相互激励,继续精进不息,拿出一批无愧于时代也无愧于坡翁的学术精品。

序 文 七 篇

《苏诗研究史稿》[①]序

苏轼是中国文学史上最具艺术生命力的作家之一。他的文学创作乃至文化创造有着恒久不衰的魅力，吸引了一代又一代的学者、诗人和一般读者。清代何仁镜《东坡事类序》中甚至说"唐而来学士大夫，其声名饫人耳目，大抵以先生为最"，把苏轼推为宋以来知名度最大的作家。因而，几乎从苏轼生活的时代开始，就自然形成了一部长达九百年的苏轼接受史。这部接受史，以 2 700 多首苏诗、300 多首苏词、4 800 多篇苏文为解读接受的对象，又分属以理论阐述为主的学术研究、以作家创作借鉴为特点的文学创作、以阅读鉴赏为内容的大众阅览等三个层面，采取评论、笺注、编选、年谱、传记、吟诵、唱和、刊刻、传抄等不同传播接受媒介形式，具有十分丰富深刻的内涵，理应成为"苏学"研究中的一个有机构成。但迄今尚未见有关论著问世，不能不是很大的缺失。

这种缺失对"苏学"研究来说带有根本性质。我们传统学术中有"学术史"或"史料学"等分支，似与"接受史"学科范围相类或相关。但随着 20 世纪 60 年代崛起的西方接受美学的传入，使我们对此有了深层的认识，即把文学创作活动的完成过程，从只限于由作家到作品而止，进而延伸为作家——作品——读者。也就是说，文学作品一旦从作家手中脱稿，还不是有意义的存在，只有进入流布过程而为受

---

① 王友胜著：《苏诗研究史稿》，岳麓书社，2000 年版。

众所接受并解读,作品才实现其价值。正如劳动产品只有经过交换才获得"价值",甚至单单用以满足自己需要,不当做商品出售的产品,都不具有"价值"。尽管接受美学也有片面强调读者视点而忽视作品本义的偏颇,然其对文学研究视野的开拓、领域的扩展、作家作品意义的挖掘与增值、变异乃至对接受者的时代阅读环境的探求,其重要性是不言而喻的。

王友胜博士的这部《苏诗研究史稿》第一次对苏轼诗歌的研究历史作了全面系统的论析,对本专题的研究对象、内容范围、结构框架、研究方法诸问题发凡起例,纲举目张,思致颇密,用力甚勤,其草创之功,值得称道。这对建立并进一步完善本学科的体系与规范,具有方法论的意义。作为"史",作者着眼于梳理、归纳历代接受苏诗的全过程,亦即探究苏诗升沉起伏、曲折多变的历史命运。分期问题便是一切历史著作首先需要解决的问题。分期不仅为了寻找一个方便而又符合历史原貌的叙述结构,更为了揭示其每个时段的不同内容、特点和趋向,从其所反映的各个时代不同的社会思潮和审美趣尚中,研究历代接受者对苏诗意义与价值的不断重新阐释,何者被突出和强调,何者又被淡化和忽略,从而更全面深刻地把握苏诗的内在意蕴,也探求文学发展的一些基本规律。本书把清以前的苏诗研究史划分为形成期(两宋)、过渡期(金元)、低落期(明代)与繁荣期(清代)四个阶段,并从具体论述各时期的主要成就和大量事实中,概括出"两头热、中间冷"的研究趋势,又对形成此一趋势的原因作了合情合理的解释。我以为这一整体把握是颇为准确的,也为全书论证的展开奠定了可靠的基础。

依据于"两头热,中间冷"的宏观把握,本书以两章的篇幅论宋,三章的篇幅论清,重点突出,眉目犁然,也是作者用力最多因而亦多见精彩之处。全书的主要创获有:一是对历代苏诗的注释著作作了系统的研究。对每种重要笺注本,举凡编撰缘起、成书过程、编次、体例、成就、局限与影响等相关问题，均一一作了深入的探讨。二是对历代苏轼诗集的编刻，对苏诗的辑佚、辨伪与系年等问题作了稽考。如对宋代《注东坡先生诗》的诗歌系年，明代《东坡续集》、《重编东坡先生外集》的辑佚，查慎行《补注东坡先生诗》的辨伪工作，均有更细致的考评。三是对历代苏诗论评所涉及的问题进行再评述，尤其对每一时期的主要相关文学流派及主要苏诗研究者的苏诗观，给予有相当学术深度的述评。还对某些苏诗研究者的学术思想、文学观念、研究手段作了分析与阐说。

这些成果的取得，与作者的以实证为基础的多种研究方法的综合运用，是密不可分的。作者自觉追求历史与逻辑的统一，点、线、面的参证互补，使全书在本论题范围内尽可能地臻于完整，尤致力于论证的平实可信。如对清代两部具有总结性的苏诗注本，即冯应榴的《苏文忠诗合注》和王文诰的《苏文忠公诗编注集成》的评估问题，历来意见并不一致。钱锺书先生在《宋诗选注》中说过"王文诰的夸大噜嗦而绝少新见的《苏文忠公诗编注集成》在清代中叶作了些总结工作。"一则说他"夸大噜嗦而绝少新见"，一则说"作了些总结工作"，对其优点和缺点均有涉及，可谓一语中的。本书作者亦持此种客观辩证的态度。书中热情肯定冯氏荟萃旧注、补注苏诗和纠前人之误的三大主要成就，而对王氏，既认为他对苏诗注释绝少发明，其评点则或有可取之处，但对他不遵守学术规范，借掊击前人而抬高自己的不良学风，就坚决予以摈弃。这一评估是作者从两书的具体注评中，两两对勘，认真考辨，广泛取证而得，因而语虽尖锐而理却坚确，是可以信从的。要之，本书清晰地勾勒出近千年苏轼诗歌研究的历史进程，对种种重要的人、书、事作了切实可信的评述，是一部具有较高学术水平的专著，为今后更全面、更深入的苏轼接受史的诞生，起了导夫先路的作用。

友胜君自 1996 年春来复旦大学从我攻读中国古代文学博士学

位,此前则执教于湘潭师范学院中文系,现又学成回归原校任教。他在复旦园三历寒暑,刻苦攻读,锲而不舍,毫不懈怠。其间除完成这篇博士论文外,还发表其他论文约 20 篇,不少刊载于著名刊物。他又与陶敏教授合作编校了《韦应物集校注》(上海古籍出版社),学术质量颇高;并独立完成《中国历代文学经典·唐宋词卷》(光明日报出版社)的笺释整理工作。除了勤奋,他还敏于思索,对材料的搜集、梳理和阐述能力均达相当水平,"出手"尤较迅捷,文思流畅,表达亦称清利。这些应是治学的良好素质或条件。多出"活",还得出好"活",因而树立追求学术精品的目标,就显得更为重要。语云:"无冥冥之志者,无昭昭之明;无惛惛之事者,无赫赫之功。"立志高远精诚,临事专默沉潜,孜孜矻矻,循序致功,于此我实有厚望焉。

是为序。

2000 年 2 月 8 日

《苏轼研究史》①序

枣庄先生是我订交 20 多年的畏友,也是学苏、治苏的学术同道。他嘱我为其新著《苏轼研究史》作序,我实愧不敢当;但就这部新著的书内之丰富学术含蕴和书外的令人扼腕惊服的特殊意义而言,我又不能也不敢拒命。

说来有缘,我们是从 1980 年关于苏轼的一封书简的评价之争而开始结交的,真应了俗话所谓的"不打不成交"。嗣后,我们一起参与中国苏轼研究学会的活动,互赠著述,交流心得,友谊日深,但仍时有学术交锋,如 1984 年关于苏轼诗歌分期的讨论。我们之间的争论和

---

① 曾枣庄等著:《苏轼研究史》,江苏教育出版社,2001 年版。

讨论，虽然连《苏轼研究史》上的小插曲也算不上，却是我们个人为人、治学的一种难得的锻炼，或许得益于宋人交友之道和苏轼自由争辩宗风的潜在孳乳吧。

在当今苏学研究中，枣庄先生是著述丰硕、自成一家的著名学者。可以毫不夸张地说，从苏学研究成果的数量来看，并世罕见其匹。他的评传系列：《苏轼评传》(1982)、《苏洵评传》(1983)、《苏辙评传》(1995)及《三苏传》(1995)；他的三苏文集笺注整理（合著）：《嘉祐集笺注》(1993)、《栾城集》(1987)、《三苏选集》(1993)；他的资料汇评系列：《苏诗汇评》、《苏词汇评》、《苏文汇评》(1998)，等等。面对这三大系列以及他的"文存之一"的《三苏研究》(1999)中的大量论文，我们不禁肃然动容，被他焚膏继晷、呕心沥血，以学术为生命的精神所深深感动。还应提到，他除了三苏研究外，还主编了《全宋文》（约1亿字，1988年开始出版，已出50册）、《中华大典·宋辽金元文学分典》(1 200万字，1999)这两部大型总集和类书，堪称宋代文献资料库，其学术贡献毋庸赘述。《宋文纪事》也是治宋学者的案头必备之书。我曾戏称他为"拼命三郎"，语虽有失严肃，却是实情。

枣庄先生的苏学研究不仅成果数量惊人，且已形成自己的特色。比如，他既把苏轼放在北宋的整个文化背景中加以考察（如《北宋文学家年谱》即是以年谱形式所作的众多作家之交游考），对苏氏父子均进行了深入研究，并从同中之异的比较对勘中揭示苏轼独特的思想面貌与艺术面貌；又如，评论、传记、年谱、文集的全面整理等有关"苏学"的种种专题，他几已囊括殆尽，论述性、资料性兼具，用多种著作形式去逼近同一研究对象，也使他的研究富于整体感与系统性。

这部《苏轼研究史》，更使这种整体感与系统性得以大大加强，确切地说，是研究的整体感与系统性的自身逻辑发展的必然。我最近为门生王友胜君的博士论文《苏诗研究史稿》所作序言中曾说：

几乎从苏轼生活的时代开始,就自然形成了一部长达九百年的苏轼接受史。这部接受史,以2700多首苏诗、300多首苏词、4800多篇苏文为解读接受的对象,又分属以理论阐述为主的学术研究、以作家创作借鉴为特点的文学创作、以阅读鉴赏为内容的大众阅览等三个层面,采取评论、笺注、编选、年谱、传记、吟诵、唱和、刊刻、传抄等不同传播接受媒介形式,具有十分丰富深刻的内涵,理应成为"苏学"研究中的一个有机构成。但迄今尚未见有关论著问世,不能不是很大的缺失。

友胜君就苏诗研究过程进行了再研究,对这个"缺失"作了初步的弥补;枣庄先生的《苏轼研究史》则在广度和深度上对填补这一学术空白起了极大的作用。枣庄先生的新著又使我发现上述自己的说法应作两点修正:一是把苏轼接受史仅停留在苏诗、苏词、苏文等文学作品上。若从文学学科立论,当然也是可以的,但在外延上实可再作伸展。新著论述对象除诗、词、文外,还涉及书、画,乃至经学等方方面面,其范围之广、开掘之深、论述之要,应是第一部全面系统的苏轼研究史。其中不少章节先在报刊上发表时,已引起学界的瞩目。我也大都拜读过,对不少新颖论点留下深刻印象,但不免有窥斑尝脔之憾。如今全豹全鼎在眼,快何如之! 二是把苏轼接受史仅停留在本国范围之内。若从中国文学学科立论,这也大致说得过去;但苏轼是一位有世界影响的伟大作家,其接受史应在内涵上再作深化。枣庄先生广邀各国友人共同撰作,设立日本、韩国、欧美等国的苏轼研究史述略诸章,让读者具体了解苏轼如何跨出国门而为域外人们热爱与接受的过程。这在已有的成果中,是并不多见的,相信会引起研究者们的兴趣。

枣庄先生这部新著,是内容充实、有重要学术价值的苏学著作,也是他战胜病魔后奋力拼搏的产物。我读到的,不仅仅是方块汉字,而是读书人的近乎痴迷的自信,人生信念的自持与自律,以及实现一己生命价值的自豪。枣庄先生不幸于 1998 年 11 月罹患癌症，但他镇静自若地奉行自己"作最坏的思想准备，尽力往好处努力"的"老庄哲学"，怀抱平常之心，挑战病魔，终于成为一位胜者。今年 3 月和 5 月，我在上海和南京的两次学术会议上与他晤见，他精神饱满，谈笑风生，完全与往昔一样，丝毫觉察不出刚与死神搏斗过的踪影。当他告诉我《苏轼研究史》竟在病后黾勉从事，已完稿蒇事时，我再一次感佩他的坚毅沉着，再一次在"畏友"面前感受到自愧。

我和枣庄先生年相若，稍长几岁，都已过了花甲，进入人生之旅的晚年。我想起了南宋赵蕃的"难斋"，他命名此斋，乃取"末路之难"之义，典出《战国策·秦策五》："诗云：'行百里者半于九十。'此言末路之难。"末路，此非贬义词，而指最后一段路程，以喻晚年。晚年之难，一言难尽，思维迟钝而记忆锐减，精力不支而杂事丛脞；衰病日寻，犹白香山所云"病与乐天相伴住"，更是难逃之劫。但赵蕃以"难斋"自警，年垂知命，自视坎然，仍勤勤问学于朱熹，执弟子礼甚恭，努力在文化事业上续有建树。枣庄先生的晚年之难，实超出常人数倍，但他以克服"末路之难"为宗旨，以精进不息为鹄的，这部新著就是生动的例证。如何应对"末路之难"，也是我自己的人生课题。

我想不出怎样结束这篇短文，只好再重复一遍苏词："但愿人长久，千里共婵娟。"

2000 年秋

《苏轼诗词艺术论》[①]序

文鹏先生于 1978 年秋进入中国社会科学院学习与工作，我恰于

---

① 陶文鹏著：《苏轼诗词艺术论》，上海古籍出版社，2001 年版。

是年春调离南下,参商暌违,冀北江南,同事之缘,失之交臂。然而,他从 80 年代起陆续发表的有关苏轼论文,却引起我密切的注意与浓厚的兴趣,这不仅因为我们有着共同的研究课题,同道愿意相谋,自是情理之中;而且就我个人而言,既想探索绝世全才苏轼所创造的文化世界的底蕴,也热心追究后人心目中各具面目的苏东坡。传记作者自然会在自己的劳作中融注进主观理念和个性,像林语堂的《苏东坡传》,传主就时时闪动着他名士式的身影,而研究者们不同的学术旨趣和特色,也颇堪琢磨,以汲取教益。初步接触陶先生的治苏论文,就被他严肃求索的一份真诚所感动,他的不少新见解、新提法也促使我进一步思考。

我原先只读过陶先生的个别篇章,留下的印象不免断续而不连贯。现在有机会把他的十篇论文通读一过,他治苏的特点就显得更加突出了。这些文字虽似无事先的统一规划,但都集中于一点,即对苏轼诗词艺术的美学观照,这可谓抓住了苏轼主要作为文学家的一个核心命题。作者对这个命题的开掘与钻研,不求面面俱到,四处出击,而主要集中在诗画关系和自然山水两个专题上;而在展开这两个专题时,又紧紧围绕苏轼的理论思想与诗词创作两个层面,两者虽各自成文而又互为表里,彼此印证,使理论探讨与作品分析有机统一。因而全书具有一种内在的整体感,有利于推进论证的深入,丰富了学术含量,使之优入著作之林。

应该承认,研究苏轼的诗画理论与自然观是有不小难度的。第一,前人在这两个专题上已有不俗的研究成果,如何更上层楼,并非易事;第二,苏轼本人的文艺思想材料大都片断、零碎,散见于笔记、题跋、书简乃至策论、诗词等各体文类,纷繁无序。陶先生凭借其扎实的理论功底和敏锐的思辨能力,善于把问题放在中外文艺史的背景中加以考察,联系苏轼的创作实践,略人之所详言,发人之所未言,力避低水平的重复,而坚持自己的独立学术追求。他努力从"味摩诘之诗,诗中有画;观摩诘之画,画中有诗","赋诗必此诗,定知非诗人","诗画本一律,天工与清新"等耳熟能详的论艺名言中发掘新意馀蕴;他论苏轼的"形神"之说,指出苏轼能把传统的"传神说"与"意境说"结合起来,乃是一大发展;论苏轼的"留意"与"寓意"对举,能拈出康德、王国维等人的相关论说加以对勘比较,等等,都颇能益人神智,发人深思。《论苏轼的自然诗观》是本书篇幅最长的一篇论文,则突出表现作者驾驭和组织片段思想材料的能力。苏轼是一位作家,同时又是文学理论家和批评家。他虽然没有留下多少文艺专论,只有碎金片玉,散落各处,但其中却蕴涵着十分深刻的美学思想。他的文艺批评,文约义丰,片言居要,却以一定的理论思想为支撑。尤其在他的大量山水诗词作品中,更记录着他具体深切的审美体悟,反映其丰富精辟的文艺思想。陶先生用的是这类片段材料,依其内在逻辑,"百衲"成篇,令人信服地给出了苏轼"自然诗观"的整体构架,揭示出确实存在的"潜体系"。

如果说,陶先生对苏轼诗画理论和自然诗观的研究,好比老树着新花的话,那么,他对苏轼人物诗和哲理词的探讨,就是新品种的开发与培育了。流行的文学观念认定文学的基本特质是抒情性和形象性,这对我国古代诗词来说,当然更是如此。"诗缘情而绮靡"(《文赋》),"簸弄风月,陶写性情,词婉于诗"(《词源》),已是经典性的话语,甚至演为套语常谈。然而,从文学作品内容构成的要素而言,则情、景、事、理四端实缺一不可。清人史震林《华阳散稿·序》云:"诗文之道有四:理、事、情、景而已。理有理趣,事有事趣,情有情趣,景有景趣。趣者,生气与灵机也。"因而除了抒情、写景外,在叙事和说理中也一样能酿造出具有艺术特性的事趣和理趣,从而成为审美对象。这对苏轼和宋代文学研究的开拓与深化,具有特殊的意义。本书的《论苏轼诗塑造人物形象的艺术》、《论东坡哲理词》等文,就提供了具体的证明,正是文学观念合理调整后的产物。

近年来,饶宗颐先生提出"形上诗"、"形上词"的命题。他不仅从中西诗学传统上予以理论上的论说,认为这类"再现形而上旨意"的新诗体、新词体,其存在和发展是合理的,也是必然的,还特别指出"中国说理诗,乃至宋代才有相当地位",此实乃关涉到对宋诗宋词的时代特征的理解和把握;同时,饶先生身体力行,创作了一批意趣隽永、思致深刻、耐人咀嚼的优秀"形上词"。施议对先生已有多篇论文推介,是很及时的。陶先生则着力分析苏词中所表达的人生哲理,苏轼对祸福、荣辱、生死的理性思考,对人生的短暂与永恒、虚幻与实在、形相与底蕴、意义与价值的感受,并仔细剖析他创造哲理意境的五种途径。分析切实,论证周密,为"形上词"说提供了一个生动的个案。谈到诗词中的叙事性,诚然,比起西洋文学,我国长篇叙事诗不够发达,但不能忽视抒情诗词中的叙事要素。众所周知,况周颐曾秉承王鹏运的见解,提出"重、拙、大"之说,此说成为词学理论中的一个重要观念。在他晚年所编《历代词人考略》卷八"柳永"条后按语中,又提出补加一个"宽"字:"'作词有三要,重、拙、大',吾读屯田词,又得一字曰'宽'。……向来行文之法,最忌平铺直叙,屯田却以铺叙擅场,求之两宋词人,正复不能有二。"况氏的"宽"字诀,是对词的叙述艺术某一境界的概括和总结,对"六义"之一"赋"法的补充与发挥。探究宋代诗词艺术,这实是一个很有学术生长点的研究视野。陶先生专力研究苏诗中的人物形象的塑造,从近二百首苏诗中分析其人物诗的一般特点,对其叙事与抒情的结合,以写照传神为旨归等,均有会心之处。即使在论及苏轼写景词时,也注意到线状铺叙法与环伏、块状铺叙法的差异。铺叙当然与情、景、事、理都有关系,但究以叙事(故事、人物)为重点。本书对诗词中叙事性的研究成果,在目前学术界似尚属少见,我想会引起重视的。

苏轼所创造的文化世界是如此深邃精妙,绚丽诱人,虽已有许多论著问世,却未达到穷尽的地步。陶先生的学术素养和艺术感悟,为他提供了继续精进的良好条件。他表示要进一步努力，写出"有新意有深度"的苏学著作，我乐观其成，相信他一定能为这个研究领域再添光彩！

2001 年 2 月

《士气文心：苏轼文化人格与文艺思想》①序

以文会友，自古而然，是个好传统。我和张惠民君的结识，开始于读他的《宋代词学审美理想》、《宋代词学资料汇编》等著作；及至今年秋天在银川举行宋代文学学会第三届年会之际，才得以晤面倾谈。我与张进女士的最初交往，也在另一次学术会议上，同样是先读其文而后才识其人的。现在他们两位以合著的近作《士气文心：苏轼文化人格与文艺思想》问序于我，我本不敢应命，但我对苏轼似有一份特殊的感情，以至于了解别人心目中是个怎样的坡公形象，成了我的偏嗜，于是，才贸然应承了，也算是一种缘分。

我是相信一点"缘分"的。对中国古代作家的学习与研究中，我自问用力最多、相倾最深的是苏轼。说起来也充满偶然的因素，可谓是"东坡缘"吧。如果在大学时代没有参加《中国文学史》的《苏轼》一章的写作，就不会几乎通读他的全部作品，初窥"苏海"之浩瀚，被他的非凡创作才情所牢牢吸引；如果不是毕业分配到中国社会科学院文学研究所，又一次参加该所正在编写的另一部《中国文学史》工作，《苏轼》一章恰缺人手，就由我承乏，并得到所长何其芳先生的直接指导，听他谈自己读苏的内心感受，我就不会初下决心走上治苏之路；

---

① 张惠民、张进著：《士气文心：苏轼文化人格与文艺思想》，人民文学出版社，2004 年版。

如果不是居处逼仄，只能利用上海图书馆看书作文，自己的图书资料却禁止携带入馆，我可能不会承担上海古籍出版社《苏轼选集》的约稿，从而使我对苏轼文本的体会趋于深细；如果没有 1980 年成立的全国苏轼学会，我就会失去许多治苏的学术同道，失去切磋商榷的良机。但这些"如果"都没有发生，于是我有了一个充实的"东坡缘"。甚至有些缘分是"隐性"的。回顾自己走过的学术道路，受到两位先生的影响最深，即何其芳先生和钱锺书先生。真是凑巧，何先生谢世时享年 66 岁，与苏轼相同，不过一为足岁，一为虚岁；钱先生逝世于 1998 年 12 月 19 日，这一天恰是苏轼的生日，只是一为阳历，一为阴历。在我的生活中，如影随形，处处感觉到苏轼的存在。

我今年招收博士生时，出过一道入学试题："或谓周邦彦为'词中老杜'，请予以评述。"这个题目实际上是"冲"着苏轼来的。众所周知，这个"或谓"是指王国维（虽然朱祖谋也有"清真之似子美"的品评，郑文焯有过"毕竟当以清真为集大成者"的相类意见）。王国维在《清真先生遗事》中说过"词中老杜则非先生（周邦彦）不可"的话。我预设的"标准答案"应论及两方面内容：一是土氏对清真词的评价，在不同文章中存在不一致的问题，即他在《人间词话》中贬之为"创意之才少"，"能入不能出"，甚至比之欧阳修、秦观之"艳语"，竟有"淑女与倡伎之别"，但为什么在《清真先生遗事》中又说欧、秦乃至苏、黄，均"殊不逮先生"，并誉之为"词中老杜"？二是"词中老杜"具体含义为何，这就涉及如何理解他对苏轼的评价了。王氏另有《文学小言》一文，明确倡言"三代以下之诗人，无过于屈子、渊明、子美、子瞻者"，就是说，苏轼才是与杜甫等并列的"旷世而不一遇"的文学大家。值得注意的是，《人间词话》约写于 1906 年至 1908 年间（自署审定脱稿于 1910 年），《清真先生遗事》1910 年写成，《文学小言》作于 1906 年，三文大体作于同一时期，人们通常从王氏前后期观点变化的角度来解释，恐不妥。

上述问题在学术界争论颇久，人言言殊，大抵角度不同，标准有异，难求一律。(刘熙载还认为苏词"颇似老杜诗"。)我出题的目的仅在于测试应试者处理学术争端问题的能力，而自己所看重的却是王国维评苏轼四人的具体标准。他在《文学小言》中说："此四子者若无文学之天才，其人格亦自足千古。故无高尚伟大之人格，而有高尚伟大文章者，殆未之有也。"又说："天才者，或数十年而一出，或数百年而一出，而又须济之以学问，助之以德性，始能产真正之大文学。此屈子、渊明、子美、子瞻等所以旷世而不一遇也。"他还说："屈子感自己之感，言自己之言者也"，"宋以后之能感自己之感，言自己之言者，其唯东坡乎?"他突出的是"高尚伟大之人格"，是"学问"，是"德性"，是能"感自己之感，言自己之言"，这才是苏轼与屈、陶、杜并居"文学上之雄者"的共同条件。人格、学问、德性、独抒情性，我以为王氏给出了一个解读苏轼的要领。

张惠民、张进两位的这部苏学新著，正是围绕这个要领而展开他们的全部论证，充分发挥他们视野开阔而又长于理论思辨的学养优势。他们不仅援引王氏《文学小言》的论断，作为立论的依据，尤见功力的是结合苏轼这一具体个案，对其人格魅力、精神境界的深刻丰富的内涵，作了相当透彻的论析，印证了王氏的论断，并在当下时代精神、学术理念的观照下，更有了新的突破与发展。

作者们在开宗明义第一章即指出，"苏轼一生以一种开放兼容的态度，吸纳融合儒释道三家思想，建构了自己博大丰富的学术思想体系"，这一"思想体系"表现为"卓然独立充满积极意义的文化人格"，表现为后人很少企及的"以天地胸怀来处理人间事务"的"天地境界"(冯友兰语)。这是苏轼精神世界的核心，也是作者研究苏轼的高起点。全书即洋溢着一以贯之的思辨色彩，对苏轼精神的方方面面作了全面考察，既具完整性，又有层次感。如对苏轼学佛的过程，颇为细致地梳理出始受于凤翔(受同僚王彭的影响)，渐深于倅杭而至黄州进入堂奥的过程。不少论析又切中肯綮，如提出苏轼学佛的最大特点,是他并不执意追求"信"与"不信"的问题,而是既不盲目迷信,也不沉溺其中,他只是取佛理以用于人生思考,以求得对人生真谛的大彻大悟。苏轼自己说得好,"以无所思心会如来意","无所得故而得",断绝一切功利之念,才能获得对佛理、对人生的彻悟。这些分析都能在前人的基础上更为周密平妥。

作者善于把分散的甚至片段的思想资料,依其内在理路审慎地进行梳理、鉴别,努力揭示出其实际存在的"潜体系"。作为文艺全才的苏轼,研究他的文艺创作思想自是题中应有之义,正如本书书名所标明的那样。作者分别从本体论、创作论、作家论三维视角切入,提出苏轼在我国文艺思想史上的最大贡献,在于他论证了文艺创作的最高境界就是主体情性的充分自由的表达,亦即"艺道同一"(本体论);文艺创造的最佳境界就是合目的性和合规律性的统一的自由境界(创作论);还论证了"艺道两进"的作家修养问题(作家论)。这一切又都建基于他人生境界的哲学本体论思想之上的,或者说,是在文艺创作领域中的自然延伸与展开。作者探索与建构苏轼文艺思想的"潜体系"的努力,也是值得称道的。

此书论述条贯,行文雅洁,读来惬心称意,时为不少闪光点所吸引。我为苏轼研究的新进展、新成果而欣喜,也期待他们两位续有佳作问世。

2003 年 11 月 19 日

《苏轼文学散文选》①序

现存苏轼散文的最早选本,是南宋郎晔于 1191 年向宋光宗进呈的

---

① 孙育华编注:《苏轼文学散文选》,山西高校联合出版社,1991 年版。

《经进东坡文集事略》60卷，距今正好800年了。自宋以降，各种苏文选注本继出不穷，对苏文的评赏、研习和传诵历久不衰。近年来，这种情势仍有增无已。这不仅说明苏文一直拥有众多的读者，具有永恒的魅力，而且也说明苏文是一个无比丰富深邃的艺术海洋，经得起人们从不同观念、不同视角、不同层次出发去探索它的奥秘。尽管也有一些不必要的重复选本，但大都各有存在的价值。选本的繁多，可以说是研习像苏轼这样的散文大家所必然出现的文化现象。现在摆在读者面前的孙育华先生的《苏轼文学散文选》，是又一部具有独特的选取观念、新颖的解读视角，融学术性、知识性、鉴赏性为一体的好读本。

正如本书书名所揭示的，突出和强调苏轼散文的文学性，是本书的重要特点。我们知道，我国文学的最初发展阶段，"文史哲不分家"，散文中的文学作品跟历史、哲学著作很难划分；嗣后的所谓唐宋"古文"，其内涵也主要是在形式方面，即以不拘对偶、声律、用典的散句单行为特征，以与"骈文"相对称。随着文学观念的日趋明确和进步，有必要对这一"混沌"的"古文"遗产进行剖析和研究：它实际上是文学因素和非文学因素相混合的一个复杂系统。由于"古文"在语言、形式上的同一性，这两种因素很难划出一条绝对明确的界限，但这种区分却又具有重要的意义。一类"古文"，主要是议论说理文，按其质的规定性，并非文学散文，但又包含着很强的民族文化的感染力，其文章的神理、气味、格律、声色、结构、剪裁、用笔、用字等，也有不容低估的美学价值；而另一类"古文"，主要是记叙抒情文，则是文学散文或文学性较强的散文，往往摆脱或淡化应用酬此的性质，表现出自觉的创作意识，使"古文"成为表现、描述现实世界和自己内心世界的艺术样式。苏轼在我国散文史上的突出贡献正在于极大地加强了散文的文学性，为文学散文的独立发展开辟了广阔的道路。这一点在明代士人中几乎成为共识。袁宏道说："余尝谓坡公一切杂文，圆融精妙，千古无匹活祖师也。惟说道理、评人物，脱不得宋人气习。"(《三苏文范》引)他甚至认为:"东坡之可爱者,多其小文小说……使尽去之,而独存其高文大册,岂复有坡公哉!"(《苏长公合作》引)刘士鏻《文致序》也说:"予犹忆儿时,诵坡公海外游戏诸篇,意趣猛跃,以对正心诚意之言,痛哭流涕之论,则脾缓筋懒,昏昏欲倦。夫所贵读古人书者,借彼笔舌活我心灵。"王纳谏(圣俞)第一个编选了苏轼随笔小品集《苏长公小品》,他在序中说"余读古文辞,诸春容大篇者,辄览弗竟去之",而对苏轼随笔小品备致倾慕。我们很容易看出这几位明人的偏颇,但他们的可贵之处在于发现苏轼"古文"中存在两类不同文字及其不同的审美感受,并且异口同声地推崇他的文学散文,特别是随笔小品,比之"高文大册"、"春容大篇"来,具有"圆融精妙"、"意趣猛跃"、"活我心灵"的艺术效应。这是在我国散文研究领域中,文学观念的一种巨大的历史性进步。

本书编者更进而从当今文艺科学的高度来抉择苏文,在 4 200 馀篇全部作品中,选取赋、序、杂说、记、传铭祭文、书牍、题跋杂记、寓言各体散文近 120 篇,大都是"圆融精妙"、"意趣猛跃"、"活我心灵"的优秀范文,活现出一位历经磨难而旷放豁达、节操自守、富有生活情趣的封建社会知识分子的心灵,集中体现了作者对人生了悟的深刻思致,浩瀚精微的感情天地,机智诙谐的非凡智慧,确是一笔可贵的精神财富。尤其引人注目的,本书编者对苏轼那些言简意赅的随笔小品倾注了更多的热情,入选比例甚大,这也是颇具识力的。这些短章小文,大都信手拈来,随口说出,漫笔写成,却是达到很高文字功力的艺术精品。事实上,短笺、题跋、杂记这些文体,正是经过苏轼的妙手结撰,大力经营,才成为成熟而稳定的文学散文样式,是明代乃至近代小品文发达的滥觞。本书对此的强调首先在选目上体现出来。我们不妨以郎晔的《经进东坡文集事略》的选目加以对勘。郎书就以大量的"进论"、"进策"、"表启"、"奏议"、"内制"、"外制"等实用议论文章为重心,几达全书三分之二以上，则可反照出本书鲜明的现代意识。这在目前的苏文选本中还是比较罕见的。对散文文学性的强调，使人们可以更深入地认识苏轼散文的特质，更全面地评估苏文的价值和意义，于今天新散文的创作也能提供更切近的艺术经验。

一部作品的最后完成，不仅取决于作者的精神劳动，而且依赖于读者的鉴赏、接受和补充。这对艺术品位高的作品尤其如此。苏轼散文经历了多少年来不同时代、不同读者的解读、欣赏和选择，形成了对作品无穷的"对话"。明代出现的《百三十二名家评注三苏文范》就是突出的一例。对苏文可以而且应该"常读常新"，新的解读、欣赏和选择是绵延不绝的，这一过程是没有终点的。

本书编者就是本着这种认识而努力于创新和突破。本书对每篇苏文，分别从"注释"、"集评"、"评析"三方面进行解读，力求注释详明准确，集评博而不芜，评析独具心得。并注意这三方面的内在联系：注释重在词语训释，解决文字疑难，集评则把古人的领会评赏作为参照系，也是编者自己"评析"的某种基础和思想艺术资料，有时更把古"评"今"析"融会贯通，别出机杼。因而胜义迭见，颇受启迪。尽管有些地方读者还可以作出自己的理解，但这种注释、集评、评析三者有机结合的设计，无疑是经过一番匠心和艰苦踏实的搜集、爬梳、整理的功夫才得以实现的。

忻州乡贤元好问曾说："鸳鸯绣了从教看，莫把金针度与人。"（《论诗三首》其三）金针（诀窍）秘藏，强调读者自己直接体认作品，这是一种学习方法；本书编者孙育华先生则把金针度人，指引津途，又是一种学习方法。对于初学者，后一种方法是更为适宜的。因而我乐于加以推荐。读者在其引导下，升堂入室，探求苏文艺术宝库的底蕴，获取文学欣赏的愉悦，我想是可以预期的。

1990 年 9 月于复旦大学

《苏轼诗研究——宋代士大夫诗人的结构》^①序

内山精也教授是一位诚笃踏实而富有创造力的中青年学者,多年来又与中国学人密切交流,倾力相助,获得同道们的衷心称道。他的新著《苏轼诗研究——宋代士大夫诗人的结构》,是他长期从事中国宋代文学研究的结晶,以其富于探索精神的史观、自成一家之言的史识和丰赡厚重的史料,成为他治学道路上的一块界碑,必将引起中日研究界——特别是宋代文学研究界的重视。

收入本书的文章,当其以论文形式初载于各刊物时,我大都已拜读过,现编为四个部分:(一) 作为士大夫的苏轼;(二) 东坡乌台诗案考;(三) 苏轼诗的技巧;(四) 苏轼的周围。就显得层次井然,部居适当,把我分别阅读时见到的一山一水、一村一落,联缀成一个逻辑严密、略见体系的完整图像。究其原因,实在于作者心目中已有一个整体把握在,其关键词即是"士大夫",这是对宋代文学创作主体的社会身份的重要认定,具有深远的意义。中国二千多年的传统社会性质,通常判定为"封建社会",近年来备受诟病,从而提出"君权专制社会"、"帝制农民社会"、"宗法地主专制社会"等多种提法,自是学术探讨的正常现象。若从科举制度着眼,宋以后以进士及第者为中心的"士大夫"阶层的形成,取代六朝以降的门阀士族,从而成为政治、法律、经济决策和文化创作的主体,制约并影响着中国传统社会的形态与发展。在这个意义上,若说宋以后的中国进入了成熟的"科举社会",似无不可。本书书名为"苏轼诗研究",副题却是"宋代士大夫诗人的结构",已经提示出作者不是单就苏诗论苏诗,而是着力于从宋

---

① [日]内山精也著:《苏轼诗研究——宋代士大夫诗人的结构》,日本研文出版社,2010 年版。

代士大夫诗人的知识结构这个新视角来切入；也显示出作者从事宋代文学研究，有个一以贯之的理念，有他潜心求索后而形成的"史观"。这种学术探索精神是每位研究者应该具备的。

作者认为，北宋中后期出现了一批官僚、学者和诗人"三位一体的知识人"，恰与进士科的三项考试项目相对应："帖经"、"墨义"、"经义"（学者型）、"策论"（官僚型）、"诗赋"（诗人型），这就不是偶然的。三者结合正是宋代士大夫的理想范型。作者又进一步分析，此三项从横向比较而言，并非不分主次，而是偏重策论（官僚型）；从纵向发展而言，三者存在此消彼长的变化，直至宋代后期逐渐形成一批科举体制外的士人，即江湖诗人群，逐渐与士大夫诗人原来的理想范型相疏离，而具有别一种新的历史意义。

本书以苏轼为主要论题，但作者不拘执于题下，就事论事，而是在"士大夫"、"士大夫社会"等理念的引导下，以前后打通的宏阔视野进行考察、探讨，不仅创获甚巨，启人心智，同时也展示出新的学术空间，预示着研究前行的方向。事实上，作者也已着手进行江湖诗人群的全面研究，值得我们期待。

内山教授不仅善于提出一些贯穿全局性的理念与观点，努力使宋代文学研究导向有思想的知识系统，而且在一系列具体问题也新见迭出。用宋人的话来说，既在"大判断"上表现出有探索性的史观，又在"小结裹"上体现出具有深度的史识，并努力于两者的结合，这是本书的又一特点。浏览内山教授的论文选题，一类是旧题新作，如论王安石《明妃曲》、苏轼"庐山真面目"、苏轼次韵诗词等，均能在前贤研究基础上，适度吸纳接受美学、传播学等理论成果，探究宋代士大夫的心态和审美趋向，虽旧题却仍能给人以耳目一新之感。一类是选取新题，另辟蹊径，如论印刷术与宋代文学关系，在十多年前，尚少有学者论及，内山教授敏锐地予以开发、探讨，尤用力于揭示两者内在的互动作用，又与宋代社会转型问题相联系，开拓了学术视野。要之,从具体论题入手,提炼出理论性命题,深入于实证经验性材料,涵咏搜讨,勤于思辨,从中引出其固有的意义与结论,实是学术研究的基本方式与方法。内山教授的每篇论文,均能达到有新意、有内容、不蹈袭、无空言,端赖自具史识所致,难能可贵。

重视史料的搜集与运用,这是日本汉学的突出优点,实其"强项"所在,素为中国学人所钦佩。内山教授受过严格而系统的学术训练,在本书中把这个优点发挥到相当精深的程度。谨以"东坡乌台诗案"为例。"乌台诗案"是中国文祸史上的著名事件,审判对象竟是一代文豪苏轼,案件涉及上自皇帝、太后、元老重臣、硕士俊彦,下至狱卒、捕快等办案胥吏,纠结于新旧党争和朝野舆论,尤其是留存至今的完整的审案原始档案《东坡乌台诗案》一书,更是史无前例的珍贵资料。这自然引起研究者的兴趣,已有如清人张鉴《眉山诗案广证》之类的著作,今人更多各类论述,似乎难以为继。内山教授却迎难求本真,因难见功力,在本书中用较长的篇幅重勘此案,他梳理了案发、审判、结案的全过程,几乎达到逐日记事、每事必考,剖析毫芒,决不懈怠,又追踪作为机密档案《东坡乌台诗案》的外传途径及其条件,还深入考索此案与社会、政治乃至诗歌观念、印刷媒体等的关涉,就我的闻见而言,是迄今为止描述最详尽、梳理最可信、论述最深刻的成果。这首先得力或者得益于在史料上下了大功夫。他从穷尽式的搜集史料开始,再进行科学排比、细心梳理,并对各条史料的可信度一一作出鉴别,然后才下断语。这一方法,真正做到材料为我所用,而不是成为材料的奴隶,使整部著作显得资料丰富而不芜杂,整理细致而不琐碎,避免了常见的堆垛罗列之病。

中国古代文学研究是日本汉学研究的重要分支,经过一代又一代日本学者的辛勤耕耘,取得了举世公认的成绩,并形成了优良的传统。我在五年前编辑的《日本宋学研究六人集》(第一辑),旨在向中国读者介绍出生于上世纪五六十年代的日本年轻学者的成果,内山教授的《传媒与真相》即是其中的一种。我当时就强烈感受到，这批活跃于当今东瀛学术界和教育界的新锐，他们既继承自己前辈师长们严谨精细的治学风格，而又面对复杂多变的时代风云和学术潮流，吸纳新知，融汇西学，表现出自己的学术新追求，向后世传达出这一代学人的新思考和新祈向。同时也感受到，他们的论著与中国当下学者著作，比之上一辈来，有着更多的对话与碰撞、沟通与融贯，呈现出"和而不同"、交毂互动的良好势头。学术乃天下之公器，内山教授是一位有自觉学术担当的学人，已近"知天命"之年，学识已趋成熟，任重道远，实有厚望寄焉。

《苏轼文学的继承与苏氏一族》[①]序

宋徽宗建中靖国元年(1101)七月，苏轼病逝于常州，对他的政治历程而言，未始不是幸事。此年十一月，徽宗即诏改明年年号为崇宁元年，标志着重新推行熙宁之政，打击包括苏轼在内的元祐党人，政局又将丕变。果然，次年五月，苏轼还未安葬，即被贬为崇信军节度行军司马，但这第四次贬官已是他身后之事了。苏轼的早一年去世，使他免去了又一次贬逐之哀与流离之苦，岂非幸事？然而，对于北宋文坛和苏氏家族而言，却确实进入一个艰难的"后苏东坡时代"。文坛失去盟主，家族失去灵魂，士人们普遍从失落而焦虑，力求有所振兴；族人们多方努力，谋求延续苏氏文脉，以维护苏学于不坠，于是演绎出种种眩人眼目、耐人深思的历史故事和文学故事，成为宋代文学与家族关系研究的一个新课题。这个课题充满魅力与富蕴价值，不但可为目前方兴未艾的"跨学科专题研究"的热潮提供新的实例，也

---

① ［日］原田爱著：《苏轼文学的继承与苏氏一族》，日本福冈中国书店出版，2015年。

必然会丰富研究思维、视角和方法。

　　本书作者原田爱君敏锐地抓住这个好课题，深入开掘，用心拓展，获得了可喜的成绩。面对并不丰厚的前期研究成果和尚待爬梳、整理的零散文献资料，她选择重点突破、以点带面的研究策略，避免概述式的面面俱到的简单罗列，以"和陶诗"为中心就是她的第一个切入点。

　　苏轼的"和陶诗"是中国文学史上的一个特殊现象。诗人之间互相唱和原是中国文人日常的交游活动，但是，要把前辈作者的全部诗歌尽和殆遍，在苏轼之前是绝无仅有的。如果仅仅着眼于诗歌艺术而言，唱和诗必然面对两个难题：一是和作应与原唱保持思想内容上的应对衔接、交流碰撞，以及诗风上的风味相类。然而，和作之于原唱，学不像固然不能称好，学得可以乱真也未必好，实处于创作前提上的两难选择；二是韵律的拘限，如是"步韵"、"次韵"更有严格的押韵要求，真是"戴着镣铐跳舞"了。深知诗歌真谛的苏轼自然懂得此理，却自觉选择对陶诗"要当尽和其诗乃已耳"。他说过："古之诗人，有拟古之作矣，未有追和古人者也。追和古人，则始于东坡。"其创作冲动来自"吾于渊明，岂独好其诗也；如其为人，实有感焉"，他自觉地要以陶为师："欲以晚节师范其万一也。"（苏辙《子瞻和陶渊明诗集引》）这说明他和陶渊明之间存在着深刻的精神认同和相似的审美趣尚，即自然任真的理想人格和人生智慧层面的深度对话，和他晚年对平淡诗风的倾心追求。这是我们对苏轼和陶诗意义的一般认识。

　　我想提醒读者的是，本书作者对于和陶诗现象的解读，并不限于从诗歌领域立论，而是联系宋代"党禁"清洗的大背景，密切结合北宋文坛和苏氏家族在"后苏东坡时代"的遭际，进行了别具识见的阐释。作者以苏轼生前、死后为界，细致地勾画出苏轼生前如何用心良苦地把自己的和陶诗分送给他的门人、亲族、友朋，这样的和陶诗达到九十九首（总数为一百二十四首），仅苏辙一人就收到乃兄六十五首。苏轼自觉地扩大他的和陶诗的影响，渴望引起亲友们的反馈，也果然形成了众声继和的小热潮。本书中都有实证性的一一论列。苏轼还具体要求苏辙把他的和陶诗编纂成集，"以遗后之君子"，视作要传诸后世的名山事业，显然也不仅仅把它看成一次单纯的文学活动。

我们检验和陶诗的内容，一般均是他当时贬谪中的日常情事，看似平淡无奇，不兴波澜，而其内蕴则涉两类主题：一是仕隐或曰出处，一是生死或曰对生命的终极关怀。苏轼和陶诗是从元祐七年（1092）扬州时开始的，虽已关乎仕隐问题，但未形成专门性的创作主题；至绍圣元年（1094）贬至惠州，他才决心"要当尽和其诗乃已耳"，并普遍寄赠，"约诸君同赋"，造成舆论热点。这一系列活动表明：他的和陶诗写作，已从个人一己的抒发扩展到尽可能广泛的群体，体现了他作为文坛盟主的作派和影响力；也说明此非一般性的诗歌唱和，而是元祐党人在横遭折磨打击的困难时期借以相互慰藉和心灵交流，发抒这一特定政治群体在"大清洗"中的心声的重要方式，应看作"苏门"一次特殊的文学活动，而苏轼依然发挥着引领和核心的作用。自然，"苏门"对此事的反应并非铁板一块，黄庭坚就是"苏门四学士"中唯一不写和陶诗的人。虽然他曾高度评价苏轼之作，"饱吃惠州饭，细和渊明诗。彭泽千载人，东坡百世士。出处虽不同，风味乃相似"（《跋子瞻和陶诗》），但当苏辙致函亲邀他参与唱和时，他却未应命。内中情由，颇堪玩索。

苏轼死后，文坛和苏氏家族的领袖人物一时发生中断，其实有一位现成的人选，那就是苏辙。苏过《叔父生日四首》其一云："斯文有盟主，坐制狂澜漂"，"手持文章柄，灿若北斗标"，"造物真有意，俾公以后凋"，就是这种愿望的表达。苏辙时居颍昌，处于政治的低谷期，但他仍在推动"许党"新生门人继写和陶诗活动中作了巨大努力。本书作者对此提供了较为丰富的资料和引人入胜的描述，不少还是第一次见于引用,多少展现出苏辙领袖群彦的盟主风采。但他毕竟与乃兄年岁相间的密度太小,还不足以形成代代相沿的序列(当时士人中也有推举"岿然独存"的张耒为苏轼继承人选,只不过反映文坛的一种焦虑而已),加之处于政治上的低谷期,其个人的文学成就、人际关系的亲和度尚不足与苏轼匹配,因而北宋文坛盟主只能历史地终结于东坡。本来,某个文坛的形成和盟主的出现,是多种政治社会条件和盟主个人综合素质交互作用的结果,而不是人为刻意制造的。

"一门父子三词客,千古文章四大家",作为文化家族,苏氏一族在"贵经术而重氏族"的眉山地区首屈一指,蜚声海内外,其地位和影响远胜于同时的澶州晁氏、临川王氏、南丰曾氏等。苏洵十分重视氏族的建设,他撰作的《苏氏族谱》与欧阳修的《欧阳氏族谱》,发凡起例,开创了宋代族谱编纂的先河。苏轼的家族观念也根深蒂固,在他诗文中多有表露。在海南所作《和陶郭主簿二首》中,记叙他偶听幼子苏过朗读诗书,"诵诗如鼓琴",就联想到自己四十年前,因吟诵诗书而得到父辈的称赞,不由得使他"追怀先君宫师之遗意",入夜还梦见两位孙子。这个"遗意"就是"家世事酌古,百史手自斟"的苦读精研的旨趣。从一个偶然性的日常经历,能联想到与父、子、孙四代人的关联,充分说明家族文脉的传承和延续,始终是苏轼念兹在兹的情结。在苏轼死后,苏辙在颍昌聚集苏氏家族近二百馀口,传为一时盛事。他亲自教育子、孙两代,现存苏籀所辑《栾城先生遗言》即可见谆谆教诲的情景,他并叮嘱"传诸笔墨以示子孙"。他为"诸子才不恶"(《示诸子》)而感到自慰,又以"少年真力学,玄月闭书帷"(《示诸孙》)相励,都表现出力求文化世家绵延不衰的自觉性。

比起晁氏、王氏、曾氏等家族来,眉山苏轼一族有几点特征更较突出。一是子嗣繁衍,家族成员众多。苏轼、苏辙各有三子,苏轼有十三孙,苏辙有九孙,两人的曾孙、玄孙辈已不能详知,可谓绵绵瓜瓞,人丁兴旺,属于绵延长久型的家族。"君子之泽,五世而斩",而苏氏却是少见的例外，便于从历时性上考察家族的发展和演化。二是地域的展延性较广。二苏后人分布大江南北，主要有许昌、眉山、宜兴、婺州四支。眉山乃其发祥地，许昌和宜兴分别是二苏终焉之地，均留有子脉。苏迟迁官婺州，开创浙东一支，也颇令世人瞩目。区域扩展和联动，有可能发展出更为广泛的人际网络关系，增加文人交游的频率和深度，也使整个家族具有面向全社会的开放性。三是家族成员多具文化修养和文学才能。二苏后代在当时士人心目中均留下能够继承家风的良好印象，"况其子孙，且有典型"，"尚有后昆，克绍其门"，"学有家法"之类的评语，随处可见。虽然他们之中很少大家、名家，但都保持相当的水平。其中如苏过，有"小东坡"之称，其《斜川集》亦有不俗的成就。

钱穆先生有言："家族是中国文化的一个最主要的柱石。"苏氏家族应是极具研究内涵的个案。深入探讨其社会功能和文化功能，尤其着重其文人交游网络中所蕴含的信息，对促进文学生产的互动和激励，就是一个值得关注的方面。即使是家族内部的文化教育和文学训练，乃至文献图书的整理和积累等，也有开发的空间。事实上，近年来也获了一些成果；限于材料的分散，这些成果只能说是初步的。原田爱君的这部著作也不是全面的系统性著作，她仍然采取以重点专题切入的方法，从一个侧面来揭示苏氏家族与文学关系的面貌，即二苏文集的系统整理、刊刻、传布的研究，成为本书的第二个切入点。

本书作者花费巨大精力，钩沉阐幽，细致地推原出二苏后人对先人文集编印的全过程。苏轼文集在他生前已初步编纂，但遭遇党祸，毁版禁行。后人们抓住政局转变的有利时机，适应高宗、孝宗对苏轼文学的爱赏，及时重新编印。其中苏过的编纂和讲释，两位曾孙苏峤、苏岘的刻印，均产生重大的作用和影响。从本书描述中，我们看到苏轼的文集如何从苏轼本人开始，延及苏过、苏峤、苏岘等几代人不懈的努力，才获得颇为完善的面貌，强烈地表达了对家族文化资源的坚守与坚持。书中还讨论到苏峤编印《东坡别集》，前此还少有学者论及。苏岘参与刻印《许昌唱和集》，内收他祖辈苏过、苏迨的作品，论叙也颇为详尽。苏诩为曾祖苏辙编印《栾城集》，也功不可没。这都体现了家族的凝聚力和自豪感，以及恐坠家声的忧患意识，而对传播苏氏文化而言，却是功在千秋的大事，直到今天，我们仍在享用他们的劳绩。

原田爱君此书内容丰富，涵意深长，我仅就两个"切入点"说开去，借以表述我对文坛盟主、家族文化问题的一些想法，不当之处难免，敬请读者教正。同时期望本书作者以此为良好开端，继续精进，贡献出更好的成果。

2014 年 10 月于上海复旦大学

苏海拾贝八篇

苏轼"禁书外流"奏札与东北亚文化交流

暇日与韩国学子柳君闲谈，话题不觉又转到苏轼身上。他忽然作色说：苏轼在世时，正当我国高丽一朝，他被高丽士人奉作研习诗文的最高典范，崇慕备至；但他却力主禁止向高丽赠书、售书，这在目前韩国研究者中间颇有微词。我后来读到韩国的一些有关论著，果然指认苏轼"视高丽为夷狄，反对宋朝向其提供书籍，这还影响了宋朝对高丽的外交政策，造成高丽长期不派使者来华"。这一中韩书籍流通史上的小插曲，不仅反映出当时两国政治、军事上的种种曲折，而且折射出各民族文化建构、价值取向的深刻内涵，考究一番，不无意义。

确是一个有趣的对照：高丽朝第一部"新雕"的宋人别集，不是别的，就是《东坡文集》，这见于李奎报《全州牧新雕东坡文跋尾》；然而在宋朝群臣中，反对向高丽输出书籍，态度最坚决、言辞最详尽的，怕要数苏轼了。他在元祐四年和八年，先后两次向朝廷呈奏六篇劄子，反复阐述禁运书籍的必要。元祐四年十一月，高丽僧人寿介等五人来华，时任杭州知州的苏轼，在《论高丽进奉状》中说："（高丽）使者所至，图画山川，购买书籍。议者以为所得赐予，大半归之契丹。"元祐八年二月，高丽使臣又至汴京，要求购买《册府元龟》、历代史、太学敕式等，苏轼时任礼部尚书，又在《论高丽买书利害劄子》三文中，指出高丽听命于契丹，"终必为北虏用。何也？虏足以制其死命，而我不能故也"。苏轼的"终必为北虏用"的推断在当时情况下，并不是毫无道理的。

至于高丽所得宋朝赐物，"大半归之契丹"，苏轼此言不仅得之于

"议者"，而且还有其他消息来源为根据。《东坡志林》卷三曾记述他亲自听到淮东提举黄寔的反映："见奉使高丽人言：所致赠作有假金银锭，夷人皆坼坏，使露胎素，使者甚不乐。夷云：非敢慢也，恐北虏有觇者以为真尔。由此观之，高丽所得吾赐物，北虏盖分之矣。"这里的"夷"指高丽，"北虏"指契丹。宋朝使者赠金银于高丽人，他们竟当着宋使之面，砸坏验证真伪，以便分给契丹人时，不致节外生枝，发生纠纷。苏辙甚至也说："或言契丹常遣亲信隐于高丽三节之中，高丽密分赐予，归为契丹，几半之奉"（《乞裁损待高丽事件劄子》），则在高丽使团中竟有契丹心腹暗中监视了。高丽使臣的有些作为，也确令人滋生疑窦：苏轼说他们所到之处，"图画山川"，其言外之意，不难体会；而苏辙在上述劄子中，说得更加直截了当："高丽之人所至游观，伺察虚实，图写形胜，阴为契丹耳目"，颇有细作嫌疑了。熙宁时，高丽使者还专意求取王安国《京师题咏》组诗（见《倦游杂录》，又见《西塘集耆旧续闻》卷九），王安国还甚为自得，有"欲传贾客过鸡林"之句，但从军事上看，京师禁卫重地，一旦有警，这些题咏的文学性质也就将起变化了。

苏轼的禁书输丽之策，完全是从当时宋、辽、高丽的三角政治、军事的利害着眼的，是为防止汉籍经过高丽的中介，最终落入辽国之手，而汉籍中难免保留国家的机密。但他对与高丽的正常友好交往，并无异议。元丰八年，高丽僧统义天（文宗第四子）使华巡礼，诏令苏轼友人杨杰馆伴，往游钱塘，苏轼作《送杨杰》相赠，中有"三韩王子西求法，凿齿弥天两勃敌"之句，以"俊辩有高才"的东晋名僧道安喻义天，与杨杰（以习凿齿为喻）辩才相当，对他西来"求法"作了热情肯定，并无民族偏见。又据《宋史·高丽传》，宋太宗淳化五年（994）高丽请求宋朝伐辽，不允，从此受制于辽，朝贡中绝，这是中、韩关系的一个转折点。仁宗天圣九年起，进而发展为"绝不通中国者四十三年"，使者来往告断。四十几年后即神宗熙宁四年，又遣使来华，直至北宋灭亡，始终保持一定的联系。其间的原因很清楚：宋、辽自景德元年澶渊之盟后，边境大致平静，关系相对缓和；而辽国对高丽控制日紧，高丽文宗即位后希企解脱，便转向宋廷寻求机遇，部分宋臣亦"谓可结（高丽）以谋辽"（《续资治通鉴》卷六十八），遂恢复邦交。也就是说，中韩关系受制于宋、辽关系和辽、高丽关系的双重变化，所以从熙宁起，为避免引起辽国注意，高丽使者改从明州（宁波）诣阙，不走原先由山东登州上岸的路线了。苏轼兄弟虽对"结高丽以谋辽"的可能性表示怀疑，但说他元祐上书因而导致使节中断，则与史实不符，断交远在元祐以前。

然而，苏轼的禁书之策，未能在事实上阻止汉籍的传入高丽。最有说服力的例证还是苏轼自己。他在世时，早已"文章动蛮貊"（苏辙语），为高丽朝野士子所熟知。其时金富轼、金富辙兄弟，出身高丽名门望族，富轼官至门下侍中，总揽朝政，又是著名史学家、文学家，著有《三国史记》。他"博学强识，善属文，知今古"，为文坛巨擘。富辙官尚书、礼部侍郎，宣和时出使来华，能写一手漂亮的四六文："穆如清风，幸被馀光之照；酌彼行潦，可形将意之勤。幸被宽裕以有容，敢以菲微而废礼。"这篇"仿中国体"的献物状，写得不亢不卑，从容得当，切合宾主身份。但苏轼时已谢世23年，不及见此妙文。宋朝使者徐兢曾在高丽"密访其兄弟命名之意，盖有所慕"（以上均见《游宦纪闻》卷六）。一眼便知，金氏昆仲"所慕"者即苏氏兄弟。以他俩的地位、声名和才华，追攀附骥，也算没有辱没苏氏了。苏轼稍后的高丽朝著名作家，都对苏氏作品下过一番认真研习的工夫，足证其在高丽流布的深广。也许我们只举两位最重要的作家就足够了。一位是李仁老（1152—1220），这位高丽中期"竹林高会"的盟主，明白宣言自己是从苏诗中获得"作诗三昧"的：

李学士眉叟（李仁老之字）曰："杜门读苏黄两集，然后语道然,韵铿然,得作诗三昧。"

——崔滋《补闲集》

另一位大家就是今存《东国李相国集》的李奎报(1168—1241),《补闲集》是这样评论的:

> 观文顺公(李奎报谥号)诗,无四五字夺东坡语,其豪迈之气,富赡之体,直与东坡吻合。

当时盛行对苏诗字模句拟之风,李奎报由于超越此风才达到东坡"豪迈之气,富赡之体"的真诣,这是对李诗的最高赞许,也是对苏诗艺术的真切把握。苏轼在高丽赢得了不少诗文知音。

可以说,苏轼的禁书建策是未获成功的。像一切"禁运"政策一样,它可能收效于一时,总不能维持于永久。对于书籍的流通,更是如此。原因只有两个字:需要。汉籍作为中华文化的载体,集中体现了人类的高度文明和智慧,在当时东北亚地区的汉文化圈中,发展程度是最为先进的,具有极大的吸引力,并恰好适应高丽一朝建立以王室为中心的中央集权制的文化需要。据说,高丽文宗王徽做过这样一个颇堪玩味的"华夏梦":

> 其国(高丽)与契丹为邻,每因契丹诛求,藉不能堪,国主王徽常诵《华严经》,祈生中国。一夕,忽梦至京师,备见城邑宫阙之盛,觉而慕之,乃为诗以记曰:"恶业因缘近契丹,一年朝贡几多般? 移身忽到京华地,可惜中宵漏滴残。"

此段文字见于《石林诗话》卷中(又见《石林燕语》卷二),是宋神宗恢复邦交时高丽使者告诉宋朝馆伴张诚一的,自然有表示复交诚意的含义；但其深层的政治心理是对宋朝文明的仰慕，也符合其时日益汉化的发展趋势，契丹的欺凌不过是一种触媒剂而已。因而，高丽对汉籍的引进和吸取，达到了如饥似渴的程度。就在苏轼的奏札中，已透露出宋朝赐书的规模："检会《国朝会要》：淳化四年、大中祥符九年、天禧五年曾赐高丽九经书、《史记》、两《汉书》、《三国志》、《晋书》、诸子、历日、《圣惠方》、阴阳、地理书等"，"勘会前次高丽人使到，已曾许买《册府元龟》并《北史》"等等，中国书籍之流入高丽，实已成为一种不可遏止、也不可逆转的历史必然。

苏轼担心说：如不严禁书籍"流行海外"，那么必将出现"中国书籍山积于高丽，而云布于契丹"的景象。他的担心恰恰变成了现实。他的禁书之策，不仅未能限制高丽，也未能限制汉籍的间接或直接地流入辽国。原因也是相同的：需要。对于正在向封建化过渡的辽政权，显然不能依赖其原生态的部落文化来完成封建主义的上层建筑，因而不遗馀力地吸取宋朝的典章制度、声物文明。虽然宋廷明令"河北榷场，禁出文书，其法甚严"（苏轼语），辽朝也采取禁书南输的对应政策，但未能遏止汉籍北迁的势头："访闻房中多收蓄本朝见行印卖文集书册之类"（《宋会要辑稿·刑法二》）已可见一斑。元祐四年，苏辙出使辽国，他在返宋后的述职报告《北使还论北边事札子》中惊呼："本朝民间开版印行文字，臣等窃料北界无所不有。""无所不有"，竟已囊括无遗！他还举了苏氏父子三人的事例：一件是他初至燕京，对方接待人员即询问："令兄内翰《眉山集》已到此多时，内翰（指苏辙，亦任翰林学士）何不印行文集，亦使流传至此？"苏辙后寄诗乃兄云："谁将家集过幽都，逢见胡人问大苏。"此"家集"《眉山集》即王安石所读之集（见其《读〈眉山集〉次韵雪诗》），可能是苏轼手自校定的《东坡集》（即《东坡前集》）的基础。另据《渑水燕谈录》卷七记载，张舜民出使契丹，在幽州馆中看到苏轼《老人行》一诗被题写壁上，并获知范阳书肆还刻印《大苏小集》，这也或许是辽国刻印的第一部宋人诗集了。苏辙报告的第二件事是他到达中京后,陪宴的辽臣与他讨论苏洵文章内容问题,"颇能尽其委曲",对老苏文的理解已达一定深度。第三件事更有趣:辽臣向他打听服用茯苓的秘方,他立即想到这是因他写过《服茯苓赋》所引起的了,由此推断"必此赋亦已到北界故也"。其实,苏轼本人在汴京担任接待辽使的馆伴时,就遇到"北使屡诵三苏文"的情况(苏轼《次韵子由使契丹至涿州见寄》诗自注)。他在《记虏使诵诗》短文中,还记载辽使刘霄在宴会上劝酒时,脱口引述苏轼诗:"痛饮从今有几日? 西轩月色夜来新。"风趣机智地对他说:"公岂不饮者耶?"此可谓善于劝饮,然非熟知苏诗者不办,难怪引起苏轼的惊愕。他的担心汉籍"云布于契丹",有当时宋辽对峙、保守机密的考虑,固然未可厚非,但也应得上一句"可怜无补费精神",他的禁书建策连同宋朝的榷场禁令,几乎成了一纸空文。

书籍流通常常不能完全摆脱书籍以外非文化因素的制约,但它本身却具有独立发展的内在要求,并会产生多维的流通方式。既然有汉籍外流,也就会有"海涛东去待西还"之时。哲宗时,高丽向宋廷献书,"内有《黄帝针经》九卷",据《汉书·艺文志》,《黄帝内经》应有十八卷,而宋朝仅存九卷,正好配成完帙,珠联璧合。于是朝臣上言:"此书久经兵火,亡失几尽,偶存于东夷。今此来献,篇袠具存,不可不宣布海内,使学者诵习。"宋廷采纳此议,下诏校订版印,一时传为美谈(见《宋朝事实类苑》卷三十一)。又如《大藏经》,宋朝于971年起在成都开印最早的大藏经,通称"宋藏"(《开宝藏》)。此书传入辽国后,改订重印,称为"(契)丹藏"。熙宁时,辽国赐高丽丹藏一部,高丽僧慧照又从契丹购办三部;而早在宋太宗端拱时,高丽僧如可来华,求得宋藏而归。这样,高丽就能在多种版本基础上,对照校勘,印成新版"丽藏"。宋藏、丹藏、丽藏,一脉相承而后出转精,都对佛教文化作出各自的贡献。书籍的流通之功是显而易见的。

不同民族或国家之间的书籍流通史,往往折射出双方政治上的风风雨雨和外交上的波谲云诡，记录着友好情谊，也可能烙印着摩擦、争斗甚至屈辱和悲愤。然而，从长远的意义上看，书籍毕竟是没有国界的，是人类本应有权共同享用的精神财富，"禁运"之类终成历史舞台上一幕短暂的过场戏。

（《东方文化》1995 年第 1 期）

苏轼与清初阳羡词派

在清朝建国之初词坛上首先以其人格、理论、创作造成重要影响的是陈子龙（公元 1608—1647 年）。他是阳羡派领袖陈维崧之师。陈子龙虽未曾明确提出对苏词的具体看法，但是，可以肯定他对苏词是并不排斥的。谢章铤《赌棋山庄词话》续编卷三云："昔陈大樽以温李为宗，自吴梅村以逮王阮亭翕然从之，当其时无人不晚唐。"这种看法如果从某些方面（如令词的创作、早期词的创作特色等）加以审视，也有一定的道理。不过，陈子龙在理论上并不否定苏词，在其《幽兰草·题词》中他贬斥南宋词为"近于伧武"、"入于优伶"，又以为晚唐"意鲜深至"，而赞扬南唐二主至清真"代有作者"（当然包括苏轼）。他还将情有独钟的北宋词分为两派：一派为"秾纤婉丽"，一派为"流畅淡逸"（苏词当属后一派）。而他对两派未加轩轾，他认为此二派"皆境由情生，辞随意启，天机偶发，元音自成，繁促之中尚存高浑"。基于这一认识，他对有明一代推重刘基、杨慎、王世贞二家，并分析其各自的得失优劣。他评王世贞云："元美取境，似酌苏柳间。""苏柳"并称是当作肯定因素提出的，只是可惜王氏"未免时坠吴歌"。而所谓"翕然从之"的吴伟业、王士祺又如何呢？吴伟业（公元 1609—1711 年）在《苏长公文集序》中有云："一片忠诚，徒寄于风晨月夕之啸咏。即琼楼玉宇，高不胜寒，天子亦知其为爱君之语。"很显然这里含有了对苏词深至思想的阐释与肯定。王士祺

（公元 1634—1711 年）在《花草蒙拾》中继承了陈子龙的二派说，他说："名家当行，固有二派。苏公自云：'吾醉后作草书，觉酒气拂拂，从十指间出'，黄鲁（直）亦云：'东坡书挟海上风涛之气。'读坡词当作如是观。琐琐与柳七较锱铢，无乃为髯公所笑？"王士禛对二派的态度和对苏词审美价值的肯定在《带经堂诗话》卷二八更有进一步的说明："词如少游、易安，固是本色当行，而东坡、稼轩直以太史公笔力为词，可谓振奇矣。"可惜的是王士禛后期专力于诗，未能有"振奇"之词作，而徒以师法《花间》、《漱玉》为人所道，陈子龙也只在牺牲之前留下了颇具东坡之风格的绝笔词。但是，吴伟业与苏词的关系却受到了人们的重视。陈廷焯《白雨斋词话》卷三云："东坡词豪宕感激，忠厚缠绵，后人学之，徒形粗鲁。故东坡词不能学，亦不必学。惟梅村高者与老坡神似处，可作此翁后劲。"陈廷焯还具体举出吴梅村的《满江红》诸阕，以为与东坡词"颇为暗合"，"哀艳而超脱，直是坡仙化境"。

　　清初词坛陈子龙"苏柳"并称的做法显然是对明代贬斥苏词的一次反拨，是对苏轼所代表的词气豪迈一派的肯定。贺贻孙在其《诗筏》中虽然认为苏词"不如秦七、黄九之到家"，但更着重批评了李清照《词论》中对苏词的否定，承认其代表词中之一调，故曰："东坡词气豪迈，自是别调。"尤侗（公元 1618—1704 年）《西堂杂俎二集》卷二《芙蓉词序》云："世人论词，辄举苏、柳二家。"卷三《梅村词序》赞"坡公'大江东去'，卓绝千古"。而沈谦（公元 1620—1670 年）在其《填词杂说》中以为"晓风残月"、"大江东去"皆"文之至也"。在改朝换代的残酷政治氛围中，清初不少词人胸怀块垒，郁抑不平，促使他们去努力开掘苏词中"词气豪迈"方面的审美价值，承认其具有与柳永所代表的"本色"一派的平等地位，无疑是一种历史的必然。这种历史的选择与南宋初年的词人和词论家自觉地选择苏词有着惊人的相似，同时，这种选择如同南宋造就了辛派词人一样，也造就了陈维崧（公元 1625—1682 年）为代表的阳羡派。

苏轼之于宜兴、常州（宜兴古称阳羡，宋时为常州属县），本来就有一段不平常的因缘。他一生漂泊奔走，几达半个中国，但每一处都不是出于他的愿望，惟有卜居宜兴（最终死于常州乃至后裔在此定居）却是他自主选择的结果。早在嘉祐二年（公元1057年）考中进士的琼林宴上，同年蒋之奇向他述说家乡阳羡风物之美，他后来回忆道："琼林花草闻前语，罨画溪山指后期；岂敢便为鸡黍约，玉堂金殿要论思"（《次韵蒋颖叔》），虽然"且约同卜居阳羡"（苏轼自注），但政务缠身，不能实现。以后他南来北往，经过常州约有十几次之多，而最早买田于宜兴则在熙宁七年（公元1074年），他通判杭州之时（参看宗典《苏轼卜居宜兴考》，《中华文史论丛》1997年第一辑，上海古籍出版社）。宋人费衮《梁谿漫志》卷四《毗陵东坡祠堂记》条云：苏轼"出处穷达三十年间，未尝一日忘吾州"，看来不算夸大。他之所以选择宜兴，用他的话来说，一是"独裴回而不去兮，眷此邦之多君子"，此见于他为友人钱济明之父钱公辅所写的《钱君倚哀词》。他结识了一大批常州、宜兴籍的朋友。除蒋之奇、钱氏父子外，他还与胡完夫、单锡、胡仁修、报恩寺长老、邵民瞻、蒋公裕等人亲密交往。二是"买田阳羡吾将老，从来只为溪山好"（《菩萨蛮》），他赏爱宜兴的三湖九溪之风光。三是退居明志。他在宜兴所作的《楚颂帖》云："阳羡在洞庭上，柑橘栽至易得，暇当买一小园，种柑橘三百本。屈原作《橘颂》，吾园若成，当作一亭，名之曰'楚颂'。"屈子"苏世独立，横而不流"的"橘颂"精神，也是苏轼作为中国文人典型文化性格的有机构成，即是说，顺境时立朝为宦，坚持济世拯时的节操，逆境时退避林下，"潇洒"自处，追求自我生命价值的完满实现。苏轼又云："吾来阳羡，船入荆溪，意思豁然，如惬平生之欲。逝将归老，殆是前缘。"他的这一"阳羡情结"的文化内蕴也应主要从士大夫立身准则上去探求。而全部东坡词正是它的形象体现，"致君尧舜，此事何难"，"用舍由时，行藏在我"之类的歌唱当最能拨动清初阳羡词人的心弦，以致达到了异代的精神沟通。他们正处于山崩地裂的易代鼎革之际，又大都具有反清的民族意识,面临着进退失据、用舍维艰的选择,于是五百年前的这位侨寓乡贤,很适合成为他们倾心追慕的对象。陈维崧云:"思往事,峨嵋仙客,曾驻吾乡。惹溪山千载,姓氏犹香。"(《满庭芳·蜀山谒东坡书院》)龚胜玉(节孙)作《仿橘图》,陈氏又作《摸鱼儿》题赠,在词序中云:"节孙,兰陵人,卜居阳羡,慕东坡之为人,故为斯图以明志",其所"明"之"志",即是"拟'楚颂'名亭,追踪坡老,此意尽潇洒"。其实,"慕东坡之为人"也是陈维崧自己的心迹。他的姑表兄弟曹亮武亦云:"先生买田阳羡,潇洒忆当年","耿耿孤忠亮节,落落风流文采,此事只君全。独喜清秋夜,今古共婵娟。"(《水调歌头·代祭东坡书院》)"孤忠亮节"、"风流文采"正是此时阳羡词人所最需要的精神支柱和文化修养,因此才能获得今古之"共"的思想认同。苏轼词名于是流芳三湖九溪,挈乳沾溉无尽,这一词派之崇奉东坡词,其最深层的原因就在这里。

陈维崧早年受业于陈子龙,但他并没有墨守陈子龙的词学观。代表其成熟时期词学观的文章是康熙十年(公元 1671 年)他与吴本嵩、吴逢原、潘眉合编的《今词苑》的序文《词选序》(《陈迦陵文集》卷二)。首先,他反对词为"小道"之说(陈子龙《幽兰草·题辞》有云"作为小词以博奕")。他从"天之生才不尽,文章之体格亦不尽"的前提出发,证明了词与经、史、诗"谅无异辙"。其次,与陈子龙否定南宋不同,他标举苏、辛一派,以为"东坡、稼轩诸长调,又骎骎乎如杜甫之歌行与西京之乐府也"。同时,他还总结了当时苏、柳并提的观点,认为优秀文学都必须具备厉"思"、博"气"、观"变"、会"通"等方面,所以,不必极意固守《花间》、《兰畹》的"香弱"与清真的"本色"。

在陈维崧影响下的阳羡词人任绳隗、史惟圆、徐喈凤,无论在创作还是理论上都极主"性情",以苏、辛为词中壮士,乃至力图证明"豪放亦未尝非本色"(徐喈凤《词证》),史惟圆《南耕词·评语》中批判了鄙薄"大江东(去)"为"非词家正格"的本色派论调。在阳羡派的鼓荡下,苏辛派的作品(尤其是慢词)成为词人们主要的参习对象。吴梅《词学通论》第九章有云："小令学《花间》，长调学苏、辛，清初词家之通例也。"主要就是指阳羡派及受到陈维崧影响的曹贞吉、吴绮等词人。但是，陈维崧并不满足于在慢词中学苏、辛壮语，也努力将其贯彻到令词之中去。蒋兆兰《词说》云："自东坡以浩瀚之气行之，遂开豪迈一派。南宋辛稼轩，运深沉之思于雄杰之中，遂以苏、辛并称。""至清初陈迦陵，纳雄奇万变于令、慢之中，而才力雄富，气概卓荦，苏、辛派至此，可谓竭尽才人能事。"

客观地分析清初学习苏辛一派的成功就会发现：第一，吴伟业、陈维崧等词人都经历了明末清初冷酷政治血雨腥风的洗礼，痛苦的心灵积淀决定了他们能具备苏辛词中所必备的"气"与"意"；第二，他们早期都有过学习"本色"、"婉约"一派的艺术经验，这种艺术经验使他们改学异质词风时就能有效地防止粗率或叫器。这两个重要条件若不具备必然会失败。蒋兆兰云："初学填词，勿看苏、辛，盖一看即爱，下笔即来，其实只糟粕耳。"（《词说》）尤其是苏轼词天然超旷的情韵更是无迹可求。故而陈廷焯以为"太白之诗，东坡之词，皆是异样出色，只是人不能学。"《（白雨斋词话》卷一）吴梅亦云："惟（东坡）胸怀坦荡，词亦超凡入圣。后之学者，无公之胸襟，强为摹仿，多见其不知量耳。"（《词学通论》第七章）所以，随着血雨腥风的政治斗争的相对平息，以陈维崧为首的学苏派也就归于沉寂。

（《苏东坡与常州——纪念苏东坡仙逝常州
九百周年》，中国社会出版社，2001 年 6 月）

茶话：与君共听水沸声

《苏轼诗集》卷四十三（王、冯辑注本），载东坡《汲江煎茶》一诗，甚有意味，诗云：

活水还须活火烹，自临钓石取深清。

189

大瓢贮月归春瓮，小杓分江入夜铫。

茶雨已翻煎处脚，松风忽作泻时声。

枯肠未易禁三碗，坐听荒城长短更。

其中第六句"松风忽作泻时声"之诗蕴，最引起历代注诗家之争议。上海复旦大学中文系教授王水照先生学养深厚，专精宋诗，尤对东坡诗钻研有年，于1984年著作《苏轼选集》一书，交由上海古籍出版社印行。此书第241页，选有《汲江煎茶》诗，注释"松风"句，谓是"以松风喻倒茶声"，引东坡《试院煎茶》诗："飕飕欲作松风鸣"为证。笔者课诸生东坡诗，据此述说，未尝疑有未安。最近，王先生将此书交由《国文天地》发行台湾版，内容曾作部分修订更动，对"松风"之解释，即改为"水沸声"。笔者既习旧说，遂疑新解，于是修书一封，请王先生释疑解惑。先生来函，条举缕析，具论所以，读之，信有拨云见天之快。不敢独享，商请《国文天地》杂志社予以发表，愿与读者共赏之。

台湾成功大学教授　张高评　谨志

张高评教授台鉴：

9月21日手教，10月5日收悉。苏轼《汲江煎茶》一诗，实乃苏氏茶诗中之最上乘者，描状抒情，两皆称绝，素所爱诵。承教"雪乳"联关于"松风"之训释，颇有启迪。然私意仍有疑义。盖"松风"一词，在茶诗中似已积淀为一种固定意象，专摹水沸之声。唐人茶诗中已与"乳花"等连用，描写煎茶时之声和形。如刘禹锡《西山兰若试茶歌》："骤雨松声入鼎来，白云满碗花徘徊。"崔珏《美人尝茶行》："松雨声来乳花熟"。皮日休《煮茶》："时看蟹目溅，乍见鱼鳞起。声疑松带雨，饽恐烟生翠。"（按，陆羽《茶经》卷下："沫饽，汤之华也。华之薄者曰沫，厚者曰饽。"）降及北宋，除苏轼《试院煎茶》有"飕飕欲作松风鸣"为煎茶声外，黄庭坚诗词赋中例句甚多，如《煎茶赋》"汹汹乎如涧松之发清欢，皓皓乎如春空之行白云"，声、色并举，《答黄冕仲索煎双井并简杨休》"寒泉汤鼎听松风"，《品令》词"汤响松风，早减了、二分酒病"，《西江月》词"松风蟹眼新汤"等。南宋杨万里《以六一泉煮双井茶》"鹰爪新茶蟹眼汤，松风鸣雷兔毫霜"，罗愿《茶岩》"便将槐火煎岩溜，听作松风万壑回"等。元明以后例句不赘。苏轼《谪居三适·夜卧濯足》则以"况有松风声，釜鬲鸣飕飕"来述说"濯足"之滚热汤水。一些茶书在讲述"候汤"时，亦常用"松风"一语。如明许次纾《茶疏》云："水一入铫便须急煮，候有松声即去。"罗廪《茶解》云："山堂夜坐，汲泉煮茗。至水火相战，如听松涛。"《梅花草堂笔谈》云："童子鼻鼾，故与茶声相宜；水沸声喧，致有松风之叹。"

拙编《苏轼选集》原将"松声"解作"倒茶声"，实从"泻"字推测而来。然"松风"为"水沸声"已成茶事常例，如上所述，则此"泻"字又当何解？窃意从陆羽《茶经》始，均强调候汤之难。《茶经》卷下云："其沸如鱼目微有声为一沸，缘边如涌泉连珠为二沸，腾波鼓浪为三沸。已上水老，不可食也。"蔡襄《茶录》、屠隆《考槃馀事》等亦云汤之"老与嫩，皆非也"。故苏轼此句，或可解为：汤忽至三沸，其声如松风，已是该倒茶之声矣。或谓苏轼此句一作"松风仍作海涛声"（陈迩冬先生说，见《百家唐宋新诗话》，四川文艺出版社 1989 年版），但似无版本根据，且亦甚费解。此诗结撰颇甚条贯：首四句写"汲江"，五、六句写"煎"（分为视觉和听觉两端），末两句归结到"茶"，扣紧题目，分疏似较明晰。

弟素不嗜茶，对茶事不甚了了。唯喜此诗，故不避猥繁，奉覆如上，祈先生续有教之。

尚此，并颂

教祺

王水照拜启

1990 年 10 月

191

"淡妆浓抹"与"晴"、"雨"

苏轼诗《饮湖上初晴后雨二首》的第二首云:

水光潋滟晴方好,山色空蒙雨亦奇。

欲把西湖比西子,淡妆浓抹总相宜。

宋人武衍《正元二日泛舟湖上》有云:"除却淡妆浓抹句,更将何语比西湖?"可谓善评此诗。但或谓此以浓妆喻雨天,淡妆喻晴天,似可商榷。本题共二首,其第一首开端云:"朝曦迎客艳重冈,晚雨留人入醉乡。"称"朝曦"为"艳",与浓妆相称。苏轼后来所作《次韵仲殊雪中游西湖二首》其二云:"水光潋滟犹浮碧,山色空蒙已敛昏。"写"雪"中"山色空蒙"为"敛昏",则又与浓妆不合。如此,则以晴天比浓妆,雨天比淡妆为宜。但也可别作一解,即不必泥定两两相比,乃泛言西湖无论阴晴雨雪、晦明变幻,在在皆美,正如西施天生丽质,打扮与否、如何打扮总是绝世美人一样。苏轼同时所作的《法惠寺横翠阁》云:"朝见吴山横,暮见吴山纵。吴山故多态,转侧为君容。"后《次前韵答马忠玉》又以西施比西湖云:"只有西湖似西子,故应宛转为君容。""宛转多容",自不限晴雨浓淡而已。

(《百家唐宋新诗话》,四川文艺出版社,1989 年 5 月)

"徘徊于斗牛之间"释疑

苏轼名篇《赤壁赋》有"月出于东山之上,徘徊于斗牛之间"句,人们耳熟能详。但对"斗牛"的解释,存在两个问题:一是"斗牛"何所指？二是在苏轼写作此赋的元丰五年（1082）阴历七月十六日，月亮东升时能否在"斗牛"之间徘徊？

现行有的高中教辅书如《教师教学用书》等，对"斗牛"的解释是"北斗星和牵牛星"，这是不妥的。我在年轻时也曾犯同样的错误（见《宋代散文选注》，上海古籍出版社，1963）。然而回想幼时在乡间夏晚纳凉，仰望碧海蓝天，长辈们总会指点牵牛星、织女星以及北斗七星讲述传说故事，"牵牛星和北斗星"明明相距甚远，月亮怎能徘徊其间？后在《苏轼选集》（上海古籍出版社，1984）中，我才改释为"斗宿、牛宿"，并且讨论过苏轼此句是否符合他当年的实际天象问题。现重提此事，可能对"斗牛"有更深入的理解。

明郑之惠等《苏长公合作》卷一云："按日月望夜对行，以今历法论之，七月既望，月在女虚。而坡老赋曰：'徘徊斗牛'，岂数百年前孟秋，日犹在井鬼间耶？抑文人吟咏有不拘拘者耳？或曰：斗牛，吴越分野，指出东方言也。"这里所说的"女、虚"、"井、鬼"，是古代天文学中"二十八宿"中四"宿"之名。"宿"，指星的位置，又称"舍"，它不是一颗颗的单星，而是邻近若干颗星的总称。古人把黄道赤道附近的二十八个星宿是当做"坐标"来观察星空的分布与运行的。此二十八宿为：东方苍龙七宿，即角、亢、氐、房、心、尾、箕；南方朱雀七宿，即井、鬼、柳、星、张、翼、轸；西方白虎七宿，即奎、娄、胃、昴、毕、觜、参；北方玄武七宿，即斗、牛、女、虚、危、室、壁。《苏长公合作》的编者认为，以明代历法论之，七月之望，月应在女、虚两宿之间，与"斗、牛"二宿，虽同在北方玄武七宿之列，但仍有距离，不合当日实际天象。因为"望"指阴历每月十五日，此日太阳和月亮遥相对行。在"七月既望"之日，月在女虚，日在柳星；如果月在斗牛，那么太阳要到井鬼之间了，遂滋生疑窦。看来他是怀疑苏轼弄错了。但他也为苏轼作了"开脱"：或是"文人吟咏"，不必拘泥于客观实际；或是因"斗牛"对应于吴越分野（《史记·天官书》张守节《正义》引《星经》："南斗、牵牛，吴越之分野"),在《赤壁赋》写作地点黄州之东,言"斗牛",仅泛指月出东方而已。这一说法是颇合情理的。

清人张尔岐在《蒿庵闲话》卷二中,对苏轼的态度就较为严峻了。他说:

> 张如命云:东坡文字,亦有信笔乱写处。……七月日在鹑尾,望时日月相对,月当在娵訾。斗、牛二宿在星纪,相去甚远,何缘徘徊其间?坡公于象纬未尝留心,临文乘快,不复深考耳。

这里的"鹑尾"、"娵訾"、"星纪",均是星次之名。原来我国古代天文学又有"星次"之说,即以日、月所会之处为次,日、月一年十二会,故有十二次,以此来确定节气。十二次的名称为:降娄、大梁、实沈、鹑首、鹑火、鹑尾、寿星、大火、析木、星纪、玄枵、娵(娵)訾。十二星次中的每一次都有二十八宿中的某些星宿作为标志。如星纪有二十八宿中的斗牛二宿,娵訾有室壁二宿。张尔岐等说的"月当在娵訾",也就是"月当在室壁之间"的意思。要之,这里从十二星次的角度,也依据"望时日月相对"的规律,认为月亮应在"娵訾"(有"室壁"),与"星纪"(有"斗牛")是"相去甚远"的,因而指责苏轼是"信笔乱写"、"于象纬未尝留心",缺乏天文常识。

再从近人研究成果来看。日本著名天文学家薮内清曾著《宋代的星宿》一文(载《东方学报》1936年12月),以现代天文学原理研究宋代的星宿,提供了准确的科学数据。清水茂先生在其《唐宋八大家文》(朝日新闻社,1966)注释《赤壁赋》时,又据以运用与推算。今译介其意如下:

> "斗"和"牛"分别是环绕黄道的二十八个星座(即二十八宿)之一,"斗"是以人马座的Φ星(东坡时代的位置为赤经17点46

分,此据薮内清《宋代的星宿》第三表皇祐年间(1049—1053)所
示的赤经换算为时分,下同)为距星的星座,"牛"是以摩羯座β
星(赤经 19 点 27 分)为距星的星座。

(壬戌七月)的"望"是阳历 8 月 17 日,太阳的位置大约为赤
经 9 点 45 分,月亮出在赤经 21 点 45 分左右。这一天是"既
望",即"望"的第二天,月亮往东移动一天的动程 53 分左右,出
在赤经 22 点 38 分。因此月亮不会出在斗牛之间,而应该在二
十八宿中从"牛"数起第四个星宿"室"(距星为飞马座的
α[Markab],赤经 22 点 18 分)和下一个星宿"壁"(距星为飞马
座的 γ[Algenib],赤经 23 点 25 分)的中间。不过这个位置离斗
牛不太远,角度相差 45—60 度,论方位并不是太大的差距。

清水茂先生推算的结果,元丰五年"七月既望"那天夜晚,月亮应出于
"室壁"之间,这个结论竟与张尔岐完全一致!

上述从明至清至近人的论说,无论是主张"月在女虚"或"当在室
壁",与"斗牛"的距离"相去甚远"或是"不太远"(按,女、虚、室、壁与
斗、牛,均属北方玄武七宿之列),但他们的共同结论是不可能出现月
亮"徘徊于斗牛之间"的景象的。我不大清楚最近有否新的考订,看
来,苏轼的这句描述与实际天象是有所出入的。

人们自然会问,苏轼真的"于象纬未尝留心"而"信笔乱写"吗?
不,从其作品来看,他的天文知识是颇为丰富的。《苏轼文集》卷六十
五有《崔浩占星》一文,此文在《东坡志林》卷二即题为《辨五星聚东
井》,就是与崔浩讨论天文的。据《史记》卷八十九《张耳陈馀列传》,
张耳兵败,在投刘邦或投项羽举棋不定时,甘公曰:"汉王之入关,五
星聚东井。东井者,秦分也。先至必霸。楚虽强,后必属汉。"于是张
耳决心投汉。崔浩认为,汉十月"日在箕、尾",不可能五星聚于东井,
因"疑其妄";苏轼指出,当时的十月,"乃今之八月","日犹在翼、轸

间,则金、水聚于井,亦不甚远",而且其时刘邦未得天下,"甘公何意诏之"? 这说明苏轼对天象不乏兴趣。尤其是直接涉及"斗牛"的两篇文章,更堪玩索。《书退之诗》(《苏轼文集》卷六十七,又见《东坡志林》卷一《退之平生多得谤誉》):

> 退之诗云:"我生之辰,月宿南斗。"乃知退之得磨蝎为身宫。而仆乃以磨蝎为命(宫),平生多得谤誉,殆是同病也。

此文的大意又见《书谤》一文(《苏轼文集》卷七十一,又见《东坡志林》卷二《东坡升仙》):

> ……吾平生遭口语无数,盖生时与韩退之相似,吾命宫在斗、牛间,而退之身宫亦在焉。故其诗曰:"我生之辰,月宿南斗。"

韩愈此诗题名《三星行》。所谓三星,即指箕、斗、牛三个星宿。"身宫"指一个人生日的干支,"命宫"则为立命之宫。"磨蝎",亦作"摩羯",为黄道十二宫之一,在十二支中为丑,在二十八宿中即为斗宿和牛宿,故苏轼说他"吾命在斗、牛间",并依照旧时星象迷信传说,自认一生命运多舛,其源盖在于此。由此可以推测,苏轼对于斗宿、牛宿是有一份特别深切的感触的,在他仰观星空之际,或当首先映入眼帘。说苏轼不识斗牛,是很难想象的。

这又涉及生活真实与艺术真实关系的老问题。苏轼的《赤壁赋》是文学创作,而非星象记录或天文报告,在忠于现实的基础上完全可以也应该有所变异、置换乃至夸张,允许有艺术想象的广阔空间。犹如"斗牛"一词,从晋代张华因气冲斗牛而命雷焕在江西丰城发掘龙泉、太阿宝剑的故事以后,在古代诗文中运用不绝,已积淀为习见的文学词语和典故。王勃《滕王阁序》的"物华天宝,龙光射斗牛之墟",固然是"本地风光"，切合"吴越"地域；陆游的《客谈荆渚武昌慨然有作》诗，作于福建，而有"丰城宝剑已化久，我自吐气冲斗牛"之句，运用张华之典已趋普泛化。"斗牛"的星空位置或地域方位在文学创作领域中逐渐模糊，而突出其所蕴涵的历史文化意味和情感心绪内容，以致"气冲斗牛"、"气冲牛斗"的成语广为流传。苏轼此句，如改成"徘徊于女虚之间"或"徘徊于室壁之间"，于事实或更准确，而于文学所特别追求的情韵兴味，却消失殆尽。对于这类艺术创作上所谓"失误"的指责，如果苏轼地下有知，或许会再次提出他的习惯性的回答："意不欲耳"、"想当然耳!"

再补说一句，前人对"斗牛"的讨论，具体意见容有歧异，但对"斗牛"指为"斗宿、牛宿"则是没有疑义的。星名和星宿名是两个不同概念，不应混淆。"斗宿"亦称"南斗"，"牛宿"亦称"牵牛"，但不宜径称"南斗星和牵牛星"，因"斗宿"、"牛宿"各由摩羯座和人马座的六颗星所组成，而"牵牛星"俗称牛郎星，与织女星相对，是天鹰座中最亮的一颗星，是单星之名。有人把"斗牛"释为"南斗星和牵牛星"，恐怕也是不妥的。

（《文史知识》2006 年第 8 期）

"一蓑雨"和"一犁雨"
——量词的妙用

外国学子学习汉语，掌握各类量词的不同用法，如一把尺子、一头牛、一口井等，总视为畏途。若在英语中，一个"a"或"an"字，不是统统包罗在内了？他们进而研读我国古典诗词时，更难探明其奥蕴。我曾被问到，李白为什么要说"长安一片月"？"一片月"与"一轮月"、"一弯月"有何区别？"一箭之地"当然指一箭之射程，为什么又能引申出"一弓"(杨万里《游蒲涧呈周帅蔡漕张舶》"海水去人一弓远")、"一射"(《望江亭》"见官人远离一射")等一大串？其词义是否完全等同？看来，深入了解量词在诗词中的特殊用法，对于文学作品的评赏和理解，是很有助益的。

苏轼的《定风波》是他贬谪黄州时期的一首名词，通过途中遇雨一件小事，抒写其在逆境中随遇而安的旷达胸襟。其上半阕云："莫听穿林打叶声，何妨吟啸且徐行。竹杖芒鞋轻胜马，谁怕？一蓑烟雨任平生。""一蓑"句，我原来采取一般注家的看法，解释为"披着蓑衣在风雨中行走，乃平生经惯，任其自然"（见拙编《苏轼选集》初版）。把"一蓑"作"一件蓑衣"讲。但是，此词前有作者小序说："（元丰五年）三月七日，沙湖道中遇雨，雨具先去，同行皆狼狈，余独不觉。已而遂晴，故作此。"明明交代"雨具先去"，怎又能"披着蓑衣"？更重要的，如有蓑衣遮身，就不能凸现顶风冒雨、吟啸自若的诗人形象，也无法深刻地表达作者面对困境、恬适裕如的高旷情怀，与此词的主旨背戾不谐了。此解实不妥。

我后来将此条注释改为："一蓑，似与词序中'雨具先去'，矛盾。别本（元代延祐刊本、明代万历《东坡外集》本）作'一莎'，则作'一川'解，较胜。""一川烟雨"，类似于贺铸的名句"一川烟草"，乃指平川广野上烟雨弥漫。这是试图从版本的异文中寻找较为合适的解释，虽说于上下文句中能大致讲通，自以为"较胜"，但也把握不大，算不得确解。

有的学者也发觉到"一蓑"与"雨具先去"的矛盾，因而别求解释之途。他说："这里的'一蓑烟雨'，我以为不是写眼前景，而是说的心中事。……他是想着退隐于江湖。"并以陆游诗中有关"一蓑"的用例，证明此句有"归隐江湖的含义"（陈振鹏先生之说，见《唐宋词新话》第186页）。对此说我也有怀疑。用"蓑笠"、"烟蓑"以表示归隐，在古代诗文中固然不乏其例，第一位替苏轼词作笺注的宋人傅幹，在他的《注坡词》中，注释此句时即引郑谷诗："来往烟波非定居，生涯蓑笠外无馀"（应为罗邺《钓翁》诗）、魏野《暮春闲望》："扁舟何日去，江上负烟蓑"，傅幹似也倾向于"退隐"之说。但细按苏轼此词脉理，前半写"遇雨"，后半写雨后"遂晴"，纯用叙事笔法述说先雨而后晴的全过程，仅在上、下阕的结句中（"一蓑烟雨任平生"、"也无风雨也无晴"），各就眼前景生发议论，点出超旷翛然的心绪。郑文焯《手批东坡乐府》评此词云："此足征是翁坦荡之怀，任天而动。琢句亦瘦逸，能道眼前景。以曲笔直写胸臆，倚声能事尽之矣。"他说的"曲笔"，是指用"眼前景"来"直写胸臆"，写景为了抒情述志；而不是用"虚笔"（把烟雨之景虚化）来径道"心中"归隐的期望。当时处于被"监控"地位的苏轼，实无归隐的现实可能性，词的前面又以"穿林打叶"的雨声开篇，"一蓑烟雨"应是实景无疑。

上述的三种解释，都直接或间接地把"一蓑"释为"一件蓑衣"，"蓑"为名词；实际上应作量词用，但比一般作为事物或动作单位的量词要复杂、丰富，或许可以说是量词的一种艺术化、审美化的用法。唐代郑谷《试笔偶书》云："殷勤一蓑雨，只得梦中披。"天公"殷勤"兴作的是"一蓑雨"，作者"梦中"所披者也是"一蓑雨"，若径视作"披着一件蓑衣"，兴味顿失。朱熹《水口行舟》："昨夜扁舟雨一蓑，满江风浪夜如何？今朝试卷孤篷看，依旧青山绿树多。""雨一蓑"即"一蓑雨"，依日常生活而言，"雨"当然不能用"蓑"来计量，但在艺术领域中却完全允许。有学者解释为"作者（朱熹）在船中披蓑衣御雨"，然而，在有"篷"的船中何用再披蓑衣？且又在夜晚安息之时？范成大有首《三登乐》词："记沧洲白鸥伴侣。叹年来孤负了，一蓑烟雨。""一蓑烟雨"作为一个相对固定的诗歌意象，由于与描写隐士式渔翁的"蓑笠"、"烟蓑"之类的联想、比附，其含义确又超出其单纯的词汇本义之外，即是说，"一蓑雨"比之"一场雨"，在人们的审美鉴赏中，还能增生出别一番感情色彩和文化意味。

苏轼《次韵张昌言给事省宿》有句云："一犁烟雨伴公归。"这里的"一犁烟雨"，用法与"一蓑烟雨"相同，都由名词用作量词，但所用名词必与所"计量"的对象有着这样那样的关联，不能随意搭配。"一犁烟雨"，殆谓雨量充盈适中，恰宜犁地春耕。苏轼对此用语似有偏嗜，最有名的用例是他的《如梦令》词:"为向东坡传语,人在玉堂深处。别后有谁来?雪压小桥无路。归去,归去,江上一犁春雨。"他身在京城学士院(玉堂)任职,却依然怀想黄州"东坡",想象其地满江春雨,正堪重返贬地再操躬耕旧业。范成大对苏轼此语屡致倾倒之情,在诗中一再说:"请歌苏仙词,归耕一犁雨"(《次韵子文冲雨迓使者,道闻子规》)"除却一犁春雨足,眼前无物可关心"(《致一斋述事》)。其实,"一犁雨"并非苏轼一人所独用,只是一经他手,更为人们所传颂罢了。传为苏舜钦所作的《田家词》中说:"山边夜半一犁雨,田父高歌待收获"(此诗又见张耒《柯山集》,题作《有感》);徐绩《和张文潜晚春》云:"恰得一犁雨,田事正火急。"此处的"一犁雨",比之"一场透雨"之类,已衍生出与耕作有关的意义,更平添一种欣喜、庆幸的气氛。量词的活用和妙用,不仅扩大了诗歌意象的涵义,而且也使诗境充满动感和活力。俞成《萤雪丛说》卷上"诗随景物下语"条云:"……至若骚人于渔父则曰'一蓑烟雨',于农夫则曰'一犁春雨',于舟子则曰'一篙春水',皆曲尽形容之妙也。"这位南宋人从烹炼字句的角度,对量词的艺术功能已有了初步的自觉。

(《文史知识》1998 年第 11 期)

已圆和未圆的"东坡梦"

对于我们读书人来说,台湾最具有吸引力和诱惑性的地方莫过于"中央图书馆"和"故宫博物院"了。这两座珍本秘籍的渊薮、旷世珍物的宝库,一个藏书 160 万册,一个库藏文物 70 万件,都是我们祖先所创造的伟大璀璨的文明,是中国人思想、智慧的集中体现,是我们共同的骄傲。

台北中山南路的"中央"图书馆新馆,落成于 1986 年 9 月,是一座九层楼(含地下二层)的现代化宏伟建筑,建筑面积达 4 万平方米。他们的口号是"一流藏品,一流设备,一流维护,一流服务",参观一过,并非言过其实。

我们的兴趣在善本书室。该馆所定"善本"标准仍较严格,一是明以前之刻本、写本、活字本;二是清以来的精刻本、精钞本。该馆现有善本书12.5万册,其中敦煌古写本151卷,宋版书175部,明人文集之富尤是一个特点。这批善本书都是当年大陆转运去台的,其版本价值之高、书品质量之优自是不言而喻的,加上普通线装书4.5万册(其中1万册也由大陆运去),共达17万册之巨。

在善本室主任的导引下,我们有幸入库参观。古人云:古书厄运,大要是火、虫、霉、盗,这也是古书保护科学长期攻关的课题。我也曾遍访过日本各大图书馆,应该说,该馆的设施确乎达到当今最先进的水平,超过日本,一般的恒温恒湿的自动调节早已不成问题,其书橱也是用特质木料制成,可以有效地防止虫蛀。防火设备齐全配套,若有人在库内吸烟,只当一支烟三分之一的光景,立即全库响起警报,并同步自动消除烟味。特别是防盗,更是层层把关,人工和电脑双管并举,做到万无一失。

我研究苏轼,来台以前,曾有两个私愿:一愿看到嘉定本《施顾注东坡先生诗》,二愿看到坡翁手书《黄州寒食诗帖》。在善本书库,我不敢贸然提出索看此书的要求,素知此乃镇馆之宝,不轻易示人。日本的苏轼研究权威小川环树先生曾告诉我,他专程赴台欲看此书,却被婉辞。也许有缘,在参观该馆建馆 60 周年宝藏特展时,竟然看到了这部梦萦魂牵的宝书。

书的命运和人一样,常在可解不可解之间。宋人所注东坡诗集,本有两个系统,一是托名王十朋的《百家注分类东坡诗集》,一是施元之、顾禧、施宿合注的《注东坡先生诗》,前者类编,后者编年,更有特点和价值,还有大诗人陆游亲为作序,理应传世。但此书在南宋宁宗嘉定年间刻印时即遭查禁(施宿用公款刻印而被劾),印本稀少,至清时,成了王本独行天下、施本沉晦不彰的局面,真是历史的不公!

该馆所藏的这部嘉定原刻本,虽仅存 19 卷(原书 42 卷),包含着一个诉说不尽的历史故事。此书原为明末大藏书家毛晋所藏,入清,辗转于宋荦、揆叙(纳兰性德之弟)、翁方纲、吴荣光、潘德舆、叶名澧、邓诗盦、袁思亮等名家之手。但康熙时宋荦得到此本时已只有 30 卷,袁思亮于光绪宣统间到手时,不慎遭回禄之灾,烬馀重装,仅存 19 卷。此本的价值是无法估量的:一是内容价值高,保存不少研究苏轼和宋史的史料;二是版本价值高,"楮墨精湛,字画劲秀,宋本中之上品也"(屈万里语);三是书上有伊秉绶、蒋士铨、阮元、曾国藩等 70 多位名家的 100 多则手书题记和图绘,以及琳琅满目的藏书印章。翁方纲甚至请人画己像于书上,名其书斋为"宝苏斋",每年苏轼生日,作"寿苏会",祭供此书。因此该馆列为"最风雅的书",视作拱璧。

我近年来广泛搜集日本、美国及台湾等地的资料,努力于恢复此书的 42 卷全貌的工作(已可恢复到 90%),对此本的感情与日俱增。十年前我在文章中写道:"宋荦本确是鲁殿灵光,吉光片羽,今存台湾,怀想不已。"如今怀想成真,经主人特许,摄影留念,快何如之!

藏于"故宫博物院"的苏轼《黄州寒食诗帖》却未如愿以偿,一睹真貌。因为该院采用定时分批轮流展出的方式,我们去时没有陈列。存世苏轼书迹很多,但此卷却是艺术成就公认最高、唯一没有真赝异议的苏氏法帖。它在英法联军火烧圆明园时从内府流出,后转让于日人菊池惺堂;又逢关东大地震,菊池的其他收藏均毁,幸亲携此卷遁出,故而免于劫难;又遭二次大战战乱,仍能岿然独存,真是似有神明呵护了。战后归王世杰,复回中土,始入该院珍藏。报载余秋雨先生日前访台时有幸寓目,我只能自叹无此眼福了。

(《复旦》1993 年 9 月 14 日)

又圆"东坡梦"

1993年4月我初访台湾时,曾在"中央图书馆"探访该馆镇馆之宝、南宋名椠《施顾注东坡先生诗》,但只能在参观馆方正在举办的"建馆60周年特展"上,隔着巨大的玻璃柜遥视一瞥而已,未能亲炙,留下一丝遗憾。我曾在"访台散记"的《已圆和未圆的"东坡梦"》中记述此事。今年(1997)二月我再度访问该馆,承蒙慨允阅览,喜出望外,不忍释手,竟穷二日之力,把四函二十册逐页观摩一过,自感圆了一个满意的"东坡梦"。

在《已圆和未圆的"东坡梦"》中,我曾叙述过这部珍籍的曲折命运及其无法估量的版本价值与文物价值。此次亲睹摩挲,印象加深,至少有两点应予补充:一是从书上众多名家的100多则的手书题记和图绘,以及琳琅满目的藏书印章来看,清代著名学者翁方纲的表现与作用尤为突出。他在乾隆三十八年收得此书后,特名其书斋为"宝苏斋",甚至请扬州名画家罗两峰画己像于该书附页上,每年苏轼生日必邀集名流作"寿苏会",祭供此书。这些题记,有诗有文,大都即作于寿苏之际。他们与苏公作异代精神对话,也是同侪之间以苏轼为中介而作的心灵沟通。在苏轼的影响和接受史上,这应是别具异彩的一章。二是裱褙精工。袁思亮在光绪宣统间收藏此书时,不慎遭回禄之灾,焚后残本归蒋祖诒。吴湖帆介绍吴中良工刘定之装治,费时年馀而始竣事。补缀完好,几能把烬痕与衬纸融化无间,成一整体,可谓起死回生,巧夺天工,再造了一件颇饶古趣的艺术品!所以除了本书的内容价值和版本价值以外,光是名家跋文、书法、绘画、篆刻印章以及裱褙技艺,也可当之无愧地称为"五绝"了。

作为历史的插曲,这部书还有一个"湖州情结"。当年的"乌台诗案",苏轼是在湖州知州任上案发被捕入狱的,"顷刻之间,拉一太守,如驱犬鸡"(《孔氏谈苑》);而此书的两位注释者施元之、施宿父子又是湖州人;施宿在任提举淮东常平司时,为了资助友人傅稚返乡的盘缠,因他能写一手欧阳询字,叫他写刻苏诗注本上版,不料案发查禁,这位傅稚又是湖州人。所以梁章钜有诗云:"仓厅饮罢蒲桃筵,湖州诗案灰复燃。"仓厅,指施宿所在淮东仓司之官厅,"死灰复燃",又吃官司。在这部残本的众多名人题跋中,又有几位吴兴人。一位是"党国要人"戴季陶。他写道:"唐宋以来之政治家中,余最敬爱苏文忠公"云云,题于 1943 年之重庆;一位就是我们熟知的沈尹默先生,他是 1944 年 2 月 17 日"拜观题记"的,也是最后一位题跋者。离我那天恭阅该书,恰好 53 年之久,真是不胜今昔沧桑之慨了。

说来凑巧,我在展卷览观时,邂逅一位老者,馆中人纷纷起立向他致意。他一看我的书桌,就朗声道:"嗬嗬,您在看这部书!"相互介绍后,才知他是政治大学的乔教授,曾在此馆任职多年,与蒋复璁馆长熟稔。他告诉我:蒋慰堂先生是名门名师之后,熟悉掌故。听他说过,当年袁思亮以三千金购得此书,特藏于京中西安门寓所夫人房中,不意大火却从内室烧起。当时袁氏必欲舍身入火海抢救此书,被家人死死拉住。急设一筐钱财奖励勇者去救,"重赏之下,必有勇夫",果然有人冒死救出。这又使我想起另一段故实。顾廷龙先生的外叔祖王胜之先生在袁氏之前,曾见此书,因"力已不逮,失之交臂",未能购藏。但他把"首函题跋印记,手录一册"。此册手录原本今亦遗失,但顾先生有亲笔录副,现幸尚存,保留了不少已被烧毁的题记,这又是何等的幸运(惜其他三函题记未录)!顾先生曾感叹道:"窃叹此书倘归外叔祖,自不致沦劫,余亦将得摩挲之。"但他保存了首函的全部题记,可谓功在千秋!

承 教 录 七 通

小川环树教授函（四通）

（一）

王水照先生讲席：

　　承赠大著《苏轼选集》及《苏词评价问题》抽印本，均已收到，谨此拜谢。首先拜读《选集》前言，又读附录《评施宿年谱》一文，考证缜密，论辨精到，良可佩服。至于论施谱的价值，较之王、傅诸家，远出其上，高见允当，可为定谳。犹忆环曾与老友仓田宕山兄同编《苏诗佚注》时，偶然发见《施谱》旧钞本于京都坊肆，宕山兄即购得之，惊喜莫名，亟付影印，附于《佚注》，事在二十年前，而是书印本不多，早已售罄。兹将吉川博士序及拙作《凡例》数页，复印一通，寄呈左右，尚希誊入为幸。以环等获睹《施谱》之始末，略见《凡例》也。惟草拙稿时，苦于促迫，未克细论；至如《施谱》钞本颇有缺叶，虽为环等所知，均未明言，今得大作，俱蒙指出，良亦可感。

　　耑此奉谢，并颂

著安！

弟　环树顿首
1984 年 10 月 15 日

（二）

王水照先生惠鉴：

　　前承枉驾，畅谈移时，快何如之！复闻于途访问蓬左文库，发现

《施谱》旧钞本,仓田氏影印本之缺叶,岿然完存,则尤可喜!顷又承寄《苏轼评传》业已收到,远道见贻,盛意可感,谨此奉谢,望将此意转达尊夫人为幸!

秋深渐寒,即颂

撰祉,并希珍卫是祷!

小川环树顿首

1984 年 11 月 30 日

(三)

恭贺新禧!

日前承伊藤教授将《施谱》旧钞本(即蓬左文库所藏)复印寄自东京,弟即略读一过,藉知仓田氏藏本所缺,可以此本补足不止一叶,欣快何似!闻先生正在校勘,未审成功否?

谨此奉询,顺颂

撰祉

小川环树敬贺

昭和六十年(1985 年)元旦

(四)

王水照先生讲席:

久未奉书,比维起居佳胜为颂。兹有一事奉闻:敝邦(京都)建仁寺两足院所藏宋本《东坡集》(残存三十九卷),全书当是一百十一卷,良以卷首目录完具,据此可知其卷数如上。日前得睹复印本,用校诗数首,较诸另一宋本(日本宫内厅书陵部所藏,即曾景印附于《苏诗佚注》者),大致相同,而不无异文,但甚少耳。书中避宋讳如构、完等皆缺笔，盖南宋刻本也。此书未见诸家书目著录，惟近人《藏园群书经眼录》（卷十三）载有《苏文忠公集》一百十二卷（明刊本），分类编次颇与此相似、只多一卷为异。今将复印数叶寄奉左右，望有以教之是幸！

　　专此敬告，顺颂

春祺！

弟　小川环树顿首

1985 年 2 月 5 日

　　再者此残本存卷十六至十九、卷二十五至三十八（以上皆为诗），又卷五十六至七十六（皆为散文），共计三十九卷也。环又及。

吉井和夫研究员函（一通）

（译文）

拜启：

　　我现在是大谷大学的特别研究员，研究苏东坡的文学。我还没和您见过面，可是通过您的许多著作，我已跟您学习很多。

　　我去年有个机会，把藏在京都建仁寺两足院里的《东坡集》一百十一卷调查了一下。根据我个人的见解，这是宋版的小字本，其体例和《七集本》不一样，属《全集本》类型。我有幸将此书摄制，并在参加"读苏会"时得到小川环树老师的指导，按他的建议，我把摄制的目录部分寄您过目。如果您笑纳的话，我就十分荣幸。

　　关于这本书我写了论文，已经提交给《神田喜一郎先生追悼记念论集》，即将出版。

很抱歉我突然打扰您,请多多指教。

敬祝

笔健!

大谷大学特别研究员　　吉井和夫　拜上

1985 年 5 月 8 日

[附记]　小川环树、吉井和夫两位先生所关注的两足院本《东坡集》确为重要的《东坡集》宋刊本,但国内学者少见论及,值得深入研究。兹对有关情况作简要说明。京都建仁寺两足院所藏《东坡集》,原书共有一百十一卷,现存五十三卷(卷 16—19,卷 25—38,卷 56—76,卷 98—111),十册,日本改装本。传入日本年代不详,但最晚在元禄年间(1688—1703)已经是现在所见的十册五十三卷的改装本了。对这一版本,吉井和夫先生曾撰写了《两足院本〈东坡集〉初探》(《神田喜一郎博士追悼中国学论集》,1986 年 12 月,二玄社)一文,详细考辨此本的性质、原委及其与诸本的关系,并评估其版本上的价值。

两足院本按分类编排,属于大全集系统。据吉井先生考证,此书大概刻于南宋前期,以后又因磨损而递修至南宋末年。它是大全集系统唯一现存的宋版,其馀现存的宋版东坡集都属于编年的七集本系统,可以说,两足院本的出现,填补了空缺,弥足珍贵。

除此之外,两足院本还有两点值得注意之处。一是它虽是残本,但目录保存完好。现存的大全集本,除此本以外,都是明末以后的刊本。这些刊本"不是宋版的复刻,而是依据明嘉靖十三年刊的七集本重新编纂而成的",因此,从两足院本的目录中,可以窥看出宋代对苏轼作品编类收录的状况。二是残本中存有四卷《和陶诗》，其排列方式和顺序与台湾"中央图书馆"所藏的宋版《东坡先生和陶渊明诗》四卷（黄州刊本）完全一致，都是先列一首陶渊明原诗、然后苏轼和诗、苏辙和诗依次而列，而且陶诗及苏轼和诗在文字上的差异极少，吉井先生推测两者的底本应该相近。他还撰写专文，对黄州刊本和两足院本这两个宋刻孤本进行了校勘。（见《文艺论丛》第 27、30 号，大谷大学文艺学会）

王水照记

2014 年 12 月

清水茂教授函（一通）

王水照先生著席：

日前承赐大作《苏轼选集》及《苏轼豪放词派的涵义和评价问题》，非常感谢。闻悉九日枉驾敝校，唯茂当日有课于大阪，不能亲自奉迎，至为抱歉。兹托人奉呈鄙著《唐宋八大家文》，恳祈雅教。其中考证《前赤壁赋》"月出"离"牛斗宿"不远，如今贵国有无以天文学确定其位置者？此外，坡诗《次荆公韵》"骑驴渺渺入荒陂"句，用荆公退隐半山以后常跨驴出行事（叶梦得《避暑录话》卷一等，录此事者不少），又《题西林壁》"不识庐山真面目"句，似自六祖问惠明本来面目语脱胎而来（《六祖坛经》），今查大作，皆无注解，未知尊意何如？

耑此，敬颂

著安

清水　茂

1984 年 11 月 7 日

周裕锴教授函(一通)

王水照先生大鉴:

烟台与先生重逢,得数日相从问学,聆听教诲,获益匪浅。先生关于宋代文化群体的研究,颇有启示意义。尤为精彩的是闭幕式上的总结发言,其中关于精神文化在物质社会中的价值作用的论述,可解吾辈之惑。

吾尝拜读先生《苏轼选集》,以为乃同类著作中之精品,故常置之案头,作为《苏轼文集校注》之重要参考著作。校注时,于大作之胜义精解,亦多有采撷。古语云:智者千虑,必有一失;愚者千虑,必有一得。吾注苏轼《放鹤亭记》时,参阅先生大作,有一疑问不得其解,故略作考证,不揣冒昧,与先生商榷。献芹之意,还望鉴谅。

大作第 366 页注[二]云:[张君]张师厚,字天骥,号云龙山人。见前《访张山人得山中字》诗注。(案:同书 102 页《访张山人得山中字二首》注[一]云:张山人,张天骥,字圣途,居云龙山,号云龙山人。)

锴案:张师厚与张天骥实为二人。张天骥,字圣途,见查注苏诗卷十五《过云龙山人张天骥》注。天骥乃徐州人,孔本《苏轼文集》卷六十《徐州与人一首》云:"州人张天骥,隐居求志,上不违亲,下不绝俗,有足嘉者。近卜居云龙山下,凭高远览,想尽一州之胜。"又卷六十六《跋张希甫墓志后》云:"余为徐州,始识张希甫父子。"天骥为希甫之子,当是徐州人氏。天骥乃张山人之名,而非字。查注苏诗卷十七《登云龙山》引苏轼手书刊石诗后题云:"元丰元年九月十七日,张天骥、苏轼、颜复、王巩,始登此山。"所举四人皆署名,而非以字行。张师厚乃蜀人。孔本《苏轼文集》卷十八《记黄州对月诗》云:"仆在徐州……而蜀人张师厚来过。"又《诗集》卷十八亦有《送蜀人张师厚赴殿试二首》,故诗中虽有"云龙山下试青衣,放鹤亭前送落晖"之句,然赴殿试之蜀人张师厚决非"隐居求志"之云龙山人张天骥,乃偶过云龙山、放鹤亭,故苏诗有"新郎君去马为飞"之语。又《记黄州对月诗》云:"张师厚久已死,今年子立复为古人。"今年,据《王子立墓志铭》,乃指元祐四年,其时张师厚已死。而据《苏诗总案》卷三十五,元祐七年苏轼行宿、泗间,尚见徐州张天骥,次旧韵。天骥非师厚已明。

愚者一得,先生见笑。匆匆及此,不一一。

祝先生康健!

后学周裕锴顿首
1992 年 9 月 15 日夜

旧日黄花三篇

小引：苏轼在三部《中国文学史》中的被书写

我在上世纪五六十年代之交的短短三四年中，连续参与三部《中国文学史》的编写，对我以后的治学生涯发生深远而复杂的影响。这些写作经历，既直接而深刻地反映当时变化着的政治环境和主流意识形态的指向，又表现出个人思想认识、学术品格素养的嬗变轨迹，很值得省思。下面即移录这三篇文本，以供与同道一起研究与探讨。

第一部是北京大学中文系 55 级同学编写的《中国文学史》（1958年出版）。其封面是红色的，红色代表"革命"，但这个"革命"是要带引号的。它是"大跃进"的产物，高举学术大批判的旗帜。全书理论先行，我们同学自觉执行三大原则：一是以现实主义与反现实主义作为贯串整个中国文学史的"红线"；二是民间文学是中国文学史的"正宗"与"主流"；三是强调政治标准第一，推崇"革命批判精神"。这种二元对立的绝对化思维模式，把中国大部分古代作家划入反现实主义一派而横遭鞭挞。苏轼反对过王安石变法，而王安石又是列宁赞扬过的"中国十一世纪的改革家"，苏轼的处境危殆。但吊诡的是，红皮文学史居然称他为北宋文学"成就最高的杰出代表"，作了基本肯定的评价。实际原因其实也简单，如果连苏轼都否定了，宋代文学特别是北宋文学就不好编写了。但对苏轼的具体论述中，又显得粗疏和浮露。如说苏轼"没有真正与人民站在一起"，《念奴娇》（大江东去）充满"人生虚幻的颓废思想"，他"不可避免地陷入了老庄佛道的虚无主义的深渊"等等，刻上了时代印痕。这部所谓的"红色"文学史，由于适应了当时的政治需要，获奖频频，北大中文 55 级声名远播全国。但不久社会上又要纠"学术大批判"之"偏"，中国作家协会和中国科学院文学研究所联合举行多次讨论会，对我们进行批评帮助。于是，出版不到一年，我们又编写了第二部《中国文学史》（1959年版）。

这部文学史封面是淡黄色的，色调温暖，似乎象征着从严苛走向宽容。此书的《苏轼》由一节扩展到一章，不仅篇幅大大增加，更重要的是完全放弃了第一版所遵循的三大原则，放弃横扫一切、武断粗暴的作风，放弃了二元对立绝对化的思维模式，放弃好言"规律"、"大概括"、"大批判"的浮夸作风。虽然免不了初学者的稚嫩和浅薄，但在论析的全面性和深入性方面有所进步，心平气和的探讨代替了心浮气躁的喧哗。

第三部是中国科学院文学研究所编的《中国文学史》（1962年版）。它的封面是蓝色的，给人一种沉稳理性的感觉。它一方面领受"学院派"传统的涵盖和导引，又因列入其时周扬领导的大学文科教材建设的范围，在指导思想上，强调科学性和资料性，已基本回归正常的文学史写作。比如，苏轼生于宋仁宗景祐三年，即公元 1036 年，但他的生日是农历 12 月 19 日，已跨年为公元 1037 年 1 月 8 日，一般做 1036 年是不妥的。这是该章的第一个注文。此虽细事，却表示我已得到较为严格的学术训练，文中对苏轼与变法的关系，对苏诗艺术优点和局限（主要如用典、唱和等问题），对苏词革新、散文特征等，均表现出自己对独立见解的追求。

三部文学史中的苏轼章节，也可以看作三篇"苏轼传"，跟本书《苏轼传稿》（1981 年初版）形成了我在不同时段所认识的苏东坡。西语云"一千人眼中有一千个哈姆雷特"，其实，同一个人在不同的背景下也会产生多个传主影像。上述四篇文本，彼此有同有异，细细对勘，颇能悟出别样意蕴。红皮文学史肯定苏轼是北宋文学"成就最高

213

的杰出代表",黄皮文学史的表述为他"代表了诗文革新运动的最高成就",蓝皮文学史却说苏轼的诗词文"在北宋文学中都是成就很高的",《苏轼传稿》又改回"他是北宋文学最高成就的杰出代表"。这些改动,背后都有一些故事与时代信息(蓝皮本文学史的改动,可参阅拙著《深切的怀念——何其芳先生印象》,收入《鳞爪文辑》),但总体上说明这四个文本,都归属于我在苏轼研究和认识过程中的同一根链条,既纷纭歧出,又一脉相承,耐人寻味。这也是我把"旧日黄花"一组三文,作为本书附录的缘由。

《中国文学史》(1958年版)"苏轼"章节①

苏轼是北宋诗文革新运动的最后完成者和成就最高的杰出代表,又把这一运动的精神扩展到词的领域,创造了词的全新境界。所以他在我国文学发展史上,有着很大的贡献。

苏轼的一部分创作,反映了人民生活的痛苦,对人民寄予深厚的同情,也有谴责和揭露统治阶级虐政的诗篇,这些都是他的人民性所在。但是,他的作品中也十分突出地表现了浓厚的老庄道释思想,又是我们必须加以严肃批判的。

一、苏轼的生平和思想

苏轼(1036—1101)字子瞻,号东坡居士,四川眉山县人,父洵弟辙,都是当时著名文人,母亲和妹妹也是有文化修养的妇女。他在这个家庭里受到了儒家思想的熏陶,得到了全面的文化、艺术教养。

二十三岁,与父、弟同入汴京,得到当时文坛要人如欧阳修的敬重和汲引。由于他的家庭和社会关系(苏洵和汲引他的大臣都是守旧派),他政治上属于旧党。王安石倡导的新法与司马光等人的旧党

①　此部分为原书第五编第三章第三节内容。

的斗争，本质上是中小地主与大官僚地主的斗争，前者是历史上进步的运动，后者在政治上是保守反动的。

但是评价苏轼的思想和文学都不能片面地从这一点出发。对于新法限制贵族特权和加强国防，他是同意的；他反对新法的意见中包括害怕新法推行过猛不便于民的认识；他在各地方官任上也为人民做了一些好事，如在徐州时，黄河决口，水浸城下，他亲临抢救，保住了人民的生命财产；在杭州，疏浚西湖，灌四千顷，筑苏堤，为人民所称道；他每到一个地方、每离开一个地方，总是在创作里留下热爱和恋恋不舍的痕迹。因为这些，在人民群众中也存在怀念他的感情。

我们检验一个作家最基本的尺度是他对人民群众的态度。新法既然不是革命运动而是改良，新旧两党的斗争既然是统治阶级内部对如何解决当前社会矛盾的策略之争，而且苏轼又与其他的旧党有所区别，因而对于作家苏轼的评价就没有决定性的意义。

从反对新法开始，苏轼一生几遭贬谪，大部分时间做地方官。这在苏轼是觉得失意的。但是这种生活在苏轼的创作上无宁说是发生了好的作用，正是由于这样，他才有机会接触人民的生活和祖国的山河，然而苏轼的阶级地位却对他的思想发展与创作有着很大限制。他在现实面前，既有积极的儒家入世的人生态度，也有浓重的佛老思想影响。他在不得意的政治生活中与僧道常常交往，游山逛水，饮酒酣歌，发展了他原已存在的道释思想因素。

贬居黄州时他在《答秦太虚书》中说："吾侪渐衰，不可复作少年调度，当速用道书方士之言，厚自养炼。谪居无事，颇窥其一二。已借得本州天庆观道堂三间，冬至后当入此室，四十九日乃出。非自废议，安得救此！太虚！他日一为仕官所靡，欲求四十九日闲，岂可复得耶！当及今为之。寝食之外，不沾他事。但满此期，根本立矣。此后纵复出从人事，事已则心返，自不能废矣。"

贬居海南时他有短文说："吾始至南海，环视天水无际，凄然伤之,曰:'何时得出此岛耶?'已而思之,天地在积水中,九洲在瀛海中,中国在少海中,有生孰不在岛者! ……"

这种思想在他的创作中起了很大的作用。

二、苏轼文学作品的思想内容和艺术成就

他的散文中的政论文,议论古今、抨击时政,不在文学著作的范围之内;另外也有一些属于文学范围的散文。他大量的文学作品是诗词。

在苏轼的作品中,有部分作品直接反映了政治问题、社会问题。如《吴中田妇叹》:

> 今年粳稻熟苦迟,庶见霜风来几时。
> 霜风来时雨如泻,耙头出菌镰生衣。
> 眼枯泪尽雨不尽,忍见黄穗卧青泥。
> 茅苫一月陇上宿,天晴获稻随车归。
> 汗流肩赪载入市,价贱乞与如糠粞。
> 卖牛纳税拆屋炊,虑浅不及明年饥。
> 官今要钱不要米,西北万里招羌儿。
> 龚黄满朝人更苦,不如却作河伯妇!

作者借一个农妇的口,写出农民辛勤劳苦的生活,在天灾、暴政、商人盘剥的重重压榨下痛不欲生的感情,深刻、具体地反映了人民生活。

《荔支叹》在描写了唐时明皇贵妃荒淫奢侈的生活给人民带来的苦痛并加以谴责之后,更进一步痛斥了当时大官僚们以民脂民膏媚上的黑暗政治:"君不见武夷溪边粟粒芽,前丁后蔡相笼加。争新买宠各出意,今年斗品充官茶。吾君所乏岂此物,致养口体何陋耶! 洛阳相君忠孝家,可怜亦进姚黄花!"在《许州西湖》中,他也指责了那群不顾连年饥荒，为了自己春游而发动民工开湖的地方官吏。

> 烟雨濛濛鸡犬声，有生何处不安生！
> 但令黄犊无人佩，布谷何劳也劝耕？

> 老翁七十自腰镰，惭愧春山笋蕨甜。
> 岂是闻韶解忘味？迩来三月食无盐。

> 杖藜裹饭去匆匆，过眼青钱转手空。
> 赢得儿童语音好，一年强半在城中。

这三首《山村》的主要矛头是指向新法的，这与他的政治立场不无关系。他因讽刺新法，曾下狱几至丧命。

苏轼是注意了人民生活的，如在《馈岁》中他写到过年时的情景"富人事华靡，彩绣光翻座。贫者愧不能，微挚出春磨"，在《蚕市》中他说"千人耕种万人食，一年辛苦一春闲。闲时尚以蚕为市，恐忘辛苦逐欣欢"，在《题陈季常所蓄朱陈村嫁女图》中说"而今风物那堪画，县吏催钱夜打门"等，他对人民的悲惨生活，表示了极大的同情。

作为一个比较开明、正直的官僚，作为一个政治上的失意者，他有时能把自己的遭遇和人民的命运联系起来。

> 除日当早归，官事乃见留。
> 执笔对之泣，哀此系中囚。
> 小人营糇粮，堕网不知羞。
> 我亦恋薄禄，因循失归休。
> 不须论贤愚，均是为食谋。

——《除夜直都厅》

217

在《戏子由》中他说自己："生平所惭今不耻,坐对疲氓更鞭箠。"我们可以看到作家所暴露出的内心矛盾。他审判、鞭打人民,又觉得于心有愧,可是又不能不为。因而他幻想能够释放那些犯人回家过年。这在地主阶级的官吏中,已经是难能可贵的了。然而也正因为他是一个不小的官僚,所以在一些诗里,作者总是以一种居高临下的怜悯者的姿态出现。这在他的词中表现得更为明显。

> 旋抹红妆看使君,三三五五棘篱门,相排踏破茜罗裙。
> 老幼扶携收麦社,乌鸢翔舞赛神村,道逢醉叟卧黄昏。

> 麻叶层层檾叶光,谁家煮茧一村香?隔篱娇语络丝娘。
> 垂白杖藜抬醉眼,捋青捣䴰软饥肠,问君豆叶几时黄?

在这两首《浣溪沙》里不能说作家没有表现出对人民的爱,但终究是以一个太守的身份在那里与民同乐。作家选取了他自己所喜爱的材料,加进了自己的主观感情,写出了一幅充满浪漫气氛的农村图景,所反映的生活是表象的东西,更多地倒是表现了他自己对和平宁静的退隐生活的向往和对官途的厌倦。

再看他的《於潜女》一诗:

> 青裙缟袂於潜女,两足如霜不穿屦。
> 籫沙鬖发丝穿柠,蓬沓障前走风雨。
> 老濞宫妆传父祖,至今遗民悲故主。
> 苕溪杨柳初飞絮,照溪画眉渡溪去,
> 逢郎樵归相媚妩,不信姬姜有齐鲁。

作者是以歌颂赞赏的态度,用美丽的文字来诗化了劳动妇女的形象。但是相当多地渗入了诗人自己主观上那种浪漫的文人感情色彩。

总之，苏轼是一位爱人民的作家，对人民的苦难他是同情的、愤懑不平的。因而他的作品中，或多或少地反映了人民的思想感情，对封建统治阶级进行了一定的揭露；然而必须指出，他也只是从"清官"的立场来观察人民生活而已，没有真正与人民站在一起，因此，它所反映的深度与广度、批判揭露的力量，不能不带有一定的局限性。

苏轼作品中另一类题材，是抒发个人感慨的作品：

> 大江东去，浪淘尽千古风流人物。故垒西边，人道是三国周郎赤壁。乱石穿空，惊涛拍岸，卷起千堆雪。江山如画，一时多少豪杰！　遥想公瑾当年，小乔初嫁了，雄姿英发。羽扇纶巾，谈笑间，强虏灰飞烟灭。故国神游，多情应笑我，早生华发。人生如梦，一尊还酹江月。
>
> ——《念奴娇》

作家以雄健的笔法描写了如画的江山，发抒了吊古伤今的感情，透露出自己对政治失意的不满，但这首词也流露了作家不健康的人生虚幻的颓废思想。

> 明月几时有？把酒问青天。不知天上宫阙，今夕是何年？我欲乘风归去，又恐琼楼玉宇，高处不胜寒。起舞弄清影，何似在人间？　转朱阁，低绮户，照无眠，不应有恨，何事长向别时圆？人有悲欢离合，月有阴晴圆缺，此事古难全。但愿人长久，千里共婵娟。
>
> ——《水调歌头》

作家在这首怀念弟弟的词中，幻想的丰富奇妙是惊人的，表达了他对人间美好事物执着的追求,但是仍然把人间的"悲欢离合"同天上的"阴晴圆缺"一起归结为古今难全的必然。在《临江仙》中,描写了诗人雪堂夜饮醉归后,对着夜色苍茫的江景,更为突出地表现了他对超然物外、出世隐逸的渴望:

> 夜饮东坡醒复醉,归来仿佛三更。家童鼻息已雷鸣。敲门都不应,倚杖听江声。　　长恨此身非我有,何时忘却营营?夜阑风静縠纹平。小舟从此逝,江海寄馀生。

在他的诗、文里,也都表现了同样的思想和风格:

> 元丰六年十月十二日夜,解衣欲睡,月色入户。欣然起行,念无与乐者;遂至承天寺,寻张怀民。怀民亦未寝,相与步于中庭。庭下如积水空明,水中藻荇交横,盖竹柏影也。何夜无月,何处无竹柏,但少闲人如吾两人耳。

> ——《记承天寺夜游》

> 我家江水初发源,宦游直送江入海。闻道潮头一丈高,天寒尚有沙痕在。中泠南畔石盘陀,古来出没随涛波。试登绝顶望乡国,江南江北青山多。羁愁畏晚寻归楫,山僧苦留看落日。微风万顷靴文细,断霞半空鱼尾赤。是时江月初生魄,二更月落天深黑。江心似有炬火明,飞焰照山栖乌惊。怅然归卧心莫识,非鬼非人竟何物?江山如此不归山,江神见怪惊我顽。我谢江神岂得已,有田不归如江水。

> ——《游金山寺》

在苏轼的这些作品中,作家歌唱了祖国的山河,表现了他卑视尘俗、傲岸清高的气质和对美好事物的向往。这是值得加以肯定的因素。但是我们必须指出：在这些作品里和其他许多作品里，作家都在追求"人生有什么意义"这一问题的答案。离开人民任何人也不可能找到人生的真义，因此作家就不可避免地陷入了老庄佛道思想的虚无主义的深渊。他在很多篇章里都得出了的那种结论："人生如梦"(《念奴娇》)、"诗酒趁年华"(《望江南》)、"世事一场大梦，人生几度新凉"(《西江月》)。他的乐观、旷达是带有一种游戏人生的性质，这本质上是统治阶级文人的东西，与人民的乐观主义的战斗精神和顽强的韧性是有区别的。在当时社会的发展上便没有什么推动的作用和进步的意义，在今天更是应该加以批判的。

苏轼的艺术风格带有浓厚的浪漫主义情调。他创作时的主要指导思想是放任自然。他主张"我诗写我口"，"意之所到，则笔力曲折，无不尽意"(《春渚纪闻》引)，"大略如行云流水，初无定质，但常行于所当行，常止于不可不止，文理自然，姿态横生"(《答谢民师书》)。他骄傲地说："其他虽吾亦不能知也。"他是反对苦吟作诗的，看去他好像完全是凭着灵感，他说："作诗火急追亡逋，清景一失后难摹"，"意之所至，则笔力曲折，无不尽意"。这是一个浪漫诗人创作经验的自白和自夸；但是应该看到这种灵感并不是天赋的，苏轼的学历很深，古来的作家，特别是浪漫主义作家给了他丰富的营养。他很崇拜李白和陶渊明，艺术风格显然受了他们的影响。渊博的学识和长期的学习写作是他的创作天才的艺术修养的前提。

在这个前提之下，苏轼建树了他的最具有个性的独创风格。人们读他的作品后，总的感性的印象就是如同一匹不受笼络的奔放的野马，气势雄伟，左冲右突，随心所欲。

构成苏轼这种在诗词文上统一的艺术风格的艺术手法可以归纳如下几点：

(一)丰富的幻想和夸张的手法：如前面举过的《水调歌头》："明月几时有？把酒问青天，不知天上宫阙，今夕是何年?"作家借助幻想

221

把天和月拟人化了，又借助幻象飘然欲仙。又如《汲江煎茶》："大瓢贮月归春瓮，小杓分江入夜瓶。"本只是汲江水以煮茶，却说把月亮贮存了起来，把大江分了出来，引起强烈的美感。又如在《游博罗香积寺》中更为突出地表明了诗人惊人的幻想：由山下的溪水，想到利用水力带动碓磨，转而想到水磨转动时像雪一样散落的面粉，进一步联想到蒸饼熟时所裂开的十字纹和发出的芳香，他对生活中所遇到的一切，总是驰骋着丰富的想象，引起种种美好的憧憬。《起伏龙行》中写旱灾时诗人竟要求龙虎相斗，降雨救灾："赤龙白虎战明日，倒卷黄河作飞雨。嗟我岂乐斗两雄，有事径须烦一怒！"

（二）巧妙的别开生面的贴切的比喻：如《饮湖上初晴后雨》中的名句："欲把西湖比西子，淡妆浓抹总相宜。"如《游金山寺》："微风万顷靴文细，断霞半空鱼尾赤。"《新城道中》："岭上晴云披絮帽，树头初日挂铜钲。"都完全是作家个人的独创。

（三）变化无端的结构：他的诗、词、文都无定格可寻，完全实践了他的"行于所当行，止于不可不止"的主张。如前面所举到的他的词作《念奴娇》《水调歌头》，再如他的《赤壁赋》都是如此，常常突兀地开了头，如大江流水般后浪推前浪地汹涌澎湃、波浪滚滚，却又在你料不到的地方突然停止。使读者只觉得充沛饱满，而毫无拖沓之感。

（四）所有这些都表现为洗炼、流畅、形象化的语言。这语言主要是由作家个人独创的，也有不少用前人的成语、典故，却都巧妙地熔铸为完全属于作家个人的东西，如《望湖楼上醉书》："黑云翻墨未遮山，白雨跳珠乱入船，卷地风来忽吹散，望湖楼下水如天。"廿八字形象地概括了阴、雨、晴的变化，洗炼的功夫达到了惊人的地步。

三、苏轼在文学史上的地位

苏轼最后完成了北宋诗文革新运动。他的文学主张和诗文创作都更突出地强调了"文"的一面。这就在一定程度上推翻了片面地把文统与道统简单地合而为一的取消艺术的观点。他的散文和诗都代表了革新运动的最高成就。宋诗散文化、议论化的特点在他以前有流于浅率、枯燥、晦涩的毛病，到了他的手中，都得到了纠正，他以丰富多彩的创作肯定了这条发展道路。他的代表诗作大都在七古这种章法、句法宜于奔放不羁的体裁里，但他的小诗，前面已举到过一些，也是有极高的成就的。而他尤其突出的贡献乃是在词的方面。

诗文革新运动不可能完全按照初期革新者们主观的意图发展。扩展到词的领域，这是一种必然的趋势（前人把同一时代文人的诗、词割裂开来加以考察，并且认为只有那样才能看清文学发展的脉络，那是重文体不重内容的错误看法）。苏轼完成了这一历史使命。在苏轼之前，范仲淹、王安石等人的词中已经透露了一点消息（如《桂枝香》、《渔家傲》），到了苏轼手中便发展为大量。苏词在题材上冲破了以男女恋情为限的框子，无所不写，所以胡寅说：到苏轼，词才"一洗绮罗香泽之态，摆脱绸缪宛转之度，使人登高望远，举首高歌，而逸怀浩气，超然乎尘埃之外，于是花间为皂隶，而柳氏为舆台矣"（《向子諲酒边词序》）。

在形式上他冲破了音乐格律的束缚。正统派的词人讥诮他不懂得音律，虽然不得不承认他极天下之工，还仍要说他终非词之正宗。其实苏轼是精通词律的，他本人的许多作品都可以歌唱，有的根本就是为唱才作的，他本人也会唱。不过苏轼文学创作的浪漫倾向和丰富的内容决定了他不受词律的拘束，他大胆地极有见地地突破了这一清规戒律，淋漓尽致地倾述了自己的感情。词的语言成就，前面在总的艺术分析中已经提到，这儿就不重复了。

所有这些，都把文人词大大地向前推进了一步。这种词风一直到后来，对南宋的爱国词人们还有着很深刻的影响，并在他们手中得到进一步的更健康的发展。

苏轼是当时文坛的领袖。他是一个全能作家，同时也注意了培养后进。当时有所谓苏门四弟子(黄庭坚、秦观、晁补之、张耒),许多重要的作家都团结在他的周围。当然这些作家后来都各有自己的发展道路,和苏轼并没有形成一个流派。

《中国文学史》(1959 年版)"苏轼"章节①

一、苏轼的生平和思想

苏轼(1037—1101),字子瞻,号东坡居士,四川眉山县人。父亲苏洵,弟弟苏辙,在散文方面都有一定成就,与苏轼合称为"三苏"。苏轼二十一岁(仁宗嘉祐元年)考取进士,开始走上仕途。在以后的三十年中,一直卷在激烈的新旧党争的政治漩涡里。他在政治上属于旧党,与王安石政见不合,出京通判杭州,转知密、徐、湖三州,后因写诗讽刺新法,被捕入狱,谪贬黄州,做了个团练副使。1085 年哲宗即位,太皇太后高氏当政,起用旧党,他被召入京,任中书舍人、翰林学士兼侍读等职,不久又出知杭、颍、定各州。1093 年哲宗亲政,再度起用新党,他的政治生涯更为艰险,一贬再贬,直至琼州(今海南岛)别驾,度过了凄凉孤寂而又随缘自适的晚年生活。1100 年徽宗即位,他因大赦内迁,次年即在常州逝世。

苏轼的政治观点,基本上属于正统的儒家思想范畴。他在少年时,母亲就曾以东汉范滂反对宦官专政而至死不屈的事迹,对他进行教育;对于贾谊、陆贽的政论,他更有一番深入的学习与研究;对于韩琦、富弼等人,也早已有"颉颃当世贤哲之意"(《宋史》本传)。他的儒家思想的根基是很深厚的。

由于苏轼政治上是站在大地主阶级的立场上,所以他更多地接受了儒家思想体系中调和折中、保守反动的一面。他反对"求治太

---

① 此部分为原书的第五编第三章内容。

急，听言太广，进人太锐"，而要求"镇以安静，待物之来，然后应之"（《宋史》本传）。他的《刑赏忠厚之至论》、《续欧阳子朋党论》，都有许多中庸调和的论调。他的忠君思想很浓厚，他曾向神宗皇帝表白说："惟当披露腹心，捐弃肝脑，尽力所至，不知其他。"（《上神宗皇帝书》）他对于"先王之旧物"更是认为不可改动（《议学校贡举状》）。这样的立场和观点，使得他与王安石政见不合，参加了以司马光为首的旧党集团，激烈地反对新法。

王安石的新法是在北宋国内外矛盾日益尖锐化的情况下产生的。它是为了富国强兵，缓和矛盾，以巩固北宋王朝的封建统治。新法限制了大官僚地主的某些利益，反映了中小地主的要求，客观上对农民也有好处。变法虽然不是革命而只是改良，但在历史上无疑是具有重大的进步意义的。苏轼在他的洋洋万言的《上神宗皇帝书》中，对于新政的各项基本内容，诸如青苗法、免役法、均输法、农田水利法等均加以全面的否定。他认为"使坊郭等第之民，与乡户均役；品官形势之家，与齐民并事"，会使"民所不悦，俗所不安"；官僚阶级"捐亲戚，弃坟墓，以从宦于四方者，宣力之馀，亦欲取乐"，这是"人之至情"，而对他们的经济利益有所损害，"则似危邦之陋风，恐非太平之盛观"。在《再论时政书》中，更把新法比为毒药，认为"小用则小败，大用则大败"。他的一系列的史论，如《秦始皇论》、《商鞅论》等，都是借古喻今，反对新法的。直到晚年在《与千之侄书》中仍认为"独立不惧者，惟司马君实与叔兄弟耳"。苏轼的这些言行，在当时对于新法的推行，无疑是起了一定的破坏作用。

对于苏轼政治上的这种保守性和反动性视而不见，反而曲意加以美化，是错误的；然而，如果以此作为对于苏轼政治观点与态度的全部评价，那也是片面的。

苏轼有一些比较开明的政治主张。他在仁宗时代的应制策论中，提出了"励精庶政，督察百官，果断而力行"（《辩试馆职策问札子》)的意见,特别是在十七篇《策别》中,多方面地分析了封建社会中种种复杂的关系,提出了一些富国强兵的改良办法。他指出整个统治机构必须"厉法禁",要严格挑选才德兼备的人材。在经济上要"均户口",进行有计划的移民;要"省费用",量入为出。在军事上,主张"教战守",寓兵于民,重视国防力量,并要求对军队进行重新编制。从他开始做凤翔府判官,直到晚年谪贬海外,一贯同情人民的疾苦,为人民做了一些好事,如在徐州时,黄河决口,水浸城下,他不顾危险,亲临抢救,保住了人民的生命财产;在杭州时,疏浚西湖,灌溉农田,又筑"苏堤",为人民所称道。总之,这一切都说明苏轼在政治上还有比较开明的一面。正因为如此,所以他的反对新法,跟司马光等顽固派是有所区别的。这表现在他也要求进行一些补偏救弊的改革,对于"如近日裁减皇族恩例,刊定任子条式,修营器械,阅习鼓旗"等限制贵族特权、增强军事力量的措施,是赞同的(《上神宗皇帝书》)。以后,司马光当政,尽废新法,他不同意,认为新法不能一概抹煞,而要"较量利害,参用所长"(《辩试馆职策问札子》)。另外,由于北宋官僚机构极端腐朽和新党内部混入许多投机分子,新法在推行过程中产生了不少流弊,苏轼的反对新法,也是与他比较接近人民,看到了这些流弊有关的。

苏轼的世界观是复杂的,不仅有儒家思想,而且还有老庄思想。宋代佛教盛行,风靡一时。苏轼"八岁入小学,以道士张易简为师"(《志林》),幼读《庄子》,也深慨"得吾心矣"(苏辙《东坡先生墓志铭》)。后来与道释为友,流连往返,参悟禅理,终身不绝。《超然亭记》提出要游于物外,随缘自适,才能"无所往而不乐";在他的诗词中,也明显地反映出老庄思想。

这种老庄思想和儒家思想之间是存在着矛盾的。"南面之君,虽清远闲放如鹤者,犹不得好,好之则亡其国;而山林遁世之士,虽荒惑败乱如酒者,犹不能为害,而况于鹤乎?"(《放鹤亭记》)这段话即明显

地道出了两者的不能并立。"百年豪杰尽，扰扰见鱼虾。"(《荆州》)
"君知此意不可忘，慎勿苦爱高官职。"(《马上赋诗一篇寄子由》)这也
是以出世思想来否定功名的。但在另一方面，他又以儒家的政治观
点，来否定某些老庄思想，如在《韩非论》中，极诋老庄"更为虚无淡泊
之言，而治其猖狂浮游之说，纷纷颠倒，而卒归于无有"，使得"君臣父
子之间，风风乎若萍浮于江湖而适相值也"，而使"仁义"毁堕。这种
矛盾特别反映在他个人仕进或退隐的抉择上。"我虽爱山亦自笑，幽
独神伤后难继……作诗寄谢采薇翁，本不避人那避世。"(《自普照游
二庵》)在入世出世之间，有着十分深刻的思想冲突。

　　然而，在苏轼的世界观中，儒家思想和老庄思想又是统一的，同
时并存的，相互影响、相互制约的。这不仅表现在他的政治观点中有
着明显的"无为而治"的色彩，从苏轼一生的思想发展脉络来考察，更
为深刻地说明这种统一性。尽管苏轼有时以道反儒，有时又以儒反
道，但是却没有最终彻底地否定儒，同样，也没有彻底否定道。被贬
黄州，是他生活道路上的一次重大转折，佛老思想有了深刻的发展，
然而并没有导致对于儒家思想的幻灭、对于人生的绝望。苏轼的开
明政治理想和对人民的同情，加上晚期由于个人生活剧变，而与人民
的进一步接触，都使他的老庄思想，不可能像一般封建社会知识分子
所常有的那样归于彻底幻灭与绝望，这是他的正统儒家思想对老庄
思想作用的一面。而他的老庄思想，与他的政治上坚持大地主阶级
的反动立场相结合，使他在贬官黄州时期，以更为孤傲不屈的态度，
坚决地排斥以王安石为首的新法运动，强化了他的保守反动的一面
(虽然这时在一些与朋友的书信中，表示了一定程度的悔悟，并承认
自己的某些偏激与歪曲)。然而，老庄思想也成为他在那个艰险困苦
环境中的一种自我解脱、旷达乐观的精神武器，使他既不像贾谊的痛
哭流涕，也不像柳宗元的"居是州恒惴惴"，而仍然怀着对于自己的政
治理想的渴望。到了后期的谪居惠州、海外时期，新党已经变质，对

他的排挤，只是一种政治迫害，其迫害手段又极其荒唐无稽，这时，老庄思想帮助他以满不在乎的傲岸态度，对付现实对他的重重迫害，并坚持着对于美好事物的追求。因此，对于他的老庄思想的消极因素，我们固然要进行必要的严肃的批判，然而也必须看到在当时具体历史条件下的积极作用。这种老庄思想的两面性与其儒家思想的进步性与反动性是密切联系、相互作用的，所有这些，都同样说明其儒、道思想的深刻的统一性。

二、苏轼作品的思想内容

苏轼的文学作品，现在留下的有二千多首诗，三百多首词和一些优美的散文。像作者的思想一样，作品的内容是非常复杂矛盾的。

苏轼的政治观点，具有比较开明的一面，他终身从政，重视文学的社会作用："缘诗人之义，托事以讽，庶几有补于国。"（苏辙《东坡先生墓志铭》）这一主张在他的创作实践中部分地得到了贯彻，写出了一些抨击时政、反映人民生活和表现爱国思想的作品。

苏轼对某些残害人民的官僚权贵是深恶痛绝的。在《荔支叹》中他饱含着热泪，控诉了唐玄宗、杨贵妃的罪恶："宫中美人一破颜，惊尘溅血流千载！"并怀着"至今欲食林甫肉"的愤怒，转而公开地抨击了以人民的血汗"争新买宠"的当朝权贵。在《许州西湖》、《李氏园》等作品中，他指斥了那些奢侈享乐荒淫骄纵，而不顾人民的死活的封建官僚。在《异鹊》中，他把酷吏比作恶鸟。但是，对一些比较关心人民而政治上受排挤的官吏，他却表示了热烈的赞颂："青衫半作霜叶枯，遇民如儿吏如奴。吏民莫作官长看，我是识字耕田夫。妻啼儿号刺史怒，时有野人来挽须。拂衣自注下下考，芋魁饭豆吾岂无？"（《赠王庆源》）

他赞颂这样的好官吏，他自己长期贬官地方，和人民的相处也是融洽的。他在东坡躬耕时，对于农民指导他生产，表示了衷心的感激："农父告我言，勿使苗叶昌；君欲富饼饵，要须纵牛羊。再拜谢苦言,得饱不敢忘。"(《东坡》)在一首《满庭芳》中,他写他将要离开黄州时,"山中友,鸡豚社酒,相劝老东坡",而离开后他也"仍传语:江南父老,时与晒渔蓑"。

在这种和人民的友好的往还中,他看到了民间的疾苦,曾慨叹道:"而今风景那堪画,县吏催钱夜打门!"在《吴中田妇叹》中更具体地描绘了一幅悲惨的农村图景:

> 今年粳稻熟苦迟,庶见霜风来几时。
> 霜风来时雨如泻,杷头出菌镰生衣。
> 眼枯泪尽雨不尽,忍见黄穗卧青泥。
> 茅苫一月陇上宿,天晴获稻随车归。
> 汗流肩赪载入市,价贱乞与如糠粞。
> 卖牛纳税拆屋炊,虑浅不及明年饥。
> 官今要钱不要米,西北万里招羌儿,
> 龚黄满朝人更苦,不如却作河伯妇!

这首诗通过一个农妇的倾诉,深刻地反映了劳动人民在天灾暴政交相煎迫下的苦难的生活,真切地表达了劳动人民的愤怒的痛不欲生的感情。作者在《岁晚三首》之一中写过年时的情景:"富人事华靡,彩绣光翻座;贫者愧不能,微挚出春磨。"在《和子由蚕市》中写两种蜀人的生活:"蜀人衣食常苦艰,蜀人游乐不知还。千人耕种万人食,一年辛苦一春闲。闲时尚以蚕为市,恐忘辛苦逐欣欢。"从这些诗篇里可以朦胧地看到现实生活中的阶级对立关系。

他看到了民间的疾苦,出于人道主义思想希望为人民做一些好事。在大旱时他为人民祷雨(《立秋日祷雨》),在"前年雨雪行人断,城中居民风裂骭"的情况下,他领导人民开发煤矿(《石炭》);无能为力时,便觉得惭愧:"秋禾不满眼,宿麦种亦稀。永愧此邦人,芒刺在肤肌;平生五千卷,一字不救饥!”(《和孔郎中荆林马上见寄》)对自己的官吏生活有时感到内疚:“生平所惭今不耻,坐对疲氓更鞭箠。”(《戏子由》)作为一个官僚,他对人民的这种同情是难能可贵的。然而也正因为他是一个不小的官僚,所以在一些作品里,作者总是以一种居高临下的怜悯者的姿态出现。例如:

旋抹红妆看使君,三三五五棘篱门,相排踏破茜罗裙。
老幼扶携收麦社,乌鸢翔舞赛神村,道逢醉叟卧黄昏。

麻叶层层檾叶光,谁家煮茧一村香?隔篱娇语络丝娘。
垂白杖藜抬醉眼,捋青捣麨软饥肠,问言豆叶几时黄?

在这两首《浣溪沙》里不能说作家没有表现出对人民的爱,但终究是以一个太守的身份在那里与民同乐。作家选取了他自己所喜爱的材料,加进了自己的主观感情,写出了一幅充满浪漫气氛的美好的农村图景。它所反映的生活是表象的东西,更多地倒是表现了作者自己对和平宁静的退隐生活的向往和对宦途的厌倦。再看他的《於潜女》一诗:

青裙缟袂於潜女,两足如霜不穿屦。
䯻沙鬓发丝穿柠,蓬沓障前走风雨。
老濞宫妆传父祖,至今遗民悲故主。
苕溪杨柳初飞絮,照溪画眉渡溪去,
逢郎樵归相媚妩,不信姬姜有齐鲁。

作者是以歌颂赞赏的态度,用美丽的文字来诗化了劳动妇女的形象,但是相当多地渗入了诗人自己主观上那种浪漫的文人感情色彩。

苏轼还有少数表现爱国思想的作品，如《祭常山回小猎》、《谢陈季常惠一揞巾》、《送子由使契丹》、《阳关曲》、《和子由苦寒见寄》等。

> 老夫聊发少年狂，左牵黄，右擎苍，锦帽貂裘，千骑卷平冈。为报倾城随太守，亲射虎，看孙郎。　酒酣胸胆尚开张，鬓微霜，又何妨？持节云中，何日遣冯唐？会挽雕弓如满月，西北望，射天狼。

——《江城子·密州出猎》

这首词以跳动的节奏，豪放的气势，充分表现了作者的爱国激情和报国壮志；可以和辛弃疾的爱国词章媲美。

由上述作品中，可以看出苏轼是一个比较关心人民生活和国家命运的作家，所以他写出了一些具有一定的现实内容和人民性的作品。另一方面，苏轼毕竟还是个不小的官僚，阶级地位决定了他最多只能从清官的立场，而不可能从人民的角度，来观察社会问题，揭示生活的本质，从而创造出具有高度人民性的作品。特别是苏轼的政治观点具有保守反动的一面，更严重地影响了他的创作。他写了一部分专门歌颂旧党和攻击新法的作品，把封建社会的一切罪恶灾难都归咎于新法，这是对于生活的歪曲，在当时曾经起过反动作用，是应该批判的。当然，有一些作品虽然反对了新法，但却真实地反映了人民的疾苦，表现了作者对人民的关心还是应该根据作品的具体内容，给以不同程度的肯定，不能不问青红皂白，只要看到了一点反对新法的苗头，就加以全盘否定。

在苏轼的创作中占最大比重的，还是那些抒发个人感慨的作品。这类作品一般说来艺术性都比较高，影响很大，思想内容也最复杂；其中有许多是苏轼的代表作；对它们的评价关系到对整个诗人苏轼的评价。

　　这类作品的内容,主要是反映作者由于政治失意,理想不能实现,而苦闷、感叹和不满。例如:

　　　　明月几时有? 把酒问青天。不知天上宫阙,今夕是何年?
　　我欲乘风归去,又恐琼楼玉宇,高处不胜寒。起舞弄清影,何似
　　在人间? 　　转朱阁,低绮户,照无眠,不应有恨,何事长向别时
　　圆? 人有悲欢离合,月有阴晴圆缺,此事古难全。但愿人长久,
　　千里共婵娟。

　　　　　　　　　　　　　　　　　　　　　　——《水调歌头》

　　这是一首中秋月夜为怀念弟弟而写的词。当时苏轼因与王安石政见不合,自请外调,在密州做地方官。那年他已经四十一岁了,二十年仕途奔波,妻子亡故,弟弟又远在他乡。诗人的心情是沉重的。词一开头便是接连对着青天发出迷惘的痴问,这正是诗人内心深处郁结已久的满腔痛苦的无法抑制的迸发。这痛苦为什么会如此之深沉呢? 因为诗人渴求着一个"琼楼玉宇"般光辉圣洁的理想,然而现实却是冷酷的,美好的理想却偏偏不能实现。把酒问月,起舞弄影,诗人是孤独的,这是脱离了人民的士大夫文人的形象。这样的人,在那个社会里,当然无法找到解决理想和现实之间的矛盾的出路,所以诗人不得不悲哀地承认:"人有悲欢离合,月有阴晴圆缺,此事古难全。"但是诗人并没有被悲哀所淹没,他热切地希望:"但愿人长久,千里共婵娟!"读了这首词,我们会感受到一种深沉的苦闷和无可奈何的悲哀;但是透过这苦闷和悲哀的纱幕,我们会更强烈地感受到一种深挚的手足之情,一种对于美好理想的执着的追求。这正是这首词的感人力量之所在。

　　《念奴娇》是他另一首有名的词:

　　　　大江东去,浪淘尽千古风流人物。故垒西边,人道是三国周

郎赤壁。乱石穿空，惊涛拍岸，卷起千堆雪。江山如画，一时多
少豪杰！　　遥想公瑾当年，小乔初嫁了，雄姿英发。羽扇纶
巾，谈笑间，强虏灰飞烟灭。故国神游，多情应笑我，早生华发。
人生如梦，一尊还酹江月。

——《念奴娇》

这首词是作者谪居黄州、游览传说中的"三国周郎赤壁"时写的，对着
如画的江山，触景生情，缅怀往事，追慕古代的叱咤风云的英雄人物，
联想到自己空有"笔头千字，胸中万卷，致君尧舜，此事何难"（《沁园
春》）的才能和抱负，然而"世路无穷，劳生有限"（《沁园春》），未老先
衰，一事无成，不禁忧愤中生，叹人生如梦，借酒浇愁。在这首词中，
诗人用雄健的笔法描绘了一幅壮丽的祖国山川的图画，成功地塑造
了一个年少英俊的周瑜形象。在这画面和形象中，渗透着对于祖国
山河的热爱，对于英雄的景仰和对于生活的无限的激情，寄托了理
想，透露了对于政治失意的不满。虽然其中存在着消极颓废思想；但
是，我们面对着波涛汹涌，滚滚东流的万里长江和"乱石穿空，惊涛拍
岸，卷起千堆雪"的雄奇景色，面对着周公瑾这个雄姿英发、潇洒从
容、洋溢着青春活力和迸射着智慧光辉的少年英雄形象，与作者的地
主阶级本质相联系着的那种颓丧的"人生如梦"的悲叹，在我们的感
受中该显得多么微弱、多么苍白无力！所谓"关西大汉，铜琵琶，铁绰
板，唱'大江东去'"（《历代诗馀》卷一一五引俞文豹《吹剑录》），在某
种意义上正说明了这首词的基调是健康的昂扬的；它不是一个卑微
的灵魂的绝望的颤抖，而是一曲雄壮的山河颂、英雄赞。诗人正是以
这种豪放的歌声来表示他对于现实的不满和蔑视。

　　与《念奴娇》同一时期同一题材的《前赤壁赋》，却有着与它不很
相同的思想内容。这可以看作是一篇游记散文诗。作者笔下的赤
壁，已不复为波涛万丈、卷雪千堆的雄奇景象，而是"清风徐来，水波

不兴"的安谧,"白露横江,水光接天"的宜人秋色。这种不同的感受,与其说是客观景象因自然条件发生了变化,倒不如说为了抒发作者的另一番心境。"歌"的"望美人兮天一方"的渴求,客的"寄蜉蝣于天地,渺沧海之一粟"的消极悲观,主的与"造物者"共适的放任旷达,都应该看作作者实际存在的思想的各个方面;通过主客的矛盾,我们更可进一步了解到作者自我思想斗争的历程:他用"变"与"不变"的人生哲理在不能满足的人生中得到解脱,以"无尽藏"的"清风"、"明月",把"一肚皮不合时宜"消尽,在物我两适中保持其乐观旷达的胸襟。这种追求、绝望、放达的矛盾,是作者被贬黄州时期复杂精神世界的反映,三个月以后写的《后赤壁赋》更充满了遗世飘逸的氛围,如果说,前赋表现了作者所得的"悟界",那么,这篇已是飘飘欲仙了。

苏轼毕竟是个封建文人,阶级本质和与之相联系的老庄思想,决定了他对于现实的不满,常常表现为渴望着出世隐逸。如《临江仙》调子显得更较低沉:

> 夜饮东坡醒复醉,归来仿佛三更。家童鼻息已雷鸣。敲门都不应,倚杖听江声。 长恨此身非我有,何时忘却营营?夜阑风静縠纹平。小舟从此逝,江海寄馀生。

透过词中所描绘的宁静的画面,我们固然可以隐约地听到诗人不满现实的激忿的心声,但那种超然物外、"江海寄馀生"的出世思想毕竟是消极的,这就使得这首词色彩暗淡,缺乏一种昂扬的或者是深沉的鼓舞人心的力量。与这首词的思想风格相近的《记承天寺夜游》,更为突出地表现了作者的逃避现实、随缘自适的乐天思想:

> 元丰六年十月十二日夜,解衣欲睡,月色入户。欣然起行,念无与乐者;遂至承天寺,寻张怀民。怀民亦未寝,相与步于中

庭。庭下如积水空明，水中藻荇交横，盖竹柏影也。何夜无月，何处无竹柏，但少闲人如吾二人耳。

总之，在这一类作品中，作者所表现的对于理想的追求、对于祖国河山的赞颂、对于古代英雄的景仰和对于乡土、家人、亲友的深情，是能够唤起人们对于美好事物的爱和激起人们对于生活的热情的；在这一类作品中，作者所反映的由于政治失意、理想不能实现的矛盾、苦闷和不满，在某种程度上，是道出了封建社会怀才不遇的知识分子的共同的情绪的。这就是这类抒发个人感慨的作品的思想意义。

但是，如前所述，苏轼的思想是复杂的，与此密切相关的苏轼本人和现实之间的矛盾的性质也是复杂的。我们固然不能机械地在作家思想和作品思想之间划一等号；但也必须看到作家思想对于他的创作的严重影响。正因为苏轼是个封建文人，在政治上具有保守反动的一面，所以他的作品中，大量地存在着消极出世思想和没落颓废情绪；对于现实的不满，既不如李白的猛烈，也不如陶渊明的深沉和坚决彻底，他总是念念不忘于"君恩未报"，为"帝遣巫阳招我魂"感到欣喜欲狂。这些就是他的这类作品的严重的局限性。

三、苏轼作品的艺术特点

苏轼具有多方面的文学艺术才能，诗、词、文、绘画、书法、音乐等，莫不有着精湛的造诣，他的文学创作显示了独特的艺术个性和卓越的艺术天才。

苏轼的艺术风格是多种多样的。如果说，那些描写人民生活的诗篇，偏重于客观的细致的刻画，那么，抒发个人胸襟的诗词，则是更多的主观世界的直接袒露。他有比较冷静的清婉的作品，也有奔放的狂飙式的激情的倾泻。但其主要风格是充满浪漫主义情调的，即所谓"其笔之起旷，等于天马脱羁，飞仙游戏，穷极变幻，而适如意中所欲出"(《说诗晬语》)。

作品的抒情主人公显然有着深刻的理想与现实的矛盾(其中也包括与王安石新政的性质复杂的矛盾),成为他沉重的精神负担。老庄的哲理帮助他从自然景物中求得解脱与慰藉,使自然景物对他已不复是冷漠的存在,而是具有人的性格的知己,所谓"意其超逸绝尘,独立万物之表,驭风骑气,以与造物者游"(《答黄鲁直书》),诗人主观世界与客观事物的这种特殊关系,正是他幻想与夸张的基础。"桥下龟鱼晚无数,识君拄杖过桥声"(《湖桥》),这是动物识声;"峨峨两烟鬟,晓镜开新妆,舟中贾客莫漫狂,小姑前年嫁彭郎"(《李思训画长江绝岛图》),这是山岭婚嫁;"塔上一铃独自语:'明日颠风当横波'"(《大风留金山两日》),这是铜铃人语;"只恐夜深花睡去,故烧高烛照红妆"(《海棠》),这是花卉起居。……与其说,这里展现的是客观事物,倒不如说是诗人主观世界的图画。月,这更是引起诗人无数奇妙幻想的题材,《渔家傲》(皎皎牵牛河汉女)、《虞美人》(持杯遥劝天边月)、《中秋月三首》,都是如此。脍炙人口的《水调歌头》劈头便问:"明月几时有?"这是天真的痴问,也是诗人沉重的精神苦闷的一种自然迸发,作家的思想矛盾使他借助幻想把天和月拟人化了,又借助幻想飘然欲仙:"我欲乘风归去,又恐琼楼玉宇,高处不胜寒。"一切脱离思想内容的拟人化都会在他面前黯然失色。又如《汲江煎茶》:"大瓢贮月归春瓮,小杓分江入夜瓶。"原只是汲江水以煮茶,却说把月亮贮存了起来,把大江分了出来;而《月夜与客饮杏花下》中进一步说:"山城酒薄不堪饮,劝君且吸杯中月。"更使人们惊叹诗人幻想的新奇巧妙。即使对生活场景与人物的描写,也是充满浪漫主义色彩的。《浣溪沙》五首显然不是对于当时农村生活的现实主义的忠实描写,而是作者主观理想的一个形象化的反映;《於潜女》中所塑造的那个淳朴绚烂、单纯美丽的妇女形象,在我国文学史中还是极为罕见的,这显然也是根据作者的美学理想所希望看到的人物。

诗人沉重的精神苦闷，又常常爆发为对于雄浑豪壮形象的追求。《江城子》出色地透露了这个"锦帽貂裘"、"左牵黄、右擎苍"的"老夫"的"狂"态心理，充满着豪情壮志；即使单纯的写景诗，如《八月十五日看潮》："江神河伯两醯鸡，海若东来气吐霓，安得夫差水犀手，三千强弩射潮低。"也汹涌着诗人激荡的感情波涛；而"空肠得酒芒角出，肝肺槎牙生竹石，森然欲作不可回，吐向君家雪色壁"（《郭祥正家醉画竹石壁上》），这是一个浪漫诗人创作经验的自白与自夸，对于理解作家的创作是有帮助的。

浪漫主义精神还表现在变化多端的结构上。他的诗、词、文都无定格可寻，完全实践了他的"常行于所当行，常止于不可不止"的"行云流水"的主张，一切雕章琢句的清规戒律在他的"万斛泉源，不择地而出"的艺术面前，都显得笨拙与呆板。如词作《念奴娇》、《水调歌头》以及《赤壁赋》等都是如此，常常突兀地开了头，如大江流水般后浪推前浪地汹涌澎湃，波浪滚滚，却又在你料不到的地方戛然而止，充分表现了作者挥洒自如的表达能力。然而，这绝不是说这些作品是杂乱无章的，每句之间是以他的联想的飞跃为依据，而全首又为他豪放悲怆的基调所统摄。

宋代理学盛行，宋诗的好说理、发议论的特点，免不了也会影响苏轼的创作，所以这个浪漫主义诗人的艺术个性又具有另一更为独特的地方，即是最自然、最奔放的抒情、写景、叙事和对事物的带有某种哲理性质的了解之间的融合。比如他的代表作《念奴娇》、《水调歌头》，不论是抒发如大江东去、波涛汹涌的澎湃的感情，或者是借助奇妙的幻想飞旋于天上人间，热烈地追求着美好的理想，我们都可以感觉到一种冷静的对于人生真谛的探求，对于变化莫测的宇宙万物的苦苦思索。"不识庐山真面目，只缘身在此山中"（《题西林壁》），这是写具体的、特定的、有限的庐山形象，然而苏轼却又在其中溶解了抽象的、一般的、无限的哲理，才使这首小诗获得了永远的艺术生命。

至于那首《琴诗》,平易的叙事和机锋的理趣的无间融合,更是显而易见的事实,为宋诗中某些拙劣呆板的"禅诗"所望尘莫及的。

与此相联系的是比喻的特点。总的来说,诗人所用的比喻是巧妙贴切、别开生面的:"欲把西湖比西子,淡妆浓抹总相宜。"成了九百年来对西湖的定评。有时,作者的浪漫豪放的情怀使他的比喻采取连珠炮的形式:"有如兔走鹰隼落,骏马下注千丈坡,断弦离柱箭脱手,飞电过隙珠翻荷。"都是写水的一种状态:急。看来诗人似乎是不吐尽不快意的。然而更多的地方,却是新奇独特和细致入微的结合,诗人说"清景一失后难摹","神妙独到秋毫颠","求物之妙,如系风捕影",很好地说明了这个特色。"微风万顷靴文细,断霞半空鱼尾赤"(《游金山寺》),"岭上晴云披絮帽,树头初日挂铜钲"(《新城道中》),诗人捕捉的形象是那么平常而新鲜,奇妙而细致。散文《日喻说》也有同样的特色。它是为了表述一个深邃玄奥的致道原理,却通篇用比喻来说明:眇者认日的种种误会,说明了"道可致不可求",北人学泳的失败,又说明了"君子学以致其道"。比喻的神妙细微、准确形象,不能不令人惊服,大大加强了文章的说服力与生动性。描写的细腻(包括比喻的细致在内),这在一般的浪漫主义诗人中是比较忽视的,苏轼由于前述的艺术特征的影响,保持了自由放任的表达与对事物细致冷静的观察的统一。

苏轼获得了杰出的艺术成就,这绝不是偶然的。在他面前,已经有了积累二千多年的祖国的文学瑰宝与思想财富,使他可以从那些著名的思想家和文学家,特别是儒道哲学以及陶、李、杜、白等大师处汲取多方面的思想与艺术的养料;他一生屡遭贬谪,固然给他带来很大的痛苦,但也使他有机会观察祖国壮丽河山和接近人民生活,从而为他的创作提供了无限丰富的源泉。离开这些,苏轼的艺术天才是无法理解的。

当然,苏轼的艺术不是没有缺点的。他的阶级与思想的局限必然带来了艺术的局限。我们不能不承认苏轼是爱人民的，那些"眼枯泪尽雨不尽，忍见黄穗卧青泥"，"如今风物那堪画，县吏催钱夜打门"等诗篇，由于凝结着作者对人民深沉的同情，才使这些形象与画面得到艺术魅力的内在基础；我们也不能不承认诗人是有着美好纯洁的理想的，《水调歌头》正由于深刻地表现了诗人飞腾现实之上找寻他的理想天国的强烈渴求，才有着那么巨大的感染力量。然而，他的阶级和思想局限使他未能深入人民生活的底层，揭示社会生活的本质，所以他的现实主义没有达到像杜甫的"诗史"的高度，也不可能像李白那样具有对世俗权贵最彻底的反抗叛逆性格，所以他的浪漫主义，比之李白是带有更多的消极成分。此外，某些作品也有艰涩拖沓的毛病，逞才使气更是苏轼的一个缺点，和一下陶诗，便是四卷一百馀首，难免有些硬诌凑数的。

四、苏轼在文学史上的地位

苏轼是个全能作家，他以丰富的、多方面的创作实践，最后完成了北宋诗文革新运动，并把这一运动的某些精神扩展到词的领域，进一步转变了词风。

苏轼的文学主张和诗文创作都更突出地强调了"文"的一面。他重视作品"托事以讽，庶几有补于国"的社会作用，更认为文学作品必须是"精金美玉"、"金玉珠贝"，要求"文理自然，姿态横生"。他的文艺观，不同于那种片面地把"文"当作"道"的附庸，把文统与道统简单地合而为一而取消了艺术的论调。

苏轼的散文和诗都代表了革新运动的最高成就。他是唐宋八大家之一。他的政论文，议论今古，抨击时政，挥洒自如，雄辩服人；他的抒情散文，明朗流畅，情景交融，富于理趣。宋诗散文化、议论化的特点，在他以前有流于浅率、枯燥、晦涩的毛病，到了他的手中，都得到了纠正，并以丰富多彩的创作发挥了这一特点。他的代表诗作大都是章法、句法宜于抒发奔放不羁的感情的七言古诗。他的小诗也很有成就。当然，苏轼的突出的贡献还是在词的方面。

各种不同体裁的文学，在其长期的发展过程中，不是绝缘的，而是互为作用的。所以进步的诗文革新运动，在其日益壮大的发展过程中，必然要影响到词的发展。诗文革新运动精神的影响，词风的进一步转变，在苏轼之前，在范仲淹、王安石等人的作品中已经透露了一些消息，如《渔家傲》《桂枝香》等。王安石就曾经明白地表示反对依声填词。到了苏轼手中，词风才完全得到转变，创立了新的词派。

苏词冲破了专写男女恋情、离愁别绪的旧框子和"诗庄词媚"的人为的界线。怀古感旧，抒情咏物，记事说理，但凡诗所能表现的内容，他也能用词来表现。更可贵的是他写出了少数表现爱国激情和反映农村生活的词章。所有这些，都扩大了词的题材和提高了词的作用。

在形式上，苏词突破了音乐格律的束缚。正统派词人讥诮他不懂得音律，虽然不得不承认他的词是"极天下之工"，但还要说终非词之正宗。其实苏轼是精通音律的，他的许多词都可以歌唱；有的就是为了歌唱才写作的；他本人也会歌唱。陆游就曾经说过："世言东坡不能歌，故所作乐府多不协律，晁以道谓绍圣初，与东坡别于汴上，东坡酒酣，自歌古《阳关》。则公非不能歌，但豪放不喜剪裁以就声律耳。"（《历代诗馀》卷一一五）苏轼大胆地极有见地地突破词律的拘束，使得他有可能运用词这一文学体裁，自由地淋漓尽致地表现丰富的内容和复杂的感情。

这种在内容和形式上的创造性的革新，就形成了苏词的独特的豪放雄健的风格，从而完成了词风的转变。所以胡寅说：词到苏轼，"一洗绮罗香泽之态，摆脱绸缪宛转之度，使人登高望远，举首高歌，而逸怀浩气，超乎尘埃之外，于是《花间》为皂隶，而柳氏为舆台矣。"（《酒边词序》）这种词风的转变，"遂开南宋辛弃疾一派"（《四库全书总目提要》)，对南宋爱国词人有着深刻的影响，并在他们手中得到了进一步更健康的发展。

苏轼是继欧阳修后北宋文坛杰出的领导者，他很注意培养后进，当时有许多重要作家都团结在他的周围。黄庭坚、秦观、晁补之、张耒等被称为"苏门四学士"。不过这些作家都各有自己的发展道路，并没有和苏轼一起形成一个文学流派。

《中国文学史》(1962 年版)"苏轼"章节①

一、苏轼的生平和思想

苏轼(1037—1101)②，字子瞻，号东坡，四川眉山人。他出生在一个比较清寒的知识分子家庭。父亲苏洵和弟弟苏辙都是著名的政论家，又都属于"唐宋古文八大家"之列。苏轼在幼年时代，就接受了丰富的封建文化的教养和熏陶，这对他后来的思想和创作都有很深的影响。

苏轼的一生是在激烈的政治斗争中度过的。

他成长的时代正是北宋积贫积弱的局势逐渐形成、社会危机急遽发展的时代。自范仲淹"庆历新政"失败以来，士大夫阶层中仍然酝酿着政治革新运动，一些局部的改良也渐次展开。宋仁宗(赵祯)嘉祐二年(1057)，二十一岁的苏轼考取进士，做了主簿、签判一类地方官，就迅速地卷进了这个浪潮。这时期的政治思想，集中地反映在二十六岁考"制科"时的试卷《进策》③和稍后二年的《思治论》中。他在文章中分析了当时经济、政治和军事各方面危机四伏的情势，从儒家的政治理想出发，提出了革新弊政的要求。他对于具体的措施也

---

① 此为原书第五编第四章内容。
② 苏轼生于宋仁宗(赵祯)景祐三年十二月十九日，据《两千年中西历对照表》，当在公元 1037 年 1 月 8 日，一般常误作 1036 年。
③ 包括《策略》五篇、《策别》十七篇、《策断》三篇。

作了一些探索,但大都只是治标的办法,像"天下之所以不大治者,失在于任人,而非法制之罪也"的议论,更表现了他最初的保守倾向。

宋神宗(赵顼)熙宁二年(1069),苏轼刚从四川服完父亲丧礼回京,政治局面发生新的变化。王安石任参知政事,创置三司条例司,议行新法。这次变法运动虽然直接继承了以前包括苏轼在内的改革主张,但有更为激进的特点。它打击了享有封建特权的豪族地主阶层的某些利益,其雷厉风行的政治声势,更轰动了整个暮气沉沉的官僚机构。韩琦、欧阳修、富弼等元老重臣,首先从庆历嘉祐时代的高唱改革变成了反对改革的中坚人物。后来,一批守旧的封建士大夫逐渐联合起来,形成了以司马光为首的强大的变法反对派。这时苏轼的政治地位已有所提高,和那些故相旧臣又有密切的联系,也就跟在他们后面反对新法了。他或在《商鞅论》中借古喻今,含沙射影,或在《拟进士廷试策》中借题发挥,旁敲侧击,而在《上神宗皇帝》万言书和《再论时政书》中,则是公开的全面攻击了。他提出"臣之所欲言者三,愿陛下结人心,厚风俗,存纪纲"的纲领,实际上是要求原样维持豪族地主阶层的政治和经济的特权。他更用"今日之政,小用则小败,大用则大败,若力行而不已,则乱亡随之"的恫吓,企图动摇神宗对新法的支持。这种阶级偏见正是他的整个政治思想中的糟粕。在王安石变法以前,他在《上韩魏公论场务书》中,曾据外地的实际见闻,尖锐地指责过差役法所给予人民的严重危害;而在这时,却认为役人由乡户承当,是像"食之必用五谷,衣之必用桑麻"那样的天经地义,说什么贵族官僚们失去特权,和普通老百姓一样负担力役,就会使他们"必怨无疑",从而竭力诋毁王安石的免役法。这一时期的基本立场无疑已转到守旧派方面。

激烈的斗争使他感到再留在汴京可能不利,于是再三请求外调。熙宁四年便通判杭州,以后又做过密州、徐州、湖州等地的知州。这时,他看到了新法在实际推行过程中的不少流弊,对人民的同情和顽固的保守观点复杂地交织在一起，加强了他反对新法的决心。他写了《上韩丞相论灾伤手实书》等文，还"作为诗文，寓物托讽，庶几流传上达，感悟圣意"（《乞郡札子》），继续展开攻击。但在他自己执行新法的实践中，有时却能"因法以便民，民赖以安"①，这就和欧阳修、司马光等在外任时的公开抗拒有所区别，也不同于邵雍、程颐等人所策划的阳奉阴违、俟机再起的阴谋。

熙宁九年，王安石罢相，新法逐渐失去积极的意义，追求高官厚禄的投机者越来越多地混入变法派。一场严肃的政治斗争部分地变成了统治集团内部争权夺利的倾轧和报复。苏轼做了其中的不幸者。元丰二年（1079），谏官李定、舒亶、何正臣三人，摘出他的一些讽刺新法的诗句，加以弹劾。他被捕入狱，这就是有名的"乌台②诗案"。经过残酷的折磨后，贬为黄州团练副使。

宋哲宗（赵煦）元祐元年（1086），高太后临朝听政，政局又发生了变化。司马光等旧党上台，苏轼被召回汴京，做了翰林学士、侍读、龙图阁学士等官。司马光等人从极端顽固的豪族地主阶层的立场出发，把"熙宁新政"一律加以废除。而这时，苏轼看到十多年的变法改革只是裁抑了少数豪族兼并者的一些利益，对巩固整个地主阶级专政却有更多的好处。因而，他虽然未能完全消除对王安石变法运动的敌意，但又不满于旧党集团"专欲变熙宁之法，不复校量利害，参用所长"（《辩试馆职策问札子》第二首）的倒行逆施，政治态度是有所转变的。如对免役法，他指斥司马光"欲骤罢免役而行差役"的蛮横无理，认为免役法有"万世之利"；当司马光置之不理时，他气愤地痛骂："司马牛，司马牛！"（《铁围山丛谈》）他后来继续上疏，说恢复差役法"天下以为未便"（《大雪论差役不便札子》）。苏轼的这种政治动向，

---

① 袁守定《图民录》，见《王荆公年谱考略》，又见苏辙《东坡先生墓志铭》。
② 乌台即御史府，是专任弹劾百官的中央机关。

243

甚至使有的顽固分子把他看作第二个王安石,要求以"安石为戒"①。加上洛蜀两党之间封建地方性的排挤和学术宗派的论争,他在旧党中也无法容身,于是又请外调,做过杭州、颖州、扬州、定州等地的刺史。

绍圣元年(1094),宋哲宗亲政,新党再度上台,对"元祐党人"进行报复、迫害。苏轼一贬再贬,从惠州直到遥远偏僻的儋州(今广东海南岛)。1100 年宋徽宗(赵佶)即位,他才遇赦北归,第二年就死在常州。

苏轼一生从主张改革、反对改革到维护某些新法的变化,典型地反映了正在向豪族地主转化的庶族地主阶层的两重性。他在新旧两党之间的依违态度,使他得不到任何一方的全部同情和支持,悲剧的命运便成为不可避免了。

苏轼的政治实践带有更多的开明的庶族地主阶层的色彩。在他长期的地方官任上,颇能了解社会下层的情况和需要,认真地为地方做了些好事:救灾、治水、请免赋税、整顿军纪等。差不多每地都有卓著的政绩,得到人们的普遍好感。这在北宋文人中是很突出的。

苏轼思想的显著特点是"杂"。他所倡导的蜀学就是融合佛、道、儒三家的大杂烩。各家思想对他几乎都有同样的吸引力:他钦慕屈原、诸葛亮、陆贽等经世济时的人物,认为"丈夫重出处,不退要当前"(《和子由苦寒见寄》),想做一个风节凛然、敢作敢为的儒者;但又酷爱陶潜,追求老庄的隐逸生活;并热衷于道教养生之术,想"用道书方士之言,厚自养练",以立"根本"(《答秦太虚书》);他还精通禅学,跟和尚们亲密往来。佛、老、道三者虽有相通之处,但与儒家思想原是有矛盾的。他在《子思论》、《韩非论》、《议学校贡举状》等文中,也曾

---

① 孙升语,见刘延世所著《孙公谈圃》。又右司谏杨康国上奏说,如对苏辙"用之不疑,是又一王安石也"。苏氏兄弟的政治态度大致是相同的。

出于儒家卫道者的热忱，竭力排斥老庄为"异端"，要求严加禁止。然而，苏轼是习惯于把政治思想和人生思想区别对待的，因而又大致以"外儒内道"的形式把两者统一起来。在"乌台诗案"以后，虽然对政治未能完全忘情，但佛老思想发展成为他个人处世哲学的主导思想，也是他在险恶的政治逆境中自我排遣的精神支柱。佛老思想一方面帮助他观察问题比较通达，在一种超然物外的旷达态度背后，仍然坚持着对人生、对美好事物的追求；另一方面，齐生死、等是非的虚无主义又有严重的逃避现实的消极作用。这种人生思想和生活态度在他的创作中都有明显的反映。

二、苏轼的创作

苏轼具有多方面的文学才能，他的诗、词和散文在北宋文学中都是成就很高的。

苏轼创作所触及的社会生活面比之同时期的许多作家都较为广阔。他长期在各地游宦，与种种不同身份的人物过从交游，扩大了他的视野，丰富了他的阅历，使他的作品比较全面地反映了封建士大夫知识分子的精神面貌和生活面貌。他对词的题材领域的开拓，更具有突出的革新意义。苏轼也关心当时的政治社会问题，写了一些反映人民的生活、思想和感情的诗词。然而对于这个主题的表现，一般说来，是缺乏广度和深度的。

苏轼在艺术方面也取得了重要的成就。他是一个富有才华的作家。笔力纵横，挥洒自如，是他创作的共同特色。他称赞一位朋友的作品"大略如行云流水，初无定质；但常行于所当行，常止于所不可不止。文理自然，姿态横生"（《答谢民师书》）。其实他自己的诗词和散文常常达到了这样的境界。他说，"吾文如万斛泉源，不择地而出，在平地滔滔汩汩，虽一日千里无难。及其与山石曲折，随物赋形而不可知也。"（《文说》）正是对于这个特点的自评和自夸。他的七言古诗、词的长调和议论文字等,更是才情奔放,气势澎湃,而又能收能放,舒卷无不如意。他的许多作品又表现为婉转含蓄和轻灵流丽。风格的多样化是作家艺术上趋向成熟的一种标志。除了共同特点外,诗、词和散文还各有不同的风貌,对传统的艺术表现方法和手段都有所变化和发展。

苏轼的诗保存下来的有二千多首。跟词和散文比起来,诗的内容较为丰富。

他写了一些反映民生疾苦的诗。其中大都和反对新法有关,如《山村五绝》、《吴中田妇叹》、《赠孙莘老七绝》、《寄刘孝叔》、《戏子由》等。它们表现了诗人悲剧性的思想矛盾:他真心地希望人民生活能够有所改善,但又竭力排斥能给他们带来一定好处的新政。这是受了顽固的旧党立场的影响。然而,由于与现实有一定的联系,这些诗中对生活现象的具体描写,主要不是落后的政治思想的简单图解,而是反映了某种真实。如"霜风来时雨如泻,杷头出菌镰生衣。眼枯泪尽雨不尽,忍见黄穗卧青泥"(《吴中田妇叹》)的深沉感慨,"联翩三十七将军,走马西来各开府。南山伐木作车轴,东海取鼍漫战鼓。汗流奔走谁敢后,恐乏军兴汗资斧"(《寄刘孝叔》)的扰民惨状的描绘,不仅渗透着诗人"悲歌为黎元"的可贵同情心,而且客观地反映了王安石新法本身的阶级限制即:依靠腐朽的官僚制度推行新的政治措施,必然产生与他的主观愿望相违背的不少流弊。苏轼在理智和偏见的复杂交织中,接触了一定的社会本质。另一些诗篇和新法无关,如《许州西湖》、《李氏园》、《荔支叹》等,对封建帝王、贵族和官僚的贪婪残暴和巧取豪夺作了严厉的批判:

> 十里一置飞尘灰,五里一堠兵火催。
> 颠坑仆谷相枕籍,知是荔支龙眼来。
> 飞车跨山鹘横海,风枝露叶如新采。
> 宫中美人一破颜,惊尘溅血流千载。

这是《荔支叹》中的一段。写官吏们为了谄媚主子，博取宫中美人的一笑，急如星火地催送荔支，不管人民的死活。诗的后半部分转而公开抨击"争新买宠"的当朝权贵。这首诗作于谪居惠州的后期，表现了苏轼屡贬不屈、敢怒敢说的政治激情。

这类政治讽刺诗，在数量和质量上都还不足以代表他的诗歌的基本面貌和成就。他的特色主要表现在大量抒发个人情怀和歌咏自然景物的作品里。

苏轼的一生是政治上失意者的一生。他把"一肚皮不合时宜"，在对乡土的怀念、亲友的情谊和自然美的抚慰中寻求排遣与解脱。虽然这些诗大都糅杂着"吾生如寄耳"之类的消极慨叹，蒙上一层虚无缥缈的色彩，但他在这些平常的生活中，发现了并且艺术地表现了一些亲切动人的东西，表示了诗人对于人生的执着和沉挚的感情。

在一首记游的诗中，他这样深情地追念着故乡：

> 我家江水初发源，宦游直送江入海。
> 闻道潮头一丈高，天寒尚有沙痕在。
> 中泠南畔石盘陀，古来出没随涛波。
> 试登绝顶望乡国，江南江北青山多。
> 羁愁畏晚寻归楫，山僧苦留看落日。
> 微风万顷靴文细，断霞半空鱼尾赤。
> 是时江月初生魄，二更月落天深黑。
> 江心似有炬火明，飞焰照山栖鸟惊。
> 怅然归卧心莫识，非鬼非人竟何物。
> 江山如此不归山，江神见怪惊我顽。
> 我谢江神岂得已，有田不归如江水。

——《游金山寺》

传闻中的江潮盛况已不复再现,只留下潮水涨落的沙痕,这就烘托出一种迷惘的气氛;后面的江心炬火,诗人把它写成一种"非鬼非人"的奇幻景象,设想成江神的谴示,更渲染了惆怅的乡愁。无怪在同时所写的《自金山放船至焦山》中,就直抒"行当投劾谢簪组,为我佳处留茆庵"的归隐之叹了。

苏轼并没有践偿他的心愿,他仍然不断地四方迁移,于是他把这种深厚的乡土感情寄寓在他所居留的每一个地方。他不断地歌唱"自意本杭人","我本儋耳民","海南万里真吾乡"。他的一首小诗写道:

> 罗浮山下四时春,卢橘杨梅次第新。
> 日啖荔支三百颗,不辞长作岭南人。
>
> ——《食荔支二首》其二

诗人用轻松、幽默的笔调,表现了深沉的第二故乡的感情和傲岸不驯的个性;而这些又跟他的随缘自适的人生思想紧密相关的。

忧患馀生的苏轼常常痛苦地思索着人生的秘密,对着亲切的知己更易倾吐出来:

> 东风未肯入东门,走马还寻去岁村。
> 人似秋鸿来有信,事如春梦了无痕。
> 江城白酒三杯酽,野老苍颜一笑温。
> 已约年年为此会,故人不用赋招魂。
>
> ——《正月二十日与潘郭二生出郊寻春,忽记
> 去年是日同至女王城作诗,乃和前韵》

这是他贬居黄州时写的。诗人敏感地发觉到旧友重游旧地,旧事

却已去如春梦；这个惹人的烦恼只好在友情的温暖中轻轻排开。但是，像《和子由渑池怀旧》中的"雪泥鸿爪"的形象所说明的一样，生活在封建社会的苏轼，不可能找到"人生是什么"的正确答案，因此，一种凄然的情绪毕竟无法完全摆脱。惆怅落寞和狂放旷达，是苏轼同时存在的精神状态。这在他个人进退的抉择上更多地流露出来。在许多寄赠苏辙的诗篇中，一方面追怀着兄弟之间对床夜语的乐趣，一方面诉说着"从宦无功"而又归隐不能的苦闷。

"幸有清溪三百曲，不辞相送到黄州"（《梅花》其二），自然景物对于苏轼，是和友谊、手足之情同样亲切的东西。他的写景咏物诗大都笔意爽健，格调流畅，绝少消极情绪，是能够激发人们对于生活的热爱，满足人们的审美要求的。如《新城道中》其一：

> 东风知我欲山行，吹断檐间积雨声。
> 岭上晴云披絮帽，树头初日挂铜钲。
> 野桃含笑竹篱短，溪柳自摇沙水清。
> 西崦人家应最乐，煮芹烧笋饷春耕。

雨后初晴，桃柳争妍，芹笋清香，扑面而来。诗人用清丽的、跳动的诗句美化了普通的农村春景。

他的咏物诗也大都倾注了诗人的生活情趣。如《寓居定惠院之东，杂花满山，有海棠一株，土人不知贵也》、《红梅》、《壶中九华诗》、《双石》、《和钱安道寄惠建茶》等，或咏花卉，或吟山石，或记茶芥细事，都能使事物的准确描绘和诗人的性格融合无迹。他的山水诗则着重在自然美的再现：

> 黑云翻墨未遮山，白雨跳珠乱入船。

卷地风来忽吹散,望湖楼下水如天。

——《六月二十七日望湖楼醉书》其一

水光潋滟晴方好,山色空蒙雨亦奇。

欲把西湖比西子,淡妆浓抹总相宜。

——《饮湖上初晴后雨》其二

这两首诗都写杭州西湖的风云变幻:前者由云成雨,忽又转晴;后者由晴转雨。诗人迅速地捕捉了一时所见,而又似乎不大经意地就点染成如此新鲜的形象。又如:

竹外桃花三两枝,春江水暖鸭先知。

蒌蒿满地芦芽短,正是河豚欲上时。

——《惠崇春江晚景》其一

荷尽已无擎雨盖,菊残惟有傲霜枝。

一年好景君须记,正是橙黄橘绿时。

——《赠刘景文》

一写冬去春来,一写秋冬之交,都十分贴切地抓住自然景物因季节转换而出现的新的特征,给人以生意盎然的情趣。

在艺术上,苏轼诗还有不少优点和特点。它们是和前面说过的总的创作风格有关的。

苏轼那种挥洒自如的才情,常常体现在奇幻的想象、出人意表的夸张和多种多样的比喻上。这是富有浪漫主义色彩的。如《游博罗香积寺》中,他看到一条平常的小溪,想象的翅膀就腾空而起:仿佛听到水力碓磨的隆隆春声,看到磨上纷纷扬扬地散落着雪样的面粉,闻到裂着十字纹形的蒸饼的芳香。江心炬火可能有些奇特,但在前面已引的《游金山寺》中,他把它设想成神明的责怪,而且又写得这样真切，这是苏轼的艺术幻想。《望海楼晚景》第一、二首和《八月十五日看潮》第五首，同写钱塘潮景，雪堆、银山、电光、金蛇等使画面神采飞动；神话传说的采用，又增加作品的瑰丽色彩。这种夸张由于有强烈的感情和动人的描写做基础，显出特殊的真实感。他的比喻是更具特色的。他不仅把辞别的旧岁比成游向幽壑的蛇（《守岁》），用历史人物的性格来比拟不同的茶味（《和钱安道寄惠建茶》），而且往往接二连三地用多种形象来形容事物的一种状态。如《百步洪》一口气用七种形象来写水势的汹涌，造成很好的艺术效果。一句中连用两个比喻，这在别人的诗中尤为少见。

苏轼自由奔放的风格往往又与缜密的观察和细致的表现结合在一起。他的优秀的咏物诗都可以看出"求物之妙，如系风捕影"（《答谢民师书》)的功力。他的七古长篇注意布局谋篇的完整，使之虽有一泻千里之势而又能"文理自然"。苏轼诗的特点还在于：作为诗人，他对事物的诗意的感受有时并不比他的观察和思索更敏锐和更深刻。他的不少诗，可以写得动荡流走，不落平板，但诗的形象往往不够鲜明和饱满，而以一种理趣见胜。即使像《题西林壁》、《琴诗》等，它们获得人们的喜爱，也并不由于其中有多少诗味，而是在司空见惯的事物中，突然揭示了带有哲理性的问题，说出了一般人心会而不易说出的东西。这种哲理诗虽然吸收了禅偈的机锋，但和他那些枯燥无聊的"禅诗"是有区别的。

苏轼诗的另一个重要特点是以议论为诗，以才学为诗。这是受了韩愈"以文为诗"的影响而又有所发展，也是宋诗的一个共同特征。苏诗的议论化，固然有助于抒写的自由和格调的流畅，比之韩愈等人，也较少矫奇立异的弊病，如《凤翔八观》、《孙莘老求墨妙亭诗》、《和子由论书》等还是可读的；但他同样无法克服议论化的根本缺点：对诗的形象性和韵律美的损害，并且容易造成诗歌语言的松散。议论化又和他的矜才炫学的习气相结合，更是十分严重地影响了创作的成就。一是用典。苏轼诗中虽有个别用典较能帮助意境的创造，但大都是典故的堆砌。像《贺人生子》、《戏张子野买妾》等，句句用典，有的甚至一句用两个或三个典故。有不少典故在他诗中重复使用。他几乎袭用了《庄子》所有的寓言和警语，又大量采用佛典。这就使作品变得滞闷和艰奥，人们往往被一大堆典故挡住去路，很难立刻进入诗的境界。另一是和韵。魏晋以来，诗人唱和本来是不拘体制也不袭原韵的，唐代白居易和元稹、皮日休和陆龟蒙等人开和韵风气。到了苏轼手里，每每与诗友"数往见之，往必作诗，诗必以前韵"（《岐亭五首序》）。自己束缚自己的手脚，反而津津有味地当作写诗的目的。他不仅跟朋友们往返酬和，而且和自己诗的韵，和古人诗的韵。《瀛南诗话》中指出，他的诗集中"次韵者几三之一，虽穷极技巧，倾动一时，而害于天全者多矣。使苏公而无此，其去古人何远哉！"在这大量和韵诗中，佳作确实不多，和他有成就有特色的诗相比，显得很不调和，难怪引起有识见的评论家对于诗人浪费才华的惋惜。

苏轼在我国词史上有着特殊的地位。刘辰翁说："词至东坡，倾荡磊落，如诗，如文，如天地奇观。"（《辛稼轩词序》）词的诗化和散文化是苏轼的大胆尝试。词的诗化，并不是取消词作为独立文学样式的体制和格律，而是意味着词的题材的扩大，作家个性更鲜明的呈现，和语言的革新。跟这相联系，他创立了与传统的婉约词派相对立的豪放派。这给词的发展开辟了广阔的途径："指出向上一路，新天下耳目，弄笔者始知自振。"（王灼《碧鸡漫志》卷二）但是苏轼的诗本来就有"以文为诗，以才学为诗"的特点，他在"以诗为词"时，也把这些东西带进词的领域，这就是词的散文化和议论化。这方面的尝试，一般说来是不成功的，也是不大容易成功的。他也在词中开了用典与和韵的风气，还喜欢把别人的或自己的整首诗原原本本地"檃括"入词，更是不足道了。苏轼在文字技巧上的这些尝试，有的促使艺术发展,有的却往往作茧自缚。然而,这在词中还没有成为严重的倾向。他对词的贡献比在诗的方面是更为出色的。

词在五代和北宋初年,题材很狭窄,大抵不脱伤离送别、男女恋情之类。其间范仲淹、柳永等人作了一些开拓,稍有进展。苏轼的三百多首词大大突破了词为"艳科"的传统藩篱。山川景物、纪游咏物、农舍风光以及感旧怀古等都大量写进词里。词从"樽前"、"花间"走向较为广阔的社会人生。有名的《水调歌头》(明月几时有)、《念奴娇》(大江东去)最能代表这种革新的成果:

　　明月几时有? 把酒问青天。不知天上宫阙,今夕是何年? 我欲乘风归去,惟恐琼楼玉宇,高处不胜寒。起舞弄清影,何似在人间? 　　转朱阁,低绮户,照无眠。不应有恨,何事长向别时圆? 人有悲欢离合,月有阴晴圆缺,此事古难全。但愿人长久,千里共婵娟。

——《水调歌头》

　　大江东去,浪淘尽千古风流人物。故垒西边,人道是三国周郎赤壁。乱石穿空,惊涛拍岸,卷起千堆雪。江山如画,一时多少豪杰。　　遥想公瑾当年,小乔初嫁了,雄姿英发。羽扇纶巾,谈笑间,樯橹灰飞烟灭。故国神游,多情应笑我,早生华发。人生如梦,一尊还酹江月。

——《念奴娇》

写中秋怀念亲人,写赤壁凭吊古迹,这在以前词中已经是不多见的了。作者的"人有悲欢离合"的人生感慨和"江山犹是昔人非"的历史观念,又给这个题材以新的内容。这里自然有着苏轼个人的东西。前一首写于熙宁九年(1076),离京游宦已达五年,在家庭生活中,丧妻别子,也更形孤寂;后一首写于被贬黄州时期,经历了更严重的政治打击。然而,它实际上反映了封建社会一切怀才不遇、有志无成的人们的普遍苦闷。作者面对无限的江山、悠远的历史和有限的人生,只能用"人生如梦"来聊自宽慰;或把生活中的不如意归结为自古难全、永远不能解决的人生之谜。因而两首词都不同程度地流露了消沉的情绪。但是,词的主要客观意义却是由一些最吸引人的形象来体现的。这就是"琼楼玉宇"的纯洁清景,乱石惊涛的瑰丽江山,"千里共婵娟"的美好愿望,"雄姿英发"的英雄豪杰。词的基调应该说是健康乐观的。这里反映了作者对于祖国山河的热爱,对于历史人物的向往。这些正是豪放词风的思想基础。两首词都把抒情、写景和议论熔为一炉,结构动荡跳跃,也是词的新手法。

苏轼进一步把词从"娱宾遣兴"的工具发展为独立的抒情艺术,因而,与诗一样,他也在词中抒发慷慨报国的爱国主义激情。《江城子·密州出猎》出色地塑造了一个洋溢着"酒酣胸胆张"的豪情、怀抱着"挽弓射天狼"的壮志的诗人自我形象。《南乡子》(旌旆满江湖)中"帕首腰刀是丈夫"的从军壮士,《阳关曲·赠张继愿》中"恨君不取契丹首,金甲牙旗归故乡"的热烈呼喊,都表现了豪放派的精神。

苏轼差不多是第一次把农村题材引入词中。在他以前,只有五代词写到一些渔夫、浣女、莲娃的形象。然而,那里的渔夫实在只是隐士的乔装,而农村少女则是被当作民间美人来描绘的。苏轼在《浣溪沙·徐门石潭谢雨,道上作五首》等词中,虽然也不免渗入诗人自己的主观情趣,但他笔下的老农、村姑、幼童、渔人、船夫等,都有一种劳动者淳朴善良的品质。他写田舍风光和农村习俗,也较有真切动人的泥土气息。此外,他的山水词或某些词中的景物描写,像"一千顷,都镜净,倒碧峰",像"夜阑风静欲归时,惟有一江明月碧玻璃",尤其像前引的《念奴娇》,境界都十分开阔。这对传统词只写那种愁山恨水或亭楼园林,也是一种发展。

苏轼写传统的爱情题材,也以婉约见长。但婉约派词人大抵着

力于抒情的真挚和细腻,他的词在真挚和细腻之中,格外显得凝重和淳厚。如《蝶恋花》:

> 花褪残红青杏小。燕子飞时,绿水人家绕。枝上柳绵吹又少,天涯何处无芳草。　　墙里秋千墙外道。墙外行人,墙里佳人笑。笑渐不闻声渐悄,多情却被无情恼。

王士禛《花草蒙拾》中说:"恐屯田缘情绮靡,未必能过。"这首词和另一首悼亡名作《江城子》(十年生死两茫茫)一样,都写得回肠荡气,表达了苏轼十分深厚的恋爱感情。爱情的主题,有时通过咏物来表现。如《水龙吟·次韵章质夫杨花词》咏杨花,《贺新郎》(乳燕飞华屋)咏石榴等。它们的共同特点是拟人化,而所拟的人就是爱情上不如意的女主人公。他把物的形象和女性形象处理得若即若离而又十分谐协,对抒写缠绵悱恻的情思取得很好的艺术效果。

　　苏轼对于词的内容的革新必然相应地引起对于形式的革新。词在音律上过分严格的规则,逐渐成为自由抒情的羁绊。苏轼"横放杰出,自是曲子中缚不住者"(晁补之语,见《复斋漫录》引,又见《苕溪渔隐丛话后集》卷三三引)。这一点会引起许多正宗派评论者的讥讽和非难,其实这正表现他的创造精神。苏轼并非不懂音律,更不是对于词律无原则的任意破坏,只是"豪放不喜裁剪以就声律"(陆游语,《历代诗馀》卷一一五引)罢了。他对于词的音乐性是很注意的。他善于利用长短句的错落形式,造成节奏的舒卷变化,用字选词也力求铿锵响亮。朱弁《曲洧旧闻》中曾举过一个实例:"章质夫《杨花词》,命意用事,潇潇可喜。东坡和之,若豪放不入律吕。徐而视之,声韵谐婉,反觉章词有织绣工夫。"陆游也曾"试取东坡诸词歌之,曲终觉天风海雨逼人"(《历代诗馀》卷一一五引)。他们都肯定苏轼词的音乐效果。除了不用协律来限制自己的创作外，在语言上他也打破了以前一些形式主义的清规戒律。那些规律只能使词保持纤弱的格调。苏轼只要能恰当地表达他的思想感情，任何词语都可入词，形成一种清新朴素、流利畅达的诗歌语言。所有这些，都表现了豪放词派的特点。

在文的方面，苏轼是"唐宋八大家"之一。

苏轼的文章风格是在跟不良文风作斗争中建立起来的。他批评当时的士大夫，"求深者或至于迂，务奇者怪僻而不可读"（《上欧阳内翰书》）。他自己的文章，正以平易自然、文从字顺为特点。这实际上反映出宋代古文运动的基本要求和发展方向。他的奏议和历史论文，如《上神宗皇帝书》、《留侯论》、《韩非论》、《贾谊论》、《晁错论》等，都不讲求文词的宏丽和古奥，写得明晰透辟，雄辩滔滔，可以看出《战国策》、《孟子》、《庄子》以及贾谊、陆贽等人的影响。

但这些文章都不是文学作品，他的许多"记"和"随笔"才是真正的文学散文或带有文学性的散文。

柳宗元的山水记或范仲淹的《岳阳楼记》、欧阳修的《醉翁亭记》等，大都运用情景交融的传统手法来表达他们的思想和感慨，景物描写总是这些作品的重点。苏轼写的亭台记，却以描写、叙述和议论的错杂并用为特点；但它的结构布局又是随着主题的需要而变化多端的。如《超然亭记》劈头一段游于物内或物外的议论，就逗起一种飘忽超然的意绪，然后进入叙事；《放鹤亭记》的议论是在中间，突然从题外拈出"酒"字与国君好鹤作对比，来说明"南面之乐"不能换"隐居之乐"的道理；《凌虚台记》是在写完这个建筑物修建的缘起、经过和命名以后，才逼出"废兴成毁"的议论作结，使它有别于一般的应用文了。这三篇亭台记的主题其实不外乎老庄的出世哲学，却写得各有面目和兴味。《喜雨亭记》在写法上又另有特色。他把"喜"、"雨"、"亭"三层意思，通过分写和合写、顺写和倒写、虚写和实写，从各个角度发挥得淋漓尽致,而其中流露出作者对人民生活的关怀。笔态风趣轻松,没有一点枯燥的感觉。他的《石钟山记》写对山名含义的实地探究,生动地阐明了"臆断"如何妨碍了对于事物的正确认识。而他对石钟山夜景的描绘,几笔轻轻点染,便凸现一个阴森逼人的独到境界:

> 至暮夜月明,独与迈乘小舟,至绝壁下。大石侧立千尺,如猛兽奇鬼,森然欲搏人;而山上栖鹘,闻人声亦惊起,磔磔云霄间;又有若老人欬且笑于山谷中者,或曰:"此鹳鹤也。"

他对语言的高度驾驭能力,还突出地表现在他的笔记文《志林》中。这种文体,原来大都用以客观地记录人物、事件或事物,感怀的作品是不多见的。苏轼《志林》却有许多是从日常生活片段的记述中,抒发一个封建时代落拓不羁的文人的某些情趣。它们在艺术上的显著特色,是用少到不能再少的文字,鲜明地而又仿佛极不经意地写出一种情调或一片心境。如:

> 元丰六年十月十二日,夜。解衣欲睡;月色入户,欣然起行,念无与为乐者。遂至承天寺,寻张怀民。怀民亦未寝,相与步于中庭。
>
> 庭下如积水空明,水中藻荇交横,盖竹柏影也。
>
> 何夜无月,何处无竹柏,但少闲人如吾两人耳。
>
> ——《夜月寻张怀民》

其他像《黄州访海棠》、《别文甫兄弟》、《佛迹》、《栖贤谷》、《曲江舟中》等,有的笔致凝练,新鲜工巧,有的文情酣畅,兴会淋漓,坦率地表现了他的个性。此外,他的书札简帖也有不少写得亲切有味的。

赋到宋代已逐渐散文化。苏轼的《前赤壁赋》和《后赤壁赋》等，可以看作是优美的散文诗。这两篇赋都写黄州谪居的心情，与名作《念奴娇》(大江东去)基本内容大致相同。但是，词是偏重于内心矛盾的揭示，赋更多地写到矛盾的解决：从羽化登仙的超然之乐跌入现实人生的苦闷，然后再在清风明月中找到出路，因而比词带有更多的虚无缥缈的色彩，这在《后赤壁赋》中表现得更突出。赋中的主客对话实际上是诗人的自我独白，这是对赋的传统手法的灵活运用，巧妙地表达了诗人感情的波折、挣扎和解脱的过程。这两篇赋的另一成就是写景。一样风月，两种境界。前赋是"清风徐来，水波不兴"和"白露横江，水光接天"，光风霁月，字字秋色；后赋是"霜露既降，木叶尽脱，人影在地，仰见明月"和"江流有声，断岸千尺。山高月小，水落石出"，木枯石瘦，句句冬景，显示出作者很高的艺术才能。

三、苏轼在文学史上的影响

苏轼的创作标志着北宋诗文革新运动的高度成就，这使他在当时的作家中间获得了巨大的声誉，从而形成文坛上领袖的地位。他又十分重视文学人才的发现和培养。"如黄庭坚鲁直、晁补之无咎、秦观太虚、张耒文潜之流，皆世未之知，而轼独先知之"（《答李昭玘书》），他们后被称为"苏门四学士"。其他像陈师道、李廌、李之仪等也都得到过他的指导，接受他的文学影响。

苏轼对后世的影响，是更为深远和复杂的。

在诗歌方面，苏轼那种开阔的境界和奔放的风格，往往为一些有革新精神的诗人所推重；然而，堆砌典故、卖弄学问的习气也为一般的封建文人所崇尚。金代的"苏诗运动"，固然也使北方作家得到诗歌技巧的训练，但在创作上停留在模仿的阶段。元好问正确地批评了苏轼的矜多炫巧，但对他"高雅"的一面，却称许为"极其诗之所至，诚亦陶柳之亚"（《东坡诗雅引》）。清人翁方纲说："苏学盛于北，景行遗山(元好问的号)仰"(《斋中与友论诗》),透露了他们之间相承的消息。在明代,公安派作家十分重视苏轼,借以反对"诗必盛唐"的前后七子。袁宗道"酷爱白苏二公,而嗜长公尤甚"(袁宏道《识伯修遗墨后》),他把自己的书斋取名"白苏",把自己的集子题为《白苏斋类稿》。这一派的主将袁宏道更认为："苏公诗无一字不佳者",说他兼有李杜之长,而"宜卓绝千古"(《答梅客生开府》),甚至把他说成是"前无作者"的"诗神"(见《与冯琢庵师》和《与李龙湖》)。这种说法固然有明显的夸大之处,但反映出他们对苏轼的推崇之深。清代的宗宋派诗人,如钱谦益、宋荦、查慎行等也都推崇苏诗。宋荦干脆把自己画在苏轼像侧,以示仰慕(见《池北偶谈》)。查慎行还以毕生的精力,补注苏诗,这对他的创作也发生过很深的影响。

苏轼所创立的豪放词风,把词引向健康、广阔的道路。南宋伟大的爱国词人辛弃疾就直接受到他的启示,而在词的思想内容上有了更高的发展,形成了苏辛词派。张元幹、张孝祥、陈亮、刘过等人的词,和苏轼也是一脉相承的。直到清初所谓"词学中兴"时,阳羡派领袖陈维崧和曹贞吉等,都努力效法苏辛。清中叶号称"江左三大家"之一的蒋士铨,他的词也有豪放派的特征。即使基本风格不同于豪放派的王鹏运和朱孝臧,也致力于苏词的编校和整理。推崇苏词,学习苏词。

元、明和清中叶以前的文风基本上是继承宋代文章的传统的。其中苏轼的作用很大。他的议论文的说理透辟和辩丽恣肆的特色常被后人奉为典范。如明代竟陵派的领袖钟惺就说过"有东坡之文,而战国之文可废也"这种夸张的意见(《隐秀轩文集·昃集序一·东坡文选序》)。但在文学上影响更大的是小品文。公安派的袁宏道说："东坡之可爱者,多其小文小说,使尽去之,而独存其高文大册,岂复有坡公哉!"(《苏长公合作》引)他们在标举"独抒性灵",反对拟古主义时,就从苏轼的《志林》中学习抒情小品的写作,建立了清新活泼的文风。袁宏道的山水小记和尺牍以及明末张岱的《陶庵梦忆》等,都获得一定的艺术成就。直到清代的袁枚、郑板桥的散文,还可以找出沿袭的线索。但是,这派散文也发展了苏轼消极避世、追求小趣味的一面,也是必须提到的。

王水照说苏东坡

前　　言

　　苏东坡是中国历史上罕见的一宗丰富复杂的文化遗产，也是一位个性特点鲜明独特而又难于言说的人物。首先是他大起大落的人生经历。他晚年自题画像的两句话"问汝平生功业，黄州惠州儋州"，带着无限辛酸的自我调侃，蕴含着深刻的人生体认。苦难的锤炼成就了他文化创造的巨大功绩，荣辱、隆替、盛衰、升降的反复交替，促成了他人生思考的深邃和文化性格的完善。其次，正是大起大落的不平凡经历，直接导致了他的大智大慧和大彻大悟，并成了中国士大夫精英中一种提供后人仿效、追慕的文化型范。最后是他大雅大俗的人格风采，形塑为区别于一般士人的"这一个"，在中国知识分子群体画廊中最为炫目。他自称："吾上可陪玉皇大帝，下可以陪卑田院乞儿。"又说："吾眼前见天下无一个不好人。"(《悦生随抄》)批评过他的著名词人李清照，睥睨先辈，开口前却先要肯定道："苏子瞻学际天人。"按照《庄子·天下篇》的解释，"天人"是"不离于宗，谓之天人"，即是得道之人。这个"道"就是"雅"的核心。苏轼自己也说过，"意其超逸绝尘，独立万物之表，驭风骑气，以与造物者游"，这几句赞美黄庭坚的话，放在他身上似更合适。他以最开放的态度，以我为主地吸纳汇贯儒佛道三家思想，并建构起博大圆融的思想体系，用以应对面临的一切生活困境，可谓达到了"以天地胸襟来处理人间事务"的"天地境界"(冯友兰语)。他既超越了时间局限，可以"与造物者游"，又是一位与社会底层和日常生活"接地气"的智者，他与凡夫俗子、贩夫

263

走卒等芸芸众生都建立起亲切动人的关系。这在中国文人中也是很难见到的。

　　苏东坡拥有最广泛的读者，在精英文化与大众文化中都影响深远。他是常读常新的，对他的解读、评赏和选择将绵延不绝。这个过程没有终点。我的言说仅仅是一己一时的心得，权作引玉之砖，甚至连"砖"也说不上。如果能引起读者读苏、懂苏的兴趣，我的目的也就达到了。

王水照

2015 年 1 月 8 日

第一讲　永远的苏东坡

今天，我的讲座主要讲关于苏东坡的三个问题，一个叫说不全的苏东坡，一个叫说不完的苏东坡，一个叫说不透的苏东坡。就这三个苏东坡，看看我能不能把他说清楚，实际上苏东坡是说不全、说不完、说不透的。这里，我只是讲一下我从事苏东坡研究四十多年来的一点点心得。

我在宋代文学研究上，到现在算起来，大概也经历了四十多年，但实际上所得的成果很少。今天呢，第一次跟在场的各位同学、老师以及其他的嘉宾，交流一下我的一些学术心得。第一个讲的，就是苏东坡。

苏东坡，我想这个名字大家都知道。苏东坡有个特点，就是他一方面非常雅，是宋代文化的最高成就的代表，雅得不得了，另一方面，他又很俗，就是说，中国老百姓眼里，我们的古代作家当中，最有群众基础的恐怕就是苏东坡。各位同学可能在高中课本里面，读到过两首苏东坡的诗词，即使没有读过他的诗词的话，也可能到过杭州。如果到过杭州，总知道杭州有一个苏堤，那个苏堤，就是苏轼修建的。如果杭州也没有去过，大概总吃过或听到过"东坡肉"，那个"东坡肉"就是苏东坡倡导的。待会儿我还会讲到，因为他这个人确实又俗又雅，所以是最为中国老百姓所接受的人物。

但是，从中国的整个的文化层面上来讲，他又是一个非常杰出的

265

代表。今天,我的讲座主要讲关于苏东坡的三个问题,一个叫说不全的苏东坡,一个叫说不完的苏东坡,一个叫说不透的苏东坡。就这三个苏东坡,看看我能不能把他说清楚,实际上苏东坡是说不全、说不完、说不透的。这里,我只是讲一下我从事苏东坡研究四十多年来的一点点心得。

我先介绍一下,苏东坡究竟长得什么样子。我现在介绍一幅画。这幅画是清代的一个很有名的考据家,叫翁方纲,中国乾隆年间一个很有名的学者,收藏的。苏东坡现在流传下来的画像比较多。苏东坡在世的时候,我们现在有材料可以考据,有六个人给他画过像。当然,很可惜,这六幅画都没有流传下来。现在流传下来的苏东坡的画像非常非常多。根据翁方纲的考证,这幅画像比较接近苏东坡的原貌,所以,这上面的字都是翁方纲的题词。这幅画呢,根据翁方纲的考证,宋代有个画家叫作李公麟,也是苏东坡的朋友,原画是他画的。翁方纲得到了这个画的母本,就请他这个朋友叫朱野云给他临摹。翁方纲请人临摹这幅画的目的是什么呢? 就是每年的苏东坡的生日,也就是每年十二月十九日,翁方纲都会邀请他的好多朋友,在一起举行寿苏会,也就是这一天,用苏东坡的画像给苏东坡来祝寿。翁方纲当时是个非常有名的学者,所以他聚集了很多很多的人,在他家里面给苏东坡祝寿。祝寿的时候呢,他就把这幅画供起来,见画如见人。

根据我的研究,我也认为这幅画比较接近苏东坡的原貌。根据是什么呢? 根据是苏东坡的诗以及苏东坡的朋友的记载。比如说,有人说,苏东坡是四川人,大家以为四川人个子比较矮,但是苏东坡不是这样的。苏东坡是个儿比较高的。因为苏东坡有一首诗给他的弟弟子由,说子由的身体啊,"长如丘"。有的人说这个"丘"是"孔丘",那大概不至于。宋代的时候,孔子的地位已经很高了,说子由长得像孔丘一样高了,好像又不太尊敬,所以这个"丘"呢可能是山丘。

随后,有人说,苏东坡的诗里面说,苏东坡的身高啊和他弟弟一样高,所以,他的第一个特点是个子比较高。

第二个特点呢,是这个人比较瘦,脸型比较瘦。有朋友给他的诗句呢,说他的长相像个"圭"一样。圭是中国古代的一种礼器。"圭"的样子呢,顶部是圆的,下面是方的,苏轼大致是这么个脸型,这幅画呢,也基本上是这个样子。

第三个特点呢,是眼神炯炯有神。这是很多人描述过的。这幅画呢,因为是苏东坡喝醉了酒,坐在这个石头上面,所以醉眼朦胧啊,眼光炯炯有神的形态就表现不出来了。

第四个特点呢就是胡须。现在很多的画像都把苏东坡画成大胡须,连腮胡子,但实际上呢,苏东坡的胡须是山羊胡子。这里有一个旁证,很好笑啊!因为他有一个学生叫秦观,是个连腮胡子的形象。苏东坡就跟他开玩笑了,就是"小人樊须也"。这句话出自《论语》。文人开玩笑嘛,都是要文绉绉的,掉书袋的。"小人樊须也",樊须是个小人,樊须的"须",和繁体的"鬚"读音是相同的,就是说,你是个小人,你是个大胡子。既然有这个玩笑呢,就可以反证苏东坡不是大胡子。如果他是大胡子的话,就不会跟秦观开这个玩笑。所以,苏东坡面相的特点,应该是个子高,眼睛有神,面相比较瘦,特别是他的山羊胡子。后世的画苏轼的胡须都是大胡须,我想,是不对的。

所以,大家听了我的演讲以后,要想象苏东坡长什么样,我还是倾向于觉得苏东坡长这个样子。当年是不是这样,要再研究啊!

这是插曲,现在进入我正式的讲题。苏东坡的生卒年应该是1037年至1101年。他的字是子瞻,号是东坡居士,但是现在"东坡"这个号,反而比他苏轼的正名还要流行的广泛。这里有个小问题。他生在宋仁宗景祐三年,这一年是公元1036年;但是,因为他的生日在阴历十二月十九日,所以转换成公历的话,就变成1037年1月8日了。这个一般人不太注意。当然根据中国传统史书的写法,写成

1036 也不算大错。古代的史学家习惯用阴历来记载一个人的生卒年月。你不可能把他们出现的每一个日期都转换成阳历,那是不得了的工程。但是,我们要了解,如果要给苏东坡过生日的话,那么应该是算在 1037 年。如果要给苏东坡做 1 000 周年纪念活动的话,那么应该是 2037 年去做而不是 2036 年去做。

那么,下面我正式开讲我的三个题目。一个是说不全的苏东坡,第二个是说不完的苏东坡,第三个是说不透的苏东坡。

一、说不全的苏东坡

什么叫作"说不全的苏东坡"?就是说,给苏东坡定位相当困难。为什么呢?这就牵扯到中国知识分子,特别是中国知识分子中知识精英的知识结构问题。

中国知识分子的知识结构在宋代有一个相当大的变化。大家熟悉唐人李白、杜甫。李白、杜甫主要写诗,李白写了几篇散文,杜甫写了几篇赋,但是李白、杜甫的散文或赋在历史上没有发生多大的影响,所以他们两个主要还是诗人。他们除了诗之外,其他方面的成就就比较少了。而且,即使到了中晚唐,文人的知识结构丰富了,但也不像宋代知识分子那么丰富。宋代的知识精英,他们的知识结构都比较完善,大致说起来,多是文学家、思想家跟政治家这三种的结合。这三种知识结构的结合,也就是才子、学者跟官僚结合的复合型的人才。第一个具有全面知识结构的名人就是欧阳修。欧阳修既是诗人、散文家,又是词人、经学家和诗歌评论家,我们可以给他戴上很多帽子。在他以后的司马光、王安石都是这种情况,甚至连我们非常讨厌的秦桧、贾似道这两个宋代最有名的奸相,从他们的知识结构、文化素养以及能力来说,也不是一般人所能企及的。这是在宋代发生的一个很大的变化。这种变化跟唐宋社会文化的转型有很大的关系。

　　唐宋时期是我们中国古代社会的一个转型时期，包括社会转型、政治转型和文化转型。而如果脱离转型的这个环境，比如说，宋诗为什么会写成这个样子，词为什么出现，为什么会出现唐宋古文八大家，古文的系统跟前人文章的系统有什么区别，这些问题都不能得到非常深刻的解释。

　　所以说，宋代是一个文化转型时期，苏东坡应该说是其中最杰出的代表。苏东坡向我们表明，一个人的聪明才智可以发展到怎样的极限。苏东坡出现是不容易的，需要各种社会条件、文化条件以及他个人条件的综合。这种人才确实是出现得比较少。我粗粗地给他列了几个帽子，大概有九个，实际上要数的话我还可以数下去。

　　第一，苏东坡当然是一个诗人。他今天给我们留下的诗有2 700多首。杜甫才1 000多首，他就有2 700多首诗。而且，主要不是他诗歌的数量多，而是他的诗在唐诗之外另辟蹊径，创造了所谓"宋调"。我们把唐诗叫作"唐音"，把宋诗叫作"宋调"。当然有人说，我们中国是一个诗歌的国家，诗歌确实达到了非常高的水平，在世界文学史上是仅有的。在我看来，中国的诗歌如果就艺术的表现类型来分，主要是两个系统，一个是唐诗的系统，一个就是宋诗的系统。那么，什么叫"唐音"和"宋调"呢？这是一个研究课题，一时说不清楚，不能给它下一个周密的、确切的定义。但是钱锺书先生在《谈艺录》中说："唐诗多以丰神情韵擅长，宋诗多以筋骨思理见胜。"也就是说唐诗一般比较自然，最好的代表就是李白，他写诗好像不需花力气，神采丰满，神韵充足；宋诗比较见心思，写的时候要用心思，而且背后有很深的学问基础。这是两种不同的艺术类型。

　　而宋调主要是苏东坡和他的"苏门四学士"中的黄庭坚两个人所创立的。离开了苏东坡跟黄庭坚，就无所谓"宋调"。宋调的主要特点是学人之诗。宋人的学问本来就大，他用学问来作诗，就要使用典故、展示才学,把这些东西融入诗歌当中去。它不像唐人。唐人好像是青年人,"黄河之水天上来,奔流到海不复回",是一种蓬勃的、浩瀚的热情迸发。宋人就不一样了,好像是中年人,"人生到处知何似,应似飞鸿踏雪泥",是一个理性的判断。人生像什么呢?像飞鸿踏雪泥,像一只大雁飞在雪地上面,"泥上偶然留指爪,鸿飞那复计东西",雪上偶然留了那个雁的一个脚印,大雁呢,就飞掉了,不知道它朝东呢还是朝西呢。这是苏东坡的律诗。这首律诗在唐诗来说是不规范的。严格地说,律诗不可以这样写。律诗特点是中间两联要对仗的,而且不能重复的。但苏轼就是这么重复。这样的一种诗的韵味跟他的做法,在唐诗里面比较少见,当然不是说唐诗里面绝对没有,但确实比较少见,这就叫作"宋调"。这是第一个,叫作"苏东坡是宋诗的奠基人",或者叫"宋调的奠基人"。

第二个,苏东坡是个大词人。在宋词研究中,一般学者将词分成两大派,一个叫作婉约派,一个叫作豪放派。因为词本身生成的时候,主要是在酒宴上供歌女演唱的。文人在一起聚会,不可无诗啊,不可无词啊。词人就写些词,让旁边这些歌女唱一唱,词就是这么来的。所以,词的这个功能就决定了词的题材一般就是男女爱情啦、离别啦,范围比较窄,风格比较婉约。你让女孩子唱"大江东去",怎么行呢?女孩子的喉咙都要撕破掉了。但是,到了苏东坡这里呢,词发生了一个很大的变化,就是将词朝着豪放派的方向发展,对词的题材、风格、意境都做了一个全新的发展。

这里可以讲一个小故事。宋人有一本笔记叫《吹剑录》,作者叫作俞文豹。俞文豹《吹剑录》记载:"东坡在玉堂,有幕士善歌。因问:'我词比柳七如何?'对曰:'柳郎中词,只合十七八女郎执红牙板,歌"杨柳岸,晓风残月";学士词,须关西大汉,执铁绰板,唱"大江东去"。'公为之绝倒。""玉堂"是翰林学士院,因为苏东坡曾经当过翰林学士。翰林学士是干什么的?就是给皇上起草诏令的官,等于是皇上的秘书班子。虽然官位不高,但是非常重要,因为他是皇帝身边的人。东坡在翰林学士院,有"幕士善歌",就是下面一个工作人员非常会唱歌。苏东坡就问他:"我词比柳七如何?"柳七是谁呢？柳七就是柳永,是宋初的一个大词人。古人是讲排行的,家族中排行柳永是老七,所以叫柳七。这个幕士很好玩,他说,柳郎中的词,只配十七八岁的女孩子执红牙板,因为唱歌的时候要打拍子,红牙板是象牙做的节拍板,唱什么呢？"杨柳岸,晓风残月"。这是柳永的一首名词,叫作《雨霖铃》,不知道同学们以前读过没有。柳永的词如果要选两首最好的呢,一个是《雨霖铃》,一个就是《八声甘州》。《雨霖铃》这首词是他跟他的情人分别以后,回想当时的情景,就是"杨柳岸,晓风残月",早晨起来以后啊,晨风慢慢吹过来,杨柳上还挂着一轮残月,这个意境非常有韵味,就是表现他的离别的愁绪,是非常有名的词句。"学士词",就是指苏东坡了,因为他是翰林学士。应该怎么唱呢？"须关西大汉,执铁绰板,唱'大江东去'。"东坡听了这话,哈哈大笑。

这个故事说明,当时词有两种风格,一个是以"杨柳岸,晓风残月"为代表的婉约派,这是当时词的主流,一个是由苏东坡后来发起的、以一种阔大的基调,来写词的风格,叫作豪放派。这是从这个故事里面看到的一点。第二点呢,也可以看出来,幕士的回答对苏东坡来说,是一个调侃的态度。因为当时的词,的确是由女孩来唱的。姜夔有句诗,"小红低唱我吹箫"。小红是他的一个小丫头,姜夔是一个词人,自己又懂音乐。当时配词就是箫啊、琴啊、琵琶等比较婉约的乐器,不可能是关西大汉用铁绰板来配唱的。所以,幕士的这段话本来是对苏东坡词的一种调侃,是不太满意的,反过来说,就是苏东坡提倡的豪放词很不为当时的人所接受,甚至于不为他的学生所接受。

我举个例子。他有两个学生,一个是张耒,一个是晁补之。苏东坡又问他们了,他的词跟秦观的词比,怎么样？秦观的词也写得好嘛！这两个学生也回答得妙:"先生之词如诗,秦观之诗如词。"这句话把两个人都批评到了。先生的词如诗，秦观的诗如词。秦观的诗，后来得到一句评语，叫作"女郎诗"。诗在中国的传统中，文体的观念是非常严格的，不能够轻易突破，这股传统的观念是有点惰性的。所以，这两个学生就批评苏东坡的词像诗，秦观的诗像词。这是批评的话，但是苏东坡都不以为忤。所以说，从这个故事当中，也可以看出苏东坡具有一种非常宽容的性格。他是老师，当然可以批评学生了，但学生也可以批评老师，他都不以为不敬。这个故事当然很出名了。苏东坡也听出这话对他有批评，但是他"为之绝倒"，哈哈大笑，就过去了。所以说，苏东坡的心理非常健全，不会因为别人说了他一句坏话就不高兴了。苏东坡不是这样的。他鼓励他的门生自由发表意见，愿意怎么说就怎么说，苏门之所以成为苏门，而没有成为一个统一的文学流派，正是因为如此。苏轼和他的弟子——苏门四学士文学上的风格不一样，所以苏门不是个文学流派，是个群体，晁补之、秦观、黄庭坚、张耒，他们都以他为师，这是苏东坡教育很成功的地方。这是我对他的第二个定位。

　　第三，古文家。苏东坡当然是个有名的散文家了。你们都读过他的文章，如《赤壁赋》《石钟山记》，很多好文章。后来就有"唐宋古文八大家"的说法，这"唐宋古文八大家"是唐代两家，宋代六家。唐代就是韩愈、柳宗元两人。但是韩愈、柳宗元兴起了"古文运动"之后呢，后继无人。他们俩是中唐的，到了晚唐以后呢，骈文文风又回潮了，所以，古文运动没有得到成功，大家还是去写四六骈体文去了。所以，到了宋代，欧阳修等人又开始倡导"古文运动"。宋代六家，这六家很好记，有三家出自江西省，一个是欧阳修，一个是王安石，一个是曾巩。另三家，更好记了，都出自四川眉山，苏东坡和他的父亲苏洵、他的弟弟苏辙。所以，宋代的古文六家苏东坡一家就要占一半，而苏东坡的古文又是六个人中写得最好的。我们现在能够检索到的苏东坡的各体文章有 4 000 多篇，有的是奏议，很多是艺术性的散文。这些散文很多成为我们散文史上的瑰宝,所以说,苏东坡是个古文大家。

第四个是书法家。宋代的书法在中国书法史上也有重要地位,对于唐人的书法都有很大的发展。宋代有所谓的"宋四家",就是"苏、黄、米、蔡"。"苏"就是苏东坡,"黄"就是黄庭坚,"米"是米芾,"蔡"就是蔡襄。这四个人里面成就最大的,还属苏东坡。苏东坡目前存世的法帖,有一种叫作《寒食诗帖》,书写的是苏东坡被贬黄州时候写的两首诗。

关于这个书帖,可以讲一个长长的故事。现在的真迹保存在中国台湾"故宫博物院",当然是国宝了。我有两次到台湾,想去看这个书迹,但是,"故宫博物院"的展览是巡回的,所以我两次去,都没有看到这个国宝。这个国宝在清末时是皇家之物,火烧圆明园的时候,流出去了。后来呢,经过种种转手,被一个日本人买走。这个日本人住在东京,东京 20 世纪 20 年代大地震的时候,他什么也没有拿,就把这个字帖抢救出来了,就保存了下来。后来呢,美国东京大轰炸也幸免于难,二次大战结束以后,台湾当局通过各种办法就把这个宝物购回到台湾。现在原件还是在台湾。

这个书法帖为什么这么好?好到即使苏东坡第二次写也写不到这个程度。日本有一个书画社叫作二玄社。它仿真的技术非常高明。它把这段长达七米的卷轴复制下来。这幅卷轴前面有好几米是苏东坡的书法,后面的是黄庭坚的评价,黄庭坚的字也好得不得了啊,后面就是历朝历代人对这幅书法帖的称赞。我到日本教书的时候,有机会得到了这个复制件,当做家里的镇宅之宝,有空的时候就感受感受苏东坡的才气。当然他的字,每人评价不一样了。他和黄庭坚互相开玩笑,因为苏东坡的字有点扁嘛,黄庭坚说他的字就像是大石头下面压着大蛤蟆。关于他的书法,我就不多说了。

第五,他是一个大画家。他成为画家跟他的一个重表兄弟文同有关系。文同是宋代有名的画家。因为文同当过湖州的知州，所以就倡立了一个湖州画派。有一个成语叫作"胸有成竹"，就是苏东坡评价文同画竹用的词，就是说文同画竹子的时候不是想到一节画一节的，而是在画以前，经过胸中的酝酿，有了一个"成竹"，也就是先有一株整体的、完整的竹，然后灵感一发，一挥而就。苏东坡主要跟他学画。苏东坡现在留下来的画比较多，但是都有点疑窦。现在大家比较认可的，是他的一幅枯木怪石图。这幅画的年代比较久远，上面有乾隆皇帝的鉴定印章，所以，这幅画很可能是他的原画。

第六，他是一个经学家。中国的经学史，是门独立的学问，宋代的文人，比较有成就的几乎都要搞搞经学。"经学"的意思是什么呢？它有几种解释形态。一种是对原来的儒家经典，用注疏的方法表现思想，如《十三经注疏》。文人对于经典，比如说《论语》，是不能随意更改的，那么怎么反映自己的想法超越前人呢？就是用注疏的方法。还有一种就是自己写书，成为另外一种子书。第三种呢，就是写单篇论文。宋代的经学刚好处于一个变动时期。前人对于经典是不敢怀疑的，甚至连经典的注解，如《毛诗注》都不能怀疑，注解不能怀疑，原著更不能怀疑。但是，宋代普遍兴起了一阵疑古之风，所以，宋代是中国经学史上非常重要的一个时代。苏东坡对中国经典中的三部书——《易经》、《论语》、《尚书》都做过注解。这三部注疏是苏东坡很看重的。因为对于当时的知识分子来说，给经书作注是他的学术上安身立命的首要处。苏东坡晚年到贬地海南岛，最后才完成这三部书的注解，然后非常郑重地托付给他的朋友。现在的《东坡易传》在中国《易经》的发展史上有重要地位，就是对他有批评的朱熹也对《东坡易传》作了肯定评价。

需要说明的是，目前中国的经学史都没有给苏东坡设立章节，我觉得是不公平的。这实际上是对宋代经学观念的一种误解。我们现在接触到的宋代经学的观念，是经朱熹改造过的观念。朱熹把北宋出现的"五子",就是邵雍、周敦颐、张载、程颐、程颢这五个人的思想联系到他自己,说他们六人才是宋代经学的主流,其他的都排除在外了。这一直影响到明清之际黄宗羲等人。他们编纂的《宋元学案》,就是按照这个系统。"学案"实际上是经学史了。北宋这五子都是"某某学案",苏东坡都只是附录,是被排除在外的,这是不符合实际的。

在北宋,对社会起最大作用的思想,第一是王安石的"新学"。他是宰相,《三经新义》是考试的标准答案。你们想想,你们现在考大学,有标准答案在,你不听他的能行么? 所以,王安石的新学在当时影响是非常大的。当然他有他的缺点,但是影响是非常大的。第二是苏东坡的"蜀学"。苏轼影响很大,因为他文章写得好,流传比较广。第三是司马光的学问。一门学问的流传与否,和它本身的深刻性并不完全是一回事。北宋的理学、二程之学,要等到南宋宋理宗的时候才慢慢起来,在当时是没有什么地位的。苏东坡的经学思想应该作为一个专题来好好研究。

第七是医药家。现在有一本书,叫作《苏沈良方》,是苏东坡和沈括收集的民间流传的土方。沈括大家都知道,写了一本书叫作《梦溪笔谈》。写《中国科技史》的英国人李约瑟,对沈括的评价非常高。但《苏沈良方》一书直接的起源是苏东坡。"良方"是什么呢? 就是好的土方。苏东坡到一个地方以后呢,十分关心当地民间有什么好的医药方子,他都给收集起来。他当地方官,老百姓发生什么瘟疫,他就要去救灾。中国第一个医院——"安乐坊"是苏东坡建造的。他在杭州做知州的时候,就发生了瘟疫,一下子就流行得很凶猛。他就把病人集中在一起开病院,并在其他的地方推广这种做法。所以,他是一个很好的医药家。

另外,就是苏东坡他自己一生需要这些医方。苏东坡的一生大起大落,几起几落,所以我说"说不透"也有这个原因。一个方面是他官做得非常高,得意的时候,他的官做到部长一级。另一方面,不得意的时候,不断地被贬,先贬到黄州,就是湖北省的黄冈市,第二次贬到惠州,就是今天广东的惠州,第三个著名的贬所就是海南岛,这不得了啊,海南岛当时叫"天涯海角",叫"鬼门关",什么医生都没有,所以需要这些土方,所以,他自己精通医术。今天,他给我们留下来的《苏沈良方》是研究中医药的非常好的一部典籍。

我另外讲一个事情。我这里写了人参、茯苓、麦门冬三味药,大家知不知道我写这三味药是什么意思?苏东坡晚年贬官海南岛,他本来以为自己要在海南岛终老了,结果呢,北宋的政局发生了变化,又把他赦免,让他回来了。苏东坡就从海南岛回到了南京、常州这一带。这一带当时刚好是七月份。他从南方来,本来带着瘴气,现在看来就是疟疾了,又在河面上旅行,以舟为家,河水非常脏,热气熏的,他就生病了。他生病的全过程从他发病的那一天起,都有诗文记载,旁人又有笔记记载,所以,他的生病过程都有比较详细的记录。我也把苏东坡一百多天的病情建立了一个病历卡。这里面问题是什么呢?他自病自治,就是用人参、茯苓和麦门冬这三味药给自己治病。这三味药可能用的不对。麦门冬用的是对的,他自己也说了,他是感冒了,热毒么,麦门冬是清凉的药,那么这个算是对症下药,是可以的。但是,人参和茯苓是不应该服的,这两味药是补气的。在他那个身体情况下,把这两味药服下去反而会转坏。最后苏东坡鼻子流血,牙齿流血,人不能躺下来,到常州的时候有人送他一个"懒板",苏轼只好躺在懒板上。懒板是什么呢?就是我们现在的躺椅,人不能平卧了,不能躺下睡觉了,只能这样斜躺着。后来苏轼就在这个懒板上离开了人世。这说明,这两味药用得不好。

本来中医有规矩,自己是不能给自己看病的,甚至不能给自己的孩子看病的。但是,当时苏东坡没有办法,他在船上一路回来,身体也不好,他就自己服了这个药。看来,用药不当是加速他死亡的一个原因。这个看法也不只是我有，我翻了翻书，清朝也有个人看法和我一样。只是他那个解释和我不太一样。这是医药方面的。总之，《苏沈良方》是我们医学上一部很重要的书，所以说他是一个医学家，也不算过分吧。

第八个是美食家。我们现在流传很多有关苏东坡的食物，其中最有名的是东坡肉，还有东坡羹，等等。苏东坡的诗文里面有 120 多首诗讲到吃的问题。但是，值得注意的是，讲苏东坡是个美食家，也不是非常合适。这些食物呢，主要是他贬官三个地方，黄州、惠州、儋州，为了自救，尽量找一点东西饱腹。他做这些并不完全是为了口腹之美味，实际上只是为了求生存。

东坡肉是怎么来的呢？东坡肉最早是由苏东坡在黄州创造的。当时他去黄州时，发现了一个很奇怪的现象：黄州这个地方猪很多，但是当地的老百姓不知道怎么吃，只使用它的皮，使用它的粪便种庄稼，没有人去吃猪肉——穷人不会吃，富人不想吃。从外形来说，猪很脏。苏东坡就发明了一个文火炖猪肉的方法。把猪肉拿来以后，剥皮，洗干净，然后用文火慢慢地炖。后来他第二次到了杭州，才把东坡肉发展成型。今天，我们到杭州去可以吃到很好的东坡肉。

关于东坡肉啊，苏轼当时还写了一首很有味道的诗。这首诗一读以后，就知道他为什么要做"东坡肉"了。这首诗叫作《猪肉颂》：

> 净洗铛，少著水，柴头罨烟焰不起。
> 待他自熟莫催他，火候足时他自美。
> 黄州好猪肉，价贱如泥土。
> 贵者不肯吃，贫者不解煮。
> 早晨起来打两碗，饱得自家君莫管。

他还制作了不少酒，制作不少羹，制作的材料都是当地看不起的材料,或者非常便宜的材料,大都做得非常好。所以,苏东坡无论在怎样困难的条件下,都去追求生活的美好的一面,去求得自存,而且能够自足、自得。因此,说他是一个美食家,并不是说他是一个烹调大师,主要是指他的一种思想和生活境界。在海南岛生活非常艰苦,好几天没有东西吃,在当时的境况下他能够坚持活下来,就跟他自己想方设法提高他的生活质量,提高自我存活能力有关。这是非常了不起的地方。

第九,他是一个政治家。苏东坡这一生啊,可以说生活经历是两个大循环。他从考上进士以后啊,就开始走向政治道路了,做官了。先在京城里面当京官,当了京官以后,总是与当朝宰相发生矛盾。王安石变法时,他与王安石发生矛盾,后来是司马光当宰相了,他与司马光又发生矛盾。他在京城里面待不下去,就请求外任,到外地去当官了。所以他先后做过八任地方的知州,先是做了杭州的通判以及密州、徐州、湖州的知州,后又做了杭州、颍州、扬州、定州的知州,知州做得好好的,又突然发生政局变化,就遭到贬官。王安石变法时期,他与王安石发生矛盾,只好外任,第一个是到杭州,然后密州、徐州、湖州,好好地,忽然就从京城里面来了两个官把他带走了。书上记载是"拉一太守,如驱犬鸡"好像捉了只鸡、捉了条狗一样把他拿下带走了。

原来京城里面的人根据他诗文里面的字句,说这些字句是攻击新法的,有些不止攻击新法,而且还是攻击皇帝的,所以造成了中国文化史上第一个大的文字狱,就叫作"乌台诗案"。"乌台"是什么意思呢?乌台就是御史台,因为汉代御史台外面有很多乌鸦,所以后代多称御史台为乌台。苏轼过了一百零三天才被放出来。在监狱里面,当时有他一个同监狱的人留下了两句诗,记载苏轼在狱中遭遇,叫作"遥怜北户吴兴守,诟辱通宵不忍闻"。这是留下来的真实描写苏东坡在监狱里面遭遇的诗句。一百零三天以后,皇帝说不杀了,贬官吧。宋朝依规定,不杀士大夫,所以他就被贬到黄州。

后来,政局又发生变化,新皇帝又召他回汴京。那时候是司马光上台了,他又跟司马光闹翻了。司马光还提拔他呢,十几天之内他官连升好几级,希望他能协助自己把新法全部废除。但是苏东坡不干了,新法实施好几年了,有好的呀,好的为什么不把它吸收,所以和司马光闹矛盾。加上党争问题,所以苏轼就又不能在朝廷里面待下去,就又外任了,去了杭州、颍州、扬州,最后到河北省的定州,到了定州以后,朝廷里面又发生政治权力更迭,又把他贬官,贬到惠州,最后把他贬到海南儋州。

他的一生这样分段比较好记,就是两个循环:在朝—外任—贬官,在朝—外任—贬官。在朝期间的政绩我们不评价,但是他在八个地方官任上,每个地方都有政绩,这不容易。杭州西湖,有两个堤,一个叫白堤,一个叫苏堤。去过杭州的朋友我告诉你们,苏堤是苏东坡造的,白堤不是白居易造的,因为在白居易诗中已经出现白沙堤了,这个堤早有了。

苏东坡为什么要造苏堤呢? 因为他去杭州以后发现,西湖下面的淤泥很多。淤泥多的原因主要是因为老百姓长期种植菱角、荷花、茭白的缘故。老百姓需要这些东西,因为可以获得收入嘛。但是,淤泥越来越多,同时造成南北交通不方便。苏东坡就说一定要治理西湖,因为西湖对灌溉和交通太重要了。当时,杭州地区发生饥荒,朝廷正好有一笔钱可以用来赈荒。苏轼就用朝廷给的用来赈灾的钱当工钱,来让老百姓造这个苏堤,结果几个月就造好了。因为苏东坡是一个文学家,所以,苏堤不仅要实用,还要美观。你现在去看,苏堤里面有 6 座桥,把里湖和外湖分开来,现在是个很好的人文景观。你们现在去看"三潭印月",苏堤上面有三个石塔。这是为什么呢? 苏东坡说这里是个禁区,西湖之所以要治理,就是因为种菱角之类农作物导致湖水淤积,就是说这个区域不能再种了,保持这个西湖的外湖不再被淤泥包围。因此他就做了几个标志,就等于我们现在说禁止吸烟,这个地方就不能吸烟一样。后世慢慢演化过来以后,就造了三个石塔,现在成了"三潭印月",成为"西湖八景"之一了。所以说,苏东坡对于这种利于民生之类的事情非常用心。

另外,中国的第一个自来水管也是苏东坡想出来的。那时候,他在惠州,没有做官。他看到广州城里喝水很难,因为广州靠近海洋,喝的水都是咸水。所以,他就专门画了图,从山上拔了很多竹子,一根一根接过去,做成管道,把山上的水引到了广州城。这恐怕是中国的第一条自来水管道。所以,苏东坡在实用方面的智慧也是非常突出的。

他到徐州上任没几个月,黄河决口。徐州发大水了,黄河水就冲到了徐州城下。苏东坡马上下令,富贵人家不能逃走,都关在城里面。他自己也在城里抗灾,就睡在城楼上。这是历来清官能吏也很难做到的。所以说苏东坡是政治家,起码说是个好官。

讲到九个方面了,实际上再讲的话还能继续讲五六个方面。像文学批评家、文物鉴赏家,等等,他都有这些方面的实绩。总的来说,苏东坡是这样一个杰出的人物,是当时的文化精英。他的出现,也表明一个人的聪明才智可以发达到什么样的程度。

二、说不完的苏东坡

苏东坡有多方面的才能、深邃精微的人生思考、丰富的文化性格。就像研究《红楼梦》有"红学"、研究《文心雕龙》有"龙学",研究苏东坡自然也有"苏学",这是清朝人提出来的。苏东坡多方面的文化创造为历来研究"苏学"的人不断地提出新问题。900 多年来,谈苏东坡的人很多,著作也很多,但是说不完。我想借这个机会着重给大家介绍一下新时期以来,就是 1978 年打倒"四人帮"以后,在苏轼研究上的一些情况。今天只是介绍这一时段，作为一个简单的例子，说明苏东坡成为学术上、文化上、文学史上的一个话题，会永远被争论下去。

新时期开始的时候，在苏东坡问题上有一个争论，就是关于苏东坡政治态度的争论。具体地说，就是苏东坡跟王安石变法的关系。同学们都知道，苏东坡是反对过王安石变法的。

为什么新时期一开始，这个问题就首先成了学术界讨论的热点呢？"文化大革命"时，苏东坡不知道招惹了谁。那个时候有一个"评法批儒"运动，认为中国的文化史、思想史是一部儒法斗争史，法家是进步的、革命的，儒家是落后的、反动的。在这个运动中，王安石因为变法，被认为是一个大法家。苏东坡因为反对过王安石，就被认为是一个大儒家，同时还被加上"两面派"、"投机派"的恶名。

"文化大革命"结束后，正常的学术研究才展开，首先一个就是为苏东坡平反的问题。当时的政治领导人要给在"文化大革命"中遭受诬陷、迫害的人平反冤假错案。想不到在学术领域，也要给苏东坡平反冤假错案。而苏东坡对王安石变法的态度问题，同时也是一个学术问题，比较复杂。

苏东坡的政治思想究竟是怎样的呢？实际上，他的思想是很复杂的。在王安石变法以前，苏东坡曾经给皇帝写过奏章，提出过一系列改革主张。某些方面，他的改革措施比王安石还要激进。因为苏东坡是从四川出来的，他的家庭不是名门望族，所以他对于民生、对于老百姓的情况比较了解。到了汴京以后，对于整个国家经济情况、政治情况、社会情况的感受非常清晰。所以，他必然对于宋初以来政府积贫积弱的形势感受深切。但是，王安石在宋神宗的支持下，在全国范围内推广新法，进行政治改革。这个时候，苏东坡就持反对态度了。

后来，王安石变法失败去了南京，成为一个退休的宰相，住在蒋山。当时,苏东坡正好贬官黄州,遇到皇帝赦免,沿着长江也到了南京。这时,两人见面,极其要好。苏东坡说了一句话,叫"从公已觉十年迟"。

王安石邀请他说,你刚被赦免来到这里,朝廷也没有新的职务委派给你,就与我"比邻"吧,就是说我们一起做邻居吧。因为王安石的这个邀请,苏东坡作了一首诗,其中就有这么一句话"从公已觉十年迟"。就是说,他感到与王安石这次相遇迟了十年。十年是什么意思?十年前就是王安石变法的时候。从那个时候以来,他对新法的看法就已逐渐有所改变了。他觉得十年来的新法实践里,确有扰民的地方,但也有利民的地方。所以应该是衡量利弊,利和害的地方要进行分析,去掉不好的,吸收好的。所以在这个政治基础上,他跟王安石和好了。(王安石《北山》:"北山输绿涨横陂,直堑回塘滟滟时。细数落花因坐久,缓寻芳草得归迟。"苏东坡《次荆公韵四绝》其三:"骑驴渺渺入荒陂,想见先生未病时。劝我试求三亩宅,从公已觉十年迟。")

后来,朝廷让司马光上台了。司马光在很短的时间里就把苏东坡召回汴京,还给他一连升了好几级。司马光认为苏东坡原来是反对王安石变法的,所以就把他召回来了。苏东坡的名声很大,司马光希望他能成为自己废除新法的得力助手。但是他没有想到,他们在讨论"免役法"该不该废除的时候,发生了严重的分歧,两人公开大吵。吵完以后,苏东坡回到家里,一边脱衣服,一边说:"他是什么司马光,简直是司马牛。"两个人的性格比较硬,就像两个"钢铁"公司。

就像苏东坡自己说的,他的政治原则是独立的。过去的时候,因为王安石当宰相,所以很多人都唯王荆公马首是瞻,王安石怎么说,就跟着他怎么做。后来的人则都是以司马光为首,他们都没有坚持政治上的独立立场。但苏东坡在政治上是有原则的。

那么现在就要问了,既然苏东坡是有政治原则的,不是随风倒的,那司马光对他那么好,一直提拔他,他跟司马光的政见怎么说不一样就不一样了?他对王安石的个人才能和品格是非常敬重的,为什么一开始他反对新法?

这里面的原因很复杂。但其中一个原因是跟那时的政治制度有关。宋代的政治制度非常值得研究。北宋有九个皇帝,南宋也有九个皇帝。其中真正有抱负励精图治的皇帝,除了赵匡胤这个开国君主外,北宋也就只有一个宋神宗,南宋也就只有一个宋孝宗,其他皇帝的才能、志向都不高。但是为什么在这样一些君主的领导下,宋代还有 300 多年的基业?靠的是什么?靠的是制度保证。

赵匡胤虽然是武将出身,但是他非常有政治智慧,制定了一整套"祖宗家法",其中有一条就是宋代的权力要集中到皇帝手里,要防备武臣。所以,一般情况下,宋代是不设宰相的。王安石开始变法的时候只是参知政事,就是他对于政事可以参加、知道,但仍不是宰相,到后来,皇帝才让他做宰相。所以,宰相不多。真正最大的政治权、用人权、经济权都集中在皇帝的手里。

皇帝为了搞政治制衡,就特别要发挥谏官的作用。谏官就相当于我们现在的监察部门。谏官可以风闻言事,可以根据传闻讲宰相哪里不对,哪怕经查证后没有这样的事,谏官也是没有责任的。宋真宗就说,他希望在政治上能"异论相搅",就是说,官员们可以在不同的政治意见中互相斗争。所以,宋代初期的党争带有近代党争的色彩。不管是旧党还是新党,他们结党的原因都是为了同一个政治目的,即实践自己的政治主张。比如王安石变法,司马光就跟他有矛盾。但是现在在我们看来,这两人都是经世之臣。司马光也是我们中国重要的文化名人,不光是因为他写了一部《资治通鉴》,他的政治思想里也有一些可取的地方。所以是这么一个情况,即为了加强政治上的制衡作用。这跟现在西方国家的民主党上台,共和党唱反调是很像的。

苏东坡考取进士以后，在政治道路上还有一段特殊的经历。他考进士时，欧阳修是当时的主考官，他就跟欧阳修建立了师生关系。那以后，他又考了一个特别的科，叫"制举"，地位非常特殊。制，就是皇帝的命令。这是在平常的考试科目以外，皇帝亲自下令举办的考试。"制举"里面又有一科叫"贤良方正能直言极谏"。"贤良方正"是说人品行很贤良，性格很刚正；"直言极谏"是说话直率，敢于向皇帝提意见，敢于向大臣提意见，敢于向宰相提意见。苏东坡考中了这个科，而且等第很靠前。从宋初以来，考中这样等第的只有两个人，苏东坡就是其中之一。所以，苏东坡自己也有一种非常强烈的责任感和荣誉感。

这样一段特殊的政治经历先天地注定了苏东坡在政治斗争中的反对派立场。就是不论宰相讲什么话，他总要讲不一样的话，总要讲缺点、漏洞、不足的地方。所以表面上看起来，苏东坡对于新法的态度有个"三步曲"：从王安石变法以前的支持变法，到王安石变法时的反对变法，再到司马光上台后的维护新法中的某些法。之所以有这么一个"三步曲"的变化，跟苏东坡的政治经历有非常大的关系。

这只是一个特殊的原因，当然还有更多其他的原因。对于苏东坡的政治态度，学者们在讨论过程中有许多不同的意见，我刚才介绍的是我的个人意见。

无论怎么说，"文化大革命"中给苏东坡扣上"两面派"、"投机派"的帽子是完全不对的。但是，后来大家感觉到这样讨论下去不一定能抓住"苏东坡研究"的重点。因为苏东坡留给我们后代的毕竟是他的作品，他的政治态度已经成了过去。在今天的社会当中发生作用的是他的2 700多首诗、300多首词、4 000多篇文章。所以关于苏东坡的研究，到了第二个阶段就是研究他的作品。作为一个文学家的苏东坡，在这一方面也有很多争论的问题。那些争论的大部分都是学术问题，就是对于苏东坡诗歌分期问题、苏东坡思想性质等问题的研究。

还有第三个阶段。苏东坡固然是中国文学史上一个伟大的作家，但他在中国文化史上的意义并不仅仅局限在文学方面。苏东坡作为一个文化巨人，有着更广泛的意义，特别是他的人生思考、文化性格影响了一代又一代的后世知识分子。在人们对于自己人生价值的判断以及人生道路选择的判断上，都有很大的影响，因此后来人们就更多地从文化层面上来研究苏东坡了。

所以我想，新时期以来对苏东坡的争论，从大的方面来说，是从作为一个政治家的苏东坡到作为一个文学家的苏东坡，再到作为一个文化全才的苏东坡这样一个讨论过程。简单地说，就是这样。当然，这样的争论还会永远继续下去。以上讲的就是"说不完"的苏东坡。

三、说不透的苏东坡

"说不透的苏东坡"，这个问题主要是讲苏东坡在中国文化史上的意义。苏东坡对于中国文化史的意义，和对于我们现代人的意义，不仅仅在于他创造了 2 700 多首诗，300 多首词，4 200 篇文章，在我看来，还有他的整个人生的思考也给我们留下了很丰富的遗产。什么叫作人生思考？对于苏东坡来说，主要是两个方面，一个是出处问题，就是为什么出来做官，又为什么退隐？一个是生死问题，也就是如何看待死亡。第一个是人与社会、政治的关系问题，第二个是人与自然的关系问题。苏东坡的人生思考主要围绕着这两个问题。

第一个问题，出处问题，儒家的经典有解答。所谓"达则兼济天下，穷则独善其身"，就是说做官了，就要兼济天下，不做官了，就要独善其身，求得自己道德上的完善。儒家经典是这么教导的。苏东坡结合了佛家、道家的知识与思想来补充。儒家是入世的，鼓励人要完成自己的社会责任,佛家是出世的,万物皆空嘛,出世中又包含有普遍的平等思想,道家是遁世的,要求自己生活美满,追求生命的长久。苏东坡融合了儒家、佛家和道家的思想,形成他的独特观念。他认为,只要是为社会、为政治、为老百姓,不光是得意的时候就做事情,不得意的时候也要做事情。这个观念是很不容易的。今天儋州的文化是苏东坡开始开发的。苏东坡以前是没人去教化的,苏东坡去了以后儋州出了第一个进士,所以叫作"破天荒"。在海南岛的时候,苏轼个人的生活已经非常的艰苦,但是,他还从事文化教育,开启民智,与儋州的老百姓关系处理得非常好。所以,苏东坡人生观念非常积极,不仅"达"要兼济天下,"穷"也要兼济天下。

第二个问题,就是生死问题。人不能不死,没有人能够逃避死的结局,怎样正确处理生死关系?苏东坡有一系列深刻的思想。在他的诗文里面也有所表现。陶渊明关于生死问题,在诗文里表现得很纯净,白居易的诗文里关于生死问题表现得也很纯净。苏东坡对生死问题考虑深刻得多,因为他们两个都没有苏东坡这种大起大落的人生经历,这种希望和失望,这种高度的兴奋和极度的悲哀,他们没有经历过,苏东坡经历了。所以经过这样一种反复,对于生命的领悟肯定比他们深刻。

苏东坡对于生死问题的思考,对我们今天的知识分子和老百姓都有参考价值。因为我们都要面对死亡嘛!人怎么活着,就宋儒理学来说,就是要解决人如何自处的问题。苏东坡关于这方面的思考很多,在他的诗文里面也经常表达出来。

浣 溪 沙

游蕲水清泉寺。寺临兰溪,溪水西流。

山下兰芽短浸溪,松间沙路净无泥。萧萧暮雨子规啼。

谁道人生无再少?门前流水尚能西。休将白发唱黄鸡。

"谁道人生无再少,门前流水尚能西",中国的河流大都是从西向东的,黄河是这样,长江也是这样。但他在黄州的时候看到门前的流水却是从东向西了。有人说人生不可能再年轻起来,苏轼说,那也不一定,你看门前的流水不是倒流了么。当然,他也知道人变老后不能真变得年轻啊,这只是反映他心里的一种想法。苏东坡对于佛家的态度,有人说他沉迷于佛家,这是一种误解,他是以非常超脱的态度对待佛教。所以,他给朋友写信,说佛教信仰非常好,但是佛教的道理太玄妙了,像龙肉,他不想吃。他读佛经呢,只是读它的道理,用它来处理人生,好像是猪肉,猪肉比较实惠啊!他利用佛教里面有用的部分,来处理现实困境当中的一些问题,从而维持很健全的人格。所以,苏东坡快要死的时候,他的一个很要好的和尚,径山寺的住持维琳和尚,就来找他,请他死了以后到西方极乐世界去。苏东坡说极乐世界他不相信,就给他写了一首诗,有八句,其中有两句诗还是他以前的诗句,说明他记忆力非常好,甚至在弥留之际,还把两句从前的诗句用到了这里,说明他不相信西方极乐世界。所以我说,苏东坡是没有牵挂地走完了他人生的旅途,他的人生有一个很好的完成,他有一个很好的句号。

下面讲他的文化性格。我在一篇文章里把苏东坡的文化性格概括成四个方面:一是狂,一是旷,一是谐,一是适。年轻时的苏东坡有着许多文化名人共同的性格特点,即狂放,主要是真率个性的张扬。但几经挫折,他的性格由狂转变为旷,就是旷达,表现为对是非、荣辱、得失的超越。谐就是幽默。适就是文人怎么自适,是一种养生的艺术,这个"养"字不光指身体上的养生,实际上是一种人生态度,对人生有一个不断调适的态度与过程。所以,他面对生活当中的任何问题,都有一整套的应对办法。这样一种非常健全的文化性格,就是在今天,对我们来说,也是很有启发意义的。

第二讲　苏东坡的三种文化影像

新时期对苏东坡的研究主要分三个阶段，第一个阶段是作为政治家的苏东坡，第二个阶段是作为文学家的苏东坡，第三个阶段是作为文化型范的苏东坡。

"苏海"这个词汇有它的来历。最早是元朝的时候有个人叫李淦，他写了一部著作，叫作《文章精义》，是中国"文章学"成书的一部比较早的著作。他这部《文章精义》中有一个说法叫作"韩如海"、"苏如潮"。这个"韩"就是指韩愈，说韩文公的文章像海一样阔大、深广。"苏"就是指苏轼，后来皇帝给他苏文忠公的谥号时，就说苏轼的文章像潮水一样。如果有的同学到过杭州，就知道杭州八月中秋的时候，是观潮的最好的季节。如果看过钱塘江的大潮，就知道这潮水汹涌奔腾，还有各种形状，变幻莫测。李淦用海、潮分别来形容韩愈、苏东坡的文章。但是后人觉得应该把他们换一换，因为韩文公的文章讲究气势。如他的《马说》，"世有伯乐，然后有千里马，千里马常有，而伯乐不常有"，像这样的一种文章，讲究气势，所以用"潮水"来形容韩愈的文章，可能更合适。而苏东坡所创造的文化世界，主要是博大、深广，所以用"海水"来形容苏东坡的文章可能更合适。后来，这句评语就变成成语了，叫作"苏海韩潮"，就这么凝定下来了。清朝最后一个给苏东坡全部的诗歌进行注解的人，叫王文诰。他在注释完苏东坡的诗歌之后,写了一卷书,叫作《苏海识馀》,就用"苏海"来隐喻苏东坡创造的整个文学世界的深和广。

我也觉得,用"海"来形容苏东坡比用"潮"来形容要合适一些。因为,上文我也讲过了,苏东坡是一个全才,无论诗、词、文、绘画、书法,各个领域都处于北宋时代的巅峰,所以,这么一个知识结构全面、在各个领域都能取得如此成就的大家,我想用"海洋"形容他是合适的。

但是,苏东坡创造了这些文化业绩后,后代要继承它,在继承的过程中,就不断发生了问题。因为,他所创造的东西实在太丰富,也太复杂了,不是一目了然的。于是,大家在接受的过程中出现各种各样的问题,研究者可以提出各种各样的论题,创作家可以从苏东坡的诗词里去吸收营养,大众也可以阅读苏东坡的诗、文、词等作品,可是,在接受过程中,慢慢发生变异,从某种意义上说,人们心中的苏东坡和那个九百年前活在历史舞台上的苏东坡已经有点不一样,叫作"第二个苏东坡"。这种现象并不是损害苏东坡,反而使我们对苏东坡的理解更丰富深刻,所以,研究"苏东坡的文学遗产接受史",就是后人怎么接受苏东坡,是个非常有意义的题目。

现在,有的先生已经写出这样的著作来,如王友胜的《苏诗研究史稿》、曾枣庄的《苏轼研究史》,就是两部"苏轼文学接受史",把这将近一千年来,大家对他怎么接受的,怎么评论他的,甲眼中的苏东坡是怎么样的,乙眼中的苏东坡又是怎么样的,逐一罗列,并详加研究。接受史,现在看起来,应该是文学文化现象中的一个正常的现象。因为一个文学作品的完成,首先是作家对客观事物有反映,才会通过作家天才的头脑把它写下来。写下来后,这个作品是不是已经完成了呢?还没有。还要经过一个流通过程。大家在不断的阅读当中,在不断的解释当中,让这个作品更加完善。所以,从某个意义上来说,这个作品的最后完成是在读者的手里面,或者在研究者的手里面。

因此，要全面理解苏东坡，就必须了解这个过程。这在研究苏东坡的学问里面，就有一门叫作"苏轼接受史"的学问。这是我们搞学问的人里面不可缺少的。但是我今天不可能从苏东坡在世的时候大家对他的评价，一直讲到今天大家对他的评价。

我上次也讲到过一点，如对于苏东坡创造的豪放派的词风。首先，他的学生意见就不一样。他问两个学生，他的词和秦观的怎么样？学生说，先生的词像诗，秦观的诗像词。这就是一个接受史问题。他的两个学生对先生的词和秦观的诗的不同的评价，这就是一个苏轼接受史上的内容。

今天这个时间里，我只能讲一讲，我们到了新时期，就是"四人帮"覆灭后，"文革"结束后，对苏东坡接受的几个阶段，提出了哪些问题，这些问题对我们有什么启发。我想简单地讲这么一个过程。新时期对苏东坡的研究主要分三个阶段，第一个阶段是作为政治家的苏东坡，第二个阶段是作为文学家的苏东坡，第三个阶段是作为文化型范的苏东坡。

一、作为政治家的苏东坡

在讲第一个问题——作为政治家的苏东坡之前，要先讲讲"文化大革命"结束后，大家首先就苏东坡的政治态度展开争论上，为什么会集中在这个问题上。要讲清这个问题呢，又先要讲"文化大革命"的"评法批儒"。"评法批儒"什么意思呢？我们中国的诸子里有儒家，有法家。儒家大家都知道，代表人物是孔夫子。还有法家这一批人，代表人物是韩非子。毛泽东推崇法家批评儒家。这样，孔子变成"孔老二"。这个运动本身是有现实政治背景的，虽然这个运动是讲古代的事情，但实际上是针对现实的。

表面上是在研究历史，实际上是一场政治斗争。那么，在所研究的历史当中,就发生了关于"王安石变法"问题的争论。宋代王安石,是主持变法的宰相,他当然是一个法家。而苏东坡在"王安石变法"的过程中,是站在"王安石变法"的对立面,那当然就是一个儒家了。所以,当时在《人民日报》上、在《红旗》杂志上,有一大批文章攻击苏东坡,说苏东坡是两面派,说他是投机派、顽固派。

苏东坡是九百年前就死掉了,也不知道他是惹了谁了,给他戴了那么多帽子。所以,我们在"文化大革命"结束后,展开正常的苏轼研究,首先要解决的问题,就是苏东坡究竟在"王安石变法"中是一个什么态度,对他的问题要怎么评价,就是给古人也要搞平反、搞正名,要把他的冤假错案给翻掉,目的是为了以后能够正常的开展苏轼研究。第一就是要讨论苏东坡和王安石变法的关系问题。这个问题,本身也是一个学术问题,在研究苏东坡生平和政治思想的时候也是一个不能回避的问题,但是和"四人帮"这么搅和在一起,就把超出了学术问题本身的很多因素加进去了。所以,当时我就写了第一篇文章,在当时的《文学评论》复刊号上发表,就是《评苏东坡的政治态度和政治诗》,给苏东坡正名,给他平反。

按照我的观点,苏东坡在变法问题上的政治态度,跟他一生不同阶段有关。

苏东坡一生经历过四个阶段。第一个阶段就是从宋仁宗嘉祐二年(1057)开始,这一年他考中进士。那时欧阳修做主考官。在封建社会来说,考中进士,就意味着他开始走向仕途,开始做官了。所以从这年(指嘉祐二年,1057 年)开始,到宋英宗治平三年(1066)是他人生第一阶段。治平三年这一年他本来在做官呢,后来因为他父亲病逝了,按照封建社会的规矩,他就要回四川老家给父亲守 27 个月孝。所以他就离开了政治舞台。

第一阶段的苏东坡,他的基本态度是要求改革。他为了考试写了系列文章,叫"进策"。进策就是向皇帝提建议的文章。这组文章一共有 25 篇,相当多。这 25 篇的进策,包括"策略"5 篇,"策别"17 篇和"策断"3 篇。这些文章对当时宋代所面临的政治问题、经济问题、军事问题做出了全面分析,并提出了一系列的改良主张。

他基本上比较准确地抓住了当时的社会矛盾。宋代一方面是一个文明很发达的社会,综合国力比较强,但是当时的社会问题也比较严重。他主要抓住了三个社会问题:一是财政不丰,就是国家的财政有困难;第二是兵力不强,就是国家军事力量不强;第三是吏治不择,就是官吏没有进行很好的选择,官吏的队伍行政效率很低。抓住了财、兵、吏三个问题,应该说,苏东坡抓这三个问题是很准的。宋代社会有个比较怪的现象,整个社会的经济实力很强,但国家财政收入紧张。当时,汴京非常富庶,非常繁华,但是国家不行,国家的财政比较紧张。因为宋代好多政策,是为了掌控皇权,因为赵匡胤是通过篡位做上皇帝的,他原来只是北周的一个大将,随后就是黄袍加身,当上了皇帝。为了巩固政权,他采取了一系列的重文轻武的政策,为了防止军队里的将军篡权,他就整天把周围的将士调来调去,做到将不识兵、兵不识将。又用了很多的收买政策,把大将的兵权收回来,又让政府的官僚机构重叠,相互牵制,设的官员很多。这些举措就造成了国家的财政收入比较紧张,国库比较空虚。

可见,苏东坡对这三个问题是抓得很准的。所以,他要求宋仁宗能够励精图治,果断而力行,督查官员来进行政治上的改革。这一段的时间苏东坡的政治态度,应该说是要求改革的。这也不是他一个人的意见,是当时一般的宋代士大夫、社会精英共同的思想。这个大背景就是以范仲淹为首的"庆历新政"。苏东坡对范仲淹、欧阳修搞的"庆历新政"一直非常崇敬。因此,在苏东坡人生的第一段,主要是要求改革的。

第二阶段始自宋神宗熙宁二年(1069),苏东坡给父亲守完 27 个月孝以后从四川第三次出来,到了汴京,做了京官。从这年开始,到宋神宗元丰八年(1085),宋神宗故世,小皇帝上台,这段时间为苏东坡人生第二阶段。这段时间主要是王安石变法时期。宋神宗支持王安石变法。比起"庆历新政",王安石变法在更广阔的范围内进行改革,它提出了一系列改革社会的新法。但在这个时期,苏东坡就变了,他激烈地反对王安石的新法。他的代表作品主要有两篇文章,一篇是《上神宗皇帝》的万言书,就给神宗皇帝提意见,第二篇是《再论时政书》。这两篇文章的主要观点是,恳请神宗皇帝不要先去变法,而是先要"结人心,厚风俗,存纪纲"。

所谓的"结人心"是什么意思呢? 王安石变法以后,人心惶惶啊,大家人心不安定,很多人的利益受到了损害,因此要求皇帝要"结人心",要安定人心。所谓"厚风俗",主要是王安石搞新法言"利"不言"义",把民风民俗搞坏了,按照儒家传统的说法,"义"最重要,而重"义"的儒家知识分子不言"利",所以要"厚风俗",就是大家要来讲仁义道德,不要斤斤计较于利益,这个叫"厚风俗"。第三个要"存纪纲",就是要保存宋朝开国皇帝定下来的所谓"祖宗家法",所以叫"存纪纲"。所以,他说,皇帝支持王安石变法,是求治太速,太急躁冒进了,参与搞新法的人都是小人,"听言太广",听的话太广了,什么话都听,这个不好,所以他最后就提出来,"今日之政","小用则小败",稍微用一下就要小坏了,"大用则大败",如果全面推行的话,你可能要彻底坏。假如"力行而不已,则乱亡随之",如果说一定要坚持到底,一定要搞下去的话,可能就要亡国。这个是危言耸听了。这是苏轼人生的第二阶段。

随后第三阶段,是从宋神宗元丰八年(1085)到宋哲宗元祐八年(1093)。元丰八年,支持王安石变法的皇帝神宗死掉了,小皇帝宋哲宗继位。从这年起到宋哲宗元祐八年,因为它主要在元祐年间,所以历史上叫作元祐更化。什么叫作"更化"呢? 就是这个时期,神宗皇帝死掉了,小皇帝继位年纪还小,结果就由宋神宗皇帝的母亲高太后来执政。由于高太后的思想比较保守,就下令把王安石的变法全部取消,任命司马光做宰相。司马光想拉拢苏东坡,苏东坡当时刚从贬地黄州起复为登州知州,到任才五天,司马光就把他复官到汴京,希望借助苏东坡的力量,一起把王安石新法取消,一切回到原来的样子,所以叫"元祐更化"。"更化"的意思,就是反过来,一切回到熙宁以前的情况,所以元祐被称为更化时期。但是在这个时期,苏东坡又变了。

在司马光要把所有的新法废除的过程中,苏东坡跟司马光发生了激烈的冲突。王安石的新法里面有一个"免役法",司马光认为这个免役法也要废掉,苏东坡却认为,免役法经过十几年来的推行,有它好的地方,不应该废掉。这个法是什么内容呢?原来封建王朝有好多盘剥老百姓的法令:其中一个是地租,就是土地税,是收实物的;还有一个就是"力役",就要出工,比如说要把某个地方国家的粮食运到另一个地方,那么就要派工,或肩挑或船运,就有一个劳力的问题。宋代原来解决劳力问题的方法叫作"差役法"。差役法是什么?就是说把这个差役,选择几家来负责,别的几家就出钱,结果,被选中的几家往往破产。封建社会的劳役非常繁重,往往不能保证劳役的完成。后来,王安石就搞了个"免役法",就是说,力役的负担大家按照不同的户口的等级,大家来出钱,然后雇人来完成这个差役,这个叫作"免役法"。应该说,这两种法对老百姓来说都是负担,但是从直接的结果来算,还是"免役法"对老百姓好一些,特别是农民,他稍微出点钱以后,就可以固定在自己的土地上,不会在农忙的时候突然就把他抽调了,让他去服劳役。实施"免役法"之后,他就可以用一定的金钱,买来自己生产的权利,所以,在这个问题上苏东坡说不能变,还是王安石的这个法好,因此造成他与司马光之间的矛盾。这是第三阶段。

第四阶段比较简单,是从元祐八年(1085)宋哲宗亲政,到宋哲宗元符三年(1100)。元祐八年以后,高太后年纪大了,就把政权交还给宋哲宗。宋哲宗开始亲政,自己来处理政务,一直到元符三年,苏东坡这个时候已经在海南岛,在政治上叫作"绍圣时期"。"绍圣"是什么意思呢? 这个"圣",对宋哲宗来说就是他的父亲,这个"绍"就是继承的意思,"绍圣"就是继承他的父亲。什么意思呢? 就是说,他在政治上要恢复到他的父亲宋神宗时候变法的方针。所以,新党又上台了,旧党又倒霉了。"绍圣时期"苏东坡基本都在贬谪,已经不做官了,先是在惠州,后来被贬到海南岛。但是,他仍坚持自己独立的政治立场,保留他政治上的自主。对于研究苏东坡的政治态度,这一时期因为他不承担具体任务,不是非常重要。

于是我们就要提一个问题,苏东坡为什么从第一阶段的要求改革,到第二阶段的反对王安石变法,又到第三阶段维护某些新法,出现这么一个"之"字形的变化呢? 现在我们来解释这个原因。

因为有上面这个"之"字形变化的现象,"四人帮"就说,苏东坡是投机派、两面派,你一会儿这样,一会儿那样,一会儿是变法这一面,一会儿是反变法那一面,所以就是两面派。但是,如果我们要是了解里面的原因,就会对苏东坡的政治态度有更深刻的理解。原因呢? 简单说起来有三个。

第一个原因,是苏东坡政治观点本身的矛盾性。我现在研究苏东坡,对苏东坡很崇敬,但是我们今人的研究呢,不宜对古人采取仰视的态度,而应采取一个平视的态度,毕竟苏东坡他还是人,不是神。他有他的局限性。苏东坡的哲学观念上,总是往往在两个方面摆动,一方面他认定天下的事情要动,动才能进步,所以有动的观点,另一方面他更突出静的观点,用静来看动,用静来看动和静的关系,就是他一方面肯定世界万物都在变化,在变化当中万物才能发展,但另外一方面他更要求静,要在守静的前提下解决问题。他特别要求皇帝要守静。他认为皇帝不应该太积极,不应太好动,只要设计好政策以后，就叫你的手下的官吏来运作，这样政治才能搞好。所以，他强调不同的皇帝有不同的政治风气，要在不同的政治风气里来维持动与静之间的一个平衡。

苏东坡曾经做过主考官，他给考生出了这么一个题目叫他们来回答。我先把这个题目给解释一下。他说"欲师仁祖之忠厚"，就是打算以仁宗皇帝的忠厚为师，学习他待人比较宽厚、政治上比较的宽厚，但这样有什么弊病呢？"而患百官有司不举其职，或至于媮"，仁宗皇帝要求不严格、松松垮垮，结果，就是"百官有司"，很多官僚机构"不举其职"，不能完成他自己的本职工作，"或至于媮"，这个"媮"跟那个人字旁的"偷"是一个意思，就是苟且偷生、不积极有为，该怎么办？这是题目的一个方面。另外一方面，"欲法神考之励精"，如果"效法神考"，"神考"就是神宗，就是支持王安石变法的神宗皇帝，励精图治、积极有为，"而恐监司守令不识其意，流入于刻"，又恐怕"监司守令"，这个"监"就是各个地方的专员，这些官员"不识其意"，不了解神宗皇帝励精图治的本意，而"流入于刻"，"刻"就是刻薄，严苛、凶猛地盘剥老百姓。

这个题目很有意思，他不光是考了学生，实际上也是考了他自己，而且反映了他自己的政治思想，就是说，他总要取一个既忠厚又励精的中间态度。官员最好是既比较宽厚，又能励精图治，既能够避免苟且偷安的缺点，又能够避免严刑峻法的局面，所以，他要求采取一个中间的、不偏不倚的立场，这是他的政治态度中的一种矛盾性。像这样的政治立场，对于当时北宋政治上积累下来的种种问题，特别是财政问题和军事问题，没有办法解决。因为当时需要采取比较果断的行动，才能把这些问题解决。如果按照他的这一方针，既不能这样，也不能那样，实际上什么事情都干不成，所以我认为他的政治思想有矛盾性。

另外，从早年的进策来看，我刚才讲过，虽然他对于当时的问题抓得还是很准的，一个是财政不丰，一个是兵力不强，一个是吏治不择，但是，从二十五篇文章来看，它最主要讲的是"吏"的问题，即怎样来整顿这个官僚机构，对于"财政不丰"他并没有提出具体办法。在这一方面王安石有比较成熟的经济思想以及办法，相比起来应该说差距比较大。因此，实际上他对王安石的新法，在经济思想的理解上是比较有问题的，他没有理解王安石变法中比较突出的经济思想。这是他的缺点。就是说，他虽然对于社会问题有个总的看法，但是，要他自己提出一些实用意见，他还是有不足的。

当然，他也有一些比较好的见解。比如，他当时提出应该向今天的湖北、湖南地区移民。因为，当时这个地区人少地广。他认为要从整个国家的长远利益考虑，向这个地方移民。这个看法应该是非常深刻。如果北宋当时这样做的话，后来金兵把汴京攻下来的时候，就不一定要马上逃到南方来，可以以当时的荆湘地区为依托，抵抗一阵子。所以，后来南宋的陈亮、辛弃疾都有这个看法，这就是苏东坡观察社会问题比较深刻的地方。但是苏东坡没有形成比较成熟的经济思想，更拿不出一套经济政策，这是造成他政治立场这么变来变去的一个原因。

第二个原因，是由于他所反对的那个对立面的矛盾性，也就是王安石变法本身的矛盾性。"王安石变法"现在国内学术界有各种不同的评价，虽然基本上是肯定的，但也有否定的。王安石在宋代后期，特别是南宋时候，成了反面人物。因为北宋灭亡了以后，大家都来追究北宋为什么会灭亡，结果，追究来追究去，原因就是王安石变法不好。特别是他的几个助手，先是吕惠卿，后来又是蔡京等等，历史上评价不高。所以，在《宋史》里面对王安石也评价不高，而且吕惠卿都被列入了《奸臣传》。王安石的地位被重新抬起来，主要得益于近代的梁启超。梁启超写了一篇《王安石评传》，就给王安石全部翻案了。这个也很好理解。因为梁启超要变法，于是把王安石推出来，作为自己的同道。在学术研究上,也有不少老先生对王安石的变法提出怀疑,甚至全面否定王安石变法,但是我自己的看法呢,还是觉得"王安石变法"从经济、政治的角度来考虑,应该给予肯定。但是变法后来走向了反面,走向了负面,而且负面影响也很大,这也是必须看到的。

我现在来讲讲"王安石变法"的问题。"王安石变法"的主要目的就两个,富国与强兵,所谓"富国"就是理财,"强兵"就是要加强军事实力。他的目的非常明确,一是财,二是兵。首先,讲一讲理财。理财的总原则,王安石有一句话,"善理财者,民不加赋而国用足","善理财者",善于理财的人,要做到什么呢?"民不加赋",不需要给老百姓加租加税,"而国用足",就可以做到国家财税富足。王安石提出这个口号,司马光就攻击他,说这个事情怎么办得到呢?司马光认为,社会的财富是固定的,国家这一块拿得多了,老百姓这一块必然要拿得少,所以司马光反对这种看法。

实际上,王安石的初衷不是这样,因为从宋代的国家财政收入来说,有两大块,一块就是地租收入,就是我们现在说的土地税,一块是工商税。宋代工商业已经到了相当高的程度。工商税在王安石变法时整个国家的收入当中,根据目前历史上留下来的数字来看呢,几乎占到一半。一半是土地税,一半是工商税的。也就是说,宋代有很多豪强兼并户和大工商地主,在他们手里集中了很大的财富。这些财富经过土地买卖、土地兼并和工商界的流通集中在一起,从而聚敛了大量财富。王安石谴责他们,说他们"与人主争黔首"。"人主"就是皇帝;"黔首"就是老百姓,因为老百姓就是黑颜色的头。就是说,这些大工商地主跟政府争夺财夺权。所以,王安石的变法,"理财"的那一部分就是想方设法从豪强兼并户和大工商界手里面夺取他们的暴利。

譬如说青苗法。青苗法是什么呢?比如说农民们在青黄不接之际,也就是春天的时候,稻谷还没收割,但是家里面的粮食已经吃光了,这是农民们最苦的时候。那么怎么办呢? 去借贷。但借贷的利息非常贵,一般都要 100%。提前一个月、两个月,借了一担稻谷的话,等稻谷收回的时候,就要还两担。但是国家的青苗钱是 20% 的利息,也就是国家贷给当时生活困难的农民,等他粮食收起来的时候,农民将本与息还给国家。这样,不仅国家能收到利钱,老百姓也解决了生活问题,应该说王安石的设计还是相当好的。他这个设计的实质,就是将原来向大户借钱的利息,转化到国家手里边来。

王安石这些做法,应该说,初衷是比较好的。从青苗法的本身来说,设计是比较完善的。但是,新法虽然设计比较完善,却只能依靠当时的官僚机构来推行。在官僚机构推行的过程中,就发生了很多弊端。比如青苗法,它分配给各个地方的地方官,比如说给你一百万担,过段时期,你交百分之二十的利息还给国家。但是,地方官也有难处。他把一百万担的本钱拿来以后,如果发放给真正贫苦的农民,到时候可能连本钱都收不上来,收不上来的话,地方官不就要受罚了么? 所以地方官就把拿到的本钱偏偏摊到那些不要钱的富人家,富人家不需要,他就强迫他们,必须借这个青苗钱,这样可以保证最后收到利钱,本利保收。所以,在新法执行过程中的流弊是非常严重。苏东坡的好多诗歌实际上也是指这个。

我们看苏轼的一首诗:“杖藜裹饭去匆匆,过眼青钱转手空。赢得儿童语音好,一年强半在城中。”“杖藜”是指年纪大的人了,手里拿了根拐棍,提了盒饭,来去匆匆。但是,“过眼青钱转手空”,从官府里面借了青苗钱,转手之间就吃光了。为什么吃光呢? 就是领青苗钱的附近开了好多饭店,大肆宣传,乡下来的农民就在那里大吃大喝,一下子借的青苗钱就转手空了。“赢得儿童语音好,一年强半在城中”,拿了钱带着小孩就在城里面过了,一年当中有大部分时间在城里面过,乡下的话都不会说了,只能说城里话了。这样的诗就是苏东坡对当时的青苗法在实行过程中的流弊进行了记录。这个批评,王安石自己也是承认的。

还有一个材料讲的也是青苗法问题。陆佃是陆游的祖父、王安石的学生。他从山阴到京城应试的时候,王安石问他在路上看到新法实行的怎么样?陆佃就说:"法非不善,但推行不能如初意,还为扰民。"法不是不好,但推行的结果不是原来的初意,是对老百姓的一种扰乱。所以,苏东坡从原来主张变法到王安石变法时期反对新法,其中的一个原因就是不满意新法在实际执行过程中的流弊。

第三个原因,是由于苏东坡独特的仕宦经历。以前我讲过,宋代的上层政治,强调各种不同政治力量之间的平衡,互相牵制,所以特别强调谏官的作用。苏东坡考中进士以后,又考中了"贤良方正能直言极谏"的制科。这个科目出身的人就要敢于讲话,而且他跟主持政府工作的宰相或者副宰相,处在一个既定的对立地位,有点像民主党上台,共和党总是讲不同的意见。所以,王安石上台的时候,苏东坡要跟王安石唱反调,司马光上台时,就要跟司马光有不同意见,后来章惇(本来是苏东坡的好朋友)上台的时候,他又与章惇发生了分歧。最后是章惇力主把他从惠州贬到海南岛的。同时,他自己又因为受到了两朝皇帝的特别的赏识,自己也觉得立朝应该自断、自信,他这方面的愿望比较强烈,所以就造成了苏东坡长达十几年的流放过程。

我的这个意见提出以后,学术界有不同的争议。主要有两条。

一个意见是苏东坡跟王安石的矛盾不是要不要变法的矛盾,而是怎样变法的矛盾。具体讲,苏东坡主张人治,王安石主张法治。

这是苏东坡原来的一段话。"夫天下有二患",目前政治上有两个不好的地方,"有立法之弊,有任人之失",一个是法不好,规章制度上有问题,一个是任人不好,不能选择好的官吏,"二者疑似而难明,此天下之所以乱也",这两个没有搞好,所以天下就乱了。但他下面的结论就有问题了。"臣窃以为当今之患",我以为当今最主要的毛病,"虽法令有所未安",虽然法令有不完备的地方,"而天下之所以不大治者"，天下之所以不能够大治，"失在于任人，而非法制之罪也"，原因不在于法制，而在于人。这段话反映了苏东坡政治上比较幼稚的一面，因为官吏选拔制度的改革，本身就是一种法，而离开法的改革也无法正确解决择吏的问题。所以，苏东坡把解决当时的主要矛盾的办法只放在择吏上面，这是一个缺点。

而王安石主要看到法，所以他要变法。整个变法过程中颁布了很多法，如青苗法、免役法、将兵法、农田水利法、保甲法等等，希望从法治上解决社会问题。可见从政治上来说，治国、理财的经验，苏东坡比不上王安石。当然，王安石本身也是个悲剧性的人物。他什么书都看，和苏东坡一样也是一个全才。却在生命的最后目睹自己变法事业的废止。

第二个意见，苏、王的矛盾，苏东坡主张缓变，王安石主张即变；一个是渐变，一个是突变。这个意见是不对的。因为王安石的新法并不是突然提出来的，王安石做宰相前，做过几任地方官，一个在今天的宁波，一个在今天的安庆，他就在做地方官的任上，利用地方官一定范围的职权，已经把新法慢慢实践过。所以，他做过试点工作。就法本身说，就政治才干和经济思想来说，王安石比苏东坡要成熟。

王安石失败的最根本原因，就是当时还没有一个行政机构，把他的法按他本来的意思推行下去。这也是封建社会的悲剧，"经"是好经，让坏和尚念歪了。要解决这个问题，在当时的社会是不可能的事情，而且他要面对强大的反对派。北宋很多元老重臣几乎都反对变法，所以，王安石不得不在年轻人里面去寻找可以执行新法的人。但找来的人鱼龙混杂，有的不是跟他一样想把国家治好的，里面有小人，比如吕惠卿之类的人。这样大量的小人帮助他推行新法，他的新法自然没有得到好的命运。另外，他搞改革不像我们现在，我们现在有政策的连续性，他实行变法是在皇帝支持下进行的，一旦失去皇帝的支持，就搞不下去了。因此，王安石变法时比较急躁，也是情有可原的。关于新法的讨论，大致是这么个情况。

二、作为文学家的苏东坡

在讨论政治问题的时候，大家又取得了一个共识，就是苏东坡对于我们今天的意义，重点不应该在苏东坡的政治态度上，而应在他的文学创作上。因为苏东坡留给我们的，毕竟是他的作品，就是我讲的2 700多首诗，300多首词，4 000多篇文章，还有几部经学著作。苏东坡的政治态度已经成为历史，但对研究来说，对苏东坡政治态度的研究，对王安石变法究竟如何评价，还可以并且应该继续研究，因为这些问题现在还没有结论。在20世纪80年代初，内地成立了苏轼研究会，已经开了十多次会了，有时每两年开一次，有时每年开一次。苏东坡政治态度问题在八十年代初有两三年是热点，过了一段时期，我们就提出来继续研究苏东坡的重点，不应放在他的政治态度上，而应在他的文学方面。

所以，这一讲第二方面就是作为文学家的苏东坡。当然关于苏东坡政治态度的问题讨论还是有好处的，就是为苏东坡的学术研究打开了道路，至少证明苏东坡不是什么两面派，不是什么投机派。因为他有自己独立的政治立场，当然这个政治立场是由他的思想决定的，不是看风使舵。从文学上研究苏东坡，应该讨论的问题也比较多，今天我只讲一个问题，就是关于苏东坡创作分期的争论。

苏东坡一生活了六十六岁。很有意思的是，宋代好几个知识精英，都活了六十六岁。欧阳修、王安石都是六十六岁。东坡活了六十六岁，创作道路也有四十多年，在漫长的四十多年的创作历程当中，很自然要划分他的创作阶段。研究他的创作分期，可以更准确地认识苏东坡作品里面的思想面貌和艺术特点。他写了四十多年，其中文章、诗歌、词有没有什么变化？这些变化的原因是什么？研究苏东坡作品的分期问题,应该是有意义的,可以更深入地了解苏东坡作品的一些特点。研究过程中有不同的争论和意见,大概有三种意见。

第一种意见是三期说。此说认为可以把苏东坡四十几年的创作生涯分成三期,早期、中期、晚期。"三期说"是有根据的。南宋有个诗话家叫胡仔,他有本书叫作《苕溪渔隐丛话》,是比较重要的一部诗话著作,主要是把宋代的很多诗话加以类编。他对苏东坡的创作提出一种看法叫作"少而锐,壮而肆,老而严"。早期作品比较敏锐、锐利,非学力所及;到了中年的时候,就是比较放笔快意,比较潇洒;到了老年,渐入化境,格律比较严格,但作品达到艺术顶峰。

苏东坡的一生就分为三个阶段。第一个阶段是他初入仕途,刚刚考中进士,是二十一岁到三十四岁。第二个阶段是三十四岁到六十岁。他考中进士,三十四岁到三十六岁在汴京做京官,就是在朝;随后是第一个外任时期,从三十六岁到四十四岁,在四个地方做地方官,一个是杭州,一个是密州,一个是徐州,一个是湖州;在湖州又发生变故了,"乌台诗案"开始了,所以从四十四岁到四十九岁,是黄州贬官四年时期。司马光上台后,他又去做了京官,从五十岁到五十四岁,又在朝了;随后,在京中与司马光及其他旧党的人闹翻了,他又到外面去做地方官,又在四个地方做过地方官,杭州、颍州、扬州、定州,这是五十四岁到五十九岁;最后从五十九岁到六十岁,是被贬广东惠州和海南儋州。所以他的生平比较好记,两个循环——在朝、外任、贬居,在朝、外任、贬居。这个生平比较好记,而且这样的生平对他来说的确是种幸福。一个人重复地经历一种生活,两次被贬经历对苏东坡的影响是非常大的。第三阶段是六十岁到他去世。这是第一个说法,根据他人生的三个阶段划分为"三期",早期很短,中期很长,晚期又很短。这是第一种说法,现在也有人写了文章,发挥了胡仔的意见。

第二种说法是"两期说"。这是我的一个朋友提出来的。一个是前期，一个是后期。前期和后期以贬官黄州为界。黄州以前是前期（二十一岁到四十四岁），黄州以后是后期（四十四岁到六十六岁）。它的区别是什么呢？前期的创作风格的特点，是从练笔到豪放风格的成熟，并且达到了创作的高峰；后期诗才逐渐衰退，风格趋向平淡，锋芒收敛，作品的现实性也随之减弱。

第三个说法是我自己的说法。我把它变成为：任职期、贬居期，任职期、贬居期。两个任职期（包括在朝和外任）有共同的思想和艺术特点，以儒家思想为主导，追求豪健清雄的风格；两个贬居期有他另一种的思想和艺术特点，以佛道思想为主导，追求清旷简远的风格。所以，我的分期不是按照自然的年序来分的。这是我的看法。这三种意见都还在争鸣。

我说说我为什么要坚持我的看法。第一说跟第二说，表面上是两种说法，实际上是一个说法，关键问题是对黄州时期创作的评价。我觉得是有问题的。第一种说法是中期划的很长，就是把黄州时期的创作跟后面、前面都合并成一个时期。第二种说法又把黄州作为苏东坡诗歌走下坡路的一个时期。这两种说法我觉得都是不对的。应该说，苏东坡在黄州生活的四年，从文学创作来看，是他一生中一个很大的转折点。无论思想面貌还是艺术面貌，黄州之后，苏东坡都有突破性的发展。

苏东坡黄州时期的转变，首先是思想发生了很大变化。中国的传统思想有三家：一是儒家，一是佛家，一是道家。这是我们中国传统文化三大思想支柱。这三种思想原来是不一样的。儒家思想总的特点是入世，孔夫子要求知识分子有社会责任感、历史使命感；佛家的思想是出世，世界上的东西都是空的，都是假的，所以要出世，要到西方极乐世界去；道家的思想是避世，追求自己的长生不老。这三种思想不一样。但在宋人的思想发展过程当中，他们把这三种思想融合起来。宋代的和尚智圆说："儒者，饰身之教，故谓之外典也；释者，

修心之教,故谓之内典也。"意思是儒家的学说是规范立身行事的,是
对外的,是教人如何进行社会活动的,属于外典;我们释家是修养内
心的,要求内心进行修养,所以是内典。因为中国的儒家的确不能解
决人是怎么来的,人又要到何处去的。孔夫子不讲这些。孔夫子说
"不语怪、力、乱、神"。孔夫子说"未知生,焉知死",生都不知道,死更
不知道,所以他对终极的东西没有回答。这是佛教的事情,佛教讲内
心的修养,探究生与死的问题。所以智圆这样说。这套思想正好也
是苏东坡接受的。他在黄州以前是入世的,无论是京官或者地方官,
他主要面对的任务是要完成他的职责,他的思想主要是以儒家的经
世济民为主导。但是到了黄州以后,就面对另外的一个生活问
题——贬居。在黄州的时候,他每隔一二日就会去黄州的天庆观,去
寺观里面修心,注意道教的丹术,学习怎么样才能长生不老。所以,
在黄州的时候,应该说苏东坡的思想广度上升了,他主要是要处理这
些有关生命与生活的问题。因此也影响了他的作品的面貌。代表作
是《前赤壁赋》《后赤壁赋》,主要是写自己旷达的情怀。所以说,黄
州时期苏东坡的思想变了,黄州时期诗词风格也变了。如果说在朝
时,他的诗风是豪放的、雄健的,到了黄州时期则主要是自然平淡、旷
达脱逸的风格。诗歌风格旨趣完全不一样。

　　可以再举个例子。黄州贬官时期刚刚结束,苏东坡乘船到了当
涂。当涂有个朋友叫郭祥正。在他家里,苏东坡写了他离开黄州以
后的第一首七古长诗。"空肠得酒芒角出,肝肺槎牙生竹石",这个意
思是说郭祥正请他吃饭、喝酒,之后在人家墙壁上面画竹子跟石头。
苏东坡会绘画,空着肚子喝酒,之后芒角就出来了,肚子里面的肝跟
肺都仿佛变得不规则,也长出了竹子和石头。"森然欲作不可回",这
些竹子和石头在肚子里左右盘桓,不可以压服下去。"吐向君家雪色
壁",就吐到老兄家里白颜色的墙壁上来,意思是说他喝了酒,满腹牢
骚,满腹不平化成了一丛竹一堆石,压也压不下去,结果一下就吐到

你的墙壁上了。这样的事,黄州的时候是不写的,黄州时期不是这样。黄州时期会写"谁道人生无再少,门前流水尚能西",像上述在郭祥正家里的诗那种昂扬的风格、豪健的风格,黄州的时候就不见了。因为离开了贬居的生活,苏东坡的脾气就出来了,要写这样的诗。所以我说黄州时期的创作应该得到非常大的重视。而以后的惠州时期、儋州时期的诗也正好是黄州时候的延续和发展。

至于第二种意见认为,黄州时期是他的诗歌衰败时期,这个我觉得也不对。今天苏东坡留下来的诗作一共四十五卷,黄州以后的诗还有二十六卷,怎么能叫"诗才衰落"呢?现在留下来苏东坡能够编年的词约是两百多首。黄州以前的约九十首,黄州以后约一百二十首,而且黄州以后有《念奴娇·赤壁怀古》等名作。所以把黄州时期说是苏东坡"诗才衰落"的时期,我觉得是不符合事实的。

关于作为文学家的苏东坡,我主要谈关于创作分期的讨论。当然还没有定论,我想借这个机会讲讲我自己的意见。

三、作为文化型范的苏东坡

苏东坡在中国文化史上主要的意义,如果仅仅局限在文学家,可能还是不够的,应该把苏东坡作为中国文人的精英,作为一种文化型范来看,可以把苏东坡看的更深刻一点,更全面一点。关于苏东坡的人生观、苏东坡的文化性格,这方面的研究著作也比较多。但也有不同意见。

有些人提出,苏东坡作品里面主要表达的是人生空漠之感。有些学者还认为苏东坡的作品是对政治的逃避,进而导致对社会的逃避。有这样的一些观点,让我觉得关键在于怎么来看苏东坡。

苏东坡一生道路中,如果从他的人生观的角度来看,应该有两条基本的线索。一条就是他从少年时候,受母亲教导,立志入仕,奋力向上。因为他父亲学习不太好，经常在外面游荡，就由母亲教他。苏东坡的文章里面一直强调，从小母亲教他立志入仕，按儒家的标准立功立业。这条线索在苏东坡的一生当中是始终存在的，不管他生活境遇的顺逆都始终存在，即使在贬居时期有所弱化，但是始终没有消退。

另外一条，就是他的人生苦难意识和虚幻意识。的确像有些学者所说，苏东坡的作品里对于人生的这种无定、无常、难以把握、虚幻等描写得比较多，感受得也比较深刻。举个简单的例子，苏东坡的诗歌里面，光是"吾生如寄耳"这一诗句，一共有九个地方，一个字都不变的。

对于这个问题我觉得应该有正确的分析。人的生命无常，对自己的命运不能把握，这是一个客观的事实。在苏东坡的诗歌里面，应该仔细去体会，他究竟怎样对待这样一个事实。"吾生如寄耳"这样的思想，在苏东坡以前的诗里经常见到，譬如《古诗十九首》。但前人对生命的飘忽不定，往往着眼点是短暂，悲叹人生的短暂。由此来抒发他的悲哀与苦恼。苏东坡却不是这样的。有好几位日本的学者研究苏东坡，认为苏东坡始终把人生看成一种流程。"人生到处知何似，应似飞鸿踏雪泥。泥上偶然留指爪，鸿飞那复计东西。"人生像什么呢？变动不居，像大雁在雪上留下的痕迹，雪上偶然留下它的脚印，留下后又起飞了，也不知道去东边还是去西边了。这首诗透露出一个信息，那就是苏东坡把人生看成一个永远不停止的流程，这样，不管高兴的时候，还是悲哀的时候，它也不过是人生流程当中的一点，不会永远固定在那里，即使人生苦难的时候，也不会固定在那里，所以应该对前途抱有希望。日本的一位汉学家吉川幸次郎针对宋诗提出一个说法，叫作"悲哀的扬弃"。苏东坡就有"悲哀的扬弃"精神，在苦难面前，他就能够扬弃这个悲哀。

人生短暂，生命苦难，前人怎么解决这个问题呢？往往有几种办法。一种办法，就说生命既然是短暂的、苦难的，那我们去追求长生吧，去炼丹吧，去求长生不老的药吧，这是一种办法。第二种办法就是及时行乐，生命既然这么短，今朝有酒今朝醉，在醉酒中享乐。第三种办法比较高级，如庄子、陶渊明，他们提出来的是"顺应"，把自己生命顺应到生活里去。"纵浪大化中，不喜亦不惧"，这是陶渊明的句子，人生好像大浪，不喜亦不惧，个人无所谓高兴也无所谓恐惧。这是陶渊明的态度。庄子和陶渊明是中国哲学史上很重要的两个大家了。他们的思想表面上好像比较悲哀、无奈，实际也体现人的觉醒。尤其是陶渊明。我们把魏晋时期叫作觉醒的时代。以前的人无所谓个人生命的感受，但到魏晋的时候人才感觉要把自己当人，所以才有人的悲哀、人的苦恼。

但是，我觉得苏东坡比庄子、陶渊明要高明。庄、陶的思想实际上是一种没有选择的选择。"纵浪大化中，不喜亦不惧"，委身到生活中，随波逐流，带有某种混世哲学的味道，是一种反选择的选择，实际上仍是不选择。但苏东坡不是这样的，苏东坡是有选择的。他面对苦难，经过一个醒悟的过程，自己去悟，然后超越这个苦难。不论生活怎样困难，他总要把握自己，超越苦难，发现苦难中仅存的一点快乐，即"悲哀的扬弃"，使自己维持一个很好的心态。

这里举一首在海南岛写的词。海南岛已接近苏东坡生命的终点，但他仍保持非常乐观的态度，这首词可能是他写在海南岛的最后一首词。我大致说一说。这首词讲的是苏东坡在海南岛的最后一年，元符二年（1099），海南岛立春的一天。他写了一首春词：

减字木兰花

己卯儋耳春词

春牛春杖，无限春风来海上。便丐春工，染得桃红似肉红。

春幡春胜，一阵春风吹酒醒。不似天涯，卷起杨花似雪花。

　　全词用了不少的春字。他用重字的写法,这个也是旁人很少用的。前人虽然用过,但没有他用得这么好。这首词讲立春的那一天,大家都赶着牛去耕地,因为立春啦! 要取一个比较好的兆头,所以就有"春牛春杖",杖就是赶牛的杖。"无限春风来海上",这个海南岛啊,之前要叫"鬼门关",但是他感到无限春风从海上吹来。"便丐春工,染得桃红似肉红",这个"工"就是神,"春工"就是"春神","染得桃红似肉红",请春神把桃花变成皮肉的红色。"春幡春胜,一阵春风吹酒醒。不似天涯,卷起杨花似雪花",就是说虽然他处在天涯海角,但是立春以后,一阵春风把杨花卷起来,看到南方的杨花像北方的雪花一样,让人倍感亲切,他还是想到了北方的中原。这一首词,是他生命快要结束的时候,一位六十多岁的老人的感受,但是这种感受却是春天般的感受、年轻人般的感受,虽然人在天涯,心里面却不像是在天涯。生活比较苦,当时海南岛什么都没有,但他仍能保持一种"悲哀的扬弃",保持着乐观的心态。这是一种非常健全的心态。

　　因此,说苏东坡对政治逃避,而且发展到对社会的逃避,我觉得这些说法是不能成立的。他既没有逃避政治,也没有逃避社会,反而始终两只眼睛注视着大地,也注视着自己,并在苦难中不断超越。

第三讲　苏东坡和北宋三大文人集团

　　这三个文人集团，即钱幕、欧门与苏门，在我看来有三个特点：第一个特点是系列性；第二个特点是文学性；第三个特点是自觉性。

　　今天我讲的题目是北宋三大文人集团。我想从这个角度谈谈北宋文学的走向。首先讲讲为什么讲这个题目。我们的古典文学研究长期以来往往局限于作家的个案分析。你们可以在图书馆里看到苏轼研究、李白研究、杜甫研究等个案研究，一个作家一个作家地分析，但是实际上在中国的文学发展过程当中，文学的群体研究也非常重要。如果进行群体研究，往往可以弥补个别的个案研究当中的盲点，集体研究有些问题就会比较清楚。所以，近年来，学术界关于作家的群体、文人集团等研究逐渐成为一个热点。

　　那么，关于宋代文学的研究呢，我比较早地注意北宋有三个文人集团，是非常值得研究的。

　　第一个谓之钱幕。什么叫钱幕呢？就是在钱惟演领导下进行文学创作的幕僚集团。钱惟演原来是吴越国的后代，后来在宋代统一中国的时候吴越国就投向了宋王朝，钱氏就到了汴京去了。钱惟演是吴越国的后裔。吴越国呢，因为它是自动投降的，所以，宋代就对钱惟演比较优厚，给他做了大官。当时，他在洛阳。我们知道北宋并建东南西北四京,一个首都,三个陪都。首都是东京开封府,陪都是西京河南府,就是今天的洛阳,北京大名府,即今大名县,南京应天府,即今商丘。当时宋朝的皇帝就令钱惟演当西京的地方长官。在他当地方长官的时候,他集中了一大批的幕僚。这些幕僚里面出了非常多的人才,特别值得注意的是欧阳修。因为他们是西京留守府的幕僚,所以这是一个幕僚集团。这个幕僚集团一共有三年的时间在钱惟演的领导下进行文学活动。其中有好多值得注意的事情,在以前的研究当中很少被注意到。这是钱幕。第二个欧门,大家就比较清楚了。盟主就是欧阳修。欧阳修大家都知道,大名鼎鼎的,在北宋的整个学术史发展过程中起了很大的作用。第三个就是苏门,苏门的盟主就是苏东坡了。关于苏门,我想从苏东坡个人讲讲苏门的问题。今天主要想通过对三个文人集团的简单介绍,来看看北宋文学当中的一些新的面貌,比如宋诗以文为诗,或者说宋诗的散文化,是不是能从三个文人集团当中找出线索来。还有,宋代的古文运动发生的起源和趋向,能不能从这三个文人集团的交流当中,看出其深刻的意义。

这三个文人集团,即钱幕、欧门与苏门,在我看来有三个特点。中国文人形成一个团体并不是从宋代开始的。比如"建安七子",它是围绕在曹操父子周围的一个文人集团,后人叫他们"建安七子"。比如说唐太宗李世民,当他还没有做皇帝的时候就有个"十八学士集团",这十八个文人也是围绕着他进行文学活动。所以说,文人结社并不是从宋代开始。但是,宋代的这三个文人集团有它们自己的特点。第一个就是系列性。什么叫作系列性呢? 就是前一集团都为后一集团培养了盟主,前一个集团的骨干往往成为后一个文人集团的领袖。刚刚讲到,钱惟演的幕府里面主要人物是欧阳修。欧阳修就是在钱惟演的幕府里面慢慢成长为第二个集团的领袖。第二个集团领袖欧阳修利用他嘉祐二年(1057)主持科举,录取了 388 个进士,其中有一个进士是苏东坡。所以,苏东坡是欧阳修的学生,也是欧门的重要成员。苏东坡后来就成为第三个文人集团的领袖。所以这三大文人集团就有系列性的特点。这个现象使北宋文学的走向保持连续性。文学中的一些特点的萌芽,如以文为诗,或者说诗的散文化,因为其人员相互衔接,这个特点就越来越显著。

第二个特点是文学性。以前的文人集团往往带有很强的政治色彩。比如所谓"建安七子",这七个人成为建安七子的时候,他们的文学创作高潮已经过去了,就是曹操把这些人笼络到自己身边。建安七子主要给曹操起到什么作用呢?主要起到政治上的参谋作用,等于是一个谋士集团。所以,真正变成一个集团的时候,他们的文学活动反而不多了。刚刚讲到李世民的"十八学士集团"。李在组织这个集团的时候,他还只是皇子,不是皇帝。进入李的集团那就叫"跳龙门",因为李给他们非常高的政治待遇。这批文人主要帮助李搞政变。这个政变就是历史上的"玄武门之变"。本来李世民的父亲并不想把皇位传给他的,而是要传给他的哥哥李建成,结果,他搞了政变,把李建成给杀掉了。所以,十八学士集团主要是在政治上起作用。但是,我刚刚讲的宋代三个文人集团主要是文学性,因为他们主要通过文学来相互交流,当然也有政治的因素在里面。但是他们作为集团来说,主要标志是他们的文学活动。这是第二个特点,就是他们的文学性比以前大大增强了。

第三个是自觉性。中国人对于结盟的思想——趋群的思想是比较强烈的,就是大家要在一起活动,就要有一个共同认可的观念。这种思想当然在一定情况下有负面的因素,但是另外一方面呢,有助于促进作家进行社会化的活动。我们知道文学创作中主要是作家个人的劳动,但是作家要写出好作品,又不可能在完全封闭的内心世界中进行创作,他必须要融入社会,要跟社会有交集。这样文人之间互相唱和,互相交流,对于作家的社会化肯定起到了非常好的作用。所以,在这个意义上,组成一个集团,推举一个盟主,这个意识在宋代人当中是特别自觉的。

譬如说钱惟演,他有一次在洛阳建了一个阁,相当于休息的驿站,就请欧阳修、尹洙、谢绛都写一篇文章,结果尹洙写了 300 字,谢绛写了 500 字,欧阳修写了 1 000 字。当时的文风需要从繁缛走向简洁,所以,尹洙简而有法的文章就中选了。钱惟演就解释说他为什么要举行这个作文比赛呢。他说,"君辈台阁禁从之选也",你们这些人将来都是要进入皇帝的文学班子,"当用意史学",应该注重史学,"以所闻见拟之",现在叫你们写这篇文章记录所见所闻,就应该从历史的角度立意。洛阳地区的文化积累特别深厚,钱惟演已经着意培养自己的后辈,说明他对人才的培养是有自觉性的。

到了欧阳修,刚才讲到他是在嘉祐二年也就是公元 1057 年主持全国性的进士考试。他是主考官。这个考卷的题目叫"刑赏忠厚之至论",这个题目实际上是非常"八股"的题目,但欧阳修看到苏轼考卷上的这篇文章后非常称赞,说快哉快哉! 老夫一定要让他出人头地,三十年后别人就不说他欧阳修,而要说苏东坡了。他亲自对苏说,"我老将休,付子斯文"。

文坛必须要有一个主盟者,这个"主"要使文学流变有延续性。有人说这是受了佛教的影响,因为佛教的老和尚圆寂前,必须传衣钵给后人。欧阳修也像佛教僧侣这样,他作为文坛领袖,对苏轼说,他已经老了,这个文坛的责任就要交给你。苏东坡有一次把他门下的弟子召到一起,说了一段话。这段话比较长:"方今太平之盛,文士辈出,要使一时之文有所宗主。昔欧阳文忠常以是任付于某,故不敢不勉,异时文章盟主,责在诸君,亦如文忠之付授也。"可见,文坛盟主这个接力棒是一个接一个地传下去的。所以钱惟演、欧阳修、苏东坡这些人就非常明确地表达他们结盟的意思,结盟以后要有一个盟主来领导这个文学集团的发展。这个意识是非常自觉的。所以,系列性、文学性、自觉性在宋代这三个文人集团中表现得很突出,也是中国文学史上比较少见的。

一、文人集团一:钱幕

下面,我就分别介绍这三个集团的具体的情况。先讲钱幕。钱惟演刚才讲过,他当时是西京留守。这个"留守"的意思是当时西京府的首长。他有一个副手叫谢绛。钱惟演当然是一个文人了。他喜欢读书,家里面藏书也比较多,这一阶段他幕府的主要任务,就是给文人幕宾们时间,让他们去游山玩水,让他们去互相诗歌唱和。钱惟演主要是起着组织活动的作用。那么,真正在文学上影响年轻这一辈的人是谢绛。因为,当时谢绛的年纪比他们大一点,而且谢绛的文学创作已经露了锋芒,所以,他实际上是这个文学集团的指导者。这个幕府主要成员是欧阳修、尹洙和梅尧臣。他们三人都在西京府做幕僚。欧阳修当时是推官,相当于我们现在的小科长吧,就是管司法的一个小科长。梅尧臣是西京府下一个县的县令。尹洙也是西京府下一个县的县令。

他们主要的活动是诗歌唱和,一共有三年,时间比较长。我主要挑几个典型的活动给大家介绍一下。

洛阳的南边有一座山叫嵩山。钱幕的这些幕僚曾经两次组织起来游嵩山。一般人去玩嘛,肯定就只管游玩了,可是这批人去玩就玩出文学创作来了。那里面事情很多,我就举一个例子。因为第一次游嵩山时梅尧臣去了,第二次没去,所以,谢绛就写了篇文章《游嵩山寄梅殿丞》,这是北宋很有名的一篇文章。这篇文章写得非常好,把他们五六个人游嵩山的过程,很细致地描绘出来。梅尧臣拿到这封信后,就做了一件怪事情——写了一首诗。这首诗一共有 100 句,是梅尧臣的第一首长诗。这首诗有什么特点呢? 它的特点是将谢绛的散文改为诗歌，而且是改为一首 500 字的长诗。这个现象是意味深长的。因为，在中国古代文学的文体当中，文体之间的界限本来是比较严格的。

也有同一题材内容却用一诗一文表达的情况。比如说佛经，和尚将佛经的道理先用散文讲，讲完后要唱一唱，就用诗歌的形式表现出来。再譬如说《长恨歌》，陈鸿的《长恨歌传》跟白居易《长恨歌》，又是一文一诗的关系，但内容基本上相同。再譬如，也有用诗歌代替散文的，如白居易的《问刘十九》，就是以诗歌的形式写的一封信。（白居易《问刘十九》："绿蚁新醅酒，红泥小火炉。晚来天欲雪，能饮一杯无？"）

但上述梅尧臣用诗的形式改写谢绛散文，将一千多字的散文变为五百字的诗歌这件事，还是引起了文坛很大的震动。因为，诗和文这两种文体在改写的过程中就要发生碰撞，它必然地把散文的章法、句法、字法、笔法无意识地融入诗歌里面去了。这个"一文一诗"相互改写的做法在当时是第一个试验，而且这个试验在他们这个圈子里面确实发生了轰动的效果。谢绛就把这首诗给欧阳修看，给尹洙看。欧阳修又给梅尧臣写信，说这首诗写得多么好啊。当然这里面有点互相吹捧的味道，但是在整个文人集团中起到了交流文学创作经验的作用。梅尧臣自此一发不可收，连续地写了很多长诗，而且都是在原来的散文基础上改成诗。这个小小历史事件也可以看出，宋代"以文为诗"的这个重要特征在钱幕集团中就开始萌生了，以后慢慢发展，成为宋诗的一个重大的特点。

再举一个例子，说一说洛阳牡丹的诗歌意蕴。洛阳地区园林非常发达。洛阳园林当时是全国第一。后来，李清照的父亲李格非写了一篇《洛阳名园记》。洛阳园林里面有一种很重要的花，就是牡丹。洛阳的牡丹是非常有名的。他们在游玩牡丹园的时候就写了好多作品。"牡丹"这个意象唐诗里面有，比如李白写牡丹，是将牡丹称作国色天香,就是比较富贵豪华的形象。但到了洛阳文人集团这里,由于他们不断地写牡丹,牡丹这个意象有很丰富的发展。这里我也稍微念一点诗句。欧阳修有一首非常有名的诗《戏答元珍》:

> 春风疑不到天涯,二月山城未见花。
> 残雪压枝犹有橘,冻雷惊笋欲抽芽。
> 夜闻归雁生乡思,病入新年感物华。
> 曾是洛阳花下客,野芳虽晚不须嗟。

这就是说,在欧阳修的心目中洛阳赏花成了他青春的象征,实际上是通过牡丹花表达一种对繁华欢乐生活的追忆,跟作者当时在夷陵(今湖北宜昌)的生活形成了对比。洛阳赏花的记忆与感受在欧阳修的生活中非常重要。

下面再举他的词为例。欧阳修《六一词》中有四首《玉楼春》关于洛阳牡丹花的词句:

> 洛阳春色待君来,莫到落花飞似霰。——离洛前
> 直须看尽洛城花,始共春风容易别。——离洛时
> 洛阳正值芳菲节,浓艳清香相间发。游丝有意苦相萦,垂柳无端争赠别。——离洛时
> 常忆洛阳风景媚……关心只为牡丹红。——离洛后

后来,欧阳修还专门写了一篇《洛阳牡丹记》。这是中国第一部花卉的著作,把洛阳牡丹的品种、培植等植物学的方面一一做了介绍。钱幕里的人对洛阳牡丹花的形象进行发展,又写了一些好诗。洛阳牡丹花的诗歌意象在唐代只局限于歌颂牡丹雍容华贵,但没有对于人生感慨或对生命的体悟。经过钱幕文人的创作,大大丰富了

牡丹花的意蕴。

　　还有一点,我觉得比较重要的,是这个集团培养、推出了下一个文坛领袖——欧阳修。欧阳修之所以成为宋代的文化名人、文坛领袖,洛阳的生活起到极其重要的作用。这在以前研究中提得比较少。欧阳修在洛阳最重要的两个方面的创作,一是诗歌创作,一是古文创作。在诗歌创作方面,他当时主要是以梅尧臣为师,因为梅的年龄比他大一点,而且梅在当时已经是一个很有名的诗人了。但是,欧阳修又是一个善于学诗的人,不光是跟梅学,还评论梅的诗。所以今天留下了欧阳修品赏梅尧臣诗的诗歌,都是很重要的文学评论资料。还有古文创作方面。在古文方面,他主要向尹洙学习。刚才我讲了钱惟演举办的作文比赛,尹洙写得简而有法,欧阳修说自己的文章写得太冗长了。但是,在后来欧阳修对尹洙的"简而有法"又采取一个批判的态度。他认为不能说凡是文章写得简约就好,比较繁复的就不好。因为文章有时要有闲笔,要有补笔。中国古代的文章有两种,一种叫骈文,一种叫散文。骈文就是对句或对仗的,散文就是单句散行的。欧阳修认为,散文当中适当地吸收一些骈文因素,可以增加散文的形式美。欧阳修向尹洙学习散文,后来又超越了尹洙,这样就奠定了宋代散文发展的道路。尹洙每篇文章都很短,但是没有文采。所以欧阳修既向尹学散文又有所超越。这样慢慢地欧阳修在文坛当中名声也越来越大,成为文人领袖。

二、文人集团二：欧门

　　下面再讲欧门。欧门主要人员构成,是通过嘉祐二年(1057)欧阳修主持全国的进士科的考试选拔出来的。这次考试在中国科举史上意义非常重大。科举本来是中国选拔官员的制度。魏晋时整个选官权控制在世家大族的手里。到了隋唐时候,就把旧制度废了,改为科举制。但是范围比较小，每年考一次，只取二三十个，所以，这时的科举制对当时的政坛并没有多大的影响。宋代是大量地"招生"，每年平均都有二三百个。嘉祐二年的进士就有 388 个。而且，宋代科举考试还有一些比较先进的措施来完善科举制度，比如"糊名"，糊住名字，避免徇私舞弊。欧阳修负责这次考试的时候，当时的文坛流行一种文体叫"太学体"，比较险怪奇涩。欧阳修不录取用这种文体的考生，当时受到一些考生的抵制。但是，欧始终坚持要把宋代的散文导向于平易婉转的风格上，这样一来这次选中的进士大多都是欧阳修古文革新拥护者，而且人才辈出。

这批人中有文学之士：苏轼、苏辙、曾巩、程颢、张载、朱光庭。宋代古文六大家里面有三个都是在这一次科举考试中被录取的。还有政治人物，如吕惠卿，王安石变法的帮手，还有曾布、王韶等。当然还有很多。这个名单包括 388 个进士，并不是里面所有人都是欧门的，能够进欧门的还有其他条件，要能跟欧直接发生联系。科举制既产生了座师和门生的关系，还产生了同年友的关系。这在封建社会中也是很重要的关系。这些同年在欧的集团里面一般就比较亲近，都为能够进入欧门感到光荣。

欧阳修主持欧门有很多优点。在当时欧门中有两类人，一类是京师的，一类是外地的。欧阳修对于外地来的考生非常重视，比京师的还重视。这是个很好的点。苏东坡考中进士后，写了一封感谢信，感谢五位主考官。欧说，苏的信他已经看到了，看着看着就出汗了，"老夫当避路，放他出一头地也"，可见，欧对于培养后进的重视。这也能看出欧对于外地考生的赏识、提拔。当然这跟他自己的经历有关。

另一个优点是欧很自觉地选拔接班人。欧原来选的接班人是曾巩。他们是同乡，都是江西人，而且曾跟他文章的风格是类似的。清代桐城派姚鼐说文章分为阳刚之美、阴柔之美。欧的文章是阴柔之美,比如《醉翁亭记》,曾巩的文章也属于阴柔之美。曾巩是他第一个考虑的接班人。他第二个看重的接班人是王安石。王安石也属于欧门的。王当时的声誉也比较高了,欧主动写了一首诗给王安石。这种风度是不简单的,因为他的年辈比王长、名声比王高。我们看看这首诗,前两句是“翰林风月三千首,吏部文章二百年”,这两句是称赞王安石,说他的诗歌、文章写得跟李白、韩愈一样好。接着两句是“老去自怜心尚在,后来谁与子争先”,这个“心”,当然是想把文坛建设繁荣的心了。他给王提供的信息是明确的,就是希望王作为文坛的继承人。王就写了首和诗回答欧:“欲传道义心犹在,强学文章力已穷。”这个话是表面一套,实际上一套,表面说他要传授道义,实际上他的志向是建功立业,政治是第一位的,文章是第二位的。他要学习的对象是孟子,而不是作为文章家的韩愈。绵里藏针,王安石拒绝了欧阳修对他的希望。(欧阳修《赠王介甫》:“翰林风月三千首,吏部文章二百年。老去自怜心尚在,后来谁与子争先。朱门歌舞争新态,绿绮尘埃拂旧弦。常恨闻名不相识,相逢罇酒曷留连?”王安石《奉酬永叔见赠》:“欲传道义心犹在,强学文章力已穷。他日若能窥孟子,终身何敢望韩公。抠衣最出诸生后,倒屣尝倾广座中。只恐虚名从此得,嘉篇为赆岂宜蒙。”)最后,欧在嘉祐二年(1057)发现了苏东坡。这就说明欧不是以个人的好恶来选择接班人的,而是客观的标准——个人的才干来决定。根据苏的才干,他就毫无疑义地选择苏东坡。这样的一种做法,我觉得在现在也是有意义的,就是不以亲疏定标准。这是欧门的情况,下面讲讲苏门。

三、文人集团三：苏门

　　苏门的盟主是苏东坡。当然也应该把他的弟弟苏辙算入。因为苏门里面也有人跟苏辙学诗。我们知道“苏门四学士”,有黄庭坚、秦观、晁补之、张耒。还有一个说法叫"苏门六君子",那么就加陈师道跟李廌。

先来讲讲苏门形成的特点。苏门的构成跟钱幕、欧门不一样。钱幕的构成是比较偶然的,钱是在西京做长官的时候集中了一批人才,欧门也是这样,他是在考试的时候集中了一批英才。但是苏东坡不是这样。苏门正式的形成是在元祐年间,是在苏东坡经历了在京、外任、贬居等人生第一个轮回之后才慢慢形成。苏门的成员在这之前,都是跟他有个别的交流。

譬如说,黄庭坚在苏轼任徐州知州的时候给他写信,黄说他很推崇苏东坡,现在想拜苏东坡为师,苏就给他回信。这都是个别交流。这些交流的特点是都发生在苏在政治上比较倒霉的时候。他们加入苏门都是真心实意地拜列师门,不是奔走权门。这个跟欧阳修稍微有点不一样。欧阳修有权,很多人是怀着跻身权门的心加入欧门的。所以,欧门之中不是每一个人都好,如前面提到的吕惠卿。但是苏门不一样,他们是因为苏东坡的文学成就、个人魅力而自愿加入苏门。这些人在苏政治不如意的时候告诉他,希望成为他的学生。这份真诚对于苏门的稳固性非常重要。欧门的很多人以后就叛师了,跟老师写告别信。但是,苏门的人没有背叛的,他们都跟苏东坡建立了牢固的关系。苏东坡后来贬到海南岛,就有学生跑到海南岛去探访他。在当时那真是不可想象的事情。

为什么叫"苏门四学士"呢?本来宋代有翰林院学士,那是比较高的,是给皇帝起草文件的,是皇帝的秘书班子。另外,宋代秘书省里面,搞文字工作的人也叫作"学士"。黄庭坚、张耒这些人呢,都是苏东坡在考试中把他们录取的,所以,就叫作"苏门四学士"。本来"大学士"呢,都是很荣耀的,但是,"苏门四学士"都是官很小的。当时他们主要的活动范围是在汴京。今天留下来的一幅画"西园雅集图"是很有名的,现存美国。原画据说是李公麟画的,又有一篇米芾的《西园雅集图记》的书法作品与该画一起保存下来。这幅画的意义在于，它比较生动、形象地把当时苏门活动的情景反映出来了。当时苏门的活动是文酒诗会。这幅画是比较珍贵的苏门形象的资料。

苏门要讲的事情比较多，碍于时间关系，我主要讲讲苏门的一个主要特点——自由。这是苏门非常好的一个特点。刚才讲过，苏东坡自己诗词文都是第一流的，但是他没有要求他的门人都去模仿他的风格。譬如说，他的词开创了豪放派风格，无论是词的题材、词的意境，都有很大的突破，跟传统的词的写法不一样。但是苏门弟子中最大的词人是秦观。秦观恰恰是婉约派的代表。所以，有一次，苏问他的学生张耒和晁补之，他的词和秦观的词比起来怎么样呢？这两人就回答：先生之词似诗，秦观之诗似词。这句话批评了两个人，就是说苏的词是以诗为词，以写诗的办法写词，不是真正的词，而秦观的诗，软绵绵的，也不是真正的诗（后来金元好问甚至谑称为"女郎诗"）。从这里可以看到，苏门中老师可以批评学生，学生也可以批评老师。

黄庭坚更是如此。黄庭坚晚期的诗词成就应该和苏轼在伯仲之间。特别是他后来开创了江西诗派，影响非常大。但是，江西诗派里面有的人对把黄作为苏的学生不太服气，就说先生的成就那么大了，作为苏的学生不合适吧？但是，黄庭坚拒绝了，依然承认自己是苏的学生。有部笔记非常清楚地记载：黄庭坚每天早上起来，都要以弟子的礼仪在苏轼的遗像前敬香（当时苏轼已经去世了），作揖行礼。历史上有一个所谓"苏黄之争"。苏与黄之间也互相批评，有次苏对黄说："你的书法字虽清劲，而笔势有时太瘦，几如'树梢挂蛇'！"黄庭坚也不生气，还他一句："公之字虽不敢轻议，然间觉褊浅，亦甚似'石压虾蟆'！"这个交锋正好说明，人如果有点幽默感，是智商优越的表现，也反映出他们是完全处在平等地位上自由讨论，结果以两人"大笑"而告终，亲切而友好。所以，苏门文学的这种自由的风气促成了苏门成为宋代文学的第二个高潮，也可以说是最大的高潮。（北宋文学有两大高潮——一个是欧门的文学活动，一个是苏门的文学活动。）苏门的整体文学成就超越了欧门，所以，北宋文学最高成就是苏门。

再补充一点，应该说，在唐代也有个韩门，盟主当然是韩愈，但是他的范围比较窄，他只有两个弟子，李翱与皇甫湜，而且是一种单线传承式的文学脉络，而我刚才讲的三个文人集团是一种辐射裂变式，所以，韩门的影响就没有北宋的文学集团影响大。

第四讲　宋词与人生

——以"苏门四学士"的词为中心

这一讲,我们讲宋词与人生。这个题目比较大,全部宋词有两万多首,这里我想以"苏门四学士"的词为中心,来谈谈"宋词与人生"。我有个提纲,主要谈三个问题。一、两性感情的净化;二、贬谪生活的感悟;三、人生意蕴的思考。

一、两性感情的净化

首先,讲两性感情的净化。这个问题跟词这个文学形式的起源、特点与功能密切相关。词在中国的韵文史上应该说有一个特殊的地位。词在最初的时候,是配合乐谱歌唱的歌词,等于我们现在唱的流行歌曲的歌词。歌词就是词。所以,词本身兼有双重的性质,一方面有音乐性,一方面有文学性,它是两栖的。最初词的功能,就是在酒席宴上写一段歌词,由歌女来唱歌,这样喝酒喝得才会比较畅快。这样的功能,就决定词在最初的时期题材非常窄,因为它是给歌女唱的,往往就描写歌女面貌姣好啊、衣服华丽啊,或者讲歌女的感情,往往限于男女之情。所以,它的风格也比较固定,就是比较婉约这样一种文学形式。当时有种说法,就是把词叫作"艳科"。

词是艳科，就是专门讲男女之间的事情。所以，词与诗不仅在形式上有区别，比如词是"长短句"，诗歌多是齐言的，而且在传统文人心里面，还有个尊贵卑贱的问题。有个很有名的说法，叫"诗庄词媚"，就是说诗歌比较庄严，因为诗歌是中国知识分子谋生必须学会的技能，古代的知识分子如果不会写诗，就会取消他文人资格，但一到词里面，就媚了，就是比较流俗的东西。

另外，词在初期发展当中，词人身份往往是男性，叫作"男子作闺音"。词人当然有女性，如李清照，但是大部分的词人是男性。男子写女儿之情，这样就决定了在大部分初期的词里面，对女性外形的描绘和心理的刻画往往是站在男子的角度。从最近西洋的女权主义立场来看，大多会对这种现象采取比较严厉的批判态度。因为，在男人的观念当中，对于描写的对象往往有种下意识的不太平等的意思在里面。这是早期的文人词里经常发生的现象。

原先词跟歌唱密切结合的，一般都是为了歌女歌唱而写词。但是，词在发展的过程当中，又慢慢可能与歌唱脱离了关系。譬如，苏东坡的词，它跟歌唱曾经发生过关系的，据我的考证只有二三十首，但他一共写了三百多首词。可见，大部分的词不是为了歌唱而创作的，譬如"大江东去，浪淘尽，千古风流人物"，是他在贬官黄州、面对滔滔的长江抒发自己的感慨。因此，他写的东西，在我看来，已经脱离了歌唱，变成了一种长短句的格律诗，就跟诗的性质有点合流了。这使得词的性质、题材、品格、意境都有所变化。所以，苏东坡是豪放派的创始人，就是从这个意义上讲的。原来词都是婉约的，能够跟歌唱相结合，但从苏东坡开始，词就跟音乐慢慢脱离，脱离了音乐的束缚，变成独立的、纯粹的抒情诗。

这个跟诗歌不一样，我们看诗歌里面讲好多大道理，有些作家要表达他治国平天下的抱负，但他往往在词里面不表现。所以，我们发现，很多作家往往在诗歌里表现出一种面貌，在词里面又表现出另一种面貌。譬如，欧阳修就是这样。他往往在诗歌里面讲很多道理，但是，在词里面又只是写他自己私人生活里的感情。所以有人说，有一部分署名欧阳修的词不是他写的，是他的仇人陷害他，为毁坏他的名誉而写的。实际上，根据现有资料考证，那些词的的确确是欧阳修写的。所以，一个作家在诗里面和在词里面就可能变成两重人格。诗里面是正人君子，是儒家的典范，词里面却变成一个浮浪子弟。现在看起来并不奇怪，因为人的生活需求本来就是多样化的，我们也不能要求这个人当了大臣、当了儒家的典范以后，就没有了男女间的感情，因为男女之间的感情也是很自然的东西。总之，词脱离了音乐以后就变成一个独立的抒情文学文体。

同时，又有好多词人希望把词的品格提高，所以有个"尊体"运动。本来，词在士大夫的眼里是不能登大雅之堂的，但是到了苏东坡手里，词的内容就拓宽了，可以表达诗里面所表达的所有内容。词可以讲国家大事，也可以讲自己的理想不得实现的苦闷。所谓"尊体"运动，就是把词的地位提高到和诗一样的地位。

"尊体"以后，原先词里面自觉不自觉表现出来的对于女人的偏见少了，宋词里面的爱情词的品位得到了提高。中国封建社会的爱情诗，有个很特别的现象，就是古代文人写夫妻之情往往非常少，个别写得非常好的，往往又是写非婚配男女之间的感情。这在词里面表现得尤其多。因为这跟宋代早先词的歌唱者身份有关。宋词一般由歌妓来唱。宋代歌妓一般有三种，一种是官妓，就是政府衙门里面养的歌妓，官员请客、送往迎来的时候都由官妓来歌唱；一种是家妓，就是大官家里面养的歌妓；第三种就是一般歌妓了。因为宋代的城市经济已经很发达了，城市里面的妓女比较多，柳永这样的作家主要跟这些歌妓发生关系。在写男女之情上，柳永是一位非常严肃的词人。他跟歌妓之间的关系能够相对比较平等，所以，他写的词比较好。

在两性关系当中，我也可以举几个比较极端的例子。一个例子是林逋。如果你们到杭州西湖去玩的话可能会知道林和靖这个人。因为他在杭州孤山隐居，是个隐士。据说他是没有妻儿的，而且还有个雅号叫"梅妻鹤子"。然而就是这样的一个隐士，在当时宋词中爱情词普遍发达的情况下，也写过一首情词。这首情词还是颇有点意思的。

长 相 思

惜别

吴山青，越山青，两岸青山相送迎，争忍有离情？ 君泪盈，妾泪盈，罗带同心结未成。江头潮已平。

像这样的一首词出自林和靖之手，就比较突兀，因为林和靖在我们的心目当中是一位高雅的隐士。但是，在当时的情况下他也写这样的词，可见是受宋词普遍写爱情的影响，而且这首词带有民歌的色彩，押韵比较多，把男女之情描写得比较真挚、净化，没有带一些杂质，是一首难得的好词。

另外一个例子是宋徽宗。宋徽宗是中国封建皇帝里面比较突出的人物。这样的人不应该去做皇帝，应该去做艺术家。书法史上有一种书法叫"瘦金体"，就是他开创的。他对书法很爱好，但是在政治上一塌糊涂。北宋基本上就亡在他手里了。他是一个结局比较悲惨的皇帝，但是这个人有非常高的艺术修养。他主持的宋代画院里的画留存到现在都是国宝了。他写过一首词，叫作《醉落魄》，是悼念他的妻子的，描写的情景是正月十五元宵节的灯会。

醉 落 魄

无言哽噎，看灯记得年时节。行行指月行行说。愿月常圆，休要暂时缺。　　　今年华市灯罗列，好灯怎奈人心别。人前不敢分明说。不忍抬头，羞见旧时月。

以前都说封建社会的皇帝没有爱情，他对女子都是一种玩弄的态度，从这首词看，这种看法不完全对。你也不能说，帝王跟嫔妃之间一定就是玩弄与被玩弄的关系。这首词说明在宋词里面人们对于真挚爱情的追求都是相同的。

另外，宋人对于两性关系、爱情观有一种形而上的思考。这是比较深层次的思考，就是说不光单纯表达感情的真挚，还有对夫妻关系更深层次的思考。我也举一个例子，就是秦观的《鹊桥仙》。"鹊桥仙"是词牌。有的词牌不一定跟词作里面的内容有直接的关系，但因为这首《鹊桥仙》是秦观第一个写的，所以这个词牌和内容还是有一定关联。鹊桥仙，大家知道，是指农历七月七日牛郎织女相会的故事。

鹊　桥　仙

纤云弄巧，飞星传恨，银汉迢迢暗度。金风玉露一相逢，便胜却人间无数。　　　柔情似水，佳期如梦，忍顾鹊桥归路？两情若是久长时，又岂在朝朝暮暮。

像这样一首词，就必须从深层的意思来考虑，它已经和现代的爱情观有许多吻合的地方。秦观这首词里面表达的爱情观已经有深层次的生命意识等方面内容。像这一类词在宋词也是不少的，如果从宋词里面去研究文人的婚姻观、爱情观，还有不少的内容可以继续发掘。总之，"两性感情的净化"这个题目谈的主要是情词，从中也可以说明，情词在宋词发展过程当中慢慢脱离原来低层次的写法，逐渐有了一点跟我们生命意识相关联的内容。

二、贬谪生活的感悟

下面讲第二个"贬谪生活的感悟"。宋词里面有很多反映"贬谪生活"的词。实际上,在中国的文学里面可以单独写一本"中国贬谪文学史"。因为中国的诗词作家往往都是官吏,而做官不可能一直都顺利,往往会被贬谪。贬谪时期常常是作家文学创作的丰收时期。因为贬谪之后就有时间了,而且心理上需要调适,所以就大写其词、大写其诗。贬谪文学可谓是中国文学中的精华部分。

关于贬谪文学我就想举一个例子。宋词里面有一首很有名的词,就是秦观的代表作《千秋岁》。"千秋岁"是词牌,他下面的内容跟"千秋岁"没有关系。秦观这首词写出来以后,在宋代发生很特殊的现象,同时代的人中就有五人来和这首词,北宋有孔平仲、苏轼、黄庭坚、李之仪、惠洪。到了南宋,又有王之道、丘崈来唱和。所以说,秦观写了《千秋岁》之后有七个词人九首和词,这在此前的词史上是绝无仅有的情况。这种迭相唱和的现象本来诗歌里面很常见,但词里面在秦观之前是从来没有过的。

秦观这首词为什么会引起七个词人写九首和词,原因就在于这首词不光内容写得好,艺术成就高,更重要的是它直接跟宋代的党争发生了关系。我们知道宋代的党争是非常残酷的。王安石变法时期出现的所谓"新党",王安石变法失败后就是元祐时代,苏轼、黄庭坚、李之仪这些人都属于元祐党人。元祐时代大臣把新法废除了,但是到了宋哲宗亲政和宋徽宗的时候,新党的继承人又上台打击元祐的大臣。秦观的词与和词正反映了元祐党人贬谪的心态。

今天我主要讲前面几首。前面几首看起来是非常有趣的现象:大家面对贬谪的遭遇,不同的人采取不同的态度。这个例子也正好说明宋代词人面对贬谪的三种不同态度。我们先看惠洪的一段文字。惠洪是个和尚,严格地说,他也是苏门的成员,跟苏东坡关系非常密切。先引他的话:"少游(秦观)调雷,凄怆有诗曰:'南土四时都热,愁人日夜俱长。安得此身如石,一时忘了家乡。'鲁直(黄庭坚)谪宜(州),殊坦夷,作诗云:'老色日上面,欢情日去心。今既不如昔,后当不如今。''轻纱一幅巾,短簟六尺床。无客白日静,有风终夕凉。'少游钟情,故其诗酸楚;鲁直学道休歇,故其诗闲暇。至于东坡南中诗曰:'平生万事足,所欠惟一死。'则英特迈往之气,不受梦幻折困,可畏而仰哉!"

惠洪对秦观、黄庭坚、苏东坡他们都很熟悉。所以,他这段文字里面反映的三种对贬谪的态度,或凄怆,或超脱,或豪迈,对于理解《千秋岁》唱和中秦观、黄庭坚和苏轼的词都是很好的一个提示。

下面我就说说这三首词,先看秦观的《千秋岁》。

千 秋 岁

水边沙外,城郭春寒退。花影乱,莺声碎。飘零疏酒盏,离别宽衣带。人不见,碧云暮合空相对。　　忆昔西池会,鸳鹭同飞盖。携手处,今谁在?日边清梦断,镜里朱颜改。春去也,飞红万点愁如海。

这个"西池会"是有具体所指的。以前我讲过,苏门是在元祐年间成立的,因为元祐年间苏东坡担任的官职最高了,同时他门下的所谓"苏门四学士"都在汴京,所以元祐年间是苏门最繁盛的时候。在元祐七年(1092)汴京的西郊,有个金明池。秦观有首诗叫作《西城宴集》,诗序上写"元祐七年三月上巳诏赐馆阁官花酒",就是记载这个事情,记载的就是苏门繁盛时成员聚在一起游玩的情景。这次西城宴集是秦观在贬谪时期经常念想的事件。这首词里面引起这群人唱和的就是这句"忆昔西池会,鸳鹭同飞盖",是他们对于元祐时期大家在汴京共同的游玩生活的怀念，就是这个意思触动了他们，引起他们纷纷唱和。秦观的这首词原来是送给另外一个元祐党人张舜民的，后来，秦观在贬官来到衡阳时又将这首词送给当时做衡阳知州的孔平仲。孔平仲看到这首词后，觉得秦观写的太悲哀了，就马上写了一首《千秋岁》，这首词是劝慰秦观的，劝慰的意思比较含蓄。和词的韵脚都必须相对的。唱和词它有两个条件，第一韵脚要相对应，第二内容上要衔接。

千 秋 岁

春风湖外，红杏花初退。孤馆静，愁肠碎。泪馀痕在枕，别久香销带。新睡起，小园戏蝶飞成对。　　惆怅人谁会？随处聊倾盖。情暂遣，心何在。锦书消息断，玉漏花阴改。迟日暮，仙山杳杳空云海。

这首词我就不再详细讲了，因为这里面比较曲折。孔平仲还是希望秦观能在"仙山杳杳"中得到一点解脱。

随后，这两首词由苏东坡的一个侄孙带到海南岛给苏东坡看到了。苏东坡看到后就马上写了第三首《千秋岁》次韵少游，这首词就明确地表达苏东坡的见解了。这是对秦观的劝慰，也是对他的教诲。这首词应该是苏东坡晚年最后一首豪放词，是苏东坡到了晚年对于自己的政治观、人生观的总结。所以，这首词非常重要。以前大家还不够重视。当时他得到了朝廷有可能起用他的信息，但他还是说要坚持自己的立场。

千 秋 岁

次韵少游

岛边天外，未老身先退。珠泪溅，丹衷碎。声摇苍玉佩，色重黄金带。一万里,斜阳正与长安对。　　道远谁云会?罪大天能盖。君命重,臣节在。新恩犹可觊,旧学终难改。吾已矣,乘桴且恁浮于海。

所以,这首词就代表苏东坡晚年两方面的立场。一方面他还是坚持儒家的政治观,就是君主治国的方针与他的思想一致了,他还是要出来做事的;另一方面他的人生理想不变,如果"道"不行的话他就如孔子说的乘桴出海,就是告别政治、告别社会,也要坚持自我。这是苏东坡晚年的一个觉醒,对于政治、对于人生有了非常大的了悟。可见,经过那么多的打击,他不是趴下来了,而是依然屹立,"旧学终难改"。

千 秋 岁

苑边花外,记得同朝退。飞骑轧,鸣珂碎。齐歌云绕扇,赵舞风回带。严鼓断,杯盘狼藉犹相对。　　洒泪谁能会?醉卧藤阴盖。人已去,词空在。兔园高宴悄,虎观英游改。重感慨,波涛万顷珠沉海。

这是黄庭坚的和词。黄的词写在他后来贬官经过衡阳的时候,那时候秦观已经死了。他在衡阳看到了秦观《千秋岁》的手迹,所以就写了这首词。

千 秋 岁

半身屏外。睡觉唇红退。春思乱,芳心碎。空馀簪髻玉,不见流苏带。试与问,今人秀整谁宜对。　　湘浦曾同会。手搴轻罗盖。疑是梦,今犹在。十分春易尽,一点情难改。多少事,却随恨远连云海。

惠洪的这首《千秋岁》是一首情词，跟上面党争背景下的唱和是没有关系的。惠洪这个人很有意思。他是一个和尚，但他情词写的很好，所以宋人叫他"浪子和尚"。你看他这首和词是很严肃的，是受兄之命，题在一幅崔徽写真之上的，写的是唐代名妓崔徽和裴敬中的爱情故事。后来，他也因为苏东坡的事情受到政治牵连。

这种《千秋岁》的和词情况，总的来说是可以看出元祐党人面对贬谪的三种心态。第一种是秦观这样的。秦观这个人很有才气，他是一个重情者。从词里面写爱情这一点看，他是一个写情圣手。但是，他对于打击没有心理承受能力，所以，他陷入痛苦当中不能自拔，后来死在藤州也很悲惨，死以前还给自己写了一首挽词。秦观的贬谪境遇确实比较困窘，因为他在党争的时候是苏门的代言人，是为苏东坡说话的。如果大家到桂林去玩的话，桂林的一个洞里现在还保留了唯一一块"元祐党人碑"。宋徽宗崇宁元年（1102），蔡京拜相，为了打击政敌，将309个元祐党人刻碑为记，把他们定了案，让他们永世不得翻身。第一名就是司马光，因为他是当时的宰相。在第二个序列中部长级的第一名是苏东坡，第三个序列中第一名是秦观。这对秦观打击是比较厉害的。秦观由于自己的心理结构对这样的打击无法承受，所以，秦观的词风，早期比较"凄婉"，到了后期，我们词学家给的定论是"凄厉"。

第二种是黄庭坚的态度。黄庭坚的态度是完全摆脱，对这些打击毫不在乎。因为他把这些事情看作一种"梦幻"。可见，黄庭坚对于贬谪的态度，就是从佛道当中得到彻底的解脱。

第三种是苏东坡的态度。苏东坡不一样。他一方面对于社会、对于政治的责任感始终没有放弃，另一方面又对于自己生命的体验也不放弃。所以，他生命中一个方面是积极地入世，另一方面他自己又要维持自己的人格。我觉得，在中国传统社会知识分子当中还是苏东坡的处理方法比较高明。苏东坡是个全才，在单个的领域中他可能不是最好的，但是，在人生的境界上，在对生活、对世界总的见解上没有人能超过他，可以说，千百年来没有人超过他。这是我比较极端的一个看法。

三、人生意蕴的思考

接下来我讲第三个问题：人生意蕴的思考。这里主要是分析苏东坡。以前讲过，苏的诗歌里面"吾生如寄耳"这样的诗句一共出现九次。这个"吾生如寄耳"，在我的分析中，是指人在时间的流变当中对生命有限性的思考。表面上看，这个诗句好像比较低落，比较消极，但实际上，从苏东坡这句诗的前后文联系来看，他要表达的其实是，在时间的流变当中，要坚持人生的信念和追求。

苏词里面"人生如梦"的句子也非常多。"人生如梦"是指人在空间存在中对生命实在性表示怀疑，反过来，实际上是肯定生命的珍贵和价值。这些词句很多了，譬如有人讲"东坡升沉去住，一生莫定，故开口说梦。如云'人生如梦'、'世事一场大梦'、'未转头时皆梦'……屡读之，胸中鄙吝自然消去"（沈际飞《草堂诗馀正集》）。意思就是说，读苏的诗词能使人从眼前的痛苦中超脱出来。所以，苏的"人生如梦"呢，不能从字面上去理解，要透过字面看深层次的意思。我举个例子，就是苏东坡最有名的两首词之一《念奴娇》（另一首是《水调歌头》）。

从结构来说，《念奴娇》开头很豪放，接近结尾处调子还是比较低沉的，但是我们读后的具体感觉总是为"大江东去"这样的一种万丈豪情所激动。所以，一首词里面，决定这首词的情感基调的，还是这首词的主要形象特征以及主要基调。秦观也说过："苏氏之道，最深于性命自得之际；其次则器足以任重，识足以致远；至于议论文章，乃其与世周旋，至粗者也。"他说，苏东坡最过人的地方，第一是他的人生思考,第二是他的才识,第三才是他的文章。苏东坡自己也说了:"能得吾性而不失其在己,则何往而不适也?"

最后,讲一首苏东坡重阳节的词。

西 江 月
重阳栖霞楼作

　　点点楼头细雨,重重江外平湖。当年戏马会东徐,今日凄凉南浦。　　莫恨黄花未吐,且叫红粉相扶。酒阑不必看茱萸,俯仰人间今古。

　　我觉得最后这六个字境界非常高,就是人世间的事情、历史上的事情,都不过"俯仰之间"罢了。这是苏东坡眼界高远的地方,所以,我想今天送给大家"俯仰人间今古"这六个字,希望以此共勉。今天我就讲到这里。

附录：苏东坡诗词讲解

和子由渑池怀旧

人生到处知何似？应似飞鸿踏雪泥。

泥上偶然留指爪，鸿飞那复计东西。

老僧已死成新塔，坏壁无由见旧题。

往日崎岖还记否，路长人困蹇驴嘶。

宋仁宗嘉祐六年(1061)，苏轼赴凤翔府签判任，其弟苏辙送他到郑州分手，自回汴京侍奉父亲苏洵，作《怀渑池寄子瞻兄》一诗。本篇即是苏轼的和诗，当作于他过渑池之时。主旨是从"怀旧"抒写深沉的人生感慨。

前半首径直发大议论、大感叹。苏辙原唱开头说："相携话别郑原上，共道长途怕雪泥。"苏轼即承"雪泥"引发，变实写为虚似，创造出"雪泥鸿爪"的著名比喻。这一名喻意蕴深曲，一方面表现了作者初入仕途时的人生迷惘，体验到人生的偶然和无常，对前途的不可把握；但另一方面，却透露出苏轼独特的人生思考：把人生看作悠悠长途，所经所历不过是鸿飞千里行程中的暂时歇脚，不是终点和目的地。苏轼对人生的思考，总是跟具体的生活感受和经验密切相连，并大都伴随着生动的形象，而不作抽象的思辨和推理，因而，他的有关诗作，就不是质木寡味的说教，而是充满情韵和理趣，启人心智，发人寻味不尽。此外，这四句在风格上也一气贯注，生动流走。三、四两

335

句依照律诗常规应作对仗,在意义上一般要求上下相对或相反。但苏诗却一意相承,语义连贯。纪昀云:"前四句单行入律,唐人旧格;而意境恣逸,则东坡本色。"(《纪批苏诗》卷三)所谓"单行入律",即指上下句不构成意义上的对立,而是各具独立性,却又语气一贯,造成奔逸畅达的气势。

后半首即落实到题目中的"怀旧",怀念五年前的往事。嘉祐元年(1056),苏轼兄弟在苏洵带领下第一次由蜀赴汴京应举。他们途经渑池,投宿于老僧奉闲的古寺,曾在壁上题诗;而今再过,老僧凋谢,题壁无踪。又想起他们经过东崤、西崤时,所乘之马死去,只得租赁跛足之驴来到渑池。这里所写三事皆寓对比之意:"老僧"已死,犹有瘗藏骨灰的"新塔",比之"旧题"的完全消损,略胜一筹;往日从西至东经渑池去汴京,一段"崎岖"经历,比之今日由东往西赴凤翔任职,似也包含一番辛酸和慰藉的对照。凡此种种的事过境迁,人事变幻,在在印证和加强前半首"雪泥鸿爪"的人生飘忽无定之慨。然而,苏轼对人生无常性的深刻体验的本身,往往同时蕴含着对无常性的省悟和超越,我们细细咀嚼"往日崎岖"四字,当会有所领会:"崎岖"毕竟成为过去!在他的其他诗篇中,更从人生是流程的思考出发,明确表达对未来充满希望的热忱。

(《古诗海》,上海古籍出版社,1992年1月)

六月二十七日望湖楼醉书五绝(其一、其二)

黑云翻墨未遮山,白雨跳珠乱入船。

卷地风来忽吹散,望湖楼下水如天。

放生鱼鳖逐人来,无主荷花到处开。

水枕能令山俯仰,风船解与月徘徊。

这组诗写于宋神宗熙宁五年(1072)，时苏轼任杭州通判，原共五首，此选第一、二首。望湖楼，五代时吴越王钱氏所建，又名看经楼、先得楼，在西湖边。

苏轼在杭州时，陶醉于西湖秀丽旖旎的景色，写了许多脍炙人口的名篇佳作。他的写景诗的一个特点，是习惯于用动的眼光观赏自然，因而作品富于腾挪跌宕的气势，反映出生生不已的自然生机和活力。这里的第一首即是如此。诗写夏天西湖的一场暴雨，即乡谚所谓"阵头雨"。四句诗振笔直遂，迅捷地勾勒出三个过程：云起而雨降，风来而天晴，雨过而水清。三个过程环环相扣，层层衔接，因而每句诗都含有很强的内在张力，都写出一种"包孕的时刻"：每一时刻的景观本身又包含下一时刻的另一景观。云起、雨降、风来、放晴、水清，层次分明而又跃动向前的过程，满足人们追求灵动、圆满的心理要求和审美要求。

这种艺术追求还体现在遣辞造句、设色修辞上。以"翻墨"谓"黑云"，以"跳珠"言"白雨"，重彩浓色，犹如一幅气韵淋漓的泼墨画卷；"黑云"还来不及把山遮全，大雨即降，传神地描绘了风云变幻之突然，并贴切地写出南方"阵头雨"的实景；写瓢泼暴雨，用"跳珠"、用"乱"字，亦见善譬妙喻，连苏轼自己也不免惊喜于得句之奇。十五年后他再来杭州时，又写诗说："还来一醉西湖雨，不见跳珠十五年。"（《与莫同年雨中饮湖上》）首两句对仗工整稳妥，但其飞动之气势，奇警之情采，使人们感觉不到作者的琢磨之工、用心之细，确实不同凡手。

从"白雨跳珠乱入船"句来看，这首诗的作者似在船上，首两句是从船上取景的；但后两句的视点却有所转换：从望湖楼上眺望湖景。卷"地"之风，是俯视；水天一色，是远眺。柳宗元《别舍弟宗一》："桂岭瘴来云似墨，洞庭春尽水如天。"上句写柳州之山，下句写由柳州赴江陵途中之景，是泛指性的设景。李贺《贝宫夫人》："秋肌稍觉玉衣寒,空光帖妥水如天。"则以深秋水天一色来写仰视神女像时的寒冷之感,这是幻觉之景,苏轼的"水如天"却是即目实景:开阔旷远,衬托出雨后湖上的一派清新,胸襟为之一爽。而其视点的灵活转换,也是动态美的一种表征。

与前一首的强烈、动荡相比,后一首却呈现出幽雅、轻柔的风采,但同时也表现为以静寓动的视点特征。宋真宗、仁宗时,杭州的地方官王钦若、沈遘等人几次下令以西湖为放生池,禁捕鱼类,为皇帝祈福;这也保护了湖面,使菱芡等物成了"无主"的野生植物。头两句写"鱼鳖逐人"、野生荷花盛开,正表现了人与自然野趣的相亲相悦。尤其是后两句,更进一步表现了这种拥抱自然、与山水风月融为一体的精神境界,反映了作者对自然的由衷认同。"水枕",铺在水面(船上)的枕席;"风船",随风飘移的船。这两句说,人躺在船上观看群山,群山随船起伏上下;船随风飘移,好像与月亮一起同步漫行。苏轼《出颍口初见淮山,是日至寿州》"青山久与船低昂",《李思训画长江绝岛图》"孤山久与船低昂",皆同一机杼。同一意象的反复运用,和上首的"跳珠"一样,说明是作者自己认为的得意之笔,也反映了他独特的自然观:自然山水不是冷漠地存在,而是仿佛具有灵气的知己,投射诗人感情的对象!

(《中国文学名篇鉴赏辞典》,山东大学出版社,1992 年 9 月)

新城道中二首(其一)

东风知我欲山行,吹断檐间积雨声。

岭上晴云披絮帽,树头初日挂铜钲。

野桃含笑竹篱短,溪柳自摇沙水清。

西崦人家应最乐,煮芹烧笋饷春耕。

　　新城，在杭州西南，宋时是杭州属县（今浙江富阳新登）。宋神宗熙宁六年（1073），苏轼作为杭州通判（知州的副长官），巡视杭州所属各县。在赴新城的路上写下了这首七律。诗中描绘了山行途中清新秀丽的春色和繁忙欢快的春耕景象，流露出作者对这种淳朴自然的山居生活的向往之情。

　　起首二句写清晨作者启程之际，吹来习习清风，雨声渐渐歇止，久雨放晴。好天气给准备旅行的作者带来了好心情。为了突出这种愉悦的心情，无情的自然现象在作者笔下都具有了情意：连日不断的积雨，竟是东风知道了作者"欲山行"，才特意吹断的，真是浮想联翩，妙语成趣。这里把"东风"拟人化，"知"字原是知道、理解的意思，还有知趣，作美的含义。不仅一扫原先春雨连绵，不能出门的苦恼，而且为全诗欢快的情绪定下了基调。这两句点明作者出行时风吹雨停的特定景色和由此逗引起的喜悦心情，以下各句即进入途中所见所闻的具体描绘了。

　　作者兴致勃勃，边行边赏。中间四句说，只见远处山岭飘缀着似断似连的薄云，仿佛给山头戴上了一顶棉絮帽；一轮初日冉冉上升，很像挂在树梢上的一面铜钲。接着又见野桃烂漫，竹篱低矮；柳枝婀娜，溪水清澈，一派春意，无限春光，"岭上"两句写日出，是仰视所见；"野桃"两句则写日出以后，是平视所见。时间递进，视角变换。"岭上"两句扣紧"山行"和"吹断雨声"，是承前。"野桃"两句则已是平地的村落景致，"竹篱"暗示有人家居此，为最后两句作铺垫，是启后。

　　最后两句从景物转写人事，时间已近正午。西崦，指西山地区。饷，指送食物。这两句说，西岭上的人家，男子耕作，妇童饷耕，粗菜淡饭，甘美可口，而自食其力。在作者眼里，山民简朴自然的生活是天底下最快乐的生活了。

　　这首诗写半日行程情事，四联分写日出前、日出、日出后直到正午，层次井然。而全首的内容主要突出一个"乐"字："东风"多情，雨过天晴是乐;春云春阳,明丽和煦是乐;野桃含笑,柳枝能舞是乐;而"西崦"人家的春耕饷耕,作者径直发出"最乐"的礼赞! 这些景物和人事都通过作者的主观感受而融为一体。

在写作手法上,作者善于利用平凡的东西来作比喻。"铜钲"是古代的一种打击乐器,有柄,形如钟、铃之类,它和"絮帽"一样,在当时都是常见之物,作者用以比喻"日"和"云",显得新奇独特,化俗为雅。"野桃"一联,纯用拟人手法,前人推许为"铸语神来",确为神来之笔。

（《中国古代诗歌欣赏辞典》,汉语大辞典出版社,1990 年 6 月）

有美堂暴雨

游人脚底一声雷,满座顽云拨不开。
天外黑风吹海立,浙东飞雨过江来。
十分潋滟金樽凸,千杖敲铿羯鼓催。
唤起谪仙泉洒面,倒倾鲛室泻琼瑰。

这首律诗是咏杭州夏季的暴雨。作者在诗中绘声绘色地描摹了一幅波澜壮阔、气势浩大的江上雨景。

开头两句描写暴雨欲来时的景象。低雷为暴雨的先驱,浓云是大雨的征兆,雨势之猛之大已可预想。从中也透出一种剑拔弩张的力度和紧张感。颔联夸张地描写风雨交加、如晦如冥之景:海面（即指钱塘江的江面）竖立,暴雨横泻,惊心动魄,令人咋舌。此联是苏诗中的名联。陈衍《宋诗精华录》卷二说"三句尚是用杜陵语,四句的是自家语",的确如此。前句"吹海立",出自杜甫《朝献太清宫赋》的"九天之云下垂,四海之水皆立";后句则是苏轼依据眼前实景而锻造的独创之语,与前句"吹海立"浑然一体,体现了他熔古铸今的高超手段。(旧注谓此句为唐殷尧藩《喜雨》中的成句,有学者考证,殷诗是明人造作的一首伪诗。)颈联用两个新颖奇特的比喻,传递出面对江雨的独特感受：江面水势猛涨,似突过江岸,犹如杯中斟满之酒高出杯面;急促有力的雨点声恰似咚咚作响的击鼓声。尾联化用典故,巧嵌比喻,由景入情,从雨到人。传说,唐玄宗命李白作诗,而李白时已喝醉。玄宗让人水洒其面令醒;李白醒后,"顷之成十馀章"。苏轼视暴雨为清泉,是诗人李白(也是作者自己)倾泻琼瑰美玉般清辞丽句的诱发因素。暴雨不再是可怕之物,表达了作者的雄豪胸襟。

　　这首律诗的主要特点在于苏轼善于抓住当时当地的特征,运用纵横飞宕、腾挪雄奇的笔力,淋漓尽致地描绘了雨势的壮阔,并进一步写出观雨者——苏轼自己的豪放雄健的心境。首先,作者观赏的是江上暴雨,因而诗中交织地描写暴雨倾泻和江水猛涨,江、雨混而为一,以江水的汹涌衬托雨势的浩大。其次,作者是坐在山上的有美堂观赏雨景的。诗中的描写也充分体现了这种俯观的视象特征：雷起脚底、云绕身旁,似虚似实,既含夸张之笔,又不乏地势根据。更为重要的是,这种俯视不但是视角上的,更是心理上的。以江水为美酒,以暴雨为引发诗文创作的契机,渲染了作者心中吞吐万物、蔑视一切的气魄和胸襟。豪杰壮阔,既是暴雨的特征,更是苏轼自身精神面貌的写照。

　　　　　　(原收入《中国古代山水诗鉴赏辞典》,江苏古籍
　　　　　　出版社,1989 年 7 月,此次收入文集有改动)

百步洪二首(其一)

长洪斗落生跳波,轻舟南下如投梭。
水师绝叫凫雁起,乱石一线争磋磨。
有如兔走鹰隼落,骏马下注千丈坡。

断弦离柱箭脱手,飞电过隙珠翻荷。

四山眩转风掠耳,但见流沫生千涡。

崄中得乐虽一快,何意水伯夸秋河。

我生乘化日夜逝,坐觉一念逾新罗。

纷纷争夺醉梦里,岂信荆棘埋铜驼。

觉来俛仰失千劫,回视此水殊委蛇。

君看岸边苍石上,古来篙眼如蜂窠。

但应此心无所住,造物虽驶如吾何!

回船上马各归去,多言譊譊师所呵。

宋神宗元丰元年(1078)苏轼时任徐州知州,其友人王巩来访,曾游徐州城南的百步洪(洪,即矴,拦水的堰)。一个月后,王巩已离去,苏轼与僧人参寥重游于此,作本篇。原共二首,第一首送参寥,第二首追送王巩,本篇即为第一首。

本篇分前后两段:从开篇到"何意水伯夸秋河"十二句为前段,主要是写景。"我生乘化日夜逝"至结尾十二句为后段,主要是说理。前后又缩合紧密,理从景出,景寓理趣,融成有机整体。劈头四句即写出一幅水流湍急、轻舟飞下、水道狭窄、两岸乱石嵯峨的舟流图。船夫的高声惊叫、野鸭大雁的蓦然起飞,更烘托出紧张惊险的气氛,使人不敢舒气逼视。紧接"有如兔走鹰隼落"四句,一连用七八个比喻来形容水流的急速,勾魂摄魄,精光熠熠,引起过无数诗评家的惊服。南宋洪迈首先注意苏轼运用"博喻"的特点:"韩苏两公为文章,用譬喻处,重复联贯,至有七八转者。"(《容斋三笔》卷六"韩苏文章譬喻"条)清代查慎行认为:"联用比拟,局阵开拓,古未有此法,自先生创之。"(《初白庵诗评》卷中)纪昀补充说:"一句两比,尤为创格。"(《纪批苏诗》卷十七)的确,博喻的运用,造成了雄放奇纵的艺术风格,使读者对轻舟在急流中飞驶之疾留下了过目难忘的印象。"四山眩转"两句又进一步从乘船者的角度强化这种印象：周围群山似在旋转，令人头晕，两耳唯闻风声，双目但见众多旋涡。"崄中得乐"两句是说：这种强刺激极大地满足了游兴的快感，但实在不必炫耀，否则，与"河伯"（河神）夸耀自身的短见陋识没有什么两样。《庄子·秋水》说，秋天河水大涨，河面开阔，河伯"欣然自喜，以为天下之美为尽在己"，后来遇到海若（海神），见到海面的浩瀚宽广，自惭不如。这里借用这个典故的丰富意蕴，把前面着力描写的"险"、"乐"，一笔扫倒，从而为后半首的议论作了很好的铺垫。

后半首的议论围绕以下三点展开：一是眼前之景，即百步洪水流的湍急，诗中以此作为议论的反衬和对立物；二是慨叹"追怀曩游（即王巩等第一次游赏），已为陈迹"（见苏轼为此诗所写的自序），则又不无人生飘忽无常之感，但重要的是寻找解脱；于是第三，此诗所赠对象为僧人参寥，正好借助佛理禅趣以实现自我超越。其主旨是说：人们只要把握自"心"，就能超越造物的千变万化；保持自我的意念，就能超越时空的限制而获得最大的精神自由。"我生乘化"两句说：我的人生像流水一样永远顺随自然而日夜奔驰，但比之意念之速仍不足道。《景德传灯录》卷二三说，一念之间可以越过新罗国（今朝鲜）。"纷纷争夺"两句说：世上的一切纷争攘夺，犹如一场醉梦，皆为虚无，所谓"荆棘埋铜驼"之类的巨变传闻，也实在难足凭信。《晋书·索靖传》记索靖颇具远见，预言天下将乱，对着洛阳宫门外的铜驼说："再见到你时，你一定已在荆棘丛中。"后因以"铜驼荆棘"喻指世事巨变。苏诗却反用其意，谓人世如梦，连这类巨变亦属虚幻不真。"觉来俯仰"两句进一步说：人的意念在俯仰之间就会发现时光流逝已千年万载，反视百步洪的湍急流水，实在是从容安闲得很了。"俛仰"即俯仰之"劫"，佛语，人世间成坏一次为一劫。"委蛇"，从容的样子。"君看岸边"四句说：百步洪两岸篙眼如蜂窠，表明有多少行客经过，但俱成"陈迹"；只要人们把握自心不动不变，造物的变化

343

也就与我丝毫无关,不必为此感伤。"此心无住",亦佛家常语,"住"即执著。人心不为外物所拘牵,自能超脱。以上几层意思,都采用正反对说的思维形式,表现出辩才无碍、灵通透脱的哲理了悟和体验,并又结合着百步洪的流水和游踪,因而密切照应前段,构成全篇整体。

结尾"回船上马"两句戛然而止,既点明此诗所赠对象的身份,又进一层以禅理作结。禅宗以不立文字为第一义,"多言"便落入俗谛。上述诗中所表达的那番了悟和体验,实已直抉玄理,表明一切,足以受用寻味了。"师",即僧参寥。

（《中国文学名篇鉴赏辞典》,山东大学出版社,1992 年 9 月）

陈季常所蓄朱陈村嫁娶图二首

何年顾陆丹青手,画作朱陈嫁娶图。
闻道一村惟两姓,不将门户买崔卢。

我是朱陈旧使君,劝农曾入杏花村。
而今风物那堪画,县吏催钱夜打门。

宋神宗元丰三年（1080）正月,苏轼经历了险遭不测的"乌台诗案"之狱以后,贬赴黄州。途经岐亭（今湖北麻城）在陈慥家中作此诗。陈慥,字季常,苏轼的老友,在黄州时期两人过从甚密,苏轼曾为他作《方山子传》。"朱陈村",在安徽萧县附近深山之中,一村仅朱、陈两姓,世为婚姻,民俗淳朴。白居易有《朱陈村》诗:"一村惟两姓,世世为婚姻","生者不远别,嫁娶先近邻",写出封闭自足、静谧和平的原始农村风貌,颇为时人所向往,甚至成为绘画的题材。五代前蜀人赵德元即画有《朱陈村图》（《益州名画录》卷上）。

这是两首题画诗。苏轼的题画诗大致有两种写法：一种是直接地再现画面形象，着力于描摹的细致逼真，使人吟诵一过，如亲观其画；或在描摹画面形象的基础上，再作引申、渲染、想象，以构筑诗的意境。一种是借题发挥，由画面引发议论，抒发感慨，这两首绝句属于后一种，都寄寓了对现实社会风尚和政治时弊的感叹和不满。

第一首头两句平平叙题，陈慥所藏此画，不知何年何人所作？"顾、陆"，顾恺之、陆探微，晋代名画家，擅长人物。这里喻指赵德元一类的画家。后两句即抒慨：朱陈村民俗淳古，两姓为婚，不涉利势，不去高攀名门大族。"崔、卢"，唐代两大望族，这里泛指富贵人家。这表现了作者对原始民俗的由衷热爱，对奔逐名利世态的憎恶，反映了作者淡泊自守、崇尚自然真趣的情操。

第二首从自我追忆叙起。苏轼曾任徐州知州，故称"旧使君"（使君原是汉朝太守的别称，宋朝的知州相当于太守）。他曾因"劝农"到过与朱陈村相连的杏花村。后两句笔锋一转：如今县吏夜半催钱聚敛，这个宁静怡乐的"世外桃源"早被打碎，"那堪画"即"不堪画"了。这表明遭受"乌台诗案"打击、刚刚出狱的作者，仍不改初衷，满怀忧民、敢言的政治热情。

两首诗的重心都在最后一句。看似冷冷拈出，实则无法掩饰作者内心的激越不平，颇有举重若轻、以淡语见警策之妙。

（《中国文学名篇鉴赏辞典》，山东大学出版社，1992 年 9 月）

惠崇春江晓景二首（其一）

竹外桃花三两枝，春江水暖鸭先知。
蒌蒿满地芦芽短，正是河豚欲上时。

这是苏轼在宋神宗元丰八年(1085)为僧人惠崇画作所写的题画诗。这首生意盎然、饶有情趣的名作,语意显豁,通俗易懂,却招来前人的异议和争论:一是"鸭先知"问题,一是"河豚欲上时"问题。

清人毛奇龄《西河诗话》卷五指责说:"水中之物,皆知冷暖,必先及鸭,妄矣。"由此引发一场争论,甚至引申出"鹅也先知"的笑谈。其实,诗歌中的艺术形象总是个别的,有限的,它不可能、也不必要穷尽所有的生活现象。诗人总是努力捕捉那些蕴含更多内容和意义的个别的生活形象或场景,来表达他所感受或认识到的象外之旨、景外之意。"春江水暖鸭先知",这里鸭对早春的感知,不是作为生物学对象的特点,不是论定它在同类水禽中是否最为敏感,而是诗人从鸭戏春江的欢乐场面中敏锐地感受到春天的消息。因此,他强调甚或夸张鸭对水温感知这一特点,实际上是对它与人的精神密切关联乃至相通的那一特点的强调或夸张,从而表达对春天的喜悦和礼赞,对生活的热爱和肯定。此外,苏轼此诗只能说"鸭"而不能说鹅或其他"水中之物",还有一个简单的理由:它是一首题画诗。从诗本身来看,这显然是一幅鸭戏图。鸭正是画面的中心,自然也成了作者吟咏的中心。

南宋人胡仔《苕溪渔隐丛话·前集》卷三十一说:苏轼此诗所写"正是二月景致,是时河豚已盛矣,但'欲上'之语,似乎未稳",就是说,与时令不合。这又招来不少反驳者。其实,此诗处处服从于构筑一个冬去春来时的意境:竹外的桃花"三两枝",是初开;春水初暖,游鸭感知最先;蒌蒿、芦芽,既是早春植物,又是做鱼羹的配料;当此春江水发、蒌蒿遍地而芦芽初生之际,正是河豚由海入河、逆流上水之时。苏轼紧紧抓住和突出自然景物在季节转换时的特征,把画面上已有的鸭、桃等物和未有的河豚,统一组成他心目中的"第二自然",表达他对这个辞腊迎春时刻的敏感和欣喜。这首诗的全部好处就在写活了一个"初"字。从日常生活经验看,可能有所"失真"或"无理"，但在艺术领域里却是真实、合理的。

（《古诗海》，上海古籍出版社，1992 年 1 月）

汲 江 煎 茶

活水还须活火烹，自临钓石取深清。
大瓢贮月归春瓮，小杓分江入夜瓶。
雪乳已翻煎处脚，松风忽作泻时声。
枯肠未易禁三椀，坐听荒城长短更。

　　茶文化是中国传统文化的独特内容之一。特别自唐宋以降，品茗跟饮酒、书画、金石鉴赏等，日益成为文人学子日常生活的不可或缺的部分，对他们的思想、性格、情趣产生重要的影响。唐陆羽《茶经》、宋蔡襄《茶录》、宋徽宗赵佶《大观茶论》等专著的出现，是茶文化成熟的标志，众多的茶诗更为茶文化增添了异彩。

　　苏轼这首茶诗作于宋哲宗元符二年（1099），时贬居"天涯海角"的海南岛。此诗展现出作者善于从日常生活中发掘情趣和诗意的心灵，反映出宋诗题材日益走向生活化的普遍倾向。

　　这首律诗有两个显著的风格特点：一是细腻深婉，二是清新洒脱。开头四句写"汲江"。"活水"即指江水，活火即旺火，两"活"相配，乃茶事所"贵"。苏轼《试院煎茶》诗说："贵从活火发新泉。"这是品茗行家的经验之谈。"自临钓石取深清"一句，据写过不少茶诗的南宋诗人杨万里的分析，这句"七字而具五意：水清，一也；深处清，二也；石下之水，非有泥土，三也；石乃钓石，非寻常之石，四也；东坡自汲，非遣卒奴，五也。"（《诚斋诗话》）这样的分疏阐发，可能有失琐细、割裂，但也不能不承认抓着了本篇刻画细腻的特点。"大瓢"两句，说白了，不过是指两个动作：用大瓢把江水舀入瓮中，再用小杓

347

把江水注入瓶内。但"贮月"、"分江"的天真想象,"春瓮"、"夜瓶"的构词色彩,把水清月白、春意夜绪的无限情趣,渲染得既清逸又饱满,使之顿成名联。唐人韩偓虽有"瓶添涧水盛将月"(《赠僧》)的句子,苏诗却有自己的创造和发展。

"雪乳"两句承前写"煎茶"。"雪乳"指茶煎沸后翻起的白沫。"脚"指茶脚。"松风"则形容沸腾声,作者《试院煎茶》诗也用"飕飕欲作松风鸣"喻煎茶声。上句视觉,下句听觉,细致而又形象地突出煎茶时沸腾的情态。

结尾两句从上"汲江"、"煎茶"到品茗,转而着重于就具体事抒情致慨。唐人卢仝有首著名的《谢孟谏议寄新茶诗》,极写新茶之美:"一碗喉吻润,二碗破孤闷……七碗吃不得也,惟觉两腋习习清风生。"苏轼反用其意,谓如此佳茗却喝不了三碗,乃因身居异乡的贬谪之感所致。这样,整首诗在安闲恬适的氛围中又平添几丝悲凉萧疏。但这种悲感又是极其适度的、克制的,不仅没有破坏全篇的基调,毋宁说是一种使基调内涵得以丰富的反衬,这种安闲恬适似乎经过悲感的过滤,升华为超旷。

(《古诗海》,上海古籍出版社,1992年1月)

江 城 子

密州出猎

老夫聊发少年狂,左牵黄,右擎苍。锦帽貂裘,千骑卷平冈。为报倾城随太守,亲射虎,看孙郎。　酒酣胸胆尚开张,鬓微霜,又何妨!持节云中,何日遣冯唐?会挽雕弓如满月,西北望,射天狼。

苏轼是宋代豪放词派的开创人。《江城子·密州出猎》、《水调歌头》(明月几时有)是他写得最早的两首豪放词。这两首词都是他在密州任知州时所写。

"江城子"是词牌名，也就是曲调（曲谱）的名称。五代时欧阳炯依照这个曲调写过一首词，末有"如西子镜照江城"一句，后来才管这曲调叫《江城子》。"密州出猎"是这首词的副标题。这首词是苏轼在密州做知州的第二年（宋神宗熙宁八年，公元 1075 年）写的，当时苏轼四十岁。这年冬天，苏轼带领随从去密州附近的常山祭谢龙王，回来时，与同僚们"习射放鹰"，并写下了这首词，同时还写了同样题材的一首诗，题目为《祭常山回小猎》。

研究一首词，要研究它的主题思想，研究它的形象和意境的特点和内涵，可以从研究它的结构线索入手。这首词是怎样组织结构的呢？开头第一句"老夫聊发少年狂"很重要，开宗明义为整首词的结构作了提示。这里提出了"老夫"和"少年狂"的矛盾。"老夫"，实际上并不老，只有四十岁："少年狂"也不是真狂，而是借打猎这件事，抒发自己积极报国的豪情壮志。这首词上半阕写他的"少年狂"，写他这次打猎的热闹场面；下半阕抒发"老夫"的感慨，年老要报国而又报国无门。接着说"左牵黄，右擎苍"，左手牵着黄色的猎犬，右臂上托着猎鹰。"锦帽貂裘"写他自己的打扮，戴着丝织的帽子，穿着貂鼠皮做的裘。"千骑卷平冈"，"骑"念去声，当名词用。"骑"，旧称一人一马谓一骑，这里是指他的随从。为什么用"千骑"呢？古代礼仪规定，诸侯出外，有千骑相随。古代的诸侯是一方之长，相当于后来的刺史、太守。所以这里隐约点出他的知州身份。"卷平冈"，"平冈"指开阔的山冈，这里是指密州附近的铁沟（地名）。"卷"即席卷，指围猎。此即《祭常山回小猎》中"黄茅冈下出长围"句意。"为报倾城随太守"，"倾城"一种解释为美女，根据是《汉书·外戚传》引李延年歌："北方有佳人，绝世而独立，一顾倾人城，再顾倾人国。"就是倾国倾城的美女。这一解释不一定对。另一种解释为满城的人，即俗话说"万人空巷"的意思,这种解释比较好。《诗经·郑风·叔于田》说"叔于田,巷无居人",这句暗用《诗经》这首诗的意境。"报"也有两种解释,一种解释为酬答、报答,意思比较实一点;另一种解释为有人来向我"报告",意思比较虚一点。这两种解释都可以,但从词的意境看,后一种比较好。"诗无达诂",对诗词的不同解释,有的可分是非优劣,有的却很难分,不妨并存;几种解释并存也有好处,可以使人们对词境的理解更丰富一些。"亲射虎,看孙郎"。这是用孙权的典故。《三国志·吴书·吴主传》"(建安)二十三年十月,(孙)权将如吴,亲乘马,射虎于庱亭(今江苏丹阳)。马为虎所伤。权投以双戟,虎却废(倒退),常从张世击以戈,获之。"苏轼词里突出一个"郎"字,"郎"字是古代对少年的美称,这里突出孙权的少年英俊,和上面的"少年狂"互相呼应:既以"老夫"自称,却又以"孙郎"自比,那就是"少年狂"了。上半阕写出猎时的盛况,写得很有层次。开头几句写他自己左手牵着黄犬,右臂托着猎鹰,锦帽貂裘,一副戎装打扮,出来打猎;接着写他随从之多;最后写围观者之众。从个人特写到泛写随从和全城百姓,逐次展现,也透露出他第一次当知州时比较得意的心情。

下半阕转写"老夫"的感慨。但换头一句"酒酣胸胆尚开张",仍是承上写"少年狂",狂饮烂醉,意气豪纵。"鬓微霜,又何妨",说鬓边微有白发也不介意,他报国的雄心壮志还在。"持节云中,何日遣冯唐?"这里用魏尚、冯唐的典故。《史记·冯唐列传》说:汉文帝的时候,魏尚担任云中太守(云中,在今内蒙古、山西北部一带)抵御匈奴的侵扰,魏尚在多次战斗中,颇有战功。有一次犯了一点小错误,就是在向皇帝报告战绩的时候,把杀敌数多报了六个。这件事被揭发后,皇帝大怒,将他削职贬官,判罚作苦工,后来冯唐向汉文帝劝谏:魏尚立了这样大的战功,犯了一点小错误,给了他这样重的处罚,不公平。汉文帝听从了这意见,就派冯唐传达皇帝的命令去赦免魏尚,仍叫他做云中太守，继续抵抗匈奴。苏词是用这个典故，这是没有疑问的，但解释时却有两个分歧。一是"节"字的含义，有人解释为兵符，"持节"就是带兵，这解释不一定对。实际上这"节"就是戏曲舞台上苏武牧羊时手里拿的那根竹竿。它是传达皇帝命令的使者作为符信（凭证）的标志。这里另一个歧义是苏轼在这里是以冯唐自比还是以魏尚自比。各家选本大致上有这样两说。我们是主张魏尚说的。主张冯唐说的主要有以下三条理由：第一，魏尚当时是受到处罚，"下吏削爵"，而苏轼这时是升官的（从杭州通判升任知州），所以如以魏尚自比则和当时情况不合。第二，古人用冯唐这典故，一般都用来说明年老不被重用之意，如西晋时左思的《咏史》诗里有"冯公岂不伟，白首不见招"，王勃《滕王阁序》有"冯唐易老"。因此认为以冯唐自比，比以魏尚自比更符合苏轼词的内容，和"老夫"扣得更紧。第三，冯唐当时不仅是持节的使者，而且皇帝任命他为车骑都尉。他去云中传达皇帝命令时，带了很多兵，这和下面"会挽雕弓如满月，西北望，射天狼"可以呼应，词意联系更紧。

上面三条理由，我们都不太同意，主要应从用典故的特点来看。古人用典，一般不是取典故的全部意义，只是取其某一点。用典实际上和用比喻一样：本体和喻体在某一点上极相似，而在本质上又极不相同。词里不论以冯唐自比，还是以魏尚自比，他们二人和苏轼毕竟是不同时代的不同人物，苏轼用典自比，不需要也不可能跟他们二人的情况完全切合。如说当时魏尚是贬官的，苏轼是升官的，所以不合，这一理由似缺乏说服力。前面说过，苏轼的《祭常山回小猎》诗，跟这首词同一题材，并作于同时同地，诗的最后两句说"圣明若用西凉簿，白羽犹能效一挥"，这里用了西晋时的一个典故。当时西北少数民族侵扰西凉州（现在甘肃一带），西凉的地方长官起用了一个主簿（官名）名叫谢艾的来指挥战斗，后取得胜利。这首诗的最后两句是说皇上若能像起用谢艾那样用我，那么我也能一摇羽扇指挥战斗，为国效劳。这里苏轼以谢艾自比，是十分清楚的。但若死扣典故，那也"不合"了：谢艾是主簿，苏轼是"知州"，官比谢艾要大得多。苏轼用典，只取谢艾作为文人而能效劳这一点，其他的内容不能牵涉进去。关于第二条理由即古人用冯唐典故，一般是用来说年老而不被重用的，这虽符合实际情形，但这是就冯唐一生的经历而言的，是指他在汉武帝时被举荐，但年已逾九十，不能任职。冯唐去云中时并未年老，要和年老扯在一起也讲不大通。至于把冯唐带兵和词末"射天狼"相牵合，实际上是一种引申，两者并无关联。

底下是结尾"会挽雕弓如满月，西北望，射天狼"。"会"，将要，"满月"，形容弓弦拉开时，形状像圆月一样。"天狼"，星名，古代天文书上的说法"天狼"象征侵略，象征有兵事。这里借喻敌人。究竟指哪一个敌人呢？这里有一点分歧："西北望"，指西北方向的敌人，应指西夏，西夏在宋代曾对宋构成一定的威胁，可是当苏轼在密州时期，西夏的威胁已不是主要的了，当时主要的是辽国。密州又地处宋辽边境，而且不久以前，宋辽谈判，宋签订了屈辱的条约。所以从当时情况看，也可以指辽国。这两种解释都可以。

下面总的说几点：

（一）这首词是现存苏轼豪放词的第一首作品。苏轼在中国词史上开创了豪放派，但他豪放词风的形成，也有一个发展的过程。他写词比写诗晚，写词是他在杭州当通判时才开始的。那时的词作，初步表现出"以诗为词"的倾向，就是说他用写诗的方法来写词。词，从民间产生，后来发展到文人词，就起了变化，题材、写法跟诗有了明显的区别，诗里可写的内容，词里就不能写。这就所谓"诗庄词媚"。词发展到文人词，主要是作为酒筵上歌妓唱的歌词，内容主要是描写爱情甚至色情，而反映民生疾苦、抒发个人壮志或朋友间的正常友情等，词里是很少写甚至不能写的。这样诗词在题材上有了严格的区别。比如，欧阳修的词，有人说不是他自己写的，欧阳修在所写的文章里，显出一副庄重儒者的面孔，诗里面也是很拘谨的，而他的词，却大写风流逸事，因此有人说，这是他的仇人所作诬陷他的。实际上当时的诗、词就有这样的不同。苏轼的词打破了这个界限。这首《江城子》有个副标题"密州出猎"，这类副标题在词里出现是很值得注意的。我们看一些词集例如《花间集》、《尊前集》，这些集子的名称，也表明了它的内容的千篇一律，不需要副标题。"以诗为词"时就不然了。每首词都有它独特的内容，反映的生活面比以前广阔丰富多了，词牌下就需要写副标题以示区别。苏轼的词几乎都有副标题。这也从一个方面表示他要打破诗词的严格界限，扩大词的表现范围。苏轼的题材、表现手法上的开拓，直接导致他的豪放词派的建立。苏轼在密州时，生活有了变化，开始写豪放词。他对开创豪放派有一定的自觉性。他当时给朋友鲜于子骏的信中说："近颇作小词，虽无柳七郎（柳永）风味，亦自是一家。呵呵！"他力图在传统婉约词风之外，另辟蹊径，"自是一家"。

（二）这首词进一步表现了诗词合流的倾向。第一，它的题材和主题在词的发展上有重要意义。在中国词的发展上，原来的民间词，如在敦煌石窟发现的唐末五代的曲子词里，也有写边塞题材的，但到文人词里，这种题材几乎中断了。只有范仲淹写过边塞词，例如《渔家傲》（塞下秋来风景异），但基调是悲壮苍凉的。苏轼的这首《江城子》有意识地把唐代边塞诗的题材和意境写到词里来，写得慷慨昂扬，充满积极报国的激情，在以前文人词中是罕见的。第二，在用诗歌手法写词上也有发展。例如此词用典较多，有的是明典，有的是暗典。"亲射虎，看孙郎"用孙权的典故，"持节云中，何日遣冯唐"，用冯唐、魏尚的典故，这是用明典。有的用暗典，例如"左牵黄、右擎苍"，用这形象写打猎的，较早的是秦始皇丞相李斯，李斯最后被杀，临死时对他儿子说："我现在想和你两个牵黄犬、臂苍鹰出上蔡东门，都不可能做到了！"《后汉书》、《梁书》里也有汉阳太守、张充出猎时臂鹰牵狗的记载。"为报倾城随太守"，则暗用《诗经·郑风·叔于田》。不了解这类暗典，词也看得懂；但了解以后，可以对词理解得更深一些。用暗典就要用到这火候。这首词是明典和暗典相结合，扩大了词的表现手段。第三，我们再从当时苏轼写的一诗一词来比较，应该说，他的词比他的诗写得更充沛、更生动，表现他当时的心情更淋漓尽致。词的艺术水平超过了诗。在我们看来，宋后期的词要继续发展，老是写男女爱情及琐细的东西是不成的。苏轼豪放派的功绩之一，就是表现在诗词合流的倾向，打破诗词传统的严格界限，为词的进一步发展开辟了道路。

（三）从这首词的音乐效果来看豪放词的风格。这首词的演唱情况，也见于苏轼给鲜于子骏的信："数日前猎于郊外，所获颇多，作得一阕（即这首《江城子》），令东州（密州）壮士抵掌顿足而歌之，吹笛击鼓以为节，颇壮观也。写呈取笑。"这材料说明这首词的唱法和婉约派词的唱法是完全不一样的。婉约派词怎样唱？从材料来看，知道一些。"东坡在玉堂，有幕士善讴，因问：'我词比柳词何如？'对曰：'柳郎中词，只好十七、八女孩儿，执红牙拍板唱"杨柳岸晓风残月"；学士词，须关西大汉，执铁板，唱"大江东去"。'"（《吹剑续录》）这里可以看到婉约派词适于十七、八女郎执红牙拍板来唱。南宋词人姜夔有诗说"小红低唱我吹箫"，说明是用吹箫来伴奏。从这些零零碎碎的材料说明婉约派词的演唱风格是缠绵多情，不是像《江城子》用东州壮士那样的唱法。从这种音乐效果充分表现出豪放派词的艺术风格。

（《大学语文选讲》（第一辑），华东
师范大学出版社，1982 年 7 月）

水 调 歌 头

丙辰中秋，欢饮达旦，大醉。作此篇，兼怀子由。

明月几时有？把酒问青天。不知天上宫阙，今夕是何年。

我欲乘风归去，又恐琼楼玉宇，高处不胜寒。起舞弄清影，何似在人间！　　转朱阁，低绮户，照无眠。不应有恨，何事长向别时圆？人有悲欢离合，月有阴晴圆缺，此事古难全。但愿人长久，千里共婵娟。

《水调歌头》，副标题为"丙辰中秋，欢饮达旦，大醉。作此篇，兼怀子由"。《水调歌头》是词牌名。相传隋炀帝开汴河时曾制《水调歌》，唐人演为大曲。"歌头"是此大曲的一部分。苏轼这首词，作于写《江城子》的第二年（1076），时年四十一岁。这首也是豪放派词的代表作。这首词的结构，上下阕是对称的。上阕写对月饮酒，下阕写对月怀人，怀念他的弟弟。上阕是问天，下阕是问月。上阕突出入世和出世的矛盾，下阕是情和理的矛盾，怀念弟弟的手足之情和人生哲理之间的矛盾。上下阕并列，上阕为下阕服务。

"明月几时有？把酒问青天"，这句是从李白"青天有月来几时，我今停杯一问之"（《把酒问月》）化出。问青天什么问题呢？"不知天上宫阙，今夕是何年？"这种问题按常情是不值得问的，这是一种痴问，正好表现了苏轼内心激烈的矛盾。"我欲乘风归去，惟恐琼楼玉宇，高处不胜寒。"作者在现实社会中得不到安慰和满足，"我欲乘风归去"，天上是纯洁的，但"高处不胜寒"，处处表现了现实和理想的矛盾，出世和入世的矛盾。"起舞弄清影，何似在人间！"李白另一首诗《月下独酌》说"我歌月徘徊，我舞影零乱"，即苏词此句所本。"何似在人间"，有的解释为"天上怎么比得上人间生活的幸福"，有的解释为"还不如在人间"。我们的意见似可联系苏轼《赤壁赋》来理解。苏轼在《赤壁赋》里用主客对话的形式写出了乐——悲——乐的思想感情的变化，实际上是表现苏轼自己出世与入世的矛盾及其矛盾的解脱过程：先从清风和明月交织而成的江山美景中，写他"羽化而登仙"的出世之乐；继从对历史人物兴亡的凭吊中，跌入入世的苦闷；最后阐发"变"与"不变"的哲理，仍从清风明月中摆脱这一人生的矛盾。这是苏轼解决他出世与入世矛盾的一般方式，这首词也是如此。他在现实社会中得不到安慰和幸福，于是向往上天，向往出世，但又怕"高处不胜寒"。解决的办法就是陶醉于月下起舞，这境遇，既有上天的纯洁，没有人间的恶浊，又有人间的温暖，没有天上的寒冷，这不是理想的出路么！"何似"，即不似，此句意即哪里是像在人间呢！清人黄蓼园评论此句说"仿佛神魂归去，几不知身在人间也"，是颇有启发的。宋人蔡絛《铁围山丛谈》也说："歌者袁绹，乃天宝之李龟年也。宣和间，供奉九重，尝为吾言：东坡公昔与客游金山，适中秋夕，天宇四垂，一碧无际，加江流涌涌。俄月色如昼，遂共登金山山顶之妙高台，命绹歌其《水调歌头》曰'明月几时有，把酒问青天'。歌罢，坡为起舞，而顾问曰：'此便是神仙矣。'"这条材料也可以帮助理解"何似在人间"句，就是说，人是在人间但又不像在人间，而有飘飘欲仙的情趣。如果把这句解释为"天上怎么比得上人间生活的幸福"或"还不如在人间"，则与"起舞弄清影"句在语气上似不太衔接，或者要把原词理解为倒装句："何似在人间起舞弄清影！"月下起舞就变成一种虚写。但从上句"高处不胜寒"来看，月下起舞确是词中实境，从在人间问天，希望飞往太空而又打消去意，最后又落到在人间月下起舞，却又如处仙境。这样理解，词意的转接似更自然些。

下阕写月下怀念弟弟。承上仍从月亮写起。"转朱阁，低绮户"，月光照着华美的建筑，低低地照进漂亮的窗户，说明已经夜深了。"照无眠"，有两种解释，一是说月光照得有心人不能安眠；一是说月光照着失眠的人。这两者稍有区别，一是照人无眠，一是照无眠之人，我们认为后一种解释比较好。"不应有恨，何事长向别时圆？"月亮不应该有什么怨恨，但你为什么偏在人家离别时圆起来，不是伤人家的心吗？他和弟弟苏辙感情非常深，现在离别已有七年，他的怀念之情，不能摆脱。接着讲了一个人生的道理，"人有悲欢离合，月有阴晴圆缺"，从古以来一直如此，这是人生不能克服、无法解决的永恒的遗憾。情和理之间就产生了矛盾。底下就宽慰自己，"但愿人长久，千里共婵娟"。但愿我们人永远平平安安活着，虽然相隔千里，但可以共赏明月。此句是从谢庄《月赋》"隔千里兮共明月"句化来。"婵娟"有两种说法，一种指美好的样子，指月光，一种指美女，借代月亮，因月里有嫦娥。

下面总的讲几点：

（一）主题：上阕是写入世和出世的矛盾，他乘风上天，但又觉天上寒冷，不如人间温暖，反映作者因政治失意而对现实不满的心情。下阕写情和理的矛盾，人有悲欢离合，正像月有圆缺一样，不能十全十美，抒发了手足离别之情。我们所理解的这首词的主题就是如此。但传统上还有别种理解，主要是常州词派。常州词派兴起于清代，他们讲词，专门讲寄托，实际上是讲影射。他们认为苏轼这首词是爱君之作。主要依据是词中"我欲乘风归去，又恐琼楼玉宇，高处不胜寒"几句。这种讲法，牵强附会，错误是明显的。脱离词的整个意境，抓住片言只语，比附牵合，来讲词的主题，这是专讲寄托一派的通病。沈雄《古今词话》说："神宗读至'琼楼玉宇，高处不胜寒'，乃叹曰：'苏轼终是爱君。'即量移汝州。"这一说法有个明显的漏洞：苏轼贬官黄州后才去汝州，而按这个说法，这首词就变成黄州时的作品，但根据现在掌握的材料，确知这首词是密州时期所作。

关于主题还要提一点，这首词是积极的还是消极的。从全词来看，既有积极的一面，也有消极的一面。苏轼内心世界矛盾的解决办法是"千里共婵娟"，以此来宽慰自己。可整首词还是笼罩着悲伤的情绪，这两面都要看到。若拿苏轼《念奴娇》和《水调歌头》这两首词作一比较,可以看出这两首词的结尾各有特点。《念奴娇》全词是积极昂扬的,"大江东去,浪淘尽,千古风流人物",很有气魄,但结尾有些消沉,"人生如梦,一樽还酹江月",结尾是向下跌的。《水调歌头》一开始调子比较深沉,但结尾比较开朗,"但愿人长久,千里共婵娟",结尾是向上扬的。但从整首词看,《念奴娇》给人的感觉是积极昂扬的,而《水调歌头》给人的主要感觉是深沉婉曲的,这说明一个什么问题呢? 说明我们判断一首词的基调,不能单从一些概念性的语句来判断,而是要依据全词的主要形象来决定,由主要形象所体现的意义来决定。

(二)风格:这首词的风格跟《江城子》不一样。王国维在《人间词话》里说过,"东坡之词旷,稼轩之词豪。"这两句话精辟地说明了苏、辛词风的不同特点。但是苏轼豪放词风本身,既有旷的一面,也有豪的一面。《江城子》代表豪的一面,《水调歌头》代表旷的一面。苏轼除写豪放风格的词之外,还写婉约词。苏轼词风格的多样性,正是他艺术成熟的标志。为什么说这首词表现了旷? 主要是讲了一个人生哲理:"人有悲欢离合,月有阴晴圆缺",表示对人生的探索。哲理的内容也是苏轼较早带进词里来的。这样,加深了词的意境,这也是苏轼的贡献之一。这首词和《江城子》合在一起,完整地表现了苏轼豪放词风的两个方面。

(三)音乐性:这首词和《江城子》一样,当时是可以唱的,也获得很好的音乐效果。所以我们说豪放派的词,不是不讲音乐性。还要指出一点,这首词押韵上有一特点,即藏有暗韵。这首词的韵脚,都符合词律。例如上阕"天、年、寒、间"四个韵脚。下阕"眠、圆、全、娟",也是四个韵脚。押韵的地方是音乐的单位,也是意义的单位。押韵的地方,意思往往转换,所以我们读词,还是要注意韵脚。另外,这首词还藏有暗韵,上阕的"去、宇",押去声韵;下阕的"合、缺"押入声韵。苏轼此词不仅严守词韵,而且还藏有暗韵,加上其他审音选字上的讲究，因此朗读起来，声调铿锵有力，和词的内容和风格是统一的、和谐的。

（《大学语文选讲》（第一辑），华东师范大学
出版社，1982 年 7 月）

定 风 波

　　三月七日，沙湖道中遇雨。雨具先去，同行皆狼狈，余独不觉。已而遂晴，故作此词。

　　莫听穿林打叶声，何妨吟啸且徐行。竹杖芒鞋轻胜马，谁怕？一蓑烟雨任平生。　　料峭春风吹酒醒，微冷，山头斜照却相迎。回首向来萧瑟处，归去，也无风雨也无晴。

　　本篇作于宋神宗元丰五年（1082），时苏轼贬居黄州。郑文焯《手批东坡乐府》评云："此足征是翁坦荡之怀，任天而动。琢句亦瘦逸，能道眼前景。以曲笔直写胸臆，倚声能事尽之矣。"所谓"眼前景"，指上片的雨景和下片的雨后初晴之景。贯串全词的关键字眼即是词序中所说的"余独不觉"。这类"不觉"，前人也有过，如谢安。据《晋书·谢安传》云：他"尝与孙绰等泛海，风起浪涌，诸人并惧，（谢）安吟啸自若。"同是"吟啸"，"自若"即是"不觉"的另一种表达方式。《晋书》是突出谢安处变不惊的镇定，而苏轼却借以表达雨既不怕，晴亦不喜、超越宠辱得失、祸福凶吉的人生了悟，即"任天而动"的"坦荡之怀"。这是苏轼备尝仕途"风雨"折磨后的自我内省和思索的结果。他用这种思维方式来淡化和消解他所面临的挫折和困苦，并形成他洒脱飘逸的气度，笑对人间厄运的超旷襟怀。

　　"不觉"，从对象来说，指不觉雨，不觉晴，不觉雨和晴的差别；从内涵来说，却并不是取消听觉、视觉等对外物的感受，"穿林打叶"的

雨声仍听到，"山头斜照"的阳光仍看到，而是在哲理感悟上否定外物的存在。也就是说，只要把握自我，就能超越客观的千变万化，"不觉"外物的种种限制拘束而获得最大的精神自由。这一点，上、下片的末句均有深刻的阐发。

上片末尾"一蓑"句是说：在风雨中行走，乃平生经惯，任其自然，有何可怕？高度概括了苏轼坦然自若、何往不适的生活态度，冒雨吟啸徐行的苏轼，成了读者心目中最熟悉的东坡画像。附带应提及，"一蓑"，一般解作一件蓑衣，但与词序中"雨具先去"牴牾。也可解作量词，与"一犁烟雨伴公归"（苏轼诗）的"一犁"用法和相类，指雨量的大小，如郑谷《试笔偶书》："殷勤一蓑雨，只得梦中披"；朱熹《水口舟行》："昨夜扁舟雨一蓑，满江风浪夜如何？"另外，有的版本作"一莎"，则是"一川"之意，指满川烟雨，也可通。或说此句系虚写，不是眼前景，而是心中事，即特指归隐之念，亦可备一说，但似与上、下文意衔接不顺。

下片结尾几句则是苏轼得意之笔。他晚年在海南岛所作《独觉》诗，也以"回首向来萧瑟处，也无风雨也无晴"作结。天有雨、晴，人有顺、逆，其实终究皆成过去，不必介意萦怀。"不觉"正是这种恬淡心境的极致。

（《词林观止》，上海古籍出版社，1994 年 4 月）

水 龙 吟

次韵章质夫《杨花词》

似花还似非花，也无人惜从教坠。抛家傍路，思量却是，无情有思。萦损柔肠，困酣娇眼，欲开还闭。梦随风万里，寻郎去处，又还被、莺呼起。　　不恨此花飞尽，恨西园，落红难缀。晓来雨过，遗踪何在，一池萍碎。春色三分，二分尘土，一分流水。细看来，不是杨花，点点是离人泪。

苏轼《与章质夫》信中说："《柳花》词妙绝，使来者何以措词？……故写其意，次韵一首寄去，亦告不以示人也。""次韵一首"即本篇。据此信推测，此词当作于宋神宗元丰四年（1081）或五年（1082），时苏轼贬居黄州。

作为咏物词，必得对所咏对象描摹逼真生动，但又需追求象外之意，以形取神。刘熙载《艺概》评本篇云："东坡《水龙吟》起云：'似花还似非花'，此句可作全词评语，盖不离不即也。"这一评语十分准确地抓住了此词写法上的特点，即一笔两写，亦花亦人，人花互映，情景交融。作者处处把杨花和思妇写得不即不离，若即若离。杨花的飘坠是"抛家傍路"，煞是思妇腔吻；愁肠百结的思妇，慵眼难开，沉睡梦乡，又直摄杨花之神；而思妇的梦魂，随风飘到万里之外去寻找情人，却不料美梦又被黄莺啼声惊破，这种奇思异想又联结着杨花飘飞不定的形态特征。词中咏叹角度多次转换，衔接自然；下片议论虽多，而并不游离于情景之外。如此咏物，真可谓不粘不滞，出神入化，难怪王国维称它是咏物词的"最工"之作。

词的第二句有"惜"字，可视为全篇"文眼"。任风飘扬，散落路旁，是惜；"萦损柔肠"、梦寻情人而不得，是惜；落花难以复归故枝，是惜；雨后杨花落地入池，又是惜；最后直呼杨花乃是离人之泪，哀怨悱恻，几无复加了。因此，"直是言情，非复赋物"（沈谦《填词杂说》），全力抒写悲哀，是本篇又一特点。

至于所言之情，也非单一而是多层次的：既有借杨花自开自落的寂寞传递出感时伤春的幽怨之情，又有思妇念远的别绪离愁，更寄寓了作者正遭贬谪的抑郁之思，其精神内蕴是颇为丰富的，极大地提高了咏物词的品位，是苏诗中婉约风格的代表作。

（《词林观止》，上海古籍出版社，1994 年 4 月）

定 风 波

王定国歌儿曰柔奴,姓宇文氏,眉目娟丽,善应对。家世住京师。定国南迁归。余问柔:"广南风土,应是不好?"柔对曰:"此心安处,便是吾乡。"因为缀词云。

常羡人间琢玉郎,天应乞与点酥娘。自作清歌传皓齿,风起,雪飞炎海变清凉。　　万里归来年愈少,微笑,笑时犹带岭梅香。试问岭南应不好,却道,此心安处是吾乡。

文人词发轫之初,艳词为重要题材,大都描摹歌妓的声色体态,充满香软浓丽的感官刺激,"花间词"即其代表。苏轼这首以王巩歌姬柔奴为主人公的词作,虽然也不免带有"点酥"、"清歌"、"皓齿"等香艳字面,但已汰洗掉传统艳词的脂粉气和轻佻味,透出明丽雅致的清新情调;更为重要的是,词中融入了"此心安处是吾乡"的深沉的人生思考。作者笔下的这位久居繁华京城、"眉目娟丽"的歌妓,竟具有历经厄难而不忧不惧的哲人式的胸襟和气度,这是对传统艳词的升华和超越,是有重要意义的。

"此心安处是吾乡",实际也是苏轼本人的人生思想。王粲《登楼赋》说"人情同于怀土,岂穷达而异心",乡土之恋乃人情之常。对西蜀故里的归返,始终是苏轼一贯的追求。但在他一生大起大落、几起几落的仕宦生涯中,他逐渐吸取前贤(包括白居易《吾土》"身心安处是吾土"等)的思想资料,形成了随遇而安的生活态度,对他所客居的许多地方,都产生过深刻的第二故乡的感情:"自意本杭人","元是惠州秀才","我本海南民"等,从而在迁流无定的生命苦旅中,保持乐观旷达的情怀。这也是他把柔奴视作平生知己而出以庄重清雅之笔的原因。

此词在写法上具有记实性的特点。上片记歌,下片记言。记歌是贴切柔奴"歌儿"的身分,而"风起,雪飞炎海变清凉"一句渲染歌声效果,恰与全词所表达的超尘脱俗、清旷放达的基调相谐和。记言是用对话体。作者问语"岭南应不好"而不是"岭南好不好",一个"应"字原含有肯定之意,因而柔奴的答话收到事出意外的效果,显得更为精警。对话体在以往文人艳词中较为少见,苏轼用此,真切自然,更突出柔奴履险如夷、恬淡自适的心境。

（《词林观止》,上海古籍出版社,1994 年 4 月）

八 声 甘 州
寄参寥子

　　有情风万里卷潮来,无情送潮归。问钱塘江上,西兴浦口,几度斜晖? 不用思量今古,俯仰昔人非。谁似东坡老,白首忘机。　　记取西湖西畔,正春山好处,空翠烟霏。算诗人相得,如我与君稀。约它年、东还海道,愿谢公雅志莫相违。西州路,不应回首,为我沾衣。

　　这首词写作的时间、地点,多有异说:一、作于宋哲宗绍圣四年(1097),时苏轼谪居儋州(今海南省儋州),见清人王文诰《苏诗编注集成总案》卷四十一;二、作于哲宗元祐六年(1091),时苏轼由杭州知州召为翰林学士承旨、将离杭州赴汴京,见朱祖谋《东坡乐府编年本》,后龙榆生《东坡乐府笺》、曹树铭《苏东坡词》从之;三、清人黄蓼园《蓼园词选》谓作于杭州任内:"此词不过叹其久于杭州,未蒙内召耳。"四、建国后又有两说:元祐六年自杭到汴京后作和元祐四年(1089)初到杭州时作。

　　以上五说以第二说为胜。南宋胡仔《苕溪渔隐丛话·后集》卷三十九说:"其词(即本篇)石刻后东坡自题云:'元祐六年三月六日。'余以《东坡先生年谱》考之,元祐四年知杭州:六年召为翰林学士承旨,则长短句盖此时作也。"苏轼离杭时间为元祐六年三月九日(据王宗稷《东坡先生年谱》),则此词当是苏轼离杭前三天写赠给参寥的。这是一。又南宋傅幹《注坡词》卷五此词题下尚有"时在巽亭"四字。巽亭,在杭州东南。《乾道临安志》卷二:"南园巽亭,庆历三年郡守蒋堂于旧治之东南建巽亭,以对江山之胜。"苏舜钦《杭州巽亭》诗:"公自登临辟草莱,赫然危构压崔嵬。凉翻帘幌潮声过,清入琴尊雨气来。"苏轼当时所作《次韵詹适宜德小饮巽亭》:"涛雷殷白昼。"这都说明巽亭能观潮,与本篇起句相合,而且说明苏轼可能曾游过此亭,就在巽亭小宴上与詹适诗歌唱和。这是二。词中所写景物皆为杭地,内容又系离别。这是三。故知其他四说都似未确。

参寥即僧道潜,於潜人(旧县名,今并入浙江临安县),是当时一位著名的诗僧,与苏轼交往密切。此词乃苏轼临离杭州时的寄赠之作,为其豪迈超旷风格的代表作之一。词的上下片都以景语发端,议论继后,但融情入景,并非单纯写景:议论又伴随着激越深厚的感情一并流出,大气包举,格调高远。写景、说理,其核心却是一个情字,抒写他历经坎坷后了悟人生的深沉感慨。

上片"有情风"两句,劈头突兀而起,开笔不凡。表面上是写钱塘江潮一涨一落,但一说"有情",一说"无情",此"无情",不是指自然之风本乃无情之物,而是指已被人格化的有情之风,却绝情地送潮归去,毫不依恋,所以,"有情卷潮来"和"无情送潮归",并列之中却以后者为主,这就突出了此词抒写离情的特写场景,而不是一般的咏潮之作,如他的《南歌子·八月十八日观潮》词、《八月十五日看潮五绝》诗,着重渲染潮声和潮势,并不含有别种寓意。下面三句实为一个领字句,以"问"字领起。西兴,在钱塘江南,今杭州市对岸,萧山县治之西。"几度斜晖",即多少次看到残阳落照中的钱塘潮呵!苏轼在宋神宗熙宁年间任杭州通判时曾作《南歌子》说:"笑看潮来潮去,了生涯。"他在杭时是经常观潮的。这里指与参寥多次同观潮景,颇堪纪念。"斜晖"，一则承上"潮归"，因落潮一般在傍晚时分，二则此景在我国古代诗词中往往是与离情结合在一起的特殊意象。如温庭筠《梦江南》："梳洗罢，独倚望江楼。过尽千帆皆不是，斜晖脉脉水悠悠，肠断白蘋洲。"柳永的《八声甘州》写思乡："渐霜风凄紧，关河冷落，残照当楼。"李清照《永遇乐》："落日熔金，暮云合璧，人在何处。"尤其是郎士元《送李遂之越》诗结句云"西兴待潮信，落日满孤舟"，更可与苏轼本篇合读。这夕阳的馀光增添多少离人的愁苦！

"不用"以下皆为议论。议论紧承写景而出：长风万里卷潮来送潮去，似有情实无情，古今兴废，亦复如此。"不用"两句应作一句读，"思量今古"用不着，"俯仰昔人非"，即顷刻之间古人已成过眼云烟的感叹也用不着。王羲之《兰亭集序》云"向之所欣，俯仰之间，已为陈迹"，并发出"岂不痛哉"的呼喊。苏轼对于古今变迁，人事代谢，一概置之度外，泰然处之。"谁似"两句，又进一步申述己意。苏轼时年五十六岁，垂垂老矣，故云"白首"。《庄子·天地篇》云："有机械者必有机事，有机事者必有机心。""机心"，指机诈权变的心计。忘机，则泯灭机心，无意功名利禄，达到超尘绝世，淡泊宁静的心境。苏轼在《和子由送春》诗中也说："芍药樱桃俱扫地，鬓丝禅榻两忘机。"他是以此自豪和自夸的。

过片开头"记取"三句又写景：从上片写钱塘江景，到下片写西湖湖景，南江北湖，都是记述他与参寥在杭的游赏活动。"春山"一些较早的版本作"暮山"，或许别有所据，但从词境来看，不如"春山"为佳。前面写钱塘江时已用"斜晖"，此处再用"暮山"，不免有犯重之嫌："空翠烟霏"正是春山风光，"暮山"，则要用"暝色暗淡"、"暮霭沉沉"之类的描写；此词作于元祐六年三月，恰为春季，特别叮咛"记取"当时春景，留作别后的追思，于情理亦较吻合。这样，从江山美景中直接引入归隐的主旨了。

"算诗人"两句，先写与参寥的相知之深。参寥诗名甚著。苏轼称赞他诗句清绝,可与林逋比肩。他的《子瞻席上令歌舞者求诗,戏以此赠》云"底事东山窈窕娘,不将幽梦嘱襄王。禅心已作沾泥絮,肯逐春风上下狂",妙趣横生,传诵一时。他与苏轼肝胆相照,友谊甚笃。早在苏轼任徐州知州时,他专程从馀杭前去拜访;苏轼被贬黄州时,他不远二千里,至黄与苏轼游从;此次苏轼守杭,他又到杭州卜居智果精舍;甚至在以后苏轼南迁岭海时,他还打算往访,苏轼去信力加劝阻才罢。这就难怪苏轼算来算去,像自己和参寥那样亲密无间、荣辱不渝的挚友,在世上是不多见的了。如此志趣相投,正是归隐佳侣,转接下文。

结尾几句是用谢安、羊昙的典故。《晋书·谢安传》:谢安虽为大臣,"然东山之志(即退隐会稽东山的"雅志"),始末不渝,每形于言色"。他出镇广陵时,"造泛海之装,欲须经略粗定,自江道还东,雅志未就,遂遇疾笃"。病危还京,过西州门时,"自以本志不遂,深自慨失"。他死后,其外甥羊昙一次醉中过西州门,回忆往事,"悲感不已,以马策扣扉,诵曹子建诗曰:'生存华屋处,零落归山丘。'恸哭而去"。这里以谢安自喻,以羊昙喻参寥,意思说,日后像谢安那样归隐的"雅志"盼能实现,免得老友像羊昙那样为我抱憾。顺便说明,苏轼词中常用此典,如《水调歌头》:"安石在东海,从事鬓惊秋。……一旦功成名遂,准拟东还海道,扶病入西州。雅志困轩冕,遗恨寄沧州。"《南歌子·杭州端午》:"记取他年,扶病入西州。"超然物外,寄情山水确实是苏轼重要的人生理想,也是这首词着重加以发挥的主题。

清末词学家郑文焯十分激赏此词。他在《手批东坡乐府》中评云:"突兀雪山,卷地而来,真似钱塘江上看潮时,添得此老胸中数万甲兵,是何气象雄且杰!妙在无一字豪宕,无一语险怪,又出以闲逸感喟之情,所谓骨重神寒,不食人间烟火气者。词境至此,观止矣!"可谓推崇备至。本篇语言明净骏快,音调铿锵响亮,但反映的心境仍是复杂的：有人生迍邅的悒郁，有兴会高昂的豪宕，更有了悟后的闲逸旷远——"骨重神寒，不食人间烟火气"。这种超旷的心态，又真实地交织着人生矛盾的苦恼和发扬蹈厉的豪情，使这首看似明快的词作蕴含着玩味不尽的情趣和思索不尽的哲理。

（《唐宋词鉴赏辞典》[唐五代北宋卷]，上海辞书出版社，1988 年 8 月）

减字木兰花

己卯儋耳《春词》

春牛春杖，无限春风来海上。便丏春工，染得桃红似肉红。　　春幡春胜，一阵春风吹酒醒。不似天涯，卷起杨花似雪花。

这首词作于苏轼贬谪海南岛儋耳（今儋州）之时。己卯，宋哲宗元符二年（1099）。春词，为立春所作之词，别本题注即作《立春》。

海南岛在宋时被目为蛮瘴僻远的"天涯海角"之地，前人偶有所咏，大都是面对异乡荒凉景色，兴起飘零流落的悲感。苏轼此词却以欢快跳跃的笔触，突出了边陲绚丽的春光和充满生机的大自然，在我国词史中，这是对海南之春的第一首热情赞歌。苏轼与其他逐客不同，他对异地风物不是排斥、敌视，而是由衷地认同。他当时所作的《被酒独行，遍至子云、威、徽、先觉四黎之舍》诗中也说"莫作天涯万里意，溪边自有舞雩风"，与溪风习习，顿忘身处天涯，与此词同旨。苏轼一生足迹走遍大半个中国，或是游宦，或是贬逐，但他对所到之地总是怀着第二故乡的感情，这又反映出他随遇而安的旷达人生观。

《减字木兰花》上、下片句式全同。此词上、下片首句，都从立春的习俗发端。古时立春日，"立青幡，施土牛耕人于门外，以示兆民（兆民，即百姓）"（《后汉书·礼仪志上》）。春牛即泥牛。春杖指耕夫持犁杖侍立；后亦有"打春"之俗，由人扮"勾芒神"，鞭打土牛。春幡，即"青幡"，指旗帜。春胜，一种剪纸，剪成图案或文字，又称剪胜、彩胜，也是表示迎春之意。上、下片首句交代立春日习俗后，第二句都是写"春风"。一则曰："无限春风来海上。"作者的《儋耳》诗也说："垂天雌霓云端下，快意雄风海上来。"风从海上来，不仅写出地处海岛的特点，而且境界壮阔，令人胸襟为之一舒。二则曰："一阵春风吹酒醒"。点明迎春仪式的宴席上春酒醉人，兴致勃发，情趣浓郁。两处写"春风"都有力地强化全词欢快的基调。以后都出以景语：上片写桃花，下片写杨花，红白相衬，分外妖娆。写桃花句，大意是乞得春神之力，把桃花染得如同血肉之色一般。丐，乞求。这里把春神人格化，见出造物主挈乳人间万物的亲切之情。写杨花句，却是全词点睛之笔。海南地暖，其时已见杨花。作者次年人日有诗云"新巢语燕还窥砚"，方回《瀛奎律髓》评云："海南人日，燕已来巢，亦异事。"盖在中原，燕到春分前后始至。与杨柳飞花约略同时。以此知海南物候之异，杨花、新燕并早春可见。作者用海南所无的雪花来比拟海南早见的杨花，那么，海南不是跟中原一般景色么！于是发出"不似天涯"的感叹了。——这实在是全词的主旨所在。

如前所述，此词内容一是礼赞海南之春，在我国古代诗词题材中有开拓意义；二是表达作者旷达之怀，对我国旧时代知识分子影响深远。这是苏轼此词高出常人的地方。我们不妨以南北宋之交的朱敦儒的两首词来对读。朱敦儒的《诉衷情》也写立春："青旗彩胜又迎春，暖律应祥云。金盘内家生菜，宫院遍承恩。时节好，管弦新，度升平。惠风迟日，柳眼梅心，任醉芳尊。"这里也有"青旗"、"彩胜"、"惠风"、"柳眼"、"醉尊"，但一派宫廷的富贵"升平"气象，了解南北宋之交政局的读者自然会对此词产生遗憾和失望。比之苏词真切的自然风光，逊色得多了。朱敦儒另一首《沙塞子》说："万里飘零南越，山引泪，酒添愁。不见凤楼龙阙又惊秋。九日江亭闲望，蛮树绕，瘴云浮。

肠断红蕉花晚水西流。"这是写南越(今岭南两广等地)的重阳节。但所见者为"蛮树"、"瘴云"，由景引情者为"山引泪，酒添愁"，突出的是"不见凤楼龙阙"的流落异乡之悲。朱敦儒此词作于南渡以后，思乡之悲含有家国之痛，其思想和艺术都有可取之处，吴曾《能改斋漫录》卷十七"颜持约词不减唐人语"条也称赞此词"不减唐人语"。但此类内容的词作在当时词人中不难发现，与苏词相比，又迥异其趣。二词相较，对异地风物有排斥和认同的差别，从而更可见出苏词的独特个性。

这首词在写作手法上的特点是大量使用同字。把同一个字重复地间隔使用，有的修辞学书上称为"类字"。(如果接连使用称"叠字"，如李清照《声声慢》"寻寻觅觅，冷冷清清，凄凄惨惨戚戚"。)清人许昂霄《词综偶评》云："《玉台新咏》载梁元帝《春日》诗用二十三'春'字，鲍泉奉和用三十'新'字……余谓此体实起于渊明《止酒》诗，当名之曰'止酒诗体'。"本来，遣词造句一般要避免重复。《文心雕龙·练字第三十九》提出的四项练字要求，其中之一就是"权重出"，以"同字相犯"为戒。但是，有的作者偏偏利用"同字"来获得别一种艺术效果：音调增加美听，主旨得到强调和渲染。而其间用法颇多变化，仍有高下之别。陶渊明的《止酒》诗，每句用"止"字，共二十个，可能受了民间歌谣的影响，毕竟是游戏之作。梁元帝《春日》诗(一作简文帝诗)说："春还春节美，春日春风过。春心日日异，春情处处多。处处春芳动，日日春禽变。春意春已繁，春人春不见。不见怀春人，徒望春光新。春愁春自结，春结讵能申。欲道春园趣，复忆春时人。春人竟何在，空爽上春期。独念春花落，还似昔春时。"共十八句竟用二十三个"春"字，再加上"日日"、"处处"、"不见"等重用两次，字法稠叠，颇嫌堆垛。再如五代时欧阳炯《清平乐》："春来阶砌，春雨如丝细。春地满飘红杏蒂，春燕舞随风势。　　春幡细缕春缯，春闺一点春灯，自是春心缭乱，非干春梦无凭。"这首词也写立春，为突出伤春之情，一连用了十个"春"字，句句用"春"，有两句用了两"春"字，也稍有平板堆砌之感。

　　苏轼此词却不然。全词八句，共用七个"春"字（其中两个是"春风"），但不平均配置，有的一句两个，有的一句一个，有三句不用，显得错落有致：而不用"春"字之句，如"染得桃红似肉红"，"卷起杨花似雪花"，却分别用了两个"红"字，两个"花"字。其实，苏轼在写作此词时，并非有意要作如此复杂的变化，他只是为海南春色所感发，一气贯注地写下这首词，因而自然真切，朴实感人，而无丝毫玩弄技巧之弊。后世词人中也不乏擅长此法的，南宋周紫芝的《蝶恋花》下片："春去可堪人也去，枝上残红，不忍抬头觑。假使留春春肯住，唤谁相伴春同处"。前后用四个"春"字，强调"春去人也去"的孤寂。蔡伸的《踏莎行》下片："百计留君，留君不住，留君不住君须去。望君频向梦中来，免教肠断巫山雨。"共同五个"君"字，突出留君之难。这都是佳例。

　　　　　　　　　　（《唐宋词鉴赏辞典》[唐五代北宋卷]，
　　　　　　　　　　上海辞书出版社，1988 年 8 月）